MAURICE BARDÈCHE

NUREMBERG

NUREMBERG OU LA TERRE PROMISE
NUREMBERG II OU LES FAUX MONNAYEURS

OMNIA VERITAS

Maurice Bardèche

Nuremberg ou la terre promise
Nuremberg II ou les faux-monnayeurs

1950

Publié par
Omnia Veritas Ltd

www.omnia-veritas.com

NUREMBERG OU LA TERRE PROMISE	7
ÉPIGRAPHE	9
NUREMBERG II OU LES FAUX-MONNAYEURS	129
ÉPIGRAPHE	130
PRÉFACE	131
PREMIÈRE PARTIE	147
CHAPITRE PREMIER	149
La presse	149
CHAPITRE II	167
Les officiels	167
CHAPITRE IV	174
Les écrivains	174
DEUXIÈME PARTIE	219
De quelques motifs de prudence	219
CHAPITRE PREMIER	221
Les pressions sur les témoins	221
CHAPITRE II	245
L'affaire de Malmédy	245
CHAPITRE III	257
Autres méthodes d'enquête	257
TROISIÈME PARTIE	273
Des témoins oubliés	273
CHAPITRE PREMIER	275
Un témoignage sur Buchenwald	275
CHAPITRE II	300
Le procès du camp de Dachau	300
CHAPITRE III	323
La Wehrmacht et les crimes de guerre	323
CONCLUSION	358

OUVRAGES DÉJÀ PARUS CHEZ OMNIA VERITAS 365

NUREMBERG

OU LA TERRE PROMISE

MAURICE BARDÈCHE

ÉPIGRAPHE

Salomon compta tous les étrangers qui étaient dans le pays d'Israël et dont le dénombrement avait été fait par David son père. On en trouva cent cinquante-trois mille six cents. Et il en prit soixante-dix mille pour porter les fardeaux, quatre-vingt mille pour tailler les pierres dans la montagne, et trois mille six cents pour surveiller et faire travailler le peuple.

Second Livre des Chroniques, 2, 17-18.

Je ne prends pas la défense de l'Allemagne. Je prends la défense de la vérité. Je ne sais si la vérité existe et même beaucoup de gens font des raisonnements pour me prouver qu'elle n'existe pas. Mais je sais que le mensonge existe, je sais que la déformation systématique des faits existe. Nous vivons depuis trois ans sur une falsification de l'histoire. Cette falsification est adroite : elle entraîne les imaginations, puis elle s'appuie sur la conspiration des imaginations. On a commencé par dire : voilà tout ce que vous avez souffert, puis on dit : souvenez-vous de ce que vous avez souffert. On a même inventé une philosophie de cette falsification. Elle consiste à nous expliquer que ce que nous étions réellement n'a aucune importance, mais que seule compte **l'image** qu'on se faisait de nous. Il paraît que cette transposition est **la seule réalité**. Le groupe Rothschild est ainsi promu à l'existence métaphysique.

Moi, je crois stupidement à la vérité. Je crois même qu'elle finit par triompher de tout et même de l'image qu'on fait de nous. Le destin précaire de la falsification inventée par la Résistance nous en a déjà apporté la preuve. Aujourd'hui le bloc est brisé, les couleurs s'écaillent : ces panneaux publicitaires ne durent que quelques saisons. Mais alors si la propagande des démocraties a menti pendant trois ans à notre sujet, si elle a travesti ce que nous avons fait, devons-nous la croire lorsqu'elle nous parle de l'Allemagne ? N'a-t-elle pas falsifié l'histoire de l'occupation comme elle a présenté faussement l'action du gouvernement français ? L'opinion commence à rectifier son jugement sur l'épuration. Ne devons-nous pas nous demander si la même révision n'est pas à faire sur la condamnation qui a été portée par les mêmes juges à Nuremberg ? N'est-il pas honnête, au moins, n'est-il pas nécessaire de poser cette question ? Si l'action judiciaire qui a frappé des milliers de Français est une imposture, qu'est-ce qui nous prouve que celle qui a condamné des milliers d'Allemands n'en est pas une ? Avons-nous le droit de nous en désintéresser ?

Supporterons-nous que des milliers d'hommes, en ce temps, souffrent et se révoltent de notre refus de témoigner, de notre lâcheté, de notre fausse commisération ? Ils repoussent cette camisole de force que nous voulons mettre à leur voix et à leur passé ; ils savent que nos journaux mentent, que nos films mentent, que nos écrivains mentent, ils le savent et ne l'oublieront pas : laisserons-nous tomber sur nous ce regard de mépris qu'ils nous lancent justement ? Toute l'histoire de cette guerre est à refaire, nous le savons. Refuserons-nous notre porte à la vérité ?

Nous avons vu ces hommes installés dans nos maisons et dans nos villes ; ils ont été nos ennemis et, ce qui est plus cruel, ils ont été les maîtres chez nous. Cela ne leur enlève pas le droit qu'ont tous les hommes à la vérité et à la justice, leur droit à l'honnêteté des autres hommes. Ils ont combattu avec courage ; ils ont subi ce destin de la guerre qu'ils avaient accepté ; aujourd'hui, leurs villes sont détruites, ils habitent dans des trous au milieu des ruines, ils n'ont plus rien, ils vivent comme des mendiants de ce que le vainqueur leur concède, leurs enfants meurent et leurs filles sont le butin de l'étranger, leur détresse dépasse tout ce qui a pu venir jamais à l'imagination des hommes. Leur refuserons-nous le pain et le sel ? Et si ces mendiants dont nous faisons des proscrits n'étaient pas d'autres hommes que nous ? Si nos mains n'étaient pas plus pures que leurs mains, si nos consciences n'étaient pas plus légères que leurs consciences ? Si nous nous étions trompés ? Si l'on nous avait menti ?

C'est pourtant sur cette sentence sans appel que les vainqueurs nous demandent de fonder le dialogue avec l'Allemagne ou plutôt de le refuser. Ils se sont emparés de l'épée de Jéhovah et ils ont chassé l'Allemand des terres humaines. L'écroulement de l'Allemagne ne suffisait pas aux vainqueurs. Les Allemands n'étaient pas seulement des vaincus, ils n'étaient pas des vaincus ordinaires. C'est le Mal qui avait été vaincu en eux : on avait à leur apprendre qu'ils étaient des Barbares, qu'ils étaient **les Barbares**. Ce qui leur arrivait, le dernier degré de la détresse, la désolation comme au jour du déluge, leur pays englouti comme Gomorrhe et eux seuls errants, stupéfaits, au milieu des ruines, comme au lendemain de l'écroulement du monde, on avait à leur apprendre que **c'était bien fait**, comme disent les enfants. C'était une juste punition du ciel. Ils devaient s'asseoir, eux Allemands, sur leurs ruines et se frapper la poitrine. Car ils avaient été des monstres. Et il est juste que les villes des monstres soient détruites, et aussi les femmes des monstres et leurs petits-enfants. Et la radio de tous les peuples du monde, et la presse de tous les peuples du monde, et des millions de voix de tous les horizons du monde, sans exception, sans fausse note, se mirent à expliquer à l'homme assis sur ses ruines pourquoi il avait été un monstre.

Ce livre est adressé à ces réprouvés. Car il faut qu'ils sachent que tout le monde n'a pas accepté aveuglément le verdict des vainqueurs. Le temps de faire appel viendra quelque jour. Les tribunaux issus de la victoire des armes ne portent que des sentences éphémères. L'opportunisme politique et la peur révoquent déjà ces jugements. Notre opinion sur l'Allemagne et sur le régime national-socialiste est indépendante de ces contingences. Notre seule ambition, en écrivant ce livre, a été de pouvoir le relire sans honte dans quinze ans. Quand nous trouverons que l'armée allemande ou le parti national-socialiste ont commis des crimes, naturellement nous les appellerons des crimes. Mais quand nous penserons qu'on les accuse au moyen de sophismes ou de mensonges, nous dénoncerons ces sophismes et ces mensonges. Car tout cela ressemble un peu trop à un éclairage de théâtre : on braque des projecteurs et on n'éclaire qu'une scène, pendant ce temps-là, tout le reste est dans l'ombre. Il est temps qu'on allume les lustres et qu'on dévisage un peu les spectateurs.

* * * * * *

Remarquons d'abord, en manière de préliminaires, que ce procès qu'on fait à l'Allemagne, ou plus exactement au national-socialisme, a une base solide, une base beaucoup plus solide qu'on ne le croit généralement. Seulement, ce n'est pas celle qu'on proclame. Et les choses, en vérité, sont beaucoup plus dramatiques qu'on ne le dit, le fondement de l'accusation, le mobile de l'accusation est beaucoup plus angoissant pour les vainqueurs.

L'opinion et les procureurs des puissances victorieuses affirment qu'ils se sont érigés en juges parce qu'ils représentent la civilisation. C'est l'explication officielle. Mais c'est là aussi le sophisme officiel. Car c'est prendre pour principe et base certaine ce qui est justement en discussion. C'est au terme du procès ouvert entre l'Allemagne et les Alliés qu'on pourra dire quel camp représentait la civilisation. Mais ce n'est pas au début qu'on peut le dire, et surtout ce n'est pas une des parties en cause qui peut le dire. Les États-Unis, l'Angleterre et l'U.R.S.S. ont déplacé leurs plus savants juristes pour soutenir ce raisonnement de petits enfants : « Il y a quatre ans que notre radio répète que vous êtes des barbares, vous avez été vaincus, donc vous êtes des barbares ». Car il est clair que M. Shawcross, M. Jackson et M. Rudenko ne disent pas autre chose au pupitre de Nuremberg lorsqu'ils se réclament de l'indignation unanime du monde civilisé, indignation que leur propre propagande a provoquée, soutenue, conduite, et qui peut être dirigée, à leur gré, comme un nuage de sauterelles sur toute forme de vie politique qui leur déplaira. Or, ne nous y méprenons pas, cette indignation préfabriquée a été longtemps, et, à tout prendre, elle est encore le principal fondement de l'accusation contre le régime allemand. C'est l'indignation du monde civilisé qui impose le procès, c'est encore elle qui en soutient la conduite, finalement c'est elle qui est tout : les juges de Nuremberg ne sont que les secrétaires, les scribes de cette unanimité. On nous met de force des lunettes rouges et on nous invite ensuite à déclarer que les choses sont rouges. C'est là un programme d'avenir dont nous n'avons pas fini de dénombrer les mérites philosophiques.

Mais la vérité est toute autre. Le vrai fondement du procès de Nuremberg, celui qu'on n'a jamais osé désigner, je crains bien que ce ne soit la peur : c'est le spectacle des ruines, c'est la panique des vainqueurs. **Il faut que les autres aient tort**. Il le faut, car si, par hasard, ils n'avaient pas été des monstres, de quel poids ne pèseraient pas ces villes détruites et ces milliers de bombes au phosphore ? C'est l'horreur, c'est le désespoir des vainqueurs qui est le vrai motif du procès. Ils se sont voilés le visage devant ce qu'ils étaient forcés de faire et pour se donner du courage, ils ont transformé leurs massacres en croisade. Ils ont inventé *a posteriori* un droit au massacre au nom du respect de l'humanité. Étant tueurs, ils se sont promus gendarmes. À partir d'un certain chiffre de morts, nous savons que toute guerre devient obligatoirement une guerre du Droit. La victoire n'est donc complète que si, après avoir forcé la citadelle, on force aussi les consciences. À ce point de vue, le procès de Nuremberg est un appareil de la guerre moderne qui mérite d'être décrit comme un bombardier.

Nous avions déjà voulu tenter la même chose en 1918, mais alors la guerre n'ayant été qu'une opération militaire coûteuse, on s'était contenté de refiler aux Allemands la carte de l'agression. Personne ne voulait être responsable des morts. On en chargea les vaincus en obligeant leurs négociateurs à signer que leur pays était responsable de cette guerre. Cette fois-ci, la guerre étant devenue des deux côtés le massacre des innocents, il ne suffisait pas d'obtenir que les vaincus se reconnussent les agresseurs. Pour excuser les crimes commis dans la conduite de la guerre, il était absolument nécessaire d'en découvrir de plus graves encore de l'autre côté. Il fallait absolument que les bombardiers anglais et américains apparussent comme le glaive du Seigneur. Les Alliés n'avaient pas le choix. S'ils n'affirmaient pas solennellement, s'ils ne prouvaient par n'importe quel moyen qu'ils avaient été les sauveurs de l'humanité, ils n'étaient plus que des assassins. Si, un jour, les hommes cessaient de croire à la **monstruosité allemande**, ne demanderaient-ils pas compte des villes englouties ?

Il y a donc un intérêt évident de la propagande britannique et américaine et, à un moindre degré, de la propagande soviétique, à soutenir la thèse des **crimes allemands**. On s'en apercevra mieux encore si l'on s'avise que cette thèse, en dépit de son intérêt publicitaire, ne s'est fixée que tardivement sous sa forme définitive.

Au début, personne n'y crut. Les radios s'efforçaient de justifier l'entrée en guerre. L'opinion craignait en effet une hégémonie allemande, mais elle ne croyait pas à une **monstruosité allemande**. « On ne nous refera pas le coup des atrocités allemandes », disaient les officiers des premiers mois de l'occupation. Les bombardements de Coventry et de Londres, premiers bombardements aériens de populations civiles, gâtèrent cette sagesse. Et un peu plus tard, la guerre sous-marine. Puis l'occupation, les otages, les représailles. Et les radios réussirent alors le premier degré d'intoxication de l'opinion. Les Allemands étaient des monstres parce qu'ils étaient des adversaires déloyaux, parce qu'ils ne croyaient qu'en la loi du plus fort. En face d'eux, des nations correctes qui étaient toujours battues parce qu'elles se conduisaient en tout avec loyauté. Mais les peuples ne crurent pas que les Allemands étaient des monstres, ils reconnurent seulement les thèmes de propagande contemporains du Kaiser et de la grosse Bertha.

L'occupation des territoires de l'Est et, en même temps, la lutte entreprise dans toute l'Europe contre le terrorisme et le sabotage, fournirent d'autres arguments. Les Allemands étaient des monstres, parce qu'ils étaient partout suivis de leurs tueurs ; on monta sur son socle le mythe de la Gestapo : dans toute l'Europe, les armées allemandes installaient la terreur, les nuits étaient hantées de bruits de bottes, les prisons étaient pleines, et à chaque aube des salves claquaient. Le sens de cette guerre devenait clair : des millions d'hommes, d'un bout à l'autre du continent, luttaient pour l'affranchissement des nouveaux esclaves, les bombardiers s'appelèrent des « Liberator ». Ce fut le temps où l'Amérique entra en guerre. Les peuples ne crurent pas encore que les Allemands étaient des monstres, mais déjà ils acceptèrent cette guerre comme une croisade pour la liberté. Ce fut le second stade de l'intoxication.

Mais ces images ne correspondaient pas encore au voltage de notre propagande actuelle. La retraite des armées allemandes à l'Est permit enfin de lancer le mot. C'était le moment qu'on attendait : car le reflux allemand laissait des épaves. On parla de crimes de guerre et une déclaration du 30 octobre 1943 permit, à la satisfaction générale, de signaler ces crimes à l'opinion et d'en prévoir le châtiment. Cette fois-ci, les Allemands étaient bien des monstres, ils coupaient les mains des petits enfants, comme on l'avait toujours affirmé. Ce n'était plus la force, c'était la barbarie. A partir de ce moment, le monde civilisé avait **des droits contre eux :** car enfin, il y a des consciences délicates qui n'admettent pas qu'on punisse la déloyauté par des bombardements aériens ni qu'on regarde un régime autoritaire comme un délit de droit commun, tandis que tout le monde est prêt à châtier des bourreaux d'enfants, à les mettre hors les droits de la guerre. On tenait donc le flagrant délit. On le diffusa, on l'exploita. Les peuples commencèrent à penser que les Allemands pouvaient bien être des monstres, et l'on parvint au troisième stade de l'intoxication, qui consiste à oublier ce qu'on fait chaque nuit dans les raids à force de penser avec rage à ce qui se passe chaque jour dans les prisons.

C'était la disposition militaire à laquelle on souhaitait, depuis le commencement, amener les consciences. C'était l'état dans lequel il fallait les maintenir. Il le fallait d'autant plus que, peu après cette date, en décembre 1943, les méthodes de bombardement changèrent : au lieu de viser des objectifs militaires, les aviateurs alliés reçurent l'ordre d'appliquer la tactique du tapis de bombes qui détruisait des villes entières. Et ces destructions apocalyptiques exigeaient, bien évidemment, une monstruosité correspondante. On en sentit si bien la nécessité qu'on mit sur pied, dès cette date, un puissant organisme de détection des crimes allemands, qui eut pour mission de s'installer sur les talons des premières vagues d'occupation, à peu près comme les formations de police suivaient en Russie l'avance des troupes blindées. Ce rapprochement est suggestif : les Allemands nettoyaient, les Américains accusaient, chacun allait au plus pressé. Ces recherches furent, comme on sait, couronnées de succès. On eut la bonne fortune de découvrir en janvier 1945 ces camps de concentration dont personne n'avait entendu parler jusqu'alors, et qui devinrent la preuve dont on avait précisément besoin, le flagrant délit à l'état pur, **le crime contre l'humanité** qui justifiait tout. On les photographia, on les filma, on les publia, on les fit connaître par une publicité gigantesque, comme une marque de stylo. La guerre morale était gagnée. La **monstruosité allemande** était prouvée par ces précieux documents. Le peuple qui avait inventé cela n'avait le droit de se plaindre de rien. Et le silence fut tel, le rideau fut si habilement, si brusquement dévoilé, que pas une voix n'osa dire que tout cela était trop beau pour être parfaitement vrai.

Ainsi fut affirmée la culpabilité allemande, par des raisons fort diverses selon les temps : et l'on remarquera seulement que cette culpabilité s'accroît à mesure que les bombardements de civils se multiplient. Ce synchronisme est en lui-même assez suspect, et il est trop clair que nous ne devons pas agréer sans précautions les accusations des gouvernements qui ont un besoin si évident d'une monnaie d'échange.

Il n'est pas inutile, peut-être, de faire appel de cet admirable montage technique. Après avoir présenté nos plus sincères compliments aux techniciens, juifs pour la plupart, qui ont orchestré ce programme, nous avons l'ambition de voir clair et de nous y reconnaître dans cette pièce à tiroirs, où les accusations arrivent à point nommé comme les coups de théâtre du mélodrame.

C'est donc à cette tâche que nous allons nous attacher. Et, bien sûr, ce petit livre ne peut être qu'une première pierre. Il contiendra plus d'interrogations que d'affirmations, plus d'analyses que de documents. Mais n'est-ce pas déjà quelque chose que de mettre un peu d'ordre dans une matière qu'on a présenté volontairement avec confusion ? Le travail a été si bien fait qu'aujourd'hui personne n'ose plus appeler les choses par leur nom. On a appelé monstrueux tout à la fois les actes, les hommes, les idées. Toutes les pensées sont maintenant frappées de stupeur, elles sont engourdies, inertes, elles tâtonnent dans une ouate de mensonges. Et parfois, lorsqu'elles rencontrent des vérités, elles s'en écartent avec horreur, car ces vérités sont proscrites. Le premier objet de ces réflexions sera donc une sorte de restauration de l'évidence. Mais ce travail de rectification ne doit pas être borné aux faits. Le tribunal de Nuremberg a jugé au nom d'un certain nombre de principes, au nom d'une certaine morale politique. Toutes ces accusations ont un envers. On nous propose un avenir, on le pose en condamnant le passé. C'est dans cet avenir aussi que nous voulons voir clair. Ce sont ces principes que nous voudrions voir en face. Car déjà nous entrevoyons que cette éthique nouvelle se réfère à un univers étrange, un univers pareil à un univers de malade, un univers élastique que nos regards ne reconnaissent plus : mais un univers qui est celui des autres, précisément celui que Bernanos pressentait lorsqu'il redoutait le jour où se réaliseraient les rêves enfermés dans la cervelle sournoise d'un petit cireur de bottes négroïde du ghetto de New-York. Nous y sommes. Les consciences sont droguées. On nous a fait le coup de Circé. Nous sommes tous devenus juifs.

* * * * * * *

Commençons donc par décrire ce procès de Nuremberg, au sommet duquel s'élève l'Acropole de cette cité nouvelle. Là aboutissent les accusations et là commence le monde futur.

Le secrétariat du Tribunal militaire international a commencé depuis l'an dernier la publication de la sténographie du procès de Nuremberg. Cette publication doit comprendre vingt-quatre volumes in-4·d'environ 500 à 700 pages. L'édition française comprend actuellement douze volumes, qui correspondent surtout aux documents de l'accusation. Cette partie du travail nous suffit. Car l'accusation se juge elle-même par ce qu'elle dit. Il nous paraît inutile d'entendre la défense.

Rappelons d'abord quelques éléments d'architecture. Le *Tribunal militaire international* a été établi par l'accord de Londres du 8 août 1945 conclu entre la France, les États-Unis, la Grande-Bretagne et l'Union des Républiques Socialistes Soviétiques. À cet accord était annexé un *Statut du tribunal* fixant à la fois la composition, le fonctionnement, la jurisprudence du tribunal et **la liste des actions qui devaient être considérées comme criminelles**. On apprenait donc pour la première fois, par ce statut publié le 8 août 1945, que certains actes qui n'avaient pas été mentionnés jusqu'ici dans les textes de droit international étaient considérés comme criminels, et que les accusés auraient à répondre de ces actes comme tels, bien qu'il n'eût jamais été écrit nulle part auparavant qu'ils fussent criminels. On y apprenait, en outre, que l'immunité qui couvrait les exécutants en vertu des ordres reçus ne serait pas prise en considération, et que, d'autre part, le tribunal pourrait déclarer que telle ou telle organisation politique traduite devant lui n'était pas une organisation politique, mais une association de malfaiteurs rassemblés pour perpétrer un complot ou un crime, et que par suite tous ses membres pouvaient être traités comme des conspirateurs ou des criminels.

Le procès se déroula pendant un an, du mois d'octobre 1945 au mois d'octobre 1946. Le Tribunal était constitué par trois juges, l'un américain, le second français, l'autre russe et présidé par un haut magistrat britannique Lord Justice Lawrence. L'accusation fut soutenue par quatre procureurs généraux assistés de quarante-neuf robins en uniforme. Un important secrétariat avait été chargé du rassemblement et du classement des documents. Les chefs d'accusation furent au nombre de quatre : de **complot** (c'est l'action politique du parti national-socialiste depuis son origine qui est assimilée à un complot), de **crime contre la paix** (c'est l'accusation d'avoir provoqué la guerre), de **crimes de guerre** et de **crimes contre l'humanité**. L'accusation fut soutenue au moyen d'une série d'exposés du Ministère public, chacun de ces exposés étant appuyé par des productions de documents qui ont été publiés à la suite du procès. Tout le monde sait, puisque la presse l'a longuement expliqué, que ces exposés avaient lieu devant un microphone ; ils devaient être prononcés lentement, chaque phrase étant séparée de la suivante par une pause. Des traducteurs traduisaient sur-le-champ. Les accusés, leurs avocats et les membres du Ministère public disposaient d'écouteurs qui leur permettaient d'entendre les débats dans leur langue, en se mettant sur la gamme d'ondes qui correspondait à l'émission de leur propre traducteur. Cette virtuosité technique est ce qui a le plus frappé les imaginations. Et pourtant, lorsqu'on y réfléchit, ce n'est pas ce qui est le plus surprenant dans ce procès.

Les apparences de la justice furent parfaitement sauvegardées. La défense avait peu de droits, mais ces droits furent respectés. Quelques auxiliaires zélés du Ministère public furent rappelés à l'ordre pour s'être permis de qualifier prématurément les actes sur lesquels ils rapportaient. Le tribunal interrompit l'exposé du Ministère public français, en raison de son caractère déloyal et diffus, et refusa d'en entendre la suite. Plusieurs accusés furent acquittés. Enfin les formes furent parfaites, et jamais justice plus discutable ne fut rendue avec plus de correction.

Car cette machinerie moderne, comme on sait, eut pour résultat de ressusciter la jurisprudence des tribus nègres. Le roi vainqueur s'installe sur son trône et fait appeler ses sorciers : et, en présence des guerriers assis sur leurs talons, on égorge les chefs vaincus. Nous commençons à soupçonner que tout le reste est de la comédie et le public, après dix-huit mois, n'est déjà plus dupe de cette mise en scène. On les égorge parce qu'ils ont été vaincus, Les atrocités qu'on leur reproche, tout homme juste ne peut éviter de se dire qu'ils peuvent en reprocher d'aussi graves aux commandants des armées alliées : les bombes au phosphore valent bien les camps de concentration. Un tribunal américain qui condamne Göring à mort n'a pas plus d'autorité, aux yeux des hommes, qu'un tribunal allemand qui aurait prétendu condamner Roosevelt. Un tribunal qui fabrique la loi après s'être installé sur son siège nous ramène aux confins de l'histoire. On n'osait pas juger ainsi au temps de Chilpéric. La loi du plus fort est un acte plus loyal. Quand le Gaulois crie *Vae victis*, au moins il ne se prend pas pour Salomon. Mais ce tribunal a réussi à être une assemblée de nègres en faux-col : c'est le programme de notre civilisation future. C'est une mascarade, c'est un cauchemar : ils sont habillés en juges, ils sont graves, ils sont coiffés de leurs écouteurs, ils ont des têtes de patriarches, ils lisent des papiers d'une voix douceureuse en quatre langues à la fois, et en réalité ce sont des rois nègres, c'est un déguisement de rois nègres, et dans la salle glacée et respectueuse, on perçoit en sourdine le tambour de guerre des tribus. Ce sont des nègres très propres et parfaitement modernisés. Et ils ont obtenu sans le savoir, dans leur naïveté de nègres, dans leur inconscience de nègres, ce résultat qu'aucun d'eux, sans doute, n'avait prévu : ils ont réhabilité par leur mauvaise foi ceux-là même dont la défense était presque impossible, et ils ont donné à des millions d'Allemands réfugiés dans leur désastre, grandis par leur défaite et leur condition de vaincus le droit de les mépriser, eux. Göring, goguenard, savait bien qu'ils lui donnaient raison en toute chose, puisqu'ils sacrifiaient, avec leur panoplie de juges, à la loi du plus fort dont il avait fait sa loi. Et Göring, en riant, regardait Göring déguisé en juge juger Göring, déguisé en forçat.

Au surplus, l'aspect inférieur et extérieur de cette comédie judiciaire n'est pas ce qui nous intéresse. Que le jugement des chefs allemands par les chefs américains ait été une erreur politique, c'est un point dont une grande partie de l'opinion convient aujourd'hui, y compris une partie de la presse américaine. Mais ce n'est qu'une erreur politique entre beaucoup d'autres. Que le tribunal de Nuremberg ait été, au fond, une forme de justice sommaire, c'est ce qui importe peu. Mais, au contraire, ce qui nous importe bien davantage, ce que nous reprochons bien davantage aux juges de Nuremberg, c'est de ne pas s'être contentés d'être une justice sommaire : c'est leur prétention d'être véritablement des juges que nous contestons, c'est ce que leurs défenseurs défendent en eux que nous attaquons. Nous allons donc examiner leur prétention d'être des juges. Nous appelons au tribunal de la vérité non pas des hommes d'État américains commettant l'erreur de condamner l'homme d'État allemand qui a signé avec eux l'accord de capitulation, mais la conscience universelle sur son siège. Puisqu'ils disent qu'ils sont la sagesse, nous feindrons, en effet, de les prendre pour des sages ; puisqu'ils disent qu'ils sont la loi, nous les accepterons un instant comme législateurs : pénétrons donc à la suite de MM. Shawcross, Justice Jackson et Rudenko dans les jardins du nouveau Droit : ce sont des terres peuplées de merveilles.

* * * * * * *

Commençons par remarquer qu'il ne nous est pas permis de les ignorer. Le voyage de découverte que nous allons faire a quelque chose d'émouvant puisque cet univers ne peut être négligé. C'est celui dans lequel nous allons vivre. Ce sont les Allemands qui sont les accusés, mais c'est tout le monde et finalement, c'est nous-mêmes qui sommes les assujettis : car tout ce que nous ferons contre la jurisprudence de Nuremberg est désormais un crime et pourra nous être imputé à crime. Ce procès a dit la loi des nations, que nul n'est censé ignorer. Huit cent mille Chinois seront peut-être pendus dans dix ans au nom du statut de Nuremberg, puisque deux cent mille Allemands sont bien dans des camps de concentration en l'honneur du pacte Briand-Kellog dont ils n'ont peut-être jamais entendu parler.

La première terrasse sur laquelle s'étendent les nouveaux jardins du Droit est une conception tout à fait moderne de la responsabilité. Nous avions cru jusqu'ici que nous n'aurions à répondre que de nos propres actes et c'est sur ce principe que nous avions fondé nos humbles religions. Ce principe est aujourd'hui dépassé. Pour donner une base stable à la morale des nations, on l'a fondée sur la responsabilité collective.

Entendons-nous sur ce point. Les juges de Nuremberg n'ont jamais dit que le peuple allemand était collectivement responsable des actes du régime national-socialiste, ils ont même plusieurs fois assuré le contraire. Le peuple allemand est condamné tout entier par **l'opinion** des peuples civilisés, il **fait horreur**, mais les juges, eux, affectent la sérénité et ne l'accusent pas officiellement en sa totalité. Toutefois, le Droit des peuples est comme l'impôt, il lui faut une matière imposable : pour qu'il y ait un jugement, il faut **d'abord** qu'il y ait des coupables, et il est intolérable qu'on ne trouve finalement qu'une hiérarchie, laquelle aboutit à un seul chef responsable qui vous joue le mauvais tour de se suicider. C'est pourquoi le nouveau Droit décrit d'abord les ressortissants. Sont coupables tous ceux qui font partie d'une « organisation criminelle ».

Rien de plus raisonnable. C'est pourtant ici que commencent les difficultés. Car ces notions du nouveau Droit ont toutes quelque chose de vague, elles sont dilatables à l'infini. Une organisation criminelle a quelque chose de commun avec un roman policier : c'est à la fin seulement que vous connaissez le coupable. Ainsi les cadres du parti national-socialiste constituent une organisation criminelle, mais les cadres du parti communiste, qui leur ressemblent beaucoup, ne constituent pas une organisation criminelle. Les hommes, pourtant, ont dans les deux cas le même tempérament. Ils emploient les mêmes méthodes, et dans les deux cas avec le même fanatisme : ils se proposent également la même fin qui est la dictature du parti. Il n'y a donc rien dans leur composition, ou, comme disent les philosophes, dans leur essence, qui distingue ces deux groupements l'un de l'autre. Il n'y a rien dans leur conduite non plus, car l'historien prétend que les responsables du parti communiste ne sont pas plus ménagers de la vie et de la liberté humaines que ne le furent les responsables du parti national-socialiste. Aurons-nous l'humiliation de conclure que nous condamnons les uns parce que nous les tenons sous notre botte et que nous ne faisons pas de procès aux autres parce qu'ils peuvent se moquer de nous ? C'est pourtant une hypothèse que nous ne pouvons éliminer. La juridiction internationale a un ressort limité aux pays faibles ou vaincus. Elle appelle inconvénient chez les peuples forts ce qu'elle appelle crime chez les vaincus. Elle est radicalement différente de la juridiction pénale ou civile, en ce sens qu'elle ne peut pas atteindre certains actes et par conséquent qu'elle est impuissante à établir une véritable qualification universelle des actes. Cette justice est comme la lumière du jour : elle n'éclaire jamais que la moitié des terres habitées.

Son impuissance est son moindre défaut. Car il y a de la bonne foi dans l'impuissance. Mais la loi internationale est esclave, en outre, des contingences politiques : il y a des condamnations qu'elle ne veut pas prononcer. Le corps des dirigeants politiques du parti communiste pourrait bien être condamné sur le papier par un tribunal impuissant à faire exécuter sa sentence : ce serait moins grave que de voir un tribunal ignorer délibérément l'assimilation évidente du corps des dirigeants communistes au corps des dirigeants nationaux-socialistes. Il est trop clair ici qu'il n'y a pas et qu'il ne peut pas y avoir une justice pour tous. Ce n'est plus « Selon que vous serez puissant ou misérable », mais : « Selon que vous serez dans l'un ou l'autre camp ». On s'aperçoit alors que le caractère criminel est transposé de l'essence à la finalité, et non pas même à la finalité véritable de l'organisation, à sa finalité lointaine, puisque le tribunal est bien loin d'admettre officiellement le caractère progressiste de la dictature stalinienne, mais à une finalité prochaine dont le tribunal est seul juge. Les mêmes actes ne sont plus criminels par définition et en eux-mêmes, ils sont ou ne sont pas criminels selon une certaine optique : les déportations qui servent finalement la cause de la démocratie ne sont pas perçues par la juridiction nouvelle comme des actes criminels, tandis que toute déportation est criminelle dans le camp des ennemis de la démocratie. Ainsi le tribunal voit les actes avec un indice de réfraction, comme des bâtons qu'on regarde dans l'eau : sous un angle ils sont droits, sous un autre tortueux.

Cela nous rend la vie bien difficile, à nous autres particuliers. Car il en résulte que personne n'est jamais bien sûr de ne pas faire partie d'une organisation criminelle. Le cordonnier allemand, père de trois enfants, ancien combattant de Verdun, qui a pris en 1934 une carte du parti nazi, a été accusé par le Ministère public de faire partie d'une organisation criminelle. Qu'est-ce que faisait d'autre le commerçant français, père de trois enfants, ancien combattant de Verdun, qui était entré au mouvement Croix de Feu ? L'un et l'autre croyaient appuyer une action politique propre à assurer le relèvement de leur pays. L'un et l'autre ont accompli le même acte : et pourtant l'événement a donné à chacun de ces actes une valeur différente. L'un est un patriote (à condition qu'il ait écouté la radio anglaise, bien entendu), mais l'autre est accusé par les représentants de la conscience universelle.

Ces difficultés sont d'une extrême gravité. Le sol se dérobe sous nos pas. Nos savants juristes ne s'en rendent peut-être pas compte, mais ils rallient là une conception tout à fait moderne de la justice, celle qui a servi de base en U.R.S.S. aux procès de Moscou. Notre conception de la justice avait été jusqu'à présent romaine et chrétienne : romaine, en ce qu'elle exige que tout acte punissable reçoive une qualification invariable qui se rattache à l'essence même de l'acte, où qu'il soit commis et par qui qu'il soit commis ; chrétienne en ce que l'intention devait toujours être prise en considération, soit pour aggraver, soit pour atténuer les circonstances de l'acte qualifié crime. Mais il existe une autre conception de la culpabilité qui peut être dite marxiste pour plusieurs raisons, laquelle consiste à penser que tel acte qui n'était pas coupable en soi ni par son intention, au moment où il a été commis, peut apparaître légitimement comme coupable dans une certaine optique postérieure des événements. Je ne fais pas ici d'assimilation. Les marxistes sont de bonne foi en disant cela, car ils vivent dans une sorte de monde non euclidien où les lignes de l'histoire apparaissent groupées et déformées, ou, comme on voudra, harmonisées par la perspective marxiste. Tandis que MM. Shawcross et Justice Jackson, procureurs anglais et américain, vivent dans un monde euclidien, où tout est sûr, où tout est clair, où tout devrait l'être au moins, et où les faits devraient être les faits et rien de plus. C'est leur mauvaise foi seule qui nous transporte dans un monde où rien n'est sûr. Nos intentions ne comptent plus, nos actes même ne comptent plus, ce que nous sommes réellement ne compte plus, mais notre propre histoire, et notre propre vie, peut être désormais pétrie, étirée, soufflée, par une sorte de démiurge politique, par un potier qui lui prêtera une forme qu'elle n'a jamais eue. Chacune de nos actions dans le monde qui se prépare est comme une bulle de savon que l'histoire tient au bout de son chalumeau : elle peut lui donner la forme et la coloration qu'elle veut finalement, et le juge s'avance alors et nous dit : « Vous n'êtes plus un cordonnier allemand ou un commerçant français comme vous avez cru l'être, vous êtes un monstre, vous avez appartenu à une association de malfaiteurs, vous avez participé à un complot contre la paix, comme l'indique très clairement la section première de mon acte d'accusation. »

Que répondrons-nous aux Allemands s'ils nous disent un jour qu'ils ne voient rien de monstrueux dans le national-socialisme lui-même, que des excès ont pu être commis par ce régime comme il s'en produit dans toutes les guerres et chaque fois qu'un régime doit confier à des éléments de police la tâche de le protéger contre le sabotage, mais que rien de tout cela ne touche à l'essence du national-socialisme et qu'ils continuent à penser qu'ils ont lutté pour la justice et pour la vérité, pour ce qu'ils regardaient alors et continuent à regarder comme la justice et la vérité ? Que répondrons-nous à ces hommes auxquels nous avons fait une guerre de religion ? Ils ont leurs saints eux aussi, que répondrons-nous à leurs saints ? Quand l'un d'entre eux nous rappellera cette immense moisson de grandeur et de sacrifice que la jeune Allemagne a offerte de toutes ses forces, quand ces milliers d'épis si beaux nous seront présentés, devant la moisson nouvelle, que dirons-nous, nous complices des juges, complices du mensonge ? Nous avons jugé au nom d'une certaine notion du Progrès humain. Qui nous garantit que cette notion est juste ? Ce n'est qu'une religion comme une autre. Qui nous garantit que cette religion est vraie ? La moitié des hommes nous dit déjà qu'elle est fausse, qu'ils sont prêts eux aussi à mourir comme témoins d'une autre foi. Qu'est ce qui était vrai alors ? Est-ce notre religion ou celle des républiques socialistes soviétiques ? Et si déjà personne ne peut savoir quels sont parmi les juges ceux qui détenaient la vérité, que vaut cet absolu au nom duquel nous avons répandu la destruction et le malheur ? Qu'est-ce qui nous prouve que le national-socialisme n'était pas aussi la vérité ? Qu'est-ce qui nous prouve que nous n'avons pas pris pour l'essentiel des contingences, des accidents inévitables de la lutte, comme nous le faisons pour le communisme peut-être, ou plus simplement, si nous avions menti ? Et si le national-socialisme avait été, en réalité, la vérité et le progrès, ou du moins, une forme de la vérité et du progrès ? Si le monde futur ne pouvait se construire que par un choix entre le communisme et le nationalisme autoritaire, si la conception démocratique n'était pas viable, si elle était condamnée par l'histoire ? Nous admettons qu'on peut écraser des villes pour faire triompher l'essentiel, pour sauver la civilisation : et si le national-socialisme était lui aussi un de ces chars qui portent les dieux et dont les roues doivent s'il le faut passer sur des milliers de corps ? Les bombes ne prouvent rien contre une idée. Si nous écrasons un jour la Russie soviétique, le communisme sera-t-il moins vrai ? Qui peut être sûr que Dieu est dans son camp ? Au fond de ce débat, il n'y a qu'une église qui accuse une autre église. Les métaphysiques ne se prouvent pas.

Mais ces questions nous entraîneraient trop loin. Elles n'ont qu'une raison d'être à cette place, c'est qu'elles nous font comprendre d'une autre manière et une fois de plus que la situation des vainqueurs est dramatique et précaire, et que l'injustice leur est absolument nécessaire. C'est une autre affaire Dreyfus. Si l'accusé est innocent, leur monde bascule sur ses bases. Prenons-y garde en les écoutant, et revenons à nos méditations judiciaires, c'est-à-dire à ce cordonnier allemand qui s'est trouvé être, sans le savoir, complice d'une association de malfaiteurs à la suite de son passage dans un appareil judiciaire qui ressemble beaucoup aux glaces déformantes du musée Grévin.

On constatera, en continuant, que cette nouvelle manière de concevoir la justice fait apparaître un recul du monde chrétien, qui n'était pas rigoureusement un monde euclidien — c'est le monde romain, c'est le droit romain qui est euclidien — mais qui nous apportait la possibilité de correction inverse. Dans la conception chrétienne de la justice, l'homme pouvait toujours plaider l'intention. Même si ses propres actions l'épouvantaient lui-même :

car le phénomène d'optique qui prend tant d'importance dans le Droit nouveau existe dans la réalité. A un détour que fait l'événement, nos actions peuvent nous apparaître avec une physionomie que nous ne reconnaissons plus. Les actions étrangères qui les entourent colorent leur apparence. Des actes dont nous sommes irresponsables pèsent par leur proximité sur le secteur de notre propre responsabilité. Ce qui a été nous-même est alors transformé par les jeux de l'ombre et de la lumière et de la distance. Un étranger surgit dans le passé et cet étranger est nous-même. La justice chrétienne était à cet égard un droit de restitution de la personnalité contre le droit romain qui est géométrique, scientifique, matériel. Elle avait éprouvé l'existence de cette perspective de l'événement et elle donnait à l'homme le droit de s'écrier : « Je n'avais pas voulu cela ! » Elle avait même introduit dans la justice un élément psychologique qui permettait d'opposer à la matérialité des faits une matérialité psychologique qui souvent les contredit. La justice humaine était devenue avant tout une recherche des causes. Elle se rapprochait au plus près de l'action : elle se penchait sur les visages. Il suffit de rappeler ces principes pour voir tout ce que nous avons effacé d'un coup. Nuremberg ne veut plus voir les visages. Nuremberg ne veut même pas individualiser les actes : Nuremberg voit des masses, pense par masses et statistiques et livre au bras séculier. On ne juge plus, c'est passé de mode, on émonde, on coupe.

Cette transformation de la justice s'est faite avec l'appui des chrétiens eux-mêmes, ou du moins de certains d'entre eux, et pour la plus grande gloire de Dieu. Il s'agissait, on s'en souvient peut-être, de la défense de la personne humaine. Je ne suis pas sûr que ces chrétiens se soient rendus compte que cette régression du Droit était une abdication de la pensée chrétienne elle-même, qu'ils effaçaient par cette coopération le patient travail d'intégration de la prédication du Christ au droit romain, et qu'ils renforçaient au contraire des positions qu'ils n'ont cessé de dénoncer. Ces faux mouvements causés par la passion et par la peur ont des conséquences plus graves qu'on ne croit d'abord. L'Église se constitue aujourd'hui en défenseur des personnes devant des gouvernements qui n'ont fait qu'appliquer chez eux une règle dont le jugement de Nuremberg avait proclamé l'universalité. Elle retrouve en ceci la continuité de la tradition chrétienne. Mais alors, ne devra-t-elle pas s'élever un jour contre les équivoques, condamner les condamnations collectives partout où elles ont été prononcées et non plus seulement en certains pays d'Europe et retirer au nouveau Droit issu de Nuremberg l'adhésion qu'elle semblait d'abord lui avoir donnée ? Il faut choisir de parler comme le Christ ou comme M. François de Menthon.

Il faut reconnaître cependant que nos juristes ont des remèdes à tout et même à la vie dangereuse qu'ils nous forcent maintenant à mener. À la vérité, ces remèdes ne sont pas écrits dans le verdict, ils n'ont pas été révélés à l'audience ; ils ressortent du contexte, de l'esprit de Nuremberg si l'on peut dire, enfin de la manière dont ce jugement a été présenté et commenté. Mais notre exégèse serait-elle complète si nous négligions ces conseils qui nous sont prodigués par des voix autorisées à la sortie de l'audience ? Nous avons appris depuis trois ans que les commentaires des chroniqueurs judiciaires n'avaient pas moins d'influence sur le destin des accusés que les articles inscrits dans le Code.

Voyez-vous, disent les scoliastes de nos nouveaux juristes, il y a un moyen bien simple de reconnaître si l'organisation à laquelle vous appartenez risque d'être un jour déclarée criminelle. Vous devez essentiellement vous défier de l'énergie. Si vous subodorez quelque part l'adjectif **nationaliste**, si l'on vous invite à être les maîtres chez vous, si l'on vous parle d'unité, de discipline, de force, de grandeur, vous ne pouvez nier qu'il n'y ait là un vocabulaire peu démocratique, et par conséquent vous risquez de voir un jour votre organisation devenir criminelle. Défiez-vous donc des mauvaises pensées, et sachez que ce que nous appelons criminel est toujours jalonné par les mêmes intentions.

Les scoliastes sont ici d'accord avec le verdict. Le *Jugement* qui figure au premier tome du *Procès*, constate l'existence d'un « complot ou plan concerté contre la paix ». Cette déclaration soulève bien des gloses. Mais il est clair, en tous cas, que le complot commence avec l'existence du parti : c'est le parti lui-même qui est l'instrument du complot, et, en définitive, le complot. Cette décision a des conséquences singulières. Elle équivaut, en réalité, à l'interdiction de s'associer pour certaines revendications et en acceptant certaines méthodes. C'est bien ce que veut dire le tribunal : vous vous exposiez, dit-il, à commettre un jour des crimes contre la paix ou des crimes contre l'humanité, et vous ne pouvez prétendre que vous l'ignoriez puisqu'on vous avait écrit *Mein Kampf*. C'est donc, en définitive, sur le programme du parti qu'est portée la condamnation, et par là le jugement constitue pour l'avenir un empiétement sur toutes les souverainetés nationales. Votre gouvernement est mauvais, disent nos juristes, vous êtes libres de le changer : mais vous n'avez le droit de le changer qu'en suivant certaines règles. Vous pensez que l'organisation du monde n'est pas parfaite : vous pouvez essayer de la modifier, mais il vous est interdit de vous réclamer de certains principes. Or il se trouve que les règles qu'on nous impose sont celles qui perpétuent l'impuissance ou que les principes auxquels on nous interdit de songer sont ceux qui détruiraient le désordre.

Cette accusation de complot est une excellente invention. Le monde est désormais démocratique à perpétuité. Il est démocratique par décision de justice. Désormais un précédent judiciaire pèse sur toute espèce de renaissance nationale. Et ceci est infiniment grave, car, en réalité, tout parti est par définition un complot ou plan concerté, puisque tout parti est une association d'hommes qui se proposent de prendre le pouvoir et d'appliquer leur plan qu'ils appellent programme, ou, du moins, la plus grande partie de ce plan. La décision de Nuremberg consiste donc à faire une sélection préalable entre les partis. Les uns sont légitimes et les autres suspects. Les uns sont dans la ligne de l'esprit démocratique et ils ont le droit en conséquence de prendre le pouvoir et d'avoir un plan concerté, car on est sûr que ce plan concerté ne menacera jamais la démocratie et la paix. Les autres, au contraire, n'ont pas le droit au pouvoir et par conséquent il est inutile qu'ils existent : il est entendu qu'ils contiennent en germe toutes sortes de crimes contre la paix et l'humanité. Après cela, ce qui est étonnant, c'est que les Américains ne comprennent pas la politique de M. Gottwald : car M. Gottwald ne fait rien d'autre que d'appliquer dans son pays les sages précautions suggérées par le nouveau Droit, en donnant seulement au mot démocratique un sens un peu particulier.

Il y a donc dans ce simple énoncé un principe d'ingérence. Or, cette ingérence a ceci de particulier qu'elle ne traduit pas, ou du moins ne semble pas traduire une volonté identifiable. Ce n'est pas telle grande puissance en particulier ou tel groupe de grandes puissances qui s'oppose à la reconstitution des mouvements nationalistes, c'est une entité beaucoup plus vague, c'est une entéléchie sans pouvoirs ni bureaux, c'est la conscience de l'humanité. « Nous ne voulons pas revoir cela » dit la conscience de l'humanité. Cela, comme nous le verrons, personne ne sait exactement ce que c'est. Mais cette voix de l'humanité est bien commode. Cette puissance anonyme n'est qu'un principe d'impuissance. Elle n'impose rien, elle ne prétend rien imposer. Qu'un mouvement analogue au national-socialisme se reconstitue demain, il est bien sûr que l'O.N.U. n'interviendra pas pour en demander la suppression. Mais la **conscience universelle** approuvera tout gouvernement qui prononcerait l'interdiction d'un tel parti, ou, pour sa commodité, de tout parti qu'il accuserait de ressembler au national-socialisme. Toute résurrection nationale, toute politique de l'énergie ou simplement de la propreté, est ainsi frappée de suspicion. On a donné une entorse aux consciences et maintenant on nous regarde boiter. Qui a fait cela ? Qui a voulu cela ? C'est **Personne** comme criait le Cyclope. Le super-État n'existe pas, mais les vetos du super État existent : ils sont dans le verdict de Nuremberg. Le super-État fait le mal qu'il peut faire avant d'être capable de rendre des services. Le mal qu'il peut faire c'est de nous désarmer contre tout, contre ses ennemis aussi bien que contre les nôtres.

C'est une situation singulière. Nous sommes désarmés et menacés par une idée et rien d'autre qu'une idée. Rien n'est interdit, mais nous sommes prévenus qu'une certaine **orientation** n'est pas bonne. Nous sommes invités à préparer en nous certaines sympathies et à installer en nous plusieurs refus définitifs. On nous apprend à conjuguer des verbes, comme aux enfants : « M. Mandel est un grand patriote, M. Roosevelt est un grand citoyen du monde, M. Jean-Richard Bloch est un grand écrivain, M. Benda est un penseur », et inversement : « Je ne serai jamais raciste, j'aimerai bien M. Kriegel-Valrimont, je maudirai éternellement les SS, Charles Maurras et *Je Suis Partout*. » Et ceux dont l'esprit n'est pas susceptible de ces sympathies ou qui rejettent ces refus ? Ceux dont le cœur répond à d'autres appels, ceux dont l'esprit ne pense qu'à travers d'autres catégories, ceux qui sont faits autrement ? J'ai la même impression ici qu'en lisant certains textes marxistes : ces gens-là n'ont pas le cerveau fait comme le mien, c'est une autre race. Et ce rapprochement nous met sur la voie. Il y a un monde clos de l'idéalisme démocratique qui est du même ordre que le monde clos du marxisme. Ce n'est pas étonnant si leurs méthodes arrivent à coïncider, si leur justice finit par être la même bien que les mots n'aient pas chez eux le même sens. C'est aussi une religion. C'est la même entreprise sur les âmes. Quand ils condamnent le nationalisme, ils savent bien ce qu'ils font. C'est le fondement de leur Loi. Ils condamnent **votre vérité**, ils la déclarent radicalement fausse. Ils condamnent notre sentiment, nos racines même, notre manière la plus profonde de voir et de sentir. Ils nous expliquent que notre cerveau n'est pas fait comme il faut : nous avons un cerveau de barbares.

Cette mise en garde permanente nous prépare une forme de vie politique que nous ne devons pas ignorer et que d'ailleurs trois ans d'expérience continentale ne nous permettent pas d'ignorer La condamnation du parti national-socialiste va beaucoup plus loin qu'elle n'en a l'air. Elle atteint, en réalité, toutes les formes solides, toutes les formes géologiques de la vie politique. Toute nation, tout parti qui se souviennent du sol, de la tradition, du métier, de la race sont suspects. Quiconque se réclame du droit du premier occupant et atteste des choses aussi évidentes que la propriété de la cité offense une morale universelle qui nie le droit des peuples à rédiger leurs lois. Ce n'est pas les Allemands seulement, c'est nous tous qui sommes dépossédés. Nul n'a plus le droit de s'asseoir dans son champ et de dire : « Cette terre est à moi ». Nul n'a plus le droit de se lever dans la cité et de dire : « Nous sommes les anciens, nous avons bâti les maisons de cette ville, que celui qui ne veut pas obéir aux lois sorte de chez moi ». Il est écrit maintenant qu'un concile d'êtres impalpables a le pouvoir de connaître ce qui se passe dans nos maisons et dans nos villes. Crimes contre l'humanité : cette loi est bonne, celle-ci n'est pas bonne. La civilisation a un droit de veto.

Nous vivions jusqu'ici dans un univers solide dont les générations avaient déposé l'une après l'autre les stratifications. Tout était clair : le père était le père, la loi était la loi, l'étranger était l'étranger. On avait le droit de dire que la loi était dure, mais elle était la loi. Aujourd'hui ces bases certaines de la vie politique sont frappées d'anathème. Car ces vérités constituent le programme d'un parti raciste condamné au tribunal de l'humanité. En échange, l'étranger nous recommande un univers selon ses rêves. Il n'y a plus de frontières, il n'y a plus de cités. D'un bout à l'autre du continent, les lois sont les mêmes, et aussi les passeports, et aussi les juges, et aussi les monnaies. Une seule police et un seul cerveau : le sénateur du Milwaukee inspecte et décide. Moyennant quoi, le commerce est libre, enfin **le commerce est libre**. Nous plantons des carottes qui par hasard ne se vendent jamais bien et nous achetons des machines à biner qui se trouvent toujours coûter très cher. Et nous sommes libres de protester, libres, infiniment libres, d'écrire de voter, de parler en public, pourvu que nous ne prenions jamais des mesures qui puissent changer tout cela. Nous sommes libres de nous agiter et de nous battre dans un univers d'ouate. On ne sait pas très bien où finit notre liberté, où finit notre nationalité, on ne sait pas très bien où finit ce qui est permis. C'est un univers élastique. On ne sait plus où l'on pose ses pieds, on ne sait même plus si l'on a des pieds, on se trouve tout léger, comme si l'on avait perdu son corps. Mais pour ceux qui consentent à cette simple ablation que d'infinies récompenses, quelle multitude de pourboires ! Cet univers qu'on fait briller à nos yeux est pareil à quelque palais d'Atlantide. Il y a partout des verroteries, des colonnes de faux marbre, des inscriptions, des fruits magiques. En entrant dans ce palais vous abdiquez votre pouvoir, en échange vous avez le droit de toucher les pommes d'or et de lire les inscriptions. Vous n'êtes plus rien, vous ne sentez plus le poids de votre corps, vous avez cessé d'être un homme : vous êtes un fidèle de la religion de l'Humanité. Au fond du sanctuaire est assis un dieu nègre. Vous avez tous les droits sauf de dire du mal du dieu.

* * * * *

La deuxième section de l'acte d'accusation concerne les « crimes contre la paix ».

Comme on le sait, les Nations Unies accusent le gouvernement allemand d'avoir provoqué la guerre mondiale en envahissant le territoire polonais, invasion qui força la France et l'Angleterre à se déclarer en état de guerre avec l'Allemagne conformément à leurs engagements. Elles rendent en outre le gouvernement allemand responsable de l'extension de cette guerre en raison de ses agressions à l'égard de pays neutres. L'accusation prétend établir, de plus, la préméditation au moyen de deux documents confidentiels découverts dans les archives allemandes, documents dont il n'y a pas lieu de nier l'authenticité, étant données les précautions qui ont été prises pour leur identification. L'un est connu sous le nom de note Hossbach, l'autre sous le nom de dossier Schmundt.

La note Hossbach est le procès-verbal rédigé par l'officier d'ordonnance d'Hitler d'une conférence tenue à la chancellerie le 5 novembre 1937, devant les principaux chefs nazis, et qu'on présente comme le testament politique d'Hitler. C'est un exposé, d'ailleurs très dramatique, de la théorie du *Lebensraum* et de ses conséquences. Hitler y montre l'Allemagne nationale-socialiste vouée à l'asphyxie et condamnée à trouver des terres, il désigne l'Est comme la route de la nécessaire expansion coloniale du Reich, et il démontre que cette expansion ne peut se faire que par une série de guerres de conquêtes auxquelles l'Allemagne se trouve inexorablement contrainte. Nous aurons à faire plus loin des commentaires sur cet exposé. S'il doit être interprété comme l'a interprété l'accusation — mais les accusés et en particulier Göring contestent cette interprétation, il apporterait la preuve qu'Hitler voyait et acceptait la possibilité de la guerre.

Le dossier Schmundt est le procès-verbal, également rédigé par l'officier d'ordonnance d'Hitler — à cette date le colonel Schmundt — d'une conférence tenue à la chancellerie le 23 mai 1939 en présence des chefs du parti et des responsables de l'état-major. Cette conférence est constituée essentiellement par un exposé d'Hitler qui affirme le caractère inévitable d'une guerre avec la Pologne comme premier acte de l'action d'expansion coloniale : en étudiant les conséquences de cette guerre, Hitler en prévoit l'extension à l'Europe toute entière, et il fait comprendre à ses généraux, par une analyse aussi dramatique que la précédente, que la guerre qui va s'engager n'est pas une opération locale, mais qu'elle sera vraisemblablement le début d'une lutte à mort avec l'Angleterre, dont personne ne peut prévoir l'issue. Là encore, des réserves et des commentaires s'imposent et la défense conteste également la portée du document Schmundt. Sous cette réserve, le dossier Schmundt a le même sens que la note Hossbach dont il ne présente au fond qu'une application. Il prouverait de la même manière qu'Hitler n'ignorait pas les conséquences de sa politique et acceptait la possibilité de la guerre européenne, tout en conservant l'espoir qu'il pourrait y échapper. Si ces documents ont été correctement interprétés, il est difficile de soutenir que l'Allemagne ne porte aucune part de responsabilité dans la guerre.

L'accusation produit également un très grand nombre de conférences d'état-major, de plans de campagne et des études d'opérations dont nous ne pouvons donner ici le détail, et dans lesquels elle voit également des preuves de la préméditation. Comme ces documents ont un caractère moins sensationnel que les dossiers Hossbach et Schmundt et que d'autre part, il est souvent difficile de distinguer l'étude théorique d'une hypothèse tactique et le plan d'opération qu'on peut présenter comme un commencement d'action ou une préméditation caractérisée, nous pensons qu'il suffit de signaler au lecteur l'existence de ces documents sans les discuter.

Les historiens allemands devront reconnaître, en outre, que les armées allemandes ont pénétré les premières en territoire polonais, sans que le gouvernement allemand eût laissé aux négociations entreprises le temps de se développer. Ils ne manqueront pas de mettre en lumière les sanglantes provocations polonaises que l'accusation passe sous silence et de soutenir le caractère fallacieux des négociations que le cabinet anglais conduisit, semble-t-il, avec l'espoir de les voir échouer ; ils diront aussi que le gouvernement polonais s'est efforcé d'empêcher les négociations et l'accord. Ce sont là des circonstances capitales qu'aucun jugement sur les responsabilités de la guerre ne devrait omettre et que le tribunal de Nuremberg a certainement tort de ne pas mentionner. Il n'en est pas moins vrai que c'est l'armée allemande qui a tiré les premiers coups de canons. Le 1er septembre 1939 un télégramme pouvait encore tout sauver : ce télégramme ne pouvait partir que de Berlin.

Ceci dit, voici où commence la mauvaise foi. D'un côté, on fouille toutes les archives, on sonde les murs, on scrute les conseils, on utilise les confidences : tout est à jour, les conversations les plus secrètes des hommes d'État allemands sont exposées sur la table des preuves, on n'a même pas oublié les écoutes téléphoniques. De l'autre côté, le silence. On reproche à l'état-major allemand des études d'opérations qu'on a retrouvées dans ses archives : vous prépariez la guerre, lui dit-on. A qui fera-t-on croire que, pendant le même temps, les autres états-majors européens ne faisaient aucun plan, ne se préparaient à faire face à aucun cas stratégique ? A qui fera-t-on croire que les hommes d'État européens ne se concertaient pas ? A qui fera-t-on croire que les tiroirs de Londres et de Paris sont vides et que les préparatifs allemands ont surpris des agneaux qui ne songeaient qu'à la paix ? Lorsque la défense demande au Tribunal à déposer des documents analogues sur la politique française d'extension de la guerre, sur la politique anglaise d'extension de la guerre, sur les plans de l'état-major français, sur les crimes de guerre alliés, sur les instructions données par l'état-major anglais aux commandos, sur la guerre de partisans en Russie, on lui répond que cela n'intéresse pas le tribunal et que la question soulevée « est absolument hors de propos ». Ce ne sont pas les Nations Unies qui sont mises en accusation, leur dit-on. C'est fort juste : mais alors pourquoi appeler **histoire** ce qui n'est qu'un savant éclairage de scène ? Là encore, il n'y a que la moitié de la terre qui est éclairée. C'est en se fondant sur de telles apparences qu'on niait autrefois que la terre fût ronde. L'histoire commence quand on répartit également la lumière, quand chacun dépose ses documents sur la table et dit : jugez. En dehors de cela, il n'y a que des opérations de propagande. Est-il honnête d'accepter cette présentation des faits, était-il honorable de la mutiler ainsi ? Il est plus juste et finalement plus conforme à l'intérêt de nos propres pays de dire tout de suite que cette mobilisation des archivistes ne nous en impose pas.

Car cette science de l'éclairage ne prévaudra point contre l'évidence. C'est l'Angleterre qui s'est déclarée en état de guerre avec l'Allemagne le 3 septembre 1939, à 11 heures du matin. C'est la France qui a fait la même déclaration à 5 heures du soir. L'Angleterre et la France avaient des raisons de droit pour faire cette notification. Mais enfin, il est certain qu'elles l'ont faite. On est mal placé pour rejeter toute responsabilité dans une guerre quand on a fait savoir, le premier, à un autre État, qu'on se regardait comme en état de guerre avec lui. Au surplus, il y avait en France et en Angleterre un parti de la guerre. On ne nous le cache pas aujourd'hui. On reproche à des hommes d'État d'avoir été munichois, c'est-à-dire d'avoir recherché un arrangement : c'est donc qu'on ne voulait pas d'arrangement, c'est qu'on acceptait, et même qu'on souhaitait cette guerre. Ceci vaut bien la note Hossbach, il me semble. Enfin, tout le monde sait qu'après la défaite de la Pologne, l'Allemagne chercha à entamer des négociations sur la base du fait accompli. C'était peut-être fort immoral, mais c'était encore un moyen d'éviter une guerre européenne. Ces ouvertures ne furent pas acceptées. On tenait cette guerre, on était bien décidé à ne pas la lâcher. Ce sont là des évidences un peu trop fortes pour être discrètement reléguées. Malgré la mise en scène de Nuremberg, l'avenir rétablira aisément la vérité : Hitler a accepté de risquer une guerre pour une conquête qu'il jugeait vitale, l'Angleterre a décidé de lui imposer la guerre pour prix de cette conquête. Hitler pensait déclencher au maximum une opération militaire locale ; l'Angleterre en a fait sortir volontairement une guerre mondiale.

Un mot encore pour en finir avec l'examen de nos griefs. L'accusation a consacré d'importants exposés aux agressions qui eurent lieu pendant le déroulement des opérations. Sur ce point, si l'on se borne à constater des **faits**, la position de l'accusation est très solide. Ces agressions sont certaines. Mais a-t-on le droit de présenter, exactement sur le même plan, exactement comme des actes de la même gravité, des agressions stratégiques et le déclenchement d'une guerre mondiale ? Il est assurément contraire au droit, à la justice, aux traités, de faire surgir à quatre heures du matin une division blindée à Copenhague ou à Oslo, mais est-ce un acte du même ordre de grandeur, est-ce un acte de la même essence, que de prendre la responsabilité de mettre le feu à l'Europe ? Les vrais responsables de la guerre sont indirectement responsables dans la même mesure des opérations locales offensives que le déroulement de la guerre rendait inévitables. Si l'Angleterre n'avait pas déclaré la guerre, la Norvège n'aurait jamais été occupée. C'est le 3 septembre que Copenhague et Oslo ont commencé à trembler.

Et là encore, à la réflexion, on ne peut s'empêcher d'être gêné par certaines comparaisons. Quand un diplomate anglais intrigue pour obtenir certains accords économiques ou pour provoquer ou entretenir certaines dispositions politiques, c'est un libre jeu d'influences, ce n'est pas une agression, ce n'est pas une pression, ce n'est rien d'incorrect à l'égard de la loi internationale : et pourtant, n'est-ce pas une sorte de balisage de la carte politique, la création d'une zone d'influence sans intervention militaire ? Et lorsque le même diplomate ne se contente plus de suggérer, de conseiller, mais provoque brusquement une crise ministérielle qui a pour résultat le renvoi des ministres germanophiles, c'est toujours le même jeu libre des influences, cela ne s'appelle pas non plus un acte d'ingérence : et pourtant n'est-ce pas une installation politique camouflée, analogue à ces interventions qu'on reproche maintenant au régime soviétique ? Et quelle garantie peut-on avoir que cette installation politique ne préparera pas, et ne précédera pas l'installation militaire ? Il est si facile de se faire appeler au secours. La presse britannique, qui est fort indignée de ces procédés quand ils sont le fait des diplomates soviétiques ou allemands, a toujours tendance à les trouver fort naturels quand ils sont employés par l'ambassade britannique. Il y a là évidemment une lacune de la loi internationale, et une lacune fort difficile à combler. Mais alors, il faut en accepter les conséquences. Les agressions qu'on reproche à l'Allemagne (je mets à part l'attaque de la Russie) sont, en réalité, des interventions préventives. L'Angleterre n'a pas fait autre chose en Syrie, par exemple. Il y a, en cas de guerre, une fatalité des zones faibles. Un territoire mal défendu est une proie : il s'agit d'être le premier occupant. La correction absolue serait une abstention totale : c'est l'esprit de la loi internationale, mais elle est, en ce domaine, à peu près impossible à appliquer. Les méthodes diplomatiques tournent la loi, les méthodes stratégiques l'ignorent. Mais tout cela se vaut finalement. Il n'est pas bon d'être un neutre stratégiquement intéressant.

Ainsi, dans ce domaine où les **faits** paraissent accabler le gouvernement allemand, on s'aperçoit que la réalité ne fut pas si simple. Présenter les **faits** sans contexte, c'est une manière de mentir. Il n'existe pas de **fait** brut, il n'existe pas de document sans circonstances : ignorer systématiquement ces circonstances, c'est travestir la vérité. Nos mensonges ne seront pas éternels. Demain la nation allemande élèvera la voix à son tour. Et nous savons déjà que le monde sera contraint de tenir compte de cette voix. Elle nous dira que si Hitler a bien attaqué la Pologne, d'autres hommes avec angoisse, attendaient cette attaque, souhaitaient cette attaque, priaient pour qu'elle eût lieu. Ces hommes s'appelaient Mandel, Churchill, Hore Belisha, Paul Reynaud. L'alliance judéo-réactionnaire voulait « sa » guerre, qui était pour elle une guerre sainte : elle savait que seule une agression caractérisée lui permettrait d'entraîner l'opinion. Les archivistes allemands n'auront guère de peine à nous prouver qu'ils ménagèrent froidement les conditions de cette agression. Craignez le jour où l'on écrira l'histoire de cette guerre. A ce moment-là apparaîtra clairement le contexte des agressions locales. Le silence des Alliés deviendra leur propre accusation. On verra qu'ils ont omis de dire que leurs manœuvres et leurs intrigues ont rendu les interventions inévitables. Leur hypocrisie paraîtra en pleine lumière. Et leur énorme machine juridique se retournera contre eux parce qu'on aura reconnu sa malhonnêteté. Car celui qui verse le poison n'est pas moins coupable que celui qui frappe. Or, les méthodes de Nuremberg sont une belle chose. L'absence de tout document allié permet de nier le poison, et la loi internationale permet de désigner comme coupable celui qui arrive le premier. C'est la combinaison de deux malhonnêtetés, l'une portant sur l'enquête, l'autre provenant du code. Avec une loi mal faite et des policiers malhonnêtes, nous savons qu'on peut aller loin. Cette vérité nous a été démontrée pour notre propre compte.

Nous voici donc amenés à cette première conclusion que le procès de Nuremberg n'est pas un pur cristal. Le complot national-socialiste aboutissait à une Allemagne forte, mais cette Allemagne forte ne conduisait pas nécessairement à la guerre ; elle demandait le droit de vivre, elle le demandait par des méthodes qui étaient irritantes, mais on pouvait causer. L'Allemagne était en état permanent de rébellion contre la contrainte internationale, elle n'était pas en état permanent de crime contre la paix. Le déclenchement de la guerre est dû à un concours de circonstances beaucoup plus complexe que ne le dit la version officielle. Tout le monde y a eu sa part. Et tout le monde avait aussi d'excellentes raisons : l'U.R.S.S. de ne penser qu'à elle et de vouloir éviter un piège, l'Angleterre et la France de donner un coup d'arrêt définitif, l'Allemagne de vouloir briser une politique d'étouffement. Et tout le monde aussi avait des arrière-pensées. Ne serait-il pas plus sage d'en faire la confession générale ? Personne n'est innocent dans cette affaire, mais il y a des choses qu'on ne tient pas à expliquer : c'est bien plus commode d'avoir un criminel.

Notre propagande a donc menti par omission et altération dans la description de la responsabilité de la guerre. Et d'autre part, si l'on remonte des **faits** aux **principes**, on s'aperçoit que pour asseoir l'accusation nous avons été amenés à ressusciter un système qui n'avait jamais pu fonctionner et que les faits ont maintes fois condamné, à soutenir contre l'expérience et la nature des choses une théorie chimérique et dangereuse qui nous place dans l'avenir devant d'inextricables difficultés. Ce système a un avantage : il nous permet de nous justifier. Mais pour nous offrir cette satisfaction, nous risquons toutes les conséquences mortelles des idées fausses. Car on peut falsifier l'histoire : mais la réalité ne se laisse pas forcer si aisément.

Ce système est celui de la paix indivisible et de l'irrévocabilité des traités. C'est une espèce de conception géologique de la politique. On suppose que le monde politique qui a été en fusion pendant un certain nombre de siècles comme la surface de notre planète a atteint tout d'un coup sa phase de refroidissement. Il l'a atteinte en vertu d'une décision des diplomates. La masse des énergies est supposée s'être solidifiée ; elle s'est solidifiée suivant certaines lignes de force définitives ; cette physionomie immuable du monde politique, cette coulée de lave désormais fixée et éternelle est ce qu'on appelle **l'armature des traités**. Si une faille s'ouvre, si un glissement se produit quelque part, nous devons tous venir au secours car toute la croûte terrestre est menacée. L'histoire des empires est close. Désormais il n'y a plus que des équipes volantes de sauveteurs qu'on appelle pour des travaux de terrassement et de consolidation.

Ce solennel arrêt de l'histoire étant généralement proclamé au lendemain d'un cataclysme, voici ce que cela donne dans la réalité.

Une nation est vaincue dans une guerre, on occupe son territoire, on pille ses usines, on lui rend toute vie impossible, puis on lui dit : signez seulement ce traité, et nous nous en allons, vous êtes chez vous, la vie recommence. Cette éloquence est persuasive. On finit toujours par trouver un chef de gouvernement qui signe : il se couvre la tête de cendres, il pleure, il jure que sa main est forcée, il en appelle au ténébreux et sonore avenir, mais il **signe** : Dès lors, c'est fini. Shylock tient sa livre de chair. Ce traité est sans appel, ce traité est la loi. Vous avez beau implorer, vous avez beau démontrer que ces chaînes vous rendent la vie impossible : c'est en vain. Ce traité est devenu la base définitive de vos relations avec la communauté internationale. Il oblige non seulement ceux qui ont dû signer, mais leur postérité toute entière. Nul n'a le droit de dire qu'il le répudie. Quiconque le transgresse commet un crime. Ce crime s'appelle crime contre la paix. Et il n'est pas une seule violation du traité de Versailles qui n'ait été portée au compte des dirigeants allemands sous cette rubrique. L'acte d'accusation s'exprime ainsi : tel jour de telle année, vous avez accompli tel acte qui était contraire au traité de Versailles, paragraphe tant.

Solidifiées dans leur définition irrévocable, enfermées de force dans des poumons d'acier où elles respirent avec peine, les nations vaincues implorent, elles demandent à vivre. C'est ici où apparaissent les avantages de la rigidité géologique. On n'est pas inhumain, on les écoute : mais on leur fait comprendre que le traité est pour elles un mors. Qu'elles soient sages, qu'elles admettent l'étranger, qu'elles aliènent leur indépendance, et ce mors pourra être desserré. On pourra parler de concessions, peut-être même de révision. Du café et des oranges en échange d'un gouvernement démocratique : un nègre un bateau de riz, deux nègres deux bateaux de riz, une synagogue tout un convoi. Mais si elles veulent se gouverner à leur guise, la loi. Nous ne choisissons pas d'autres documents pour illustrer cette situation que celui-là même qui est cité par l'accusation, la dramatique conférence du 5 novembre 1937 décrite dans la note Hossbach. Toutes les déductions d'Hitler ont pour base ce dilemme : ou nous quittons le pouvoir, et alors les nations anglo-saxonnes sont peut-être prêtes à envisager des aménagements du traité de Versailles qui permettront à l'Allemagne de vivre, mais de vivre tributaire, ou nous restons au pouvoir et alors notre régime est voué à l'échec parce qu'on nous refuse les matières premières, les débouchés et les territoires qui nous sont indispensables. Ce chantage est parfaitement légal : c'est à cela qu'on aboutit avec le caractère irrévocable des traités.

Cet aboutissement est logique, mais il est insuffisant comme nous l'a prouvé l'expérience. Si l'on veut marcher tranquillement sur la Mer de Glace, il faut être absolument sûr qu'aucun travail souterrain ne s'effectue pendant ce temps. Les demi-sujétions réservent des mécomptes. Si nous voulons que le monde soit immobile, il faut contrôler cette immobilité. L'application complète et consciente de ce système aurait dû nous entraîner à contrôler l'industrie allemande, l'équipement allemand, la population allemande, la nourriture allemande, les élections allemandes et à exercer ce contrôle au nom des nations solidaires dans l'indivisibilité de la paix. Quand on combat la vie, il faut la combattre jusqu'au bout. Si vous ne voulez pas qu'elle prenne sa revanche, la seule solution est un malthusianisme racial et économique qu'on peut tout au plus alléger par l'émigration et l'exportation : les nations vaincues fabriqueront pour les autres des marchandises et des esclaves. Et il sera prudent de les surveiller pendant très longtemps par une occupation larvée. Le traité de Versailles nous condamnait à maintenir l'Allemagne en esclavage. Il nous imposait et il imposait au monde entier une gérance perpétuelle que nous n'avons pas exercée. Vingt ans d'expérience politique nous ont prouvé avec force qu'il n'y a pas de moyen terme entre la liberté totale et la servitude des vaincus.

C'est pourtant ce que le Tribunal international refuse de voir. La logique lui fait peur. Il pose des prémisses parce qu'elles sont indispensables à l'accusation, mais ensuite il se voile la face et ne consent pas à la conclusion. Il s'entête comme un enfant, il répond comme un enfant, se réfugie dans le vague, s'abrite derrière les mots. Et tout ce qu'on peut tirer des accusateurs devant cette question si grave est cette phrase étonnante d'inconscience et de puérilité : « Il est possible que l'Allemagne de 1920 à 1930 ait dû faire face à des problèmes désespérés, problèmes qui auraient justifié les mesures les plus audacieuses exception faite de la guerre. Toutes les autres méthodes, persuasion, propagande, concurrence économique, diplomatie, étaient ouvertes à une nation lésée, mais la guerre d'agression restait proscrite ». C'est bien en effet ce que nous avons répété pendant vingt ans à l'Allemagne et à l'Italie : Entassez-vous, débrouillez-vous, mais ne venez pas piétiner nos jardins.

Nos juristes de Nuremberg n'ont donc pas avancé d'un pas. Réveillant de son sommeil la vieille doctrine du partage immuable du monde, ils en retrouvent toutes les difficultés ; et ils n'osent pas aller jusqu'au bout de leur système. Ils n'osent pas choisir, ils ne peuvent pas choisir. S'ils optent pour la servitude perpétuelle des vaincus, pour une servitude avouée, déclarée, ils se mettent en contradiction avec toute leur idéologie de guerre. S'ils renoncent à empêcher par la force cette respiration et cette expansion des empires qui a la puissance et le caractère imprescriptible des lois biologiques, ils donnent raison à l'Allemagne et ils doivent accepter pour eux la responsabilité de la guerre. Ils se trouvent devant cette évidence : la diplomatie ancienne eût probablement toléré le partage de la Pologne — ce n'était pas la première fois — et la guerre mondiale eût été évitée. L'annexion de l'Ethiopie, la disparition de la Tchécoslovaquie n'étaient-elles pas des opérations infiniment moins coûteuses pour l'humanité que le déclenchement d'une guerre mondiale ? Ce n'était pas juste ? Mais l'amputation d'un quart de l'Allemagne au profit de l'impérialisme slave, le transfert effroyable de millions d'êtres humains qu'on traite depuis quatre ans comme du bétail sont-ils justes ? Les hommes d'État d'autrefois savaient qu'on ne doit risquer une guerre générale que pour des causes infiniment graves qui mettent en péril l'existence de toutes les nations. Et ils savaient aussi qu'il faut concéder quelque chose aux lois imprescriptibles de la vie. Etions-nous exposés à un danger mortel par le partage de la Pologne ? Le danger que les hommes d'État démocratiques ont fabriqué de leurs propres mains n'est-il pas infiniment plus grave ? Notre situation n'est-elle pas infiniment plus dramatique ? Qui ne se dit aujourd'hui que l'Europe était belle au mois d'août 1939 ? Les événements ont donné raison à Choiseul. Les forces politiques sont des forces naturelles comme l'eau et comme le vent : il faut les canaliser par des appareils précis et puissants, ou il faut naviguer à la voile. Si nous ne voulons pas, après les guerres, imposer la servitude qui est une des formes de la loi naturelle, il faut accepter l'autre, faire des traités viables et laisser se développer les peuples vigoureux : les inconvénients qui résultent de leur croissance sont finalement beaucoup moins graves que l'événement d'une guerre générale dont l'issue ne profite qu'à ceux qui menacent notre civilisation.

Nos nouveaux juristes, embarrassés entre la liberté ou la servitude, se sont alors établis sur une doctrine intermédiaire dont le passé leur offrait des éléments et à laquelle ils ont donné une extension majestueuse. Les traités sont irrévocables, la paix est indivisible : mais, nous disent-ils, ne vous inquiétez pas de l'apparence de servitude qui découle de ces propositions, car elles sont en réalité le fondement d'un univers démocratique où toutes les nations jouiront de droits égaux et des bienfaits de la liberté. Bien sûr vous allez être un tout petit peu esclaves, mais c'est le meilleur moyen pour que vous soyez tous libres.

Pour rallier cette thèse ingénieuse, l'accusation fut amenée à laisser un peu dans l'ombre ce traité de Versailles que ses adversaires désignaient du vilain mot de **diktat** et qui sentait en effet la poudre du plus fort. Et elle alla déterrer dans l'arsenal diplomatique un certain nombre de pactes usagés qui avaient une physionomie très pacifique et qui s'accordaient à peu près à l'idée d'un libre consentement. En effet, disent nos juristes, ce n'est pas seulement le traité de Versailles que les Allemands ont violé. Ils ont violé aussi des traités qu'ils avaient librement signés, les conventions de La Haye, le pacte de Locarno, le pacte de la Société des Nations, le pacte Briand-Kellog. Nous ne nous attarderons pas ici aux conventions de La Haye : elles sont imprécises, du moins en ce qui concerne l'agression. Et nous n'avons rien à ajouter aux paroles du procureur britannique sir Hartley Shawcross : « Ces premières conventions furent loin de mettre la guerre hors la loi ou de créer une forme obligatoire d'arbitrage. Je ne demanderai certainement pas au tribunal de déclarer qu'un crime quelconque a été commis en violation de ces conventions ». Mais le pacte de Locarno, mais le Briand-Kellog, on nous le répète vingt fois, c'est autre chose. Ce sont des textes sacrés, c'est le tabernacle Et le même sir Hartley Shawcross définit par ces mots leur signification essentielle : le traité de Locarno « constituait une renonciation générale à la guerre » et le pacte Briand-Kellog en constituait une autre, si grave, si solennelle, qu'à partir de cette date « le droit à la guerre ne fit plus partie de l'essence de la souveraineté ». C'est d'ailleurs en application de ce pacte, ajoute sir Hartley Shawcross, que l'Angleterre et la France se sont trouvées en guerre. Elles n'ont pas eu à déclarer la guerre, elles étaient en guerre, car « une violation du pacte à l'égard d'un seul signataire constituait une attaque contre tous les autres signataires, et ils étaient en droit de la traiter comme telle ».

Ces déclarations méritent d'être examinées de près. On les louera d'abord pour leur subtilité. Elles sont une façon fort élégante de résoudre le problème de la déclaration de guerre. C'est très simple : celui qui tire le premier coup de canon se met en état de guerre avec tout le monde. Les historiens allemands nous demanderont peut-être pourquoi, de tous les signataires, l'Angleterre et la France ont seules montré ce zèle : nous leur répondrons qu'ils sont de mauvais esprits et des ennemis personnels de sir Hartley Shawcross. Mais ce n'est pas tout. C'est surtout sur le plan politique que ces propositions sont d'une grande beauté et d'une grande fermeté de doctrine : « Vous avez accepté, dit en substance notre légiste, de faire partie d'un super-État, vous avez renoncé sur ce point à une partie de votre souveraineté, vous n'avez plus le droit de vous en dédire, ceci est irrévocable et votre signature peut être invoquée contre vous ». Il y aurait beaucoup à dire là-dessus au point de vue historique. L'Allemagne s'est retirée de la S. D. N., elle n'était plus liée par les travaux et les résolutions de la S.D.N. Elle a répudié le pacte de Locarno, renouvelé une première fois en 1934 pour une période de cinq ans, et non renouvelé à l'expiration de cette période : elle n'était donc plus liée par les engagements de Locarno. Elle n'a pas répudié le Briand-Kellog, qui d'ailleurs n'admettait aucune clause d'abrogation, mais qui pouvait se croire réellement lié par le Briand-Kellog, puisque ce pacte s'était révélé inapplicable à la suite de la guerre d'Éthiopie ? Cela ne fait rien, dit l'accusation. Ces révocations, étant unilatérales, n'ont aucune valeur pour nous : l'Allemagne, qui ne fait plus partie de la Société des Nations, est aussi coupable à nos yeux que si elle en faisait partie, le traité de Locarno a pour nous autant de valeur que s'il n'avait jamais été dénoncé, et le pacte Briand-Kellog, qui n'a aucune signification lorsqu'il s'agit de l'Éthiopie, oblige impérieusement l'Europe à faire la guerre lorsqu'il s'agit de la Pologne. Les pactes internationaux ont quelque chose du caractère sacerdotal : ils consacrent pour l'éternité.

Mais ce n'est pas l'aspect historique de l'affaire qui nous intéresse en ce moment. Admettons que le Briand-Kellog soit un traité au même sens où Versailles est un traité, admettons qu'il ait été pris au sérieux par l'opinion et par les puissances, et admettons que ce traité ait été violé par l'Allemagne. Ce qui est important, ce qui est un changement radical, c'est la valeur que prend soudain ce traité parmi tous les autres traités, c'est la soudaine promotion, le changement d'essence qui en fait, non pas un contrat comme les autres, mais une loi, un arrêt de Dieu.

C'est ici qu'apparaît le système qui sert de base à l'accusation, et en particulier l'unité de ce système. Dans la première section de l'Acte d'accusation, le Ministère public affirmait qu'il existe une conscience universelle, une morale internationale qui s'impose à tous et que cette morale internationale interdit certaines formes d'action politique. Ici, il affirme que non seulement la morale internationale existe, mais qu'elle a des instruments, des porte-parole accrédités, et un pouvoir législatif ayant la même force coercitive que les pouvoirs législatifs nationaux. Vous n'aviez pas le droit de faire la guerre, dit l'accusation, parce que la S.D.N. l'interdit : au moyen d'un texte législatif au bas duquel se trouve la signature de vos représentants. C'est dans cette perspective seulement que le Briand-Kellog cesse d'être une pure déclaration affirmant que la guerre est une très vilaine chose, pour devenir un édit interdisant la guerre. Pour que le Briand-Kellog ait cette valeur, il faut admettre que la S.D.N. était Richelieu : elle interdit la guerre comme il a interdit le duel, et elle fait pendre Ribbentrop comme il faisait couper la tête à Montmorency-Boutteville. La S.D.N. était donc une puissance dont l'Allemagne a violé la constitution. L'Angleterre et la France et non seulement l'Angleterre et la France, mais tous les États qui ont reconnu la S.D.N. se trouvent automatiquement en guerre contre elle, comme tous les États qui constituent la Confédération américaine se trouveraient en guerre avec la Californie si la Californie se révoltait contre le pouvoir fédéral.

Ainsi deviennent perceptibles l'unité et la puissance de la morale internationale. La conscience universelle, ou comme on voudra, la morale internationale devient un pouvoir : elle interdit le nationalisme autoritaire comme les lois fédérales interdisent la contrebande de l'alcool et elle punit la guerre comme une mutinerie. Cette promotion de la conscience universelle nous permet de pénétrer plus avant dans l'esprit de nos nouveaux législateurs. Tout se tient chez eux et la seconde section de l'Acte d'accusation est parfaitement coordonnée avec la première.

L'attitude de l'accusation consiste à nier l'existence de ce qui existe et à affirmer l'existence de ce qui n'existe pas. Pour elle, la morale internationale existe et elle a le pouvoir de faire des lois écrites ou non qui doivent prévaloir sur les lois écrites des nations. Et de même, la S.D.N. qui n'existe plus existe, son pouvoir de police qui n'a jamais existé existe quelque part dans l'absolu, il est la main de Dieu, et son droit régalien existe bien qu'il n'ait jamais été affirmé nulle part. Cette manière de voir est une forme de rétroactivité plus subtile que les autres : car, en somme, le tribunal juge au nom d'un super-État qui a une certaine existence en 1945, à supposer qu'on croit à l'O.N.U., mais qui n'en avait aucune en 1939. C'est un réveil des fantômes. Mais surtout c'est le triomphe des pures essences. Toutes les idées générales se mettent à avoir un glaive. Les nuées font la loi. Elles disent qu'elles existent et qu'elles seules existent. C'est la caverne de Platon : nos réalités ne sont plus que des ombres, nos lois ne sont plus que des ombres, et les ombres disent qu'elles sont la réalité et les vraies lois. C'est le triomphe des universaux. Et nous qui croyons à ce qui existe, nous regardons avec stupeur ce déchaînement de l'impalpable.

Car enfin il faut bien voir où cela nous mène. Je ne parle pas ici de l'usage honteux qui a été fait au procès de Nuremberg du pacte Briand-Kellog au nom duquel on a prétendu transformer en crimes de droit commun tout ce qu'avaient fait les militaires allemands, sous prétexte que, leur guerre étant illégale, il n'y avait plus et il ne pouvait y avoir de leur part d'*actes de guerre*. Je songe ici aux conséquences de ce règne des nuées. La principale est de la part de toutes les nations, qu'elles soient ou non participantes aux traités (car elles sont toutes participantes à la morale) un abandon de souveraineté en faveur de la communauté internationale. Cette idée est tellement répandue comme fondement du monde futur qu'on nous invite tous les jours à nous y accoutumer. Et elle est tellement évidente que Litvinov la formulait ainsi il y a déjà vingt ans : « La souveraineté absolue et l'entière liberté d'action n'appartiennent qu'aux États qui n'ont pas souscrit à des obligations internationales. »

Comment se fait cette délégation de souveraineté ? Remarquons d'abord que ce n'est pas un abandon de souveraineté ordinaire. Il arrive qu'une nation renonce à certains de ses droits souverains, par exemple elle remet à quelqu'un d'autre le soin de protéger ses nationaux en Terre Sainte, de faire valoir ses droits à administrer le canal de Suez ou à réglementer la navigation du Danube. Ce n'est pas de cela qu'il s'agit ici, nous en sommes bien loin. Les nations sont invitées à cette démission unique, incroyable : elles délèguent à une instance supérieure le droit de dire ce qui est supportable et ce qui est insupportable, de fixer la limite entre ce qu'elles toléreront et ce qu'elles ne toléreront pas, c'est-à-dire qu'elles abdiquent en réalité toute souveraineté. Car qu'est-ce qu'un souverain qu'on insulte, qu'on brime et qui n'a pas le droit de se lever et de dire : C'est assez ! Un tel souverain cesse d'avoir le caractère de souverain, il devient exactement un particulier, il réagit en particulier, qui répond : « Monsieur, il y a des tribunaux, il y a les tribunaux du roi. » Il n'est plus souverain puisqu'il reconnaît un roi. Les nations n'abandonnent donc pas une partie de leur souveraineté, elles renoncent à leur souveraineté elle-même. Chacune d'entre elles n'est plus qu'un citoyen d'un empire universel. Et cette situation est si claire que chaque nation non seulement accepte des droits, mais assume aussi des devoirs de citoyens. Elle assume notamment le devoir civique proprement dit, celui qu'on doit essentiellement au suzerain, le devoir de milice. Elle accepte d'être mobilisée, elle devient bourgeois de l'univers et elle s'engage à monter la garde à son tour sur l'ordre du conseil et à coiffer sa salade au commandement. Chaque nation est désormais un garde national comme les contemporains de Louis-Philippe.

Cette abdication des nations, nous ne l'apercevons dans toute son étendue qu'en nous souvenant de ce qui a été dit à la première section de l'Acte d'accusation. Car on constate que les nations ne renoncent pas seulement au droit de distinguer elles-mêmes ce qui est tolérable et ce qui est intolérable, elles délèguent en réalité le droit de dire ce qui est juste et ce qui est injuste. Il appartient à quelqu'un d'autre de dire non seulement si elles sont lésées, mais si elles vivent conformément à la morale. Elles demandent permission pour tout, pour faire la guerre, pour ne pas faire la guerre, pour être fortes selon telle méthode ou selon telle autre pour changer de régime, pour voter telle loi ou tel contingentement. Et il n'est pas étonnant qu'on leur fasse maintenant des **recommandations** sur leur monnaie, sur leur commerce, sur leur budget, sur leur armement, sur leur teneur démocratique ; tout cela était contenu dans l'esprit de Nuremberg et ce qui serait étonnant ce serait qu'on ne leur en fasse pas.

Ainsi **l'ingérence** d'abord sournoise et purement métaphysique quand il s'agissait de nos droits politiques, devient précise, juridique, conditionnée par des organismes et par des textes quand on passe dans le domaine international. L'assimilation du Briand-Kellog à un édit fait très bien comprendre le caractère juridictionnel de l'instance internationale et l'assimilation des États à la condition du citoyen fait bien comprendre leur déchéance. La transition dramatique à laquelle nous assistons a tous les caractères des phases d'instauration des nouvelles souverainetés. Les mêmes phénomènes se sont produits dans l'Italie du XVIe siècle, lorsque les États voulurent imposer leur souveraineté juridique aux princes féodaux. Les Orsini, les Malatesta, les Colonna prétendaient avoir droit de justice sur leurs terres. Ils ne comprenaient rien aux procès criminels que leur intentaient la république de Venise ou le pape, et ils moururent persuadés de leur bon droit, et convaincus que leurs ennemis se débarrassaient d'eux (ce qui était vrai), en leur racontant des sornettes. On pourrait conclure de cette comparaison que le procès de Nuremberg est la première manifestation d'un droit nouveau qui paraîtra évident dans deux cents ans. C'est possible. Mais ce qui est encore plus sûr, c'est que les Orsini, les Malatesta et les Colonna ont disparu aussitôt après en tant que souverains et que leurs enfants sont devenus des sujets dociles du pape et du grand-duc de Toscane. Si Nuremberg dit le droit pour l'avenir, si la loi internationale s'assure finalement la place qui est revendiquée pour elle actuellement, nos nations finiront comme les féodaux italiens. Ces textes consacrent leur sujétion et leur disparition.

À ce point de notre analyse nous voyons s'étager le panorama du nouveau système. C'est en somme une espèce de transposition. L'irrévocabilité des traités et l'indivisibilité de la paix ne nous mènent pas à la servitude et à toutes ses conséquences choquantes, malthusianisme, contrôle, occupation. Mais elles nous habituent tout doucement à un degré tempéré de ces phénomènes, à une traduction supportable de ce vocabulaire de la sujétion. Il ne s'agit plus de servitude, mais d'ingérence, il n'est pas question de contrôle mais de planification, pas davantage de malthusianisme mais d'organisation des exportations, et encore moins d'occupation mais seulement de conférences internationales qui sont comme des consultations médicales sur notre température démocratique. Tout le monde est présent autour de la table. Chacun a son bulletin de vote. Il n'y a ni vainqueurs ni vaincus. C'est la liberté qui règne et chacun respire : non pas comme on respire dans un poumon artificiel, mais comme on respire dans la cabine d'un bathyscaphe ou d'un aérostat où le cubage d'oxygène est réglé par un savant mécanisme d'admission. Tout le monde a déposé à l'entrée un certain nombre d'idées fausses et de prétentions superflues comme les mahométans déposent leurs babouches avant de pénétrer à la mosquée. Tout le monde est libre parce que chacun a juré avant d'entrer qu'on respecterait éternellement chez lui les principes démocratiques, c'est-à-dire qu'on souscrit avant toutes choses un abonnement éternel à la constitution des États-Unis. N'est-ce pas le bonheur en ce monde ? N'est-ce pas un heureux compromis entre les deux difficultés qui nous arrêtaient tout à l'heure ? Ainsi est résolue la quadrature du cercle. L'Allemagne est condamnée non pas seulement pour avoir violé le traité de Versailles, mais essentiellement pour avoir agi contrairement à l'esprit et aux édits de la conscience universelle, c'est-à-dire de la démocratie : et elle reprend son rang parmi les nations libres pourvu qu'elle jure fidélité à la déesse qu'elle a offensée.

Seulement, il faut voir ces dispositions nouvelles dans toutes leurs conséquences. Cette réduction des États à la condition de particuliers a pour premier résultat de consacrer la distribution présente des richesses du monde. L'inégalité sociale se reproduit à l'échelle des États, et dans le même rapport avec les institutions juridiques. C'est-à-dire que le citoyen est nommé gardien de l'inégalité qui l'opprime. Or dans les cités, cette situation statique est constamment modifiée par les luttes politiques. Périodiquement le citoyen fait savoir, et souvent avec une certaine violence qu'il n'accepte de continuer son rôle de gardien que si l'inégalité initiale est amendée à son profit. Le contrat social est ainsi continuellement révisé. Mais ce moyen que l'action politique confère aux citoyens, quel correspondant a-t-il à l'échelle des États ? Toute lutte politique dans ce registre est guerre ou prélude à la guerre, et cette guerre, dans le nouveau système, ne peut plus être qu'une guerre mondiale.

Vous êtes libres, nous dit-on, mais libres à condition d'accepter votre lot. Vous avez des droits égaux à ceux des autres, mais il faut savoir justement que les autres ont renoncé au droit de remettre l'essentiel en question. Ceci est une façon sournoise de réintroduire le malthusianisme. La Charte des Nations Unies consolide le paupérisme comme Briand-Kellog consolidait Versailles. Il n'y a même plus besoin d'annexions, il n'y a plus besoin de coercition, il suffit de faire accepter l'esprit démocratique qui rend le même service que toutes les coercitions. Les riches crient « Hosannah ». Ils rendent grâce après avoir chanté des hymnes sur le Potomac et ils proclament que leur triomphe est le triomphe de la justice et de la paix. C'est admirable. Il n'y a même plus besoin de parler de monstres. Les monstres ont disparu, c'est fini. On n'a pas besoin de leur enlever leurs colonies pour les exploiter à leur place, ils n'ont plus de colonies, ni leur marine pour pouvoir leur louer des bateaux, ils n'ont plus de bateaux, ni leur industrie pour leur faire payer très cher des casseroles fabriquées à Détroit ou fabriquées à Essen par les capitalistes de Détroit, ils n'ont plus d'usines. Il suffit de leur persuader de trouver excellent l'état présent des choses, de le regarder comme une de ces fatalités contre lesquelles on ne peut rien. La Charte des Nations Unies fait l'économie d'un diktat. Versailles est un enfantillage puisque nous avons Briand-Kellog. Démocratie et immobilité, voilà notre devise : moyennant quoi, comme tout est pour le mieux dans le meilleur des mondes, on invite les tondus à monter la garde devant le patrimoine des justes.

Ainsi se rencontrent et se pénètrent deux domaines qui paraissaient d'abord étrangers, le moral et l'économique. C'est la paix que Nuremberg prétend garantir. Il se trouve que la paix et la conscience universelle, bien qu'elles siègent dans l'empyrée, sont comme les rois, dont Montaigne disait que, bien qu'ils fussent assis sur des trônes, encore n'y étaient-ils assis que sur leur cul. Ainsi les pures idées, les impalpables idées, s'incarnant à la place des souverains doivent mettre la mains aux impures besognes de l'art du prince. Leur administration en dernier ressort consiste à distribuer les richesses. On ne peut prendre l'administration du spirituel sans déborder sur l'administration du temporel. On ne peut déposséder les souverains du spirituel sans les déposséder aussi d'une partie du temporel, qui vient avec, comme la terre vient avec les racines. Alors nous pouvons leur dire : « Pures idées, impalpables idées, qui donc sont vos ministres ? A quels intendants, à quels chanceliers, à quels menins de votre manche avez-vous remis cette administration du temporel dont vous ne vous embarrassez point ? Quelle congrégation règne sur nous ? Si vous nous demandez de monter la garde nous voudrions bien savoir devant quoi nous montons la garde. Si vous nous demandez de saluer à la porte, nous voudrions bien savoir qui est assis dans vos carrosses. » Mais le tribunal, en cette deuxième section de l'Acte d'accusation, ne répond pas encore à cette question. Il se contente de poser les principes que nous avons décrits et à travers lesquels nous cherchons à lire notre avenir.

Car, nous qui arpentons les jardins du nouvel Eden, nous voyons se préciser un peu plus les formes et le profil du monde futur. Cette nouvelle loi est décidément une belle chose. La section première de l'Acte d'accusation nous chassait de la cité, elle nous en chassait pratiquement, c'est tout ; la section deuxième nous en chasse juridiquement, en nous donnant le titre de citoyen du monde. Nous avons appris d'abord que nous n'avions plus le droit de nous réunir sur la place devant la maison du cadi, et de dire : cette ville fut à nos pères et elle est à nous, ces champs furent à nos pères et ils sont à nous. Et maintenant, voici que le cadi n'a plus le droit de marcher précédé du glaive : il a abandonné sa souveraineté, voici venir de beaux agents coiffés d'un casque blanc, qui annoncent la paix et la prospérité. Bienvenue à vous, beaux agents de nos maîtres ! Vous ne veillez pas seulement sur notre sommeil, vous réglez toutes sortes de circulations bien diverses, celle de nos machines, celle de nos idées, celle de notre argent, et bientôt celle de nos troupes. Notre cadi sort chaque jour de son palais pour aller à la prière escorté de ses beaux goumiers. Il feint de ne pas vous voir. Et nous, faisant un retour sur nous-mêmes, nous pensons avec amertume aux sultans que nous faisions défiler ainsi.

Ce monde que nous sentions tout à l'heure si fluide, se dérobant à toute définition, à toute certitude, il a donc enfin quelque chose de stable, de définitif, d'irrévocable : ce sont les lois qui nous rendent tributaires. Chez nous, dans nos cités, plus rien de sûr, plus de limites certaines du bien et du mal, plus de terre où reposer nos pieds : mais au-dessus de nous, quelle architecture vigoureuse commence à se dessiner. Le citoyen français, allemand, espagnol, italien, ne sait pas très bien quel sort lui est réservé, mais le citoyen du monde sait que l'échafaudage harmonieux des pactes s'élève pour lui. Sa personne est sacrée, ses marchandises sont sacrées, ses prix de revient sont sacrés, ses marges bénéficiaires sont sacrées. La république universelle est la république des marchands. La loterie de l'histoire est arrêtée une fois pour toutes. Il n'y a plus qu'une loi, celle qui permet la conservation des gains. Tout est permis, sauf ce qui consiste à revenir là-dessus. La distribution des lots est définitive. Vous êtes vendeur à perpétuité ou acheteur à perpétuité, riche ou pauvre pour toujours, maître ou tributaire jusqu'à la fin des temps. Là où les souverainetés nationales s'éteignent, la dictature économique mondiale commence à luire. Un peuple ne peut plus rien contre les marchands lorsqu'il a renoncé au droit de dire : ici, les contrats sont tels, les usages sont tels, et vous payez telle dîme pour vous asseoir. Les États-Unis du monde ne sont qu'en apparence une conception politique : c'est en réalité une conception économique. Ce monde immobile ne sera plus qu'une énorme bourse : Winnipeg dit le cours du blé, New-York celui du cuivre, Prétoria celui de l'or, Amsterdam celui du diamant. Quel recours avons-nous si nous ne sommes pas d'accord ? La discussion entre riche et pauvre. Nous savons ce que cela donne. La mauvaise humeur, la fermeture des ports ? On a mille moyens de nous en faire repentir. Celui qui renonce au droit de taxer l'étranger, de le reconduire hors de la ville avec ses marchandises, de fermer ses ports aux missionnaires, renonce aussi à la liberté et à tous ses biens. Qu'est-ce qu'une grève, qu'est-ce qu'une conquête sociale dans un pays qui est forcé d'aligner ses prix sur ceux de l'étranger ? Cette question nous donne la clef de nos difficultés présentes : on n'assure la vie de son propre peuple qu'en étant maître chez soi et en éconduisant l'étranger. Mais la nouvelle « constitution du monde », comme dit M. le président Truman, nous invite à faire tout le contraire. Cette politique a un nom : il y a trois quarts de siècle on l'appelait avec décence « la politique de la porte-ouverte ». Nous sommes devenus la Chine. L'élection du président des États-Unis nous importe plus que nos propres crises ministérielles.

Mais nous avons une consolation : c'est la conscience universelle qui nous gouverne. Des juristes parfaitement rodés nous apportent des lois toutes faites. Ils sont les gardiens de la vestale Démocratie. Pareils aux larges eunuques qui surveillent les avenues du harem, ils ont un visage inconnu et parlent une langue que nous ne comprenons pas. Ils sont les interprètes des nuées. Leur fonction consiste à mettre à notre portée les précieux arcanes de la liberté, de la paix, de la vérité : ils nous expliquent ce que c'est que le patriotisme, en quoi consiste la trahison, le courage, le devoir du citoyen. Ils nous expliquent notre nouvel honneur et le visage de notre nouvelle patrie. O lois de la cité, lois de notre ville, lois pleines et drues, lois qui sentaient notre chair et notre odeur, lois de notre terre ! ô lois du prince que le héraut criait dans les bourgs, ordonnances sur lesquelles les conseillers opinaient leur bonnet carré à la main ! ô vieux royaume, temps des corsaires, où êtes-vous ? ô lois guerrières, lois meurtrières, nous le savons maintenant, vous étiez des lois de paix et d'amour ! O lois injustes, vous étiez des lois de justice ! ô lois de proscription, vous étiez des lois de salut ! ô lois de spoliation, vous étiez des lois de tutelle ! O lois, vous étiez notre propre vie et notre propre respiration. Vous étiez la mesure de notre force, et même dans le mal notre élan était retenu. Vous étiez notre propre sang et vous étiez notre âme. Vous étiez notre visage. Et nous vous reconnaissions. Oui, nous vous reconnaissions : et même les plus brutales, même celles que nous appelons aujourd'hui injustes, même cette révocation de l'édit de Nantes qu'on nous apprend à maudire, comme elles nous paraissent des lois de modération et de sagesse auprès des lois de l'étranger ! Maintenant voici venu le temps de la loi sans visage, le temps des falsifications et du meurtre appelé loi. Aujourd'hui, une machine à fabriquer le monde a pris la place de nos conseillers. De temps en temps, elle met en circulation un produit monstrueux, sec, hygiénique, inhumain, que nous regardons avec stupeur comme un aérolithe. Et nos nouveaux légistes nous expliquent qu'on aurait pu pendre tous les soldats allemands comme meurtriers de droit commun et fusiller tous les civils français pour intelligence avec l'ennemi, mais qu'**on a fait preuve d'indulgence**. O lois barbares du XIIIe siècle, coutume du Poitou, duel au bâton, congrès, jugement de Dieu, la justice aujourd'hui, la justice et la mansuétude rayonnent sur vos fronts ! Des ingénieurs invisibles tracent notre univers au cordeau. Nous avions une maison, nous aurons à la place une belle épure. Un œil au milieu d'un triangle, comme sur la couverture du catéchisme, gouverne la nouvelle création politique. Les idéalistes sont déchaînés. Tout ce qui a enfanté des monstres a la parole. Notre univers va être blanc comme une clinique, silencieux comme une morgue. C'est le siècle des cauchemars. Idéalismes, je vous hais.

Car on a beau nous faire des phrases en toutes occasions sur notre indépendance, telle est la réalité. Aujourd'hui, les vainqueurs affolés par les conséquences de ce qu'ils ont fait peuvent bien nous assurer que tout cela n'est pas si grave, qu'on va reconstruire les villes, qu'on va distribuer du charbon, des machines, de l'essence, du coton — pas aux méchants bien entendu, pas aux fascistes espagnols par exemple — que nous aurons le droit d'être nationalistes autant qu'il nous plaira, mauvaises têtes si nous voulons, adversaires de qui nous voudrons, que rien n'est changé : nous savons, nous, que ce n'est qu'un trompe-l'œil, et que tous les plans économiques du monde ne peuvent remplacer les droits politiques qui nous ont été enlevés.

Les nations sont émasculées. La théorie des États-Unis du Monde est une imposture tant qu'elle est fondée sur un postulat politique et le postulat de l'excellence de la démocratie est un postulat exactement semblable à celui de l'excellence du marxisme.

Et c'est aussi un moyen d'intervention exactement comme le marxisme. Nous ne sommes plus des hommes libres : et nous ne le sommes plus depuis que le tribunal de Nuremberg a proclamé qu'au-dessus de nos volontés nationales, il y avait une volonté universelle qui avait seule le pouvoir d'écrire les vraies lois. Ce n'est pas le plan Marshall qui menace notre indépendance, ce sont les principes de Nuremberg. Ceux qui attaquent aujourd'hui le plan Marshall ne le savent pas ou ne veulent pas le dire, mais, en réalité, ils attaquent la morale de Nuremberg : la moitié du peuple français proteste aujourd'hui sans le savoir, parce que Göring a été pendu.

Nous savons, d'ailleurs, où cela mène. Pour la commodité de leur accusation, les Nations Unies ont promulgué une doctrine ambiguë qui les place aujourd'hui devant les difficultés les plus dramatiques. Ceux qui croient à la bonne foi des Soviets n'ont pas tort. Cette bonne foi, dans le principe, n'est-elle pas évidente ? On leur demande d'accuser l'Allemagne de crime contre la démocratie. Sur ce point, ils étaient parfaitement d'accord. On leur propose de promulguer qu'à l'avenir le monde serait gouverné selon l'esprit de la démocratie. Cela leur convenait parfaitement. On ne s'aperçut de l'équivoque que lorsqu'on voulut passer à l'application. Les Russes pensaient évidemment qu'ils s'étaient engagés à exporter la constitution soviétique qui est, à leur point de vue, la plus démocratique du monde ; ils étaient tout à fait partisans de l'ingérence mais par l'intermédiaire des partis communistes ; ils voulaient bien des plans, à condition qu'ils fussent triennaux, quadriennaux, quinquennaux, des exportations pourvu qu'elles fussent dirigées vers l'Est et des conférences internationales si elles écoutaient docilement M. Vichinsky. Ils avaient compris que l'esprit démocratique allait souffler sur le monde en partant de Moscou et en circulant dans le sens contraire à celui des aiguilles d'une montre. Lorsqu'on leur expliqua qu'il ne s'agissait pas de cela, mais qu'on allait répandre la constitution américaine, diffuser le dollar et le vote à bulletins secrets, favoriser les inspections de la Croix-Rouge, et se réunir dans la salle à manger de M. Marshall, ils déclarèrent qu'il y avait un grave malentendu. Mettez-vous à leur place. Ils n'avaient pas fait la guerre pour que l'ambassadeur américain pût faire la pluie et le beau temps à Varsovie.

Tel est le danger des formules vagues et des idées fausses. Nous nous apercevons aujourd'hui que l'inoffensif Briand-Kellog contenait beaucoup de denrées explosives dont on ne soupçonnait pas l'existence. Il était excellent pour condamner l'Allemagne, mais il est exécrable pour gouverner le monde. Aujourd'hui, les juges de Nuremberg, s'ils veulent être logiques avec eux-mêmes doivent dénoncer comme des ennemis de la conscience universelle les États qui n'appliquent pas chez eux la démocratie à la manière américaine. Ils doivent les retrancher de la communauté internationale et la conscience universelle, en tant que suzerain, doit battre le ban contre ces rebelles. Ainsi les principes de Nuremberg non seulement nous mettent en tutelle, mais ils nous condamnent à une autre guerre, et à une guerre toute pareille à la précédente, une guerre sans nécessité, une guerre idéologique, une soi-disant guerre du Droit. Et voilà pourquoi des milliers de jeunes Français et de jeunes Allemands seront peut-être dans quelques mois coiffés du même casque rond, en l'honneur d'une morale supérieure qui consiste, pour eux et pour nous, à ne plus être maîtres chez nous. Il est vrai qu'en échange de cette politique de Gribouille nous aurons la satisfaction de savoir que le bolchevisme et le national-socialisme étaient les deux faces d'une même monstruosité. Je ne sais pas si les Américains ont très bien vu que cette proclamation supplémentaire ne contribuerait guère à simplifier les choses.

* * * * *

La troisième section de l'acte d'accusation est, comme la seconde, d'un type très classique. Il s'agit des **crimes de guerre**. Le tribunal se fonde ici sur un texte précis : les conventions de La Haye de 1907. Il appelle crimes de guerre les actes commis par les belligérants en violation de ces conventions, qui règlent les méthodes que les États souverains ont reconnues comme conformes au droit de la guerre. Il n'y a rien à objecter à ce procédé. Nous verrons plus loin où commence la malhonnêteté sur ce point. Mais on découvrit très vite que le droit international promulgué, c'est-à-dire le texte des conventions de La Haye, ne permettrait pas d'atteindre des actes qu'on voulait faire payer aux Allemands. On inventa donc une qualification nouvelle, comme nous l'avons dit, celle de **crime contre l'humanité**. Et ce grief servit de titre à la section quatrième de l'acte d'accusation. Mais comme on ne savait pas très bien où finissaient les crimes de guerre et où commençaient les crimes contre l'humanité et comme, d'autre part, on avait avantage à glisser sous une qualification incontestable des actes qui dépendaient en réalité de la qualification contestée, la troisième et la quatrième section furent constamment confondues. Et il nous est impossible de les séparer dans notre analyse, bien que le ministère public se fonde dans ces deux accusations sur des principes très différents.

Cette partie de l'Acte d'accusation est celle qu'on a donnée en pâture à l'opinion : nous avons dit plus haut pourquoi. Pour juger les principes, en apparence très raisonnables, desquels l'accusation s'est réclamée, il faut d'abord juger l'accusation Et la vérité, ici, n'est pas aussi facile à démêler qu'on pourrait le croire. Il y a sur les atrocités allemandes une abondante littérature : mais cette littérature est en opposition avec ce que nous avons tous vu. Quarante millions de Français ont vu les Allemands pendant trois ans dans leur ville, dans leur ferme, dans leurs maisons, sur leurs routes et ils n'ont pas trouvé tellement qu'ils fussent des monstres. Est-ce nous qui avons été victimes d'un énorme camouflage sous lequel se dissimulait la Bête ? Ou les rapports qu'on nous a faits n'ont-ils pas été exagérés ? Nous n'avons aucun intérêt à plaider « la bonne Allemagne" : car la politique du gouvernement français pendant l'occupation paraît beaucoup plus efficace si les Allemands sont effectivement des monstres. Les résistants ont intérêt, au contraire, à étaler leurs souffrances : on sait assez que les souffrances se transforment facilement en places. Nous sommes-nous trompés sur les Allemands ? Nous sommes prêts à le reconnaître de bonne foi, nous n'en serions pas diminués : mais est-ce vrai ?

C'est la première difficulté. Il en est d'autres qui se combinent avec celle-ci. On accuse l'Allemagne de l'extermination d'un grand nombre d'êtres humains. Bien entendu, nous condamnons ces procédés en tout temps, et même en temps de guerre. Ce point n'a jamais été en question pour aucun de nous ; et si nous avions connu pendant la guerre certains actes qu'on reproche aujourd'hui à l'Allemagne, nous aurions protesté contre ces actes. Mais, d'abord, nous le répétons, nous devons exiger une vérification impartiale de ces accusations, vérification qui n'a pas encore été faite ; ensuite, nous ne pouvons parler de ces choses en feignant d'oublier que les Alliés ont pris à leur compte, par des méthodes différentes mais aussi efficaces, un système d'extermination presque aussi étendu ; et enfin, nous Français, il ne nous est pas permis d'ignorer, en exprimant notre jugement, que cette extermination, cela résulte clairement de l'accusation elle-même, aurait été dirigée surtout contre des populations qu'on peut dire allogènes, et principalement contre les Slaves. La propagande des résistants a eu pour objectif de tout confondre : elle a parlé des camps de concentration comme si les Français avaient été traités comme les Slaves, et elle a choisi partout l'atrocité maxima qu'elle a présentée comme la règle. Il en résulte que les lecteurs de nos journaux sont très convaincus qu'à Ravensbrück on précipitait chaque jour cinq cents enfants de Belleville dans des fours en chantant *Lily-Marlène*. Nous avons donc aussi à nous tenir en garde sur ce point. Nous reconnaissons qu'un compte effroyable paraît ouvert entre l'Allemagne et la Russie soviétique : et, au risque de surprendre beaucoup de lecteurs, j'ajouterai que si l'on retient comme exacts les chiffres présentés par leur gouvernement, eu égard à leurs pertes et à leurs souffrances, les Russes auraient été modérés dans les représailles de l'occupation. S'il est vrai que leurs prisonniers ont été massacrés par centaines de milliers, que leurs districts ont été détruits, dépeuplés et rasés, que leurs paysans ont été pendus par grappes, si ce qu'ils affirment se trouve vérifié, ils auraient eu le droit, en vertu de cette loi du talion que nous rappelons si souvent, de transformer la moitié de l'Allemagne en un désert calciné : ils n'en ont rien fait, ils ont eu le sang-froid de comprendre que la suppression de leurs ennemis irréductibles et l'installation de leur puissance étaient un objectif plus important pour eux que la vengeance. Et ils nous ont laissé condamner juridiquement les Allemands pour des faits sur lesquels leur politique avait pour résultat de passer l'éponge. Ne nous montrons donc pas plus royalistes que le roi. Ce qui s'est passé à Auschwitz, à Maidanek et autres lieux regarde les Slaves : nous, nous avons à nous occuper de l'Occident. Ne réclamons pas ces dettes que le débiteur ne poursuit pas. Mais alors prenons soin de rectifier ici les excès de notre propagande. Ce qui nous importe est de savoir ce que les Allemands nous ont fait **à nous**. C'est sur ce point que nous allons interroger les documents de Nuremberg.

Cette tâche est d'autant plus facile que c'est au Ministère public français que le Tribunal a confié la mission de présenter les faits qualifiés **crimes de guerre** et **crimes contre l'humanité** en ce qui concerne le secteur occidental. Nous avons donc là un excellent moyen de surmonter la première des difficultés qui se présentaient à nous tout à l'heure. Ce réquisitoire officiel nous permet de négliger les réquisitoires privés rassemblés par des journalistes ou des écrivains improvisés, que le procureur français n'a pas jugés à propos de retenir. Et en même temps, il nous permet d'isoler facilement ce qui concerne notre pays au milieu des accusations formulées pêle-mêle contre le national-socialisme. Notre but est donc de nous demander d'abord : les atrocités allemandes dont on lit chaque jour le rappel dans notre presse sont-elles prouvées ? Qu'apporte sur ce point la plus solennelle de nos plaintes, la seule authentique, celle qui a été exposée à Nuremberg ? Au lieu de passer tout de suite à l'examen des principes, de s'asseoir auprès du juge et de le regarder juger, il faut donc ici s'intéresser à l'instruction ; il faut essayer de voir ce qu'il y a de solide dans le réquisitoire. Nous allons, avec le Tribunal, écouter les témoins et flairer les pièces à conviction. Et, ensuite, nous demanderons : Et vous ?

Il suffit d'une lecture, même rapide, du *Procès de Nuremberg* pour percevoir qu'à partir du moment où la délégation française à laquelle était confiée cette partie du réquisitoire, se lève pour articuler ses accusations, les méthodes du procès sont complètement transformées. Les délégations américaine et anglaise, chargées de soutenir la première et la deuxième section de l'Acte d'accusation, avaient respecté un certain nombre de règles, qui n'étaient pas obligatoires, aux termes du règlement du Tribunal international, mais qui étaient de stricte prudence. Par exemple, la plupart des documents cités étaient des documents allemands trouvés dans les archives allemandes et signés par des responsables identifiés : il arrivait que le Ministère public déposât un document provenant d'un des États alliés, mais s'il le faisait, il le déclarait expressément, avec la pensée que ces documents n'avaient pas exactement la même valeur que les documents d'origine allemande. De même, les témoins cités jusqu'ici, à une exception près, étaient des fonctionnaires ou des généraux allemands, le colonel Lahousen de l'état-major du général Canaris, le général de SS Ohlendorf, le major Wisliceny, adjoint d'Eichmann à la direction des questions juives, le général de SS Schellenberg, le gardien Hollrieg du camp de Mauthausen, le général de SS von dem Bach Zelewski, les officiers sous-mariniers Heisig et Mohle. Les objections de la défense sur l'origine des documents étaient rares, le président n'avait presque jamais à arbitrer des incidents. A partir du moment où notre délégué se lève, tout cela va changer, et les bases de l'accusation apparaissent tellement différentes, elles créent tellement d'incidents, elles provoquent tellement de mises au point du Tribunal lui-même, qu'il est impossible de prendre en considération ce réquisitoire sans le soumettre à une analyse préalable.

La première anomalie est la disparition à peu près totale des documents et témoignages allemands. Il ne faut pas dire que cette disparition est indifférente. Elle est grave : le procureur français n'est pas là pour énumérer des « crimes de l'Allemagne », car on ne peut pas pendre « l'Allemagne », mais il prétend prouver que ces crimes sont le résultat d'ordres donnés par les hommes qui sont devant lui et qu'il accuse. Il demande qu'on inflige la peine de mort à Keitel, dont le quartier général était quelque part sur le Dniepr, à von Neurath qui était Reichsprotektor de Tchécoslovaquie, à Ribbentrop qui était ministre des affaires étrangères, à Speer qui s'occupait de l'armement, à Jodl qui dirigeait les opérations militaires, à Baldur von Schirach, et il ne fournit aucun document prouvant que Keitel, Neurath, Ribbentrop, Speer, Jodl, etc., ont ordonné les crimes, peut-être réels, qu'il expose. Il demande ces vies humaines avec légèreté et sans preuves. Il peut bien présumer à la rigueur que Göring **savait** (Göring a soutenu le contraire), ou, en tout cas, qu'**il aurait dû savoir,** il a peut-être raison d'affirmer que Kaltenbrunner, adjoint de Himmler, que Seyss-Inquart, gouverneur de Hollande, **ne pouvaient pas ne pas savoir**, et qu'il était dans leurs attributions de savoir mais il ne prouve ni l'existence d'un plan, ni l'exécution d'ordres personnels des accusés. Dans un procès contre l'Allemagne, il pourrait dire qu'il lui faut bien recourir au témoignage des victimes, qu'il est impossible de faire autrement : mais ce qui est une première malhonnêteté, c'est qu'il ne fait pas un procès contre l'Allemagne, il voudrait bien le faire, mais il ne le fait pas, l'entité appelée Allemagne n'a pas été convoquée par l'huissier, il parle contre des hommes, assis devant lui, convoqués pour répondre de leurs actes et non des actes d'autrui, et il n'a pas le droit d'affirmer l'existence d'un plan concerté pour détruire la population française, puisqu'il ne peut pas le prouver, et il n'a pas le droit non plus d'accuser des hommes d'avoir donné des ordres dont il ne peut affirmer qu'ils ont existé.

La seconde malhonnêteté de la délégation française a consisté à remplacer ces preuves qu'on ne possédait pas, ces ordres qu'on ne possédait pas et dont il est incorrect de dire devant un tribunal qu'ils ont existé puisqu'on ne les fournit pas, par un dénombrement. Je ne fournirai pas de preuves, dit le délégué français, mais je vais faire venir tant de témoins, je déposerai tant de rapports, que ce sera la même chose qu'une preuve, car on verra que tout s'est passé de même partout, ce qui suppose des ordres. Belle chose à dire dans le pays de Descartes ! Les garçons de quatorze ans, dans nos lycées, entendent dire que la première règle de la méthode scientifique est en effet de s'appuyer sur des dénombrements **complets**. Ce petit adjectif est essentiel, car ce petit adjectif, c'est l'honnêteté. Or la délégation française, agissant en cela à la manière des cours de justice françaises, a horreur des dénombrements complets. La délégation française confond dénombrement et échantillon. Elle pique quelques rapports de police où l'on parle de massacres, et elle conclut : on massacrait partout, M. Keitel, de votre quartier général sur le Dniepr, vous aviez donné **l'ordre** de massacrer à Annevoye, à Rodez, à Tavaux, à Montpezat de Quercy. Elle fait venir trois ou quatre déportés qui décrivent leurs camps de concentration et elle conclut : c'était pareil dans tous les camps de concentration, et cela prouve bien, chez vous tous, chez vous Speer, chez vous Dönitz, chez vous Hess, chez vous Rosenberg, une **volonté systématique** d'extermination. J'expose, donc je prouve. Je montre des photos : c'est comme si vous aviez été partout. Je me plains, je demande vengeance, et cette plainte doit avoir la même valeur pour vous qu'une preuve juridique : d'autant plus que ce sont des « résistants » que vous avez l'honneur d'entendre. La délégation française se croit devant la Cour de justice de la Seine, et elle ne comprend pas quand le président interrompt assez froidement.

Or, les documents au moyen desquels la délégation française remplace les preuves correspondent à la même erreur d'optique et c'est ce qui fera l'embarras de toute cette partie du procès. Tantôt la délégation française s'attache à des incidents particuliers qui, quelque pénibles qu'ils soient par eux-mêmes, n'ont en aucune manière une portée générale : ainsi l'arrestation de la famille du général Giraud, sur laquelle il y aurait beaucoup à dire, ne prouve nullement que les familles des résistants ont été systématiquement déportées en Allemagne, et nous savons tous qu'il n'en est rien. Une bonne statistique eût mieux fait l'affaire. Tantôt, elle brandit de petits bouts de papier qu'on renifle, qu'on examine, qu'on regarde en transparence avec des marques visibles de soupçon : c'est un officier de police de Saint-Gingolf (Var) qui certifie quelque chose sur les internements administratifs, c'est la Sécurité militaire du Vaucluse qui assure qu'on était mal en prison, c'est un chef d'état-major F.F.I. qui a trouvé un instrument avec des boules. Pour ceux qui savent que la plupart des officiers de police improvisés à la libération ont dû être rétrogradés plus tard, qu'un certain nombre de membres de la Sécurité militaire sont maintenant incarcérés et que les chefs d'état-major F.F.I. avaient souvent pris leurs galons la veille, ces « rapports » surmontés de tampons ne sont pas fort impressionnants. Une enquête sérieuse eût révélé que le régime des prisons variait suivant les prisons, qu'on pouvait être enfermé à Fresnes et ne pas être torturé, que certains services de police ont été corrects et que d'autres étaient composés de tortionnaires, que même les méthodes de la Gestapo, en France, ont varié selon les subalternes qui en avaient la responsabilité. Et le président n'avait pas tort, devant ces singuliers procédés d'enquête, de soupirer, d'interrompre, et finalement de n'admettre ces rapports qu'en faisant toutes réserves sur leur « valeur probante », et apparemment parce qu'il avait compris qu'en les rejetant, il réduisait la délégation française au silence.

Mais c'est dans le récit que la délégation française brille le plus. On éprouve une certaine gêne à dire ici toute sa pensée : car celui qui s'interroge sur l'exactitude des faits et la probité des témoins pendant qu'on lui fait le récit de la souffrance des autres s'expose au reproche de manquer de cœur et même d'être inaccessible à la plus simple humanité. Mais il est impossible de ne pas dire que des récits faits par un tiers d'après des tiers, et d'autre part, dispersés, présentés nécessairement sans être accompagnés de leurs circonstances, ne constituent en somme que des moyens d'émouvoir, mais ne remplacent en aucun cas, une enquête sérieuse, complète, sur le comportement de l'armée allemande en France. Ils ne sont que des faits isolés ; en tant que tels, il est possible qu'ils engagent la responsabilité des commandements locaux, mais on ne peut pas prétendre présenter l'histoire de l'occupation militaire de la France entre 1940 et 1944, au moyen de douze récits de tortures ou de représailles qui se placent tous en 1944 et dans des régions où il y avait un franc-tireur au coin de chaque boqueteau. Sur des sujets pareils, il faut ne rien dire ou il faut tout dire. Un récit partiel est un récit partial. Ici on nous dira un jour : la France a menti.

Les méthodes que nous décrivons constituent pourtant un système dans l'exposé de la délégation française. Elle se croit devant un jury. On lui demande un rapport, elle préfère une exposition. Elle se consacre à l'exposition des crimes allemands : plus c'est atroce, plus elle triomphe. Oradour-sur-Glane, Maillé, Tulle, Ascq, ce n'est plus un magistrat qui parle, on dirait la presse de septembre 1944. Il ne s'agit plus de justice, il s'agit de salir l'ennemi. La délégation française accepte de participer, elle brûle de participer, par une manifestation officielle, à l'entreprise de flétrissure et de haine que la presse la plus ignoble de notre histoire étale devant l'opinion. La conscience, l'honneur des magistrats, c'est de l'archéologie pour eux : ils sont devenus journalistes. Et ces hommes que nous avons la douleur de voir, malgré nous, représenter notre pays, ne comprennent même pas ce qu'il y a d'accablant dans ces interruptions courtoises et froides du président qui leur rappelle à sa manière, que même devant un tel tribunal, il existe un minimum de correction.

Cette présentation malhonnête, cet appel constant aux instincts les plus bas de l'opinion les ont d'ailleurs amenés à manquer leur but complètement. Ce qu'on demandait, ce qu'on était en droit de demander à la délégation française, c'était un rapport objectif et utilisable sur l'occupation allemande dans les pays occidentaux entre 1940 et 1944. Aucun esprit sérieux n'acceptera de dire qu'un tel rapport figure au procès-verbal du procès. La question du pillage économique est seule traitée avec conscience et présentée avec des chiffres qui peuvent servir de base à une discussion. Pour le reste, aucun tableau d'ensemble, aucune statistique, aucun effort pour mettre de l'ordre et présenter avec loyauté. Il suffira, dans dix ans, à un historien allemand de reprendre l'exposé de notre représentant et de le commenter avec des documents, avec des dates et avec des chiffres, pour nous assommer sous une démonstration implacable de notre mauvaise foi. Il montrera aisément que la politique allemande, même celle de la police et de l'armée, a été différente en 1941 et en 1943, que certaines instances administratives allemandes ont protégé autant qu'elles l'ont pu les vies françaises et qu'enfin, ce que tout le monde sait, la vie du peuple français a été supportable au moins jusqu'au début de l'année 1944. Il nous dira qu'il y a des confusions qu'on n'a pas le droit de faire volontairement, quand il s'agit d'accuser des hommes, même si l'on pense que ces hommes sont des monstres. Il nous prouvera que le plan d'extermination du peuple français n'a jamais existé, ce qui explique fort bien qu'on n'en ait retrouvé aucune trace, et que, par conséquent, nous n'avions pas le droit d'accuser à ce titre des hommes comme Keitel et Jodl, simplement parce que nous avions le malheur de n'avoir pas pu retrouver Himmler vivant. Il nous expliquera que cette politique de substitution des responsabilités dont nous avons fait si grand usage à l'égard de nos compatriotes est une comédie judiciaire qui déshonore ceux qui l'emploient. Les faits nous montrent, ce qui est malheureusement facile, ce que c'est qu'une politique d'extermination. Car enfin, il y a, dans ce procès même, à quelques pages de l'exposé français, un exposé qui nous écrase : c'est celui de la délégation soviétique. Oui, à l'Est de l'Europe, il y a un terrible compte ouvert entre l'Allemagne et ses voisins. Oui, là, il y a eu une politique d'extermination. Et, là, on en a retrouvé les traces. Pas par un **dénombrement**, selon nos chères méthodes. Pas par des **échantillons**. On a retrouvé les délibérations des conférences du Führer, on a retrouvé les instructions aux responsables, on a retrouvé des ordres, on a tout retrouvé. Cette politique effrayante, elle semble avoir été réalisée malheureusement, tout au moins il y a des documents qui le disent. Et si nous rejoignons par quelque point la douleur hypocrite des accusateurs de l'Allemagne, c'est par notre douleur sincère en pensant à ces hommes et à ces femmes d'Ukraine qui reçurent les Allemands avec des fleurs comme la délivrance et le droit de vivre, et qui furent massacrés, affamés, exterminés, stupidement, par ces hommes qu'ils recevaient sous les vivats et qui avaient peut-être dans leur poche l'ordre de les faire disparaître. Cela, oui, c'est un crime. Mais est-ce vrai ? Il y a de tout dans ces documents et ils n'ont pas toujours été classés avec prudence. On a présenté plusieurs fois comme des ordres, des exposés qui n'étaient que des mémorandums, c'est-à-dire des suggestions qui, justement, furent repoussées. D'autres fois, on a montré des ordres, mais il résulte du procès lui-même que ces ordres ne furent pas exécutés par les commandants d'armées qui les trouvaient trop sévères. D'autres fois, on s'est trompé sur la signification des mesures par exemple, la destruction systématique des villages ne fut pas une politique de terrorisme, mais un moyen de lutte contre les partisans, qui consistait à évacuer le bétail, puis les habitants, et enfin à détruire les habitations elles-mêmes, de manière à réaliser autour des partisans une sorte de « terre brûlée », analogue à celle qu'avait créée autour des divisions allemandes le commandement russe lui-même. De même, les destructions d'ouvrages ou de récoltes, les razzias de population ont été employés par les deux armées, par l'armée russe dans sa retraite et par l'armée allemande dans la sienne. Les Allemands ont même affirmé qu'ils avaient fait d'immenses travaux en Ukraine, qu'ils avaient souvent aidé et ravitaillé la population, ce qui est le contraire même de ce qu'on leur dit. Qui faut-il croire alors ? Les chiffres présentés par la délégation russe sont incontrôlables. Et si la délégation russe s'était servi du procès de Nuremberg pour un énorme montage de propagande, comme la délégation française ? Nous pouvons contrôler ce que dit la délégation française, cela s'est passé chez nous. Mais qui peut contrôler ce que dit la délégation soviétique ? Sur ce point, le procès est ouvert : mais nous aurions bien tort de le croire clos par le jugement.

Mais, même en faisant la part de la propagande et de la falsification, même sans prendre position sur le fond puisque nous ne le pouvons pas, qui ne voit que les chiffres et les faits allégués par la délégation soviétique nous accablent ? La délégation française se serait épargné facilement quelques procédés odieux et méprisables, si elle avait réfléchi que son exposé se trouverait imprimé à quelques pages de ce dossier terrible. Et elle eût été bien avisée en ne permettant pas au lecteur de confronter les chiffres de la soi-disant volonté d'extermination du peuple français avec les chiffres qui expriment l'extermination des peuples slaves. Il est triste, certes, d'avoir à compter nos victimes : 77 à Ascq, 120 à Tulle, 800 à Oradour, de citer 6 villages incendiés en France, 12 dans les

Ardennes belges. Mais on ne parle pas, même avec ces faits, de volonté d'extermination, quand un procureur soviétique peut se lever et citer 135.000 fusillés dans la région de Smolensk, 172.000 dans la région de Léningrad, 195.000 à Karkhov, 100.000 à Babi-Yar, près de Kiev, et affirmer que l'armée allemande lui a détruit 70.000 villages. Même si le procureur soviétique a travesti ou exagéré les faits, cette simple juxtaposition prouve que les ordres d'extermination qu'on recherche pour la France n'ont jamais existé, et qu'il existait au contraire des instructions prescrivant une politique de ménagement. Il eut été honnête au moins de le reconnaître. Si quelque chose justifie la politique de raison et de sang-froid avec l'Allemagne pendant les années d'occupation, c'est bien ce barème de ce que nous avions à attendre en la refusant.

Mais laissons cette digression, et revenons à la délégation française. Il lui arrive de trouver des preuves, à la délégation française, ou du moins de prétendre en trouver. Elle voudrait bien faire comme tout le monde, la délégation française, et de temps en temps déposer fièrement au tribunal, sur le bureau du président, un document écrit en allemand. Malheureusement, quand on entreprend de prouver quelque chose qui n'existe pas, d'abord on ne trouve guère de documents, et ensuite avec les documents qu'on trouve, il arrive qu'on ait des déboires. Ces deux particularités caractérisent la documentation française. D'abord elle est rare, et on peut en dire, comme des ordonnances du docteur Knock, qu'on ne ferait pas un fort volume en rassemblant les textes allemands qui la composent. Et ensuite, elle a toujours quelque chose de boiteux, elle est en contradiction avec ce qu'on a dit, elle n'est pas signée, elle n'est pas claire, et, auprès de la documentation des autres délégations, elle fait, en vérité, triste figure.

Si la délégation française réussit à découvrir un ordre concernant les tortures à appliquer dans les interrogatoires, on s'aperçoit en l'examinant que cet ordre interdit justement les tortures qui viennent de nous être exposées et limite à des cas très précis l'emploi de moyens de coercition bien définis : cela ne prouve pas que les policiers allemands ne torturaient pas, mais cela prouve justement qu'on ne leur avait pas donné d'ordres pour torturer, comme à toutes les polices du monde d'ailleurs. Si la délégation française trouve des factures de gaz nocifs, elle se trompe dans la traduction et elle cite une phrase où l'on peut lire que ce gaz était destiné à « l'extermination », alors que le texte allemand dit en réalité qu'il était destiné à « l'assainissement », c'est-à-dire à la destruction des poux dont tous les internés se plaignaient en effet : et d'autre part, en examinant ces factures, on s'aperçoit que certaines d'entre elles sont destinées à des camps qui n'ont jamais possédé de chambre à gaz. La délégation française néglige intrépidement ce détail et rapproche ces fameuses factures d'une phrase qu'aurait entendu un de témoins de la bouche d'un sous-officier allemand lors de son arrestation. Ce rapprochement disparate ne la choque pas un instant et elle considère qu'avec une liasse de factures inexactement interprétées et une phrase en l'air, elle « établit amplement » cette « volonté d'extermination » si obstinément recherchée.

Si elle parvient enfin à déposer un document authentique, elle en tire une interprétation abusive. Elle cite, après beaucoup d'autres, le fameux décret *Nacht und Nebel*, mais comme Hitler n'est pas là pour en porter la responsabilité, elle l'attribue tranquillement à Keitel qui avait protesté contre ce décret. Elle cite, également après d'autres délégations, un document sur le lynchage des aviateurs alliés, mais elle oublie de dire que ce document ne fut qu'un projet et qu'il ne devint jamais un ordre ou une instruction parce que les autorités militaires s'y opposèrent. Et tout est de la même solidité. Il y a toujours quelque chose à reprendre dans ces productions, que la défense ne manque pas de reprendre — et même parfois le président de son propre mouvement. La fameuse volonté d'extermination paraît à la délégation française « établie » par une lettre « qui n'a pas encore été authentifiée », et qui d'ailleurs ne s'applique qu'aux juifs. La délégation française reproche aux autorités militaires allemandes d'avoir refusé des rapatriements de prisonniers, abusivement capturés après la signature de l'armistice : elle fait état d'une lettre de l'ambassadeur Scapini d'avril 1941, mais elle oublie de dire qu'à cette date, l'armée allemande avait libéré spontanément ou après négociations plusieurs centaines de milliers de prisonniers français. Elle produit un témoin sur les camps de représailles pour les prisonniers évadés : ces camps de représailles étaient très durs, mais il eût été honnête de dire que, d'une façon générale, les 900.000 prisonniers français qui se sont trouvés entre les mains des Allemands pendant la guerre, ont été traités conformément à la convention de Genève.

Erreur par omission, par inexactitude, par report abusif des responsabilités, par légèreté, par interprétation, voilà ce qu'on trouve constamment dans le dossier déposé par la délégation française. Si l'on découvre tant de bavures dans cette documentation officielle, si l'on n'a jamais l'impression d'une honnêteté, d'une loyauté absolues chez les hommes qui ont été chargés de parler au nom de notre pays, alors que vaut le dossier, que vaut l'enquête ? Et qu'est-ce qui nous protège contre le reproche de falsification ?

Mais ce n'est pas tout. Il reste nos témoins. Les témoins, c'est de l'ordre du récit, de l'ordre de l'exposition. Comme nous le savons, la délégation française est copieuse en ce domaine. Répétons-le encore une fois : il ne s'agissait pas seulement de juger Kaltenbrunner, adjoint de Himmler, mais Jodl, Keitel, Ribbentrop, Dönitz, Hess, etc. Mais la délégation française ne s'adresse pas au Tribunal : la délégation française s'adresse à l'humanité. Voyons donc par qui elle se fait représenter devant l'humanité. Nous avons dit plus haut quels avaient été les témoins des Ministères publics américain et anglais. Ces témoins allemands ne disaient peut-être pas toute la vérité : car ils songeaient à leur propre procès, il pouvait être utile de charger leurs chefs. Mais au moins, à l'historien allemand futur, on pouvait dire que ces témoins avaient déposé sans haine, sans intention de nuire. Les témoins de la délégation française sont d'une autre nature. Pour eux l'Allemand est l'ennemi ; on ne le chargera jamais assez ; ils sont là pour décrire des atrocités, pour faire une conférence sur les atrocités qu'ils ont vues, sur celles qu'on leur a racontées, sur celles qu'on a racontées à leurs amis ; le seul problème pour eux est de ne pas trop montrer cette haine, de garder, au moins dans leur présentation, une apparence d'objectivité.

Le défilé de ces témoins remplit, du reste, le lecteur d'une certaine stupeur. On n'aurait pas cru que l'inconscience puisse aller si loin. Le premier témoignage qu'on présente au tribunal est un affidavit d'une dame Jacob. Il concerne le camp de Compiègne et débute ainsi : « Nous avons eu la visite de plusieurs personnalités allemandes : Stülpnagel, du Paty de Clam... » Cela fait préjuger du reste. On voit apparaître successivement quelques personnalités du même pelage. Voici Marie-Claude Vaillant-Couturier, député communiste, et après elle, voici un témoin nommé Veith, un autre nommé Boix, un autre nommé Balachowsky. Leur interrogatoire commence ainsi : « *Le Président.* — Voulez-vous vous asseoir, voulez-vous épeler votre nom, s'il vous plaît ? — *M. Veith.* — Jean-Frédéric Veith. Je suis né le 28 avril 1903 à Moscou. » Au suivant : « *Le Président.* — Comment vous appelez-vous ? — *M. François Boix.* — François Boix. — *Le Président.* — Etes-vous Français ? — *M. Boix.* — Je suis réfugié espagnol. » Et l'on apprend que M. Boix est né en 1920 à Barcelone. Au dernier : « *Le Président.* — Quel est votre nom ? — *Dr Alfred Balachowsky.* — Balachowsky, Alfred. — *Le Président.* — Etes-vous Français ? — *Dr Balachowsky* — Français. » Et quelques instants plus tard : « *M. Dubost (représentant du Ministère public français).* — Vous êtes domicilié à Viroflay ? Vous êtes né le 15 août 1909 à Korotchla en Russie ? — *Dr Balachowsky* — C'est exact. » Et voilà. Au total, sur neuf témoignages présentés par la délégation française, trois seulement, ceux de M. Lampe, de M. Dupont et de M. Roser sont des témoignages d'hommes nés sur le sol français : je ne compte pas ici le témoignage de Marie-Claude Vaillant-Couturier, député communiste, qui lui a été évidemment dicté par son parti, au même titre que les discours qu'elle prononce à la Chambre, et qui, par ses exagérations sur le sujet le plus tragique, a provoqué des éclats de rire que le président dut calmer par son intervention.

Voici donc sur nos neuf témoignages un certain nombre de dépositions que nous avons rendu **suspectes** par le seul énoncé de l'état-civil des témoins. Au moins, peut-on soutenir que les autres dépositions sont inattaquables ? C'est possible, et en l'absence d'une enquête contradictoire que personne n'a eu encore la possibilité de faire, il faut bien admettre qu'elles ont, provisoirement, une certaine autorité. Encore faut-il les examiner avec les moyens dont nous disposons. Sur ces trois témoignages, deux sont des témoignages de déportés : l'un des comparants était déporté à Mauthausen, l'autre à Buchenwald. Or, ces deux témoins étaient respectivement déportés depuis mars 1944 et depuis janvier 1944. À supposer qu'on regarde leur témoignage comme indiscutable, il reste que ce témoignage ne peut être direct que pour la période postérieure à leur internement. N'était-il pas utile de vérifier par d'autres témoignages si le régime de Mauthausen et celui de Buchenwald avaient été le même pendant les années précédentes ? Le troisième témoin est un sous-officier, prisonnier de guerre, neuf fois évadé, neuf fois repris et qui dépose sur les camps disciplinaires pour P.G [prisonniers de guerre]. Quelle que soit la confiance qu'il inspire, il y a une faute du Ministère public dans la conduite de son témoignage : car on le fait déposer imprudemment sur des faits qu'il n'a pas vus, que des camarades lui ont racontés ou qui ont été racontés à ses camarades. Cela donne le résultat suivant : « Un soldat dont il a oublié le nom » lui a raconté « dans une ville dont il a également oublié le nom » à une date qu'il ne peut préciser, etc. Tel renseignement important lui a été donné « par la cuisine » et il est fâcheux pour ce renseignement qu'il soit contradictoire avec les documents qu'on a retrouvés ailleurs. On imagine que la défense n'a pas de peine à triompher de ce témoignage de deuxième et de troisième main : un avocat parvient même avec quelque malice à faire décrire au témoin un assassinat auquel il a déclaré quelques minutes plus tôt n'avoir pas assisté. Bien entendu, ceci ne signifie pas qu'il n'y a pas eu de camps disciplinaires, qu'il n'y a pas eu d'assassinats de prisonniers évadés, qu'il n'y a pas eu de camps de concentration. Mais sur des faits si graves n'était-il pas préférable que les documents versés par les représentants de la France fussent incontestables et surtout qu'ils fussent complets ? Nos témoins maîtrisent à peine leur haine, ils crient, comme devant nos Cours de justice, qu'ils ont des camarades à venger, ils affirment qu'ils ne permettront pas qu'on oublie, qu'ils sont là pour cela. Seulement, nous, nous leur demandons la vérité : ce n'est pas la même chose. Quand la défense les interroge à son tour, on les voit alors donner un singulier spectacle. La défense, pour eux, c'est manifestement l'ennemi. Il s'agit de ne pas se laisser prendre à ses pièges. Ils deviennent souples comme Protée, retors comme Pathelin : ils répondent à côté, ils ne répondent pas, ils prennent bien garde, avant toutes choses, de ne laisser à la défense aucun avantage, ils sont les témoins du Ministère public. Car ils sont venus là en accusateurs, ils sont les haut-parleurs de la Résistance et de la propagande de la Résistance, ils ne sont pas, ils ne sont à aucun moment des hommes venus de leur ville pour aider le tribunal à établir la vérité.

Cette objection est grave. Elle est grave parce qu'elle est accompagnée de toutes sortes de circonstances qu'il faut avoir le courage de mentionner. Et d'abord il est impossible de ne pas se demander, en certains endroits de ces dépositions, s'il ne s'agit pas de témoignages dirigés. Il y a des réponses, il y a des affirmations, qui ne sont pas de l'ordre du témoignage direct, et qui reviennent comme des refrains. On interroge les témoins sur la fameuse « volonté d'extermination » du peuple français. Sans aucun doute, répondent-ils en chœur, il y avait volonté d'extermination, sans aucun doute, il y avait des « ordres supérieurs ». On les interroge sur la responsabilité du peuple allemand tout entier. Sans aucun doute, affirment-ils avec le même ensemble, le peuple allemand savait ce qui se passait dans les camps. On les interroge sur l'appartenance des services de garde du camp. Ce sont toujours des SS, déclarent-ils sans défaillance. Le contre-interrogatoire a beau faire apparaître des choses surprenantes, que les Juifs étaient immédiatement mis à part, qu'il était interdit aux gardiens allemands, sous peine de mort, de parler des camps, que les SS ont été envoyés au front à partir de 1943 et remplacés par des espèces de territoriaux, cela ne fait rien. Les témoins se prononcent avec certitude sur des questions auxquelles ils ne sont pas en mesure de répondre avec certitude, et ils répondent précisément ce que la délégation française a besoin d'entendre dire.

Il y a des circonstances encore plus troublantes. Pourquoi a-t-on fait déposer ces témoins et eux seuls ? Puisqu'on nous affirme qu'on ne pouvait soutenir l'accusation que par un échantillonnage, quel principe a présidé à cette sélection ? A-t-on voulu donner une idée exacte de l'occupation allemande et des camps d'internement, ou a-t-on cherché, avant tout, des témoins à effet ? Pourquoi les témoignages portent-ils tous sur l'année 1944 ? Pourquoi ne concernent-ils que les camps de Mauthausen et de Buchenwald alors qu'il y avait vingt camps d'internement et deux cents commandos ? On reconnaît que parmi les déportés, il y avait un certain nombre d'internés pour affaires de marché noir ou pour affaires de droit commun. Pourquoi n'en précise-t-on pas le pourcentage ? Pourquoi aucun interné de cette catégorie n'a-t-il été entendu ? On nous explique que les *kapos* choisis par les Allemands parmi les internés sont responsables d'une grande partie des atrocités commises.

Pourquoi aucun des internés qui ont accepté ce rôle n'a-t-il été convoqué ? Tout le monde en connaît un tout au moins dans notre pays, et cette affaire a fait assez de bruit. Il y en a plusieurs centaines d'autres. L'histoire des camps n'était donc pas si claire, et il y a des choses qu'on préfère laisser dans l'ombre ? Mais alors, si on ne nous dit pas tout, qu'est-ce que cette histoire préfabriquée, qu'est-ce que vaut cet échantillonnage factice ? Or, de ce filtrage préalable des témoignages, nous avons des preuves, nous commençons à avoir des preuves. Tel prisonnier de guerre a été convoqué par une commission d'enquête pour le rassemblement des témoignages. Il a raconté ce qui lui était arrivé pendant sa captivité. On l'a remercié et on lui a expliqué qu'on ne retenait pas son témoignage parce qu'il ne contenait aucun élément à charge contre les Allemands. Tel déporté a été pressenti lui aussi. Il était à Mauthausen comme les témoins de l'accusation. Il ne parle pas de Mauthausen exactement de la même manière. On l'a convoqué. On a enregistré son témoignage. Mais on ne s'en est pas servi, sans lui expliquer pourquoi. Il est clair qu'on ne se souciait pas d'avoir des témoignages de contrepoids sur cette question. J'en arrive à une circonstance au moins étrange, et qui est du même ordre. Elle est rapportée dans une enquête de l'hebdomadaire espagnol *Madrid* et elle m'a été confirmée d'ailleurs par plusieurs correspondants. Pourquoi refuserions-nous ce témoignage puisque M. Dubost admet bien celui de M. Boix ? Il s'agit de l'entreprise de camouflage et d'aménagement poursuivie par les vainqueurs à l'intention de certain tourisme publicitaire. Pour impressionner les imaginations, on a transformé un certain nombre de camps en musées. On conserve ainsi, au moyen de mannequins de cire, de chambres à gaz reconstituées, de scènes de tortures composées comme au musée Grévin, le souvenir des horreurs décrites par la propagande. Ce n'est déjà pas mal. Mais comme il se trouvait souvent que les lieux ne se prêtaient pas à une reconstitution, on a fait marcher la truelle, et on a bâti, comme au cinéma, des décors complets de torture en des endroits où ils n'ont jamais existé, ou bien, toujours dans la pieuse intention de faire plus vraisemblable, on a construit à Auschwitz et à Dachau, par exemple, des fours crématoires **supplémentaires** destinés à apaiser les scrupules qui auraient pu naître dans le cerveau de quelques mathématiciens. C'est ainsi qu'on écrira l'histoire : on voit même par là qu'on peut la fabriquer. Ceci prouve que nous avons fait beaucoup de progrès dans l'art difficile de la propagande. Si la race des historiens n'est pas condamnée à disparaître, il sera prudent de leur donner à tous une rigoureuse formation archéologique.

Comme je ne suis pas un esprit aussi intrépide que les membres de la délégation française, je n'en conclurai pas qu'il y a eu « volonté de falsification » : mais je ne puis cacher au lecteur que des **petits faits** de ce genre me rendent assez circonspect.

Le réquisitoire de la délégation française est d'autant plus fragile qu'il nous donne le droit de proposer des témoignages complémentaires. Car celui qui choisit de prouver par le dénombrement des témoignages ne peut refuser qu'on aide à ce dénombrement. Et les témoins que chacun de nous connaît présentent pour lui plus de garanties que les témoins de la version officielle. La délégation française ne s'en est peut-être pas rendu compte : mais sa façon de procéder laisse la question ouverte indéfiniment. Or, les témoins **sincères** que chacun de nous a pu rencontrer sont loin d'être aussi catégoriques que les témoins officiels : ou tout au moins ils **étaient** loin de l'être lors de leur sortie des camps. Car il s'est produit sur ce point un phénomène très intéressant. Les témoignages authentiques, *genuine* comme disent les Anglais, qu'on pouvait recueillir au milieu de l'année 1945, n'ont pas tardé à se modifier. Au début, les déportés ont raconté ce qu'ils avaient vu ; un peu plus tard, ils ont subi l'influence de la littérature de déportation et ils ont parlé d'après les livres qu'ils ont lus et d'après des récits de camarades qui se substituaient progressivement à leurs impressions personnelles ; enfin, au dernier stade, ils ont adopté plus ou moins inconsciemment une version utilitaire de leur captivité, ils se sont fait une âme de professionnels de l'internement politique, et ils ont remplacé dans leurs récits ce qu'ils avaient vu par ce qu'il fallait dire. Un petit nombre, au contraire, a subi une évolution contraire. Les exagérations de la littérature spécialisée les ont dégoûtés, ils ont eu tendance à en prendre le contre-pied, et il leur arrive parfois, à quatre ans de distance, de minimiser ce qui s'est inscrit dans leur souvenir par scrupule de ne rien dire que d'exact, ou par une sorte de pudeur à évoquer ce destin exceptionnel, ou pour ne pas être confondus avec les autres. Il s'ensuit une grande variété dans les confidences, et souvent des contradictions : car il faut y joindre l'altération que subissent les souvenirs suivant la famille, le métier, les relations conservées ou rompues avec les anciens camarades, ou la coloration passionnelle qui leur est donnée par telle ou telle appartenance politique. Dans la mesure où les impressions du déporté ont pu être saisies, photographiées pour ainsi dire, dès son retour, et autant que possible avant toute contamination du témoignage, on en retire, au contraire de ce qu'on a voulu prouver à Nuremberg, la sensation d'une certaine diversité.

Ajoutons enfin que des témoignages postérieurs au procès se sont produits plus ou moins spontanément. On a appris, en particulier, le rôle d'auxiliaires bénévoles que certains détenus ont accepté dans les camps, il a été révélé que ces détenus n'étaient pas étrangers à la désignation des victimes, que des postes abrités, des fonctions spéciales étaient attribués dans des conditions suspectes ; des témoins même du procès avaient déjà dû reconnaître, au cours d'un contre-interrogatoire, une participation indirecte aux sévices qui sont inscrits dans l'acte d'accusation, et il est apparu depuis que cette participation était souvent plus étendue, plus générale qu'on le pouvait croire. L'histoire vraie des camps n'est pas faite. Nous avons appris que la simple question : « Comment vous en êtes-vous tiré ? », était une question grave à laquelle beaucoup de survivants ne peuvent répondre sans embarras. Que doit-on penser, enfin, de certains ouvrages récemment publiés sur les camps ? A mesure que le bloc des résistants se désagrège, leurs porte-paroles s'écartent de la vérité officielle et s'expriment plus librement sur leurs anciens associés. On s'aperçoit que la solidarité des déportés n'était qu'un thème de propagande. Ils insinuent maintenant eux-mêmes que les choses ne furent pas aussi simples qu'on voulait nous le faire croire ; chaque parti fait les réserves les plus graves sur l'attitude de ses adversaires : et finalement on constate que tous ces documents sur les atrocités allemandes doivent être utilisés avec les plus grandes précautions, car chacun ne plaide que pour soi. Puis, de temps en temps dans le silence général, éclate un de ces témoignages terribles, qu'on retarde autant qu'on peut, qu'on étouffe, mais qui fait rêver. Qu'y a-t-il de vrai dans ces *Jours Francs* de Bradley, où l'on voit les déportés libérés d'un camp de Rhénanie se livrer pendant un temps à une telle soûlerie de supplices, de massacres d'ordures sanglantes, à un tel spasme de sadisme et de folie, que cette délivrance orgiaque, cette démence d'éventreurs, malgré tout ce qu'on peut évoquer, fait pencher soudain inexorablement, de l'autre côté, la balance des atrocités ? Si tout cela est vrai, s'il faut tenir compte de cette histoire qui se fait chaque jour, qui peut dire encore que le procès est jugé, qui peut dire que nous savons la vérité sur les camps d'Allemagne ?

Tant que d'autres procès n'auront pas été publiés — et je pense ici aux procès des membres du SD ou des commandants de camps — tant que la défense n'aura pas été entendue selon tous ses droits et avec tous ses documents, qui pourra se vanter de pouvoir porter un jugement complet et impartial sur les camps de concentration ? Lorsqu'on recourt à d'autres témoignages que ceux qui ont été produits par notre propagande, on comprend soudain la gravité de certaines lacunes de notre information. On s'aperçoit que dans la version des faits qui nous est alors présentée, interviennent des éléments accidentels que nous avons eu tort de ne pas mettre en lumière. Le plus important de tous est la répercussion sur la vie des camps du désordre et de l'affolement que la défaite introduisit dans les services. Les règles qui avaient été établies pour les camps en 1942 ou en 1943 furent bouleversées, les camps furent tout d'un coup surpeuplés, submergés de détenus razziés dans les prisons qu'on évacuait, privés de ravitaillement et de médicaments, abandonnés à l'arbitraire, au désordre, et à une famine qui devint effroyable parce que le ravitaillement cessa d'arriver au moment même où les détenus affluaient. C'est à ce moment-là qu'apparurent les épidémies, les morts en masse, la férocité de la lutte pour le peu de nourriture qui parvenait au camp ; c'est à ce moment-là aussi que les contrôles disparurent ou s'affaiblirent et que la rage de la défaite, la colère des bombardements ont pu provoquer des actes criminels qui aggravaient les conditions de vie effroyables créées par le désordre. C'est dans ces conditions que les enquêteurs américains trouvèrent les camps : ils crurent que ces conditions étaient la règle, ils ne tenaient pas à en savoir plus long.

Et pourtant, la règle avait existé, les camps avaient été autre chose. Jusqu'à l'époque du débarquement, les camps étaient surveillés et inspectés, nous assure-t-on. Ils ne devaient pas être surpeuplés, les détenus devaient avoir quatre mètres cubes d'air par personne dans les baraquements. Les malades étaient soignés au lazaret qui pouvait recevoir, à l'endroit qu'on m'a décrit, 50 à 60 personnes ; les médicaments ont toujours été fournis au camp en quantité suffisante jusqu'au bombardement qui détruisit la ville voisine ; les malades graves étaient transportés à l'hôpital de cette même ville. Les détenus avaient le droit de recevoir des colis : naturellement, cette faculté s'appliquait rarement aux détenus étrangers parce que leur famille ignorait leur adresse, mais si leur détention était notifiée à leur famille, ils pouvaient recevoir des colis comme les détenus allemands. Les tuberculeux étaient mis à part : on ne pouvait piquer ceux qui étaient incurables qu'avec l'autorisation du service central du *Gau*,[1] et, au camp dont il s'agit, cette autorisation ne fut donnée qu'une seule fois. À l'appel du matin, les détenus avaient le droit de se déclarer malades et de se faire examiner. Il était interdit de battre les déportés, et plusieurs SS furent dégradés pour des coups de pied. Le commandant du camp devait faire un rapport mensuel qui était transmis à Berlin et il était soumis à un contrôle très strict. Juridiquement, le camp était assimilé à une prison : c'est-à-dire que les déportés étaient considérés comme des prévenus dont le procès était instruit pendant ce temps devant les tribunaux militaires fonctionnant dans le pays où ils avaient été arrêtés. Lorsque ce jugement — pris en leur absence — était rendu, il leur était notifié si c'était un emprisonnement. À la fin de leur peine, ces détenus étaient remis en liberté, et il y aurait eu effectivement des cas où des déportés auraient été libérés et renvoyés dans leur pays, après avoir signé l'engagement de ne faire aucune révélation sur leur camp. Par contre, lorsque le tribunal militaire envoyait une condamnation à mort, le jugement n'était pas notifié. La condamnation était régulièrement enregistrée dans les archives du camp du Gau SS, et le condamné était exécuté par une piqûre au phénol qui lui était présentée comme une vaccination. Pendant l'année 1944, il y eut en moyenne 600 exécutions par mois pour 15.000 détenus : à cette époque, les morts par maladie, épidémie, affaiblissement se seraient élevées à 200 par mois. Elles devinrent beaucoup plus nombreuses à partir du début de 1945, pour les raisons qui ont été dites plus haut et qui entraînèrent un changement complet des conditions de vie du camp, à la suite duquel se déclara une épidémie de typhus. Cette monographie s'applique au camp de Belsen, près de Brême, qui était un camp de

---

[1] Un *Gau* est en Allemagne, une unité administrative locale, quelque chose comme un canton.

la seconde catégorie (comme Dachau, Sachsenhausen). Il est peu probable qu'on en trouve l'écho dans le compte rendu du procès de Belsen, où la défense ne put faire entendre les témoins, parce que les uns étaient des accusés qu'on refusait de croire et les autres des clandestins qui n'étaient pas pressés de se montrer. On n'en trouvera pas davantage l'image dans le film consacré à Belsen par les Américains et qui fut tourné à la fin de l'année 1945, avec des SS suffisamment hâves pour faire, aux yeux du public, d'excellents déportés.

Reprochera-t-on à cette rectification de ne porter que sur un cas isolé ? Cette objection est valable. Je ne prétends rien dire d'autre que ce que j'ai trouvé. Mais il y a des présomptions pour d'autres cas, il y a des documents que nous n'aurions pas dû ignorer et qui font présomption.

Le bulletin ronéotypé clandestinement sous l'occupation par les nationalistes juifs est **le seul** organe clandestin de la résistance qui donne quelques précisions sur les camps de déportation. Ces précisions étaient destinées aux familles. On ne dit pas, naturellement, comment on se les procurait, mais il semble qu'on puisse leur accorder un certain crédit, en raison de leur destination même. Voici donc ce qu'on peut lire dans *Shem* 8, juillet 1944, pages 78 et suivantes : « Renseignements sur les camps de déportation. Nous reproduisons ci-dessous des renseignements parvenus, en mars dernier, sur les camps de Silésie et de Pologne vers lesquels a été dirigée une grande partie des Juifs arrêtés en France par les autorités françaises et allemandes... *Myslowitz, Puits Hans...* Les conditions de vie dans ce camp sont catastrophiques. La mortalité est effarante... *Kattovicz-ville n°2...* La nourriture est passable et correspond à celle d'usage parmi les travailleurs de la région. Quelques artisans travaillent dans leur métier. Certains de ces derniers sont autorisés à écrire et à recevoir des lettres. Les femmes sont occupées à des travaux domestiques au camp même et dans la cuisine à la préparation de la nourriture. En général, les conditions de vie dans ce camp sont supportables... *Camp de Brieg, près de Breslau...* La nourriture est copieuse mais dépourvue de corps gras. Le traitement par l'équipe de surveillance n'est pas mauvais... *Beuthen-Gleiwicz...* Les femmes exécutent des travaux auxiliaires légers. Elles préparent la nourriture dans des cuisines roulantes... *Région Myslowicz-Chrzanow-Trzebinia...* Toutes sortes d'artisans travaillent ici dans leur métier. La garde est très sévère ; elle est fournie par des formations de l'armée régulière. Néanmoins les relations entre les surveillants et les intéressés sont généralement bonnes... *Région Kattowicz-Birkenau-Wadowicz...* La vie dans ces camps est supportable, étant donnée la proximité des camps de travailleurs non juifs et par endroits le travail en commun. Ce travail consiste en des constructions de routes, de ponts et de maisons d'habitation dans les villes. Ce sont des artisans qu'on accepte ici de préférence. Le moral parmi les déportés est généralement bon et ils sont confiants dans l'avenir... *Neisse...* Le travail est très dur et pénible, la nourriture insuffisante ; le logement des intéressés est indigne d'un être humain... Plusieurs cas de suicide se sont produits... *Camp d'Oberlangenbielau...* Le traitement par les préposés à la garde est bon, mais la surveillance pendant le travail est très sévère... *Waldenburg en Silésie...* Les conditions d'existence sont très dures... *Theresienstadt*, naguère un petit village slovaque de 7 à 8.000 habitants, cette agglomération en compte aujourd'hui près de 80.000. Cet accroissement subit est causé par la déportation de 30 à 40.000 israélites qui ont repeuplé et reconstruit en entier cette bourgade. » Evidemment, en contrepartie, il faut se souvenir ici des témoignages présentés par la délégation soviétique et en particulier de celui qui décrit à Treblinka la base d'extermination, où les Juifs étaient exécutés en masse aussitôt après leur arrivée dans une gare factice qui dissimulait les installations d'exécution. On voit ainsi la différence de traitement entre Juifs occidentaux et Juifs d'Europe centrale.

La chronique de *Shem* 8 continue ainsi : « Des renseignements ont pu être recueillis en ce qui concerne les enfants en bas âge, de 2 à 5 ans, principalement des filles. Plus de 2.000 de ces enfants sont répartis chez des cultivateurs, pour la plupart des familles paysannes en Prusse orientale. Quelques adresses exactes et complètes de ces dernières seront communiquées ultérieurement. Le bruit persistant (non contrôlé encore) court qu'à Lauenburg, en Poméranie, ainsi que dans la marche frontalière (*Grenzmark*) des garçons israélites, âgés de 5 à 6 ans, se trouveraient dans la jeunesse hitlérienne. Un très grand nombre de nourrissons et de bébés, âgés de moins de 2 ans, de parents israélites sont répartis à Berlin même et dans la région de cette ville dans différentes crèches et dans de nombreuses pouponnières. Ils y sont toujours menés par les DRK (Croix-Rouge allemande) et la NSVW (organisation sociale allemande) en qualité et en même temps que les enfants de parents sinistrés ou tués dans les bombardements aériens, et y sont généralement admis comme tels parmi les orphelins. La libération d'un déporté, officiellement accordée par les autorités centrales, est généralement sabotée par les subalternes sur place. »

Je ne prétends porter ici aucun jugement général sur les conditions qui étaient imposées aux déportés ; je n'en porte pas davantage sur l'authenticité de ces témoignages, à l'exception de leur authenticité matérielle : ils demandent à être compensés comme tous les témoignages. Je regrette seulement, puisqu'il est possible à un particulier de se procurer de tels renseignements, qu'aucune déposition semblable ne figure au dossier de la délégation française ou que, du moins, ces faits qu'il est facile d'atteindre n'aient été l'objet d'aucune allusion. Ceci est d'autant plus regrettable que le procès se déroulait en présence du public allemand, et devant les membres du barreau allemand, et que, dans leur pays, un principe de jurisprudence respecté par le national-socialisme lui-même, fait une obligation au ministère public de mentionner spontanément les faits à décharge dont il a pu avoir connaissance. Nous voyons aujourd'hui, avec quelque étonnement, le gouvernement militaire américain accorder à Ilse Koch une réduction de peine que nos journaux tiennent pour scandaleuse. C'est peut-être qu'aujourd'hui, le gouvernement américain, mieux informé sur les camps de concentration, et d'autre part un peu moins sûr qu'il ait intérêt à faire passer les Allemands pour des monstres, commence à apercevoir les exagérations de sa propre propagande.

Ne ferions-nous pas bien d'envisager une rectification de notre attitude officielle que la proximité de la guerre et des souffrances de la guerre a rendue trop systématique ? Nous savons tous que beaucoup de déportés sont morts sans avoir été exterminés et simplement par suite du désordre, de l'entassement et des conditions sanitaires effroyables qui furent celles des derniers mois. Ce n'est pas offenser leur mémoire que de le dire loyalement. Les

Français qui se sont renseignés sur les derniers moments de ceux qu'ils ont perdus en captivité, s'il leur arrive de lire ces pages, penseront certainement qu'il n'y a rien d'incroyable dans le rapport qui m'a été fait sur Belsen. Pourquoi vivre alors sur une légende systématique d'horreur ? Bien entendu il y avait d'autres camps, il y avait Maidanek, il y avait Auschwitz, il y avait Treblinka. Mais combien de Français ont été à Auschwitz, à Treblinka ? Nous en parlerons tout à l'heure. Il y eut aussi, et je ne l'oublie pas, les conditions effroyables de transfert des déportés. Mais là encore, elles ne furent pas appliquées à tous. Certains convois furent dramatiques, mais beaucoup ne le furent pas. Il y eut les expériences médicales. C'est un des points sur lesquels il importerait le plus d'entendre les explications présentées par les Allemands. Est-il exact, comme on l'a dit au procès, que ces expériences n'ont jamais été demandées par la Luftwaffe, pour la raison qu'elles avaient déjà été faites pour son compte sur des soldats allemands volontaires ? Est-il exact, comme certaines personnes me l'ont soutenu, que le contrat proposé aux déportés qui acceptaient de subir ces expériences a été effectivement rempli et que les déportés qui avaient survécu ont été remis en liberté ? Il faudrait les montrer alors : dans une telle affaire, ce genre de preuves est le seul qui soit sans réplique. Enfin, quel est le pourcentage des déportés français qui ont été l'objet d'expériences médicales ? Ce chiffre n'a jamais été fourni, il est peut-être difficile de le fournir, mais une indication même très générale serait utile. De telles mises au point, faites sans esprit de parti, sans intention de propagande, ne seraient-elles pas utiles à tout le monde, et à notre pays en particulier ? Ne ferions-nous pas meilleure figure dans tout cela si notre réquisitoire avait fait connaître avec loyauté et avec modération, des souffrances que personne ne conteste et que tout le monde est prêt à respecter lorsqu'elles ne s'accompagnent pas de haine ? Cela n'eût-il pas mieux valu que d'être exposé à la contre-enquête d'une commission internationale chargée de réparer, comme en Belgique après l'autre guerre, les lacunes de notre réquisitoire ?

Il faut le répéter, le temps n'est pas venu de faire l'histoire de ces événements et je ne prends nullement ce petit livre pour une contribution, si humble soit-elle, à ce travail futur. Je n'apporte point de documents ; je ne sais rien de plus que personne. J'ai simplement écrit les réflexions que m'inspirait la lecture du *Procès de Nuremberg*, un peu à la manière de ces bonnes gens d'autrefois qui s'imaginaient avec naïveté que leur opinion sur la Charte ou sur le droit d'aînesse pouvait intéresser le public. J'avais besoin de l'écrire : c'est ma seule excuse à cette indiscrétion. Mais enfin dans cet examen des troisième et quatrième parties de l'Acte d'accusation, il s'agit d'un travail qu'on m'a un peu appris à faire autrefois : c'est en somme, une critique de témoignage, et je ne l'ai pas conduite autrement que j'aurais conduit la même enquête sur un fait historique, avec les méthodes qui sont celles qu'on m'a apprises en critique et sur lesquelles sont fondés tous les travaux des érudits dont j'ai été autrefois le très modeste collègue. Il est grave qu'elle puisse être si copieuse. Il est grave que la délégation française ait tout mêlé dans ses accusations, qu'elle ait compromis ce qui pouvait être prouvé avec certitude par des assertions partisanes, par des dépositions haineuses, par des généralisations téméraires. Il est grave qu'elle ait refusé de tenir compte des circonstances, du contexte historique, qu'elle ait isolé des faits sans dire ce qui s'était passé avant et ce qui se passait en même temps. Il est grave qu'elle n'ait donné la parole qu'à des témoins dont on peut se demander s'ils ont intérêt à l'établissement de la vérité ou à la persistance de la propagande. Il est grave qu'elle ait accepté des procédés de réunion publique et qu'elle ait employé une méthode incapable en elle-même de prouver la préméditation d'extermination sur laquelle on fonde tout le réquisitoire. Il est grave qu'elle ait réclamé des vies humaines en s'appuyant sur des faits particuliers qui n'engagent que la responsabilité des commandants locaux et qui sont évidemment incontrôlables sur un front d'une grande étendue. Il n'est pas étonnant, certes, mais il est peu honorable pour notre pays qu'on puisse lire dans ce réquisitoire des phrases comme celles-ci pour **résumer** l'attitude de l'Allemagne à l'égard de nos prisonniers : « L'Allemagne a multiplié les traitements inhumains tendant à avilir les hommes qu'elle détenait, qui étaient des soldats et qui s'étaient livrés, confiants dans le sens de l'honneur militaire de l'armée à laquelle ils se rendaient » ; ou qu'on en arrive à représenter comme des crimes de droit commun des ordres sur les saboteurs à propos desquels on précise : « Ce paragraphe s'applique aux groupes de l'armée britannique sans uniforme ou en uniforme allemand ». Il est peu honorable que notre accusation ait donné l'impression d'être constamment une accusation malhonnête, et il n'est pas étrange que finalement le président ait refusé de l'écouter plus longuement, et qu'un magistrat français chargé de parler au nom de notre pays se soit vu interrompre comme un bavard abusif dans un des plus grands procès de l'histoire et n'ait pas trouvé d'autre réplique à ce coup de massue que l'assurance piteuse » qu'il ne s'attendait pas à cette décision ».

Je le répète, cela ne permet pas de conclure que les Allemands n'ont pas commis d'actes contraires aux lois de la guerre. Mais cela permet tout au moins de dire qu'une enquête menée avec cette mauvaise foi est à refaire entièrement et sur tous les points : en attendant le résultat de cette enquête qui doit être publique, complète et contradictoire, il est impossible de prendre à notre compte ce qui a été dit sur ce sujet par la délégation française, et nous avons le devoir de faire savoir publiquement qu'un certain nombre d'hommes de notre pays n'acceptent pas l'enquête actuelle et qu'ils réclament le droit de suspendre leur jugement.

Dans la mesure où l'armée allemande a commis des actes contraires aux lois de la guerre, nous condamnons ces actes et les hommes qui en sont responsables, mais sous la condition qu'on les produise avec les circonstances qui les ont accompagnés, qu'on en recherche les responsables sans esprit de parti, et que de tels actes soient condamnés chez tous les belligérants quels qu'ils soient. Nous faisons nôtres en ce domaine les deux observations suivantes de la défense. L'une est la déclaration du Dr Babel, formulée en ces termes, qui peuvent être acceptés, croyons-nous, par tout homme de bonne foi en Europe : « Cette guerre m'a apporté tellement de souffrances et de malheurs que je n'ai aucune raison de protéger ou de soutenir qui que ce soit ayant été coupable ou complice de ce malheur personnel et du malheur qui a fondu sur tout notre peuple. Je n'essaierai pas non plus de faire échapper une telle personne à une peine juste. Je m'efforce simplement d'aider le tribunal dans sa recherche de la vérité... » L'autre n'est pas moins émouvante. Elle a été exprimée ainsi par le même avocat, et il est impossible également croyons-nous, à un esprit équitable de ne pas s'y associer : « Dans bien des cas, des actes mis à la charge des troupes allemandes ont été provoqués par l'attitude de la population civile, et les actes contraires au droit des gens, lorsqu'ils sont dirigés contre les

Allemands ne sont pas jugés de la même manière que les fautes mises à la charge des membres de l'armée allemande ».

Il n'est pas juste, en particulier, de prétendre exposer la conduite de l'armée allemande dans les pays de l'Occident sans décrire les conditions d'occupation qui lui ont été imposées par la politique des Alliés. La naissance et le développement des groupes de résistance, les attentats ordonnés par des organismes irresponsables, la propagande juive et l'action communiste, enfin l'organisation des bandes de francs-tireurs ont profondément modifié, d'année en année, le caractère des mesures de défense que l'armée allemande a dû opposer à ces initiatives. De leur côté, les Allemands ont singulièrement aggravé cette situation par des représailles maladroites ou par la stupide conscription des travailleurs. Mais quelle que soit la part de responsabilité allemande en ce domaine, on ne peut oublier que leurs adversaires se sont placés les premiers dans une situation où ils n'ont plus le droit de se réclamer du droit des gens. La doctrine de l'état-major allemand en cette matière n'est pas novatrice : elle a été fixée en 1870, elle n'a pas varié depuis, elle est intransigeante mais saine. Elle ne donne le titre de combattants qu'aux troupes en uniforme, elle le refuse à quiconque ne se fait pas connaître comme combattant par le port de cet uniforme. Cette doctrine est inattaquable. Les lois de la guerre ont pour objet de créer un **champ clos** autour des combattants. Elles protègent ceux qui regardent parce qu'ils n'ont pas pu être ailleurs, et ceux qui ramassent les blessés. Mais à partir du moment où l'un de ces spectateurs saisit un fusil et tire déloyalement par la fenêtre sur celui qui se bat loyalement sur le terrain, il se met hors des lois de la guerre, et par conséquent hors de la protection que les lois de la guerre accordent aux combattants et aux non-combattants. Les francs-tireurs et leurs auxiliaires, quels que soient le courage et la correction militaire avec lesquels ils se sont battus, ne sont donc, et ne peuvent être, au point de vue international, que des adversaires déloyaux, des tricheurs cachés aux abords de la lice, qui ne peuvent demander pour eux-mêmes la protection des lois qui règnent dans la lice, et qui sont entièrement, totalement, à la merci du vainqueur s'ils se laissent capturer. Tout franc-tireur, tout auxiliaire ou complice de franc-tireur se trouve donc placé en dehors du droit des gens : en stricte application de la loi internationale, tout franc-tireur, tout auxiliaire ou complice de franc-tireur, lorsqu'il est pris, est un condamné à mort en sursis. Cette règle est dure : mais l'expérience récente prouve que son exacte observation est la seule garantie des populations civiles. Les hommes qui ont pris la responsabilité de **pourrir la guerre** en recourant à de telles méthodes, ont pris une responsabilité effroyable, non seulement à l'égard des hommes qu'ils exposaient ainsi à la mort, mais à l'égard des populations civiles auxquelles ils retiraient toute protection. On ne peut dire que ces hommes n'ont pas été informés. La doctrine de l'état-major allemand a été rappelée constamment pendant cette guerre. Il est irrecevable d'affirmer qu'il suffisait de mentionner qu'on regardait comme des troupes au combat un certain nombre de civils, munis ou non de brassards. Car de telles conventions n'ont de valeur que si elles sont admises de part et d'autre. Quand les Allemands constituent un *wehrwolf* pour tirer sur nos troupes d'occupation au coin des bois, nous leur expliquons fort bien que les membres de leur *wehrwolf* seront fusillés s'ils sont pris. Nos francs-tireurs ne sont que des francs-tireurs : le fait d'avoir dans la poche une carte d'un parti « progressiste » ne change rien à leur qualité.

Cette constatation n'efface pas les représailles sauvages exercées par certaines unités allemandes, mais elle en change le caractère. Le commandement allié a prétendu, à l'approche du débarquement, mettre tous les pays de l'ouest de l'Europe en état de soulèvement permanent. Aucune troupe allemande, a-t-il affirmé, ne pouvait avancer qu'au milieu des pièges. Tout était trappe et mine sous ses pas. Chaque boqueteau abritait des tireurs, chaque meule était une menace, chaque tournant préparait un coup de théâtre. Chaque municipalité se vante aujourd'hui d'avoir ravitaillé les maquisards, de les avoir cachés, de les avoir secourus. Nous sommes bien imprudents. Car de telles déclarations, s'il faut les retenir, allègent singulièrement la responsabilité des commandants allemands. Nous pouvons les accuser d'avoir étendu illégalement la notion de « complice de franc-tireur », de l'avoir fait le plus souvent dans la violence de l'action, arbitrairement et sans preuves. Mais cela est tout autre chose que l'accusation de notre Ministère public. Il n'y a pas de « volonté d'extermination » dans ces brutalités de la retraite ; il n'y a pas d'autre « ordre supérieur » que la permanence d'une doctrine juridique inattaquable. Il y a des responsabilités, mais elles sont à l'échelon du commandement local. Et, en outre, rien ne m'empêchera d'écrire que dans tous ces cas elles sont partagées par les provocateurs. Ce n'est pas seulement une bande de brutes ayant perdu tout contrôle d'eux-mêmes qui a mis le feu à l'église d'Oradour, c'est l'homme qui parlait à la radio de Londres et qui parle aujourd'hui sur les tombes.

Il y a des crimes de guerre qui sont certains, incontestables, et qui peuvent être isolés de leurs circonstances ou que les circonstances n'excusent pas. Ils sont infiniment moins nombreux que la délégation française ne l'a dit. Lorsqu'à Baignes, au moment de l'offensive Rundstedt, le commandant d'un groupe de chars fait cerner cent vingt-neuf Américains groupés dans un champ les bras en l'air et les fait mitrailler, c'est un crime de guerre caractérisé, dans la mesure où les événements se sont bien passés comme on nous les décrit. Lorsque, à la suite d'une évasion collective, cinquante officiers aviateurs anglais prisonniers au camp de Sagan sont fusillés sans jugement et sur simple désignation, c'est également un crime de guerre, incontestable, évident, et une violation parfaitement claire des conventions internationales (c'est autre chose de savoir si la responsabilité de Göring est engagée dans cette affaire). On peut en dire autant des représailles collectives et des incendies de villages, mais à condition de mentionner expressément que cette condamnation porte sur toute représaille collective et sur tout incendie de village, et que les officiers allemands poursuivis à ce titre seront punis des mêmes peines que les officiers français responsables d'actes analogues en Indochine, avant et après cette guerre : car enfin, pourquoi faudrait-il appeler crime l'incendie de pavillons en briques, et peccadille l'incendie de villages en bambous ? Mais il résulte du réquisitoire lui-même que ces crimes de guerre incontestables sont en petit nombre et, lorsqu'on prend soin d'en étudier quelques-uns, on s'aperçoit qu'ils n'engagent nullement la responsabilité du haut commandement allemand comme on a voulu nous le faire croire, mais seulement celle des chefs d'unités qui n'ont pas su garder leur sang-froid, ou qui n'ont pas su maintenir la discipline, et en outre presque toujours celle des éléments locaux de la Résistance en tant que provocateurs. Ajoutons que certains de ces actes, du moins, ont été l'objet d'enquêtes et de sanctions de la part du commandement allemand lui-même. Il n'est pas honnête, en tous cas, de les présenter pêle-mêle, pour faire nombre, avec des actes bien plus difficiles à juger, des assassinats de maquisards même sans jugement, même accompagnés de brutalités, des exécutions de saboteurs dont la légitimité est plus ou moins discutable, ou des lynchages d'aviateurs que la colère des populations explique suffisamment.

Il est, d'ailleurs, impossible ici de ne pas déborder le cadre du procès. Si les Allemands ont commis des crimes, les hommes qui ont couvert et provoqué les atrocités de la libération ne sont pas qualifiés pour s'ériger en juges. Car s'il est triste de lire la liste des actes déclarés criminels dont se plaint la délégation française, il n'est pas moins triste de se dire qu'à chacun des assassinats et des viols, à chacune des tortures qu'on reproche à l'armée allemande en déroute, on peut opposer des assassinats, des viols et des tortures commis par des francs-tireurs dans ce qu'ils appelaient leur victoire. Des groupes de maquisards ont été abattus sans jugement, ils ont été torturés avant leur exécution : oui, mais des miliciens ont été abattus et torturés dans les mêmes conditions, dans le Vercors, dans la région de Limoges, dans la région de Périgueux, dans la région de Toulouse. Des innocents ont été pendus, leurs cadavres ont été lardés de coups de couteau à Trébeurden en Bretagne, trente-cinq juifs ont été fusillés sans motif à Saint-Amand-Montrond : mais ce n'est pas à Trébeurden seulement, c'est dans vingt, dans trente villages de partout que d'autres innocents, parce qu'ils avaient appartenu avant la guerre à des partis de droite, ont été abattus à coups de mitraillette dans leurs maisons par des « patriotes », leurs cadavres ont été mutilés, les yeux crevés, les oreilles coupées, les parties sexuelles arrachées, et ce n'est pas trente-cinq hommes, mais des milliers qui ont été assassinés sans motif par des « résistants ». « Deux femmes, nous dit-on, furent violées à Crest, trois femmes furent violées à Saillans... Perraud Lucie, 21 ans, a été violée par un soldat allemand d'origine russe... viols, pillages dans la région de Saint-Donat... un civil est tué dans sa vigne... Des jeunes gens qui se promenaient avec des jeunes filles sont tués sur la route... De jeunes garçons ont été arrêtés parce qu'ils avaient pris la fuite à la vue des Allemands... aucun n'appartenait à la résistance... Bézillon André, 18 ans, dont le frère était du maquis, affreusement mutilé, nez et langue coupée... » Cela ne vous rappelle rien, toutes ces phrases du

Ministère public du gouvernement de Gaulle ? Combien de femmes ont été violées dans des chefs-lieux de canton terrifiés par l'arrivée des « maquis », combien de jeunes gens qui se promenaient sur la route, (je sais même près de Limoges une jeune fille qui fut abattue le jour de ses noces dans sa robe de mariée), combien dont on peut dire qu'ils n'appartenaient ni à la Milice, ni à la L.V.F., ni à rien du tout, combien de Bézillon André, 18 ans, ont payé pour leur frère, assassinés comme lui, mutilés comme lui ? Soyez-en sûrs, quand on fera les comptes, dans la course aux atrocités, nous ne perdrons que d'une courte tête. Quand on voit le représentant de la délégation française rappeler le sort de la famille Maujean à Tavaux, dans l'Aisne, la mère tuée devant les yeux des cinq enfants, la maison brûlée, le cadavre de la mère arrosé d'essence, les enfants enfermés dans la cave et délivrés de justesse par les voisins, comment ne pas songer à la tuerie de Voiron, où je ne sais quels sympathisants du patriotisme crurent nécessaire de faire expier leur trahison à des petits enfants de deux ans et de quatre ans ? Quand on nous révèle la mort du commandant Madeline, frappé à coups de nerf de bœuf, les ongles décollés, obligé de marcher nu-pieds sur des punaises, brûlé avec des cigarettes, il est impossible de ne pas évoquer aussitôt le supplice presque pareil de ce délégué de l'Action Française près de Toulouse qu'on fit agoniser pendant quatre semaines les membres brisés, ses plaies ouvertes partout, dans lesquelles on mettait de l'essence qu'on allumait et des acides pour le faire hurler, ou la mort du curé de Tautavel, dans la région de Perpignan, tellement martyrisé qu'au matin de son exécution, sa paillasse était durcie par son sang, et dont la mort fut si horrible qu'elle réveilla pour plusieurs mois des superstitions qu'on croyait abolies depuis des siècles. Une bande de Mongols a crucifié un petit garçon à Presles près de Nice, sur la porte d'une grange : près d'Annemasse, des « patriotes » ont crucifié un homme sur le sol, après lui avoir crevé les yeux. M. Dommergues, professeur à Besançon, atteste qu'il a été frappé à coups de nerf de bœuf pendant son interrogatoire par la Gestapo, que dans la pièce voisine une femme torturée poussait des hurlements, qu'il a vu un camarade suspendu avec un poids à chaque pied, qu'un autre a eu les yeux crevés : mais nous avons aussi la honte de nous dire qu'il s'est passé des choses pareilles pendant deux mois dans un bon nombre de prisons gaullistes du Midi de la France et de la Savoie, où l'on pouvait entendre chaque nuit des cris des prisonniers torturés, et où l'on invitait des amis et des femmes pour leur en donner le divertissement. La fusillade des otages de Chateaubriant, elle-même, qui donc sait en France qu'elle a eu sa lugubre réplique ? C'est le massacre des otages du Fort-Carré près d'Antibes, tout à fait pareil, avec cette variante seulement que l'assassinat des otages servit à masquer un règlement de comptes. Il est trop simple de venir nous expliquer aujourd'hui que c'étaient des « crimes communistes ».

Ce n'est pas vrai. C'étaient des actes de fous et il y a eu des fous dans tous les camps. Tout ceci se passait au temps où le général de Gaulle était au gouvernement et y disposait d'un pouvoir presque absolu. Quel représentant de la **conscience universelle** a élevé la voix, quelle radio ?

Hélas ! on pourrait continuer indéfiniment cette comparaison édifiante. Les actes de fous que des bandes d'une armée rompue, sans commandement, sans discipline, ont accomplis pendant quelques semaines dans notre pays, nous les condamnons en effet et nous approuvons qu'on en recherche les responsables individuels, mais alors il faut poursuivre au même titre et devant le même tribunal les responsables des crimes analogues commis par certains éléments de la Résistance. Nous avons nos criminels de guerre nous aussi. Que répondrons-nous quand les dossiers seront tous ouverts ? Que répondrons-nous quand on nous démontrera que des blessés allemands ont été achevés sauvagement dans les rues de nos villes, que des prisonniers ont été abattus systématiquement après avoir rendu leurs armes, que de malheureux territoriaux à bicyclette qui cherchaient à rejoindre une problématique formation, ont été lynchés sans raison, étripés, pendus, décapités, que d'inoffensifs quinquagénaires affectés à la garde d'une gare ou d'un pont, ont dû errer pendant des heures en cherchant à se constituer prisonniers auprès de groupements qui les renvoyaient de caserne en caserne jusqu'aux équipes chargées de les massacrer, que certains d'entre eux furent brûlés vifs dans leurs camions arrosés d'essence ? Que répondrons-nous quand on nous fera l'histoire vraie de ce que nous appelons la « libération » de nos villes ? Le Ministère public peut bien dire à Nuremberg : « à Saint-Donat, dans le Vercors, cinquante-quatre femmes ou jeunes filles, dont l'âge s'échelonnait entre 13 et 50 ans, ont été violées par des soldats déchaînés » : mais les juges anglais et américains doivent faire de singulières réflexions en songeant à l'enquête ouverte par leurs autorités d'occupation, à la demande de l'épiscopat allemand, sur les deux cents jeunes filles de Stuttgart qui furent razziées dans la nuit de Noël à la sortie de la messe, et violées dans les commissariats et les casernes où on les avait amenées. C'est une belle chose de nous expliquer que dans les prisons allemandes les détenus étaient « sauvagement frappés », que des « enfants de 18 à 19 ans » ont été exécutés, que des femmes ont été exécutées, que des juifs étaient tenus de creuser leurs fosses, que les condamnés à mort portaient des chaînes aux pieds, mais quel auditeur ignore que tout cela s'applique mot pour mot à ce qui s'est passé dans nos prisons pendant l'année gaulliste ? Nous répudions, au nom de la justice et de l'honnêteté, ce réquisitoire contre un pays bâillonné. Nous refusons aux assassins de 1944 le droit de parler d'humanité. Nous tenons à le dire à la jeunesse allemande : cette mascarade nous écœure et nous humilie, et nous refusons de nous solidariser avec elle. La France, ce n'était pas cela. Nous n'accepterons de condamner la conduite de la guerre par l'Allemagne que lorsqu'une commission internationale aura mené une enquête dans tous les pays, et le nôtre en particulier, sur les crimes et les exactions commis à la faveur de la guerre. La vérité est indivisible. La justice aussi.

Quant aux camps de concentration, l'honnêteté consiste pour nous à demander justice et réparation pour les Français innocents qui ont été déportés et torturés, mais non pas pour les autres. Il nous paraît impossible d'accepter, en ce domaine, la confusion dont il a été parlé plus haut, et qui a été faite à dessein par la propagande. Il nous paraît impossible de ne pas faire, en particulier, la distinction que les Allemands ont faite entre les juifs et les non-juifs. Si l'on se refuse à cette discrimination, on ne voit que des juifs, beaucoup de juifs, et évidemment beaucoup de morts. Mais aussi on ne peut rien conclure. — Qu'est-ce que les Allemands vous ont fait, à vous, en France ? — Ils ont emmené les juifs. — À vous, en Belgique ? — Ils ont emmené les juifs. — À vous, en Hollande ? — Ils ont emmené les juifs. En maintenant cette confusion, tout ce que l'on a le droit de dire, c'est que les Allemands ont poursuivi en Hollande, en Belgique, en France, une politique d'extermination des juifs, mais alors cette accusation n'est plus une accusation du peuple français ou du peuple belge ou du peuple hollandais contre l'Allemagne, c'est une accusation qui devrait être portée par le peuple juif et soutenue par des délégués juifs, ou par des délégués parlant au nom du peuple juif, et non par une délégation nationale quelconque. Or, les différentes délégations nationales, et spécialement la délégation française, ont soigneusement entretenu cette confusion.

Il n'a pas été dit, à Nuremberg, quel est le pourcentage des déportés juifs par rapport au total des déportés pour chaque nation. Un seul pays a communiqué ce chiffre. C'est la Hollande, qui signale que sur 126.000 déportés, 110.000 étaient de religion israélite, ce qui donne une proportion de 87%. Le représentant français à Nuremberg n'a pas cru devoir faire connaître cette statistique pour la France ; toutefois, en réponse à une question écrite posée récemment par M. Paul Thetten sur le nombre des victimes de la guerre, le ministre des Anciens combattants a dû avancer un chiffre : on peut lire à l'*Officiel* du 26 mai 1948 qu'il a admis l'existence de 100.000 déportés politiques, et de 120.000 déportés raciaux, ce qui donne une proportion de 54%. Cette proportion, si différente de celle qui est publiée par le gouvernement hollandais, peut-elle être acceptée ? Elle ne s'accorde guère, en tout cas, avec les documents produits d'ailleurs à Nuremberg. On peut lire, en effet, dans la sténographie du procès, qu'une conférence tenue à Berlin le 11 juin 1942 prévoyait un transfert de 100.000 juifs résidant en France pour l'année 1942, que les mesures prises pour ce transfert n'aboutirent que partiellement, et que le nombre des juifs déportés s'élevait à 49.000 le 6 mars 1943. D'autre part, une liste des « déportations de personnes pour raisons politiques ou raciales », produite par le Ministère public français, mentionne la statistique suivante pour les convois : trois en 1940, quatorze en 1941, cent sept en 1942, deux cent cinquante-sept en 1943, trois cent vingt-six en 1944. Dans la mesure où cette statistique est exacte et s'applique bien aux convois de déportés politiques, il faudrait admettre qu'en mars 1943, on n'avait pas atteint le quart de l'effectif total des déportés. Et nous savons bien, en effet, que le rythme des déportations devint beaucoup plus rapide en 1943 et en 1944. Dans ces conditions, il est peu vraisemblable qu'il n'y ait eu que

120.000 juifs envoyés dans les camps. Si les services du ministère des Anciens combattants n'avaient pas fait la déclaration que nous venons de rapporter, on serait en droit de conclure des documents de Nuremberg que le chiffre des déportés juifs fut d'environ 200.000, sur un total de 220.000 déportés, ce qui donnerait une proportion analogue à celle qui est publiée par le gouvernement hollandais. Il y a donc là une contradiction sur laquelle il est difficile de décider. Pour ma part, j'inclinerais à contester le chiffre fourni par le ministère des Anciens combattants, parce que cet organisme officiel dit ce qu'il veut, sans autoriser personne à consulter ses archives. En attendant qu'on nous fasse connaître le chiffre qui doit bien exister quelque part dans les archives des services allemands, nous pensons qu'il est indispensable de tenir compte du chiffre acquis pour mars 1943, et de l'accélération des déportations après cette date.

Lorsqu'on réfléchit sur ces chiffres, il est clair que le procès des camps de concentration doit être produit sous un autre éclairage que celui qui a été arrangé jusqu'ici : dans la pensée des Allemands, il n'y avait pas de volonté d'extermination des Français (et c'est pourquoi l'on n'en trouve aucune preuve), mais il y avait une volonté d'extermination des juifs (sur laquelle les preuves sont nombreuses), et il n'y eut pas de déportation des Français, il y eut une déportation des juifs ; et si certains Français furent déportés en même temps qu'eux, c'est parce qu'ils avaient accepté ou qu'il avaient paru accepter la défense de la cause juive.

Toute la question est de savoir si nous pouvons admettre le distingo allemand en ce débat. Or voici ce qu'un Français ne peut éviter de se demander. Les juifs sont originellement des étrangers, qui ont été d'abord admis dans notre pays avec prudence, puis en nombre de plus en plus grand à mesure que certains d'entre eux obtenaient de l'influence. En dépit de cette hospitalité qui leur était accordée, ils ne se sont pas abstenus de prendre part aux discussions politiques de notre pays : et lorsqu'il s'est agi de savoir si nous transformerions l'invasion de la Tchécoslovaquie ou la guerre de Pologne en une guerre européenne, ils n'ont pas hésité, ce sont eux qui nous l'affirment actuellement, à combattre tout esprit de conciliation, c'est-à-dire à entraîner notre pays dans une guerre désastreuse mais souhaitable, parce qu'elle était dirigée contre un ennemi de leur race. Nous avons cessé d'être aujourd'hui une grande nation, nous avons peut-être même cessé d'être en réalité une nation indépendante, parce que leur richesse et leur influence ont fait prévaloir leur point de vue sur celui des Français attachés à la conservation de leur terre et qui voulaient maintenir la paix. Nous les avons trouvés opposés ensuite à toutes les mesures raisonnables qui pouvaient préserver nos vies et nos biens, et en même temps leurs propres vies et leurs propres biens. Et plus tard encore, nous les avons trouvés en tête de la persécution et de la calomnie contre ceux de nos camarades qui avaient voulu protéger des rigueurs de l'occupation ce pays où nous sommes installés depuis plus longtemps qu'eux, où nos parents étaient installés, et que les hommes de notre race avaient fait un grand pays. Et ils disent aujourd'hui qu'ils sont les véritables époux de cette terre que leurs parents ne connaissaient pas, et qu'ils comprennent mieux que nous la sagesse et la mission de ce pays dont certains savent à peine parler la langue : ils nous ont divisés, ils ont réclamé le sang des meilleurs et des plus purs d'entre nous, et ils se sont réjouis et ils se réjouissent de nos morts. Cette guerre qu'ils ont voulue, ils nous ont donné le droit de dire qu'elle fut leur guerre et non la nôtre. Ils l'ont payée du prix dont on paie toutes les guerres. Nous avons le droit de ne pas compter leurs morts avec nos morts.

Malgré le silence imposé à nos intellectuels, cet effort pour poser en termes concrets la question juive ne peut être éludé. Il peut fort bien ne pas s'accompagner d'antisémitisme et, pour ma part, je ne suis pas antisémite : je désire au contraire que le peuple juif trouve quelque part la patrie qui lui permettra de se regrouper. Mais il me semble évident que si j'étais réfugié en Argentine, je ne m'occuperais pas des affaires intérieures de l'Argentine, même si j'avais obtenu la nationalité de ce pays. Je n'exigerais pas des Argentins qu'ils se constituent les vengeurs des Français persécutés, je ne demanderais pas surtout que des Argentins soient condamnés à mort ou emprisonnés parce qu'ils se sont montrés indifférents au sort des Français réfugiés chez eux. Pourquoi aurions-nous un devoir de vengeance et de lamentation au nom d'un compatriotisme que la loi nous force à confesser, mais auquel notre cœur n'a point part ? Les fraternités ne se fabriquent pas. Un juif est pour moi un homme comme un autre, mais il n'est qu'un homme comme un autre, je trouve triste qu'on le massacre et qu'on le persécute, mais mon sentiment ne change pas tout d'un coup, mon sang ne se fige pas tout d'un coup si l'on ajoute qu'il habite Bordeaux. Je ne me sens pas tenu de prendre particulièrement la défense des juifs, pas plus que celle des Slaves ou celle des Japonais : j'aimerais autant qu'on cesse de massacrer sans raison les juifs, les Slaves et les Japonais, et aussi les Malgaches, les Indochinois ou les Allemands des Sudètes. C'est tout. Je ne me sens pas d'élection spéciale à l'égard des juifs qui habitent la France et je ne vois pas pourquoi il faudrait que j'en aie. En outre, l'attitude prise par la plupart des juifs à l'égard de l'épuration, a accusé ces divergences de sensibilité qu'un acte de naturalisation ne fait pas disparaître. Beaucoup de Français étaient prêts en 1944, sans esprit de parti, à sentir vivement le traitement inhumain qui avait été infligé aux juifs ; mais aujourd'hui d'autres souffrances, d'autres injustices, beaucoup plus impérieuses, ont fixé notre indignation et même notre pitié. Ce sont les juifs eux-mêmes qui ont organisé une relève des victimes, une relève de l'injustice. Qu'ils ne nous accusent pas de n'avoir pas de cœur : nous pensons d'abord aux nôtres, c'est eux qui l'ont voulu ainsi. L'épuration a laissé dans notre pays des cicatrices sanglantes qui ne seront jamais oubliées. Je referais encore, si j'avais à le refaire, ce que j'ai fait pendant l'occupation pour des résistants et même pour des juifs, mais je le ferais aujourd'hui comme don Juan donne au pauvre, « pour l'amour de Dieu », et avec un immense mépris. Car ce n'est, en effet, qu'au nom de cet amour de Dieu et parce qu'ils ont été sauvés comme nous par le Christ, que nous pouvons prendre part aujourd'hui aux souffrances des juifs. Leur réaction devant la loyauté, l'honneur et la défense du sol n'a pas été la même que la nôtre ; cette solidarité que nous étions en droit d'attendre, même en temps de guerre idéologique, des copartageants de notre nationalité, nous ne l'avons pas obtenue d'eux ; nous ne pouvons plus aujourd'hui avoir à leur égard que l'impression d'une séparation, d'une incapacité à penser à l'unisson, d'un échec de l'assimilation.

Il est inévitable alors que l'extermination des juifs ne nous apparaisse plus maintenant que comme un des procédés nouveaux de cette guerre que nous avons à juger comme nous avons à juger les autres, l'extermination des Slaves, les bombardements des grandes villes allemandes. Il est inutile, naturellement, de préciser que nous condamnons, comme tout le monde, l'extermination systématique des juifs. Mais il n'est pas inutile de rappeler que les Allemands eux-mêmes, autant que nous pouvons le voir par les documents qui nous sont parvenus, la condamnaient également, et que la plupart d'entre eux, même parmi les plus haut placés, l'ont ignorée. Il résulte clairement des pièces du procès que **la solution du problème juif**, qui avait eu l'approbation des dirigeants nationaux-socialistes, consistait uniquement en un rassemblement de juifs dans une zone territoriale qu'on appelait la **réserve juive** : c'était une sorte de ghetto européen, une patrie juive reconstituée à l'Est, c'était cela que prévoyaient les instructions connues des ministres et des hauts fonctionnaires, et c'était cela seulement. Les accusés de Nuremberg ont pu soutenir qu'ils avaient ignoré pendant toute la guerre les exécutions massives qui avaient lieu à Auschwitz, à Treblinka et ailleurs, qu'ils les avaient apprises pour la première fois en écoutant leurs accusateurs, et aucun document du procès ne nous permet d'affirmer que Göring, Ribbentrop, ou Keitel ont menti en disant cela : il est très possible, en effet, que la politique d'Himmler ait été une politique toute personnelle, exécutée discrètement, et dont il porte seul la responsabilité. La condamnation à laquelle on nous demande de nous associer sur ce point et à laquelle nous nous associons en effet, ne porte donc pas sur un peuple, mais sur un homme auquel le régime a eu le tort de laisser des pouvoirs exorbitants. Nous n'avons pas le droit d'en conclure que les Allemands, qui ignoraient tout cela, sont des monstres. Et nous n'avons pas le droit d'en conclure davantage que le national-socialisme aboutissait nécessairement à l'extermination des juifs : il proposait seulement de ne plus les laisser se mêler à la vie politique et économique du pays, et ce résultat pouvait être obtenu par des méthodes raisonnables et modérées. En nous instituant les défenseurs du peuple juif, en nous mettant à la tête d'une croisade de haine à cause des camps de concentration, à cause de tous les camps de concentration, en étendant cette haine à tous, en la rendant sans appel et inexpiable, ne sommes-nous pas victimes d'une propagande dont les effets peuvent être un jour terriblement préjudiciables au peuple français ? Que répondrons-nous si l'on prétend nous faire porter un jour le poids de cette vengeance pour laquelle nous avons été volontaires, si l'on nous dit que notre plainte, notre réquisitoire, n'aurait dû avoir pour objet que le nombre restreint de Français qui ont été déportés contrairement aux lois de la guerre, si l'on nous rend responsables de cet orage de haine et de souffrance que nous avons appelé sur la nation allemande qui avait cru nous ménager ? Nous répondrons en parlant de **la grande voix de la France ?** Alors qu'elle ne se taise pas quand d'autres injustices et d'autres morts l'assignent : si nous sommes par décret du ciel les défenseurs de tout le monde, les défenseurs des Juifs et des Slaves, alors nous n'avons le droit d'exclure personne, et nous devons être aussi les défenseurs des Japonais et des Allemands quand les cadavres sont japonais ou allemands.

Je ne puis m'empêcher d'ajouter une chose. Cette mission que nous revendiquons pour la France, elle est singulièrement compromise, non seulement par ce qui s'est passé dans notre pays depuis quatre ans mais encore par nos silences et sur d'autres points par notre légèreté à accueillir toutes les propagandes. Notre indignation est à éclipses. Notre conscience s'éveille quand notre intérêt parle. Nous dénonçons la perversité de nos adversaires, leur sang-froid devant la torture et l'extermination, nous feignons d'ouvrir des yeux épouvantés devant la bête humaine, et nous oublions au même moment, nous oublions et nous acceptons la perversité des nôtres, nous acceptons les tortures et l'extermination de nos ennemis, et nous saluons comme des anges de la délivrance des êtres casqués qui ne sont pas moins monstrueux que les monstres de notre invention. Nous sommes très indignés des camps de concentration hitlériens, mais à la même époque, nous feignons d'ignorer les camps de concentration soviétiques, que nous découvrons, du reste, avec horreur dès que notre propagande y trouve un intérêt. Quelle voix s'est élevée pour faire connaître au public français le dossier accablant de l'occupation en Allemagne, qui a protesté contre le traitement honteux et en effet « criminel » au sens de la convention de Genève, qui a été infligé aux prisonniers de guerre allemands ? Nos journaux assurent une large diffusion à la propagande antisoviétique d'origine américaine répandue dans notre pays : qui a cherché à vérifier ces faits, à les confronter tout au moins avec les documents d'origine russe, enfin à parler avec honnêteté de la Russie soviétique, sans être le valet des staliniens professionnels ni l'instrument des financiers américains ? Où est-elle **la grande voix de la France ?** Quelle vérité a-t-elle osé regarder en face depuis quatre ans ? Nous trouvons que la guerre est horrible et nous parlons d'**atrocités** allemandes : mais il ne nous vient pas un instant à l'esprit que c'est peut-être une « atrocité » tout aussi grave que d'arroser des villes entières avec des bombes au phosphore, et nous oublions les milliers de cadavres de femmes et d'enfants recroquevillés dans leurs caves, les 80.000 morts d'Hambourg en quatre jours, les 60.000 morts de Dresde en quarante-huit heures. Je ne sais ce qu'on pensera de tout cela dans un demi-siècle. Quant à moi, le nègre américain qui abaisse tranquillement au-dessus des maisons d'une ville le levier de son magasin de bombes me paraît encore plus inhumain, encore plus monstrueux que le gardien de prison qui dans notre imagerie, accompagne vers la douche mortelle les sinistres convois de Treblinka. Et j'avoue que s'il me fallait faire un classement entre Himmler qui entreprit les camps de concentration et le maréchal de l'air britannique qui décida un jour de janvier 1944 d'ordonner la tactique du **tapis de bombes** pour neutraliser désormais **le personnel**, je ne pense pas que je mettrais Himmler au premier rang. Mais nous avons embrassé les nègres dans les rues en les appelant nos **libérateurs**, et le maréchal de l'air a défilé au milieu de nos vivats. Nous sommes les défenseurs de la civilisation, mais nous supportons très bien l'idée que des villes soviétiques soient détruites en une seconde par deux ou trois bombes atomiques, et même nous le souhaitons dans l'intérêt de la civilisation et du droit. Et après cela, nous citons avec épouvante le nombre des victimes des nazis.

Mais il y a la perversité, ajoute-t-on, il y a l'ordre, il y a ce mécanisme de l'horreur, ce sadisme, ces pendus en musique, cet usinage de la déchéance. Magnifique méthode qui consiste à inventer une imagerie de l'horreur, puis à se frapper la poitrine au nom de toute l'espèce humaine, en l'honneur des films que nous fabriquons ! Contrôlons d'abord ces super-productions sensationnelles dignes des fertiles cerveaux d'Hollywood, et nous verrons alors ce que valent ces belles protestations qui prouvent surtout que nous n'avons pas le don de réflexion. Car nous avons accepté et approuvé qu'on monte chez nous un mécanisme de la déchéance et de la persécution, nous avons accepté et approuvé des procédés qui relèvent du même esprit d'ordre, de méthode, d'hypocrisie dans l'élimination, et qui trahissent au moins autant de sadisme que celui que nous dénonçons chez les autres. Evidemment, c'est moins spectaculaire que d'arracher des ongles (cela n'empêche pas d'arracher des ongles, d'ailleurs). Mais enfin, il faut reconnaître tous les mérites, il faut réhabiliter la notion de **torture morale**. Les inventeurs de l'ignoble escroquerie de l'article 75, les hommes politiques qui les ont couverts, ont cherché à obtenir par des moyens purement moraux les mêmes résultats que d'autres ont demandé, d'après eux, à des moyens physiques. Ils se sont servis du mensonge, de l'hypocrisie, de la perfidie, pour acculer des hommes et des femmes au désespoir, à la déchéance, à la misère matérielle et souvent à la misère physiologique. Du travail bien fait : on ne voit pas le sang et les Pompes funèbres se chargent des enterrements, dans le corbillard des pauvres, bien entendu. Mais des dizaines de milliers de Français, de ceux qui furent parmi les meilleurs, les plus désintéressés, les plus loyaux, les plus fidèles, sont aujourd'hui des morts vivants. Chassés de leurs demeures par des réquisitions, dépouillés de leurs économies par des confiscations, privés de leurs droits de citoyens, chassés de leur emploi, poursuivis par des juges serviles, accablés de chagrin et d'amertume, abreuvés d'humiliations et de mensonges, errant de refus en refus, sans appuis, sans défenseurs, ils s'aperçoivent aujourd'hui que la cité du mensonge a élevé autour d'eux des murs invisibles, pareils à ceux des camps, et qu'ils sont condamnés, eux aussi, mais en silence, à la misère et à la mort. Leurs garçons ont été fusillés un matin, à l'aube. Ils n'ont plus rien, ils regardent sans comprendre leur poitrine, d'où l'on a arraché leur croix et leur manche vide de mutilés : ils ne portent pas le pyjama des déportés, mais ils meurent un soir, comme eux, à l'intérieur de la prison invisible que l'injustice a construite autour d'eux. Quelquefois, ils meurent de misère bien modestement, d'autres fois ils se suicident au gaz, et presque toujours on explique que c'est la maladie, la dépression, l'âge. Tout cela n'est pas spectaculaire : il n'y a pas de coups de fouet, mais des assignations, pas de corvées de soupe, mais un hôtel meublé avec une lampe à alcool, il n'y a pas de four crématoire, mais des enfants qui meurent et des filles qui s'en vont. Oui, juifs, oui, chrétiens sociaux, gaullistes, résistants, vous pouvez être fiers (mais ces comptes ne s'oublieront pas), quand on fera le compte de ces morts discrètes de la persécution, on s'apercevra que le chiffre des 50.000 ou 80.000 Français morts en déportation, est largement balancé par le chiffre des Français qui sont morts de misère et de chagrin à la suite de la libération. Comme nous n'avions pas de bombardiers, nous avons inventé une manière de tuer à la mesure de nos moyens : elle ne vaut pas mieux que les autres, elle est seulement sournoise et lâche. Et j'avoue que j'ai infiniment plus d'estime pour le courage moral d'Otto Ohlendorf, général des SS, qui reconnaît devant le tribunal qu'il a massacré 90.000 juifs et Ukrainiens sur l'ordre de son Führer, que pour le général français qui est responsable d'autant de morts français qu'il ne se sent pas la force d'accepter.

Où a-t-elle dit cela, **la grande voix de la France ?** Où avez-vous vu cela dans la grande presse et dans les émissions chargées de nous représenter à l'étranger ? Quelle voix « autorisée » a osé dire, depuis quatre ans, toute la vérité ? Ce combat séculaire de la pensée française, quel grand journal français, quel grand écrivain français a osé le livrer ? Nous nous livrons à des travaux plus faciles. Nous nous croyons les docteurs du monde, et nous n'avons pas le courage de placer un miroir devant nos yeux. Nous donnons des leçons de morale au monde, et des leçons de justice, et des leçons de liberté. Nous sommes éloquents comme une maquerelle au prêche. Notre grande idée, c'est que la morale et la justice sont toujours de notre côté. Alors, nous avons droit, nous et nos amis, à une certaine liberté d'action. C'est pour le bon motif. Ce que nous faisons, ce que font nos alliés, ce ne sont jamais des atrocités. Mais dès qu'un régime est notre adversaire, l'atrocité pousse chez lui comme orties dans un jardin.

Je croirai à l'existence juridique des **crimes de guerre** quand j'aurai vu le général Eisenhower et le maréchal Rossokowslsy prendre place au tribunal de Nuremberg sur le banc des accusés. Et à côté d'eux, de moindres sires, comme notre général de Gaulle, responsable bien plus directement que Keitel et Jodl d'un assez bon nombre d'atrocités. En attendant, je ne me soucie pas de faire tourner le moulin à malédictions dans la direction des différents ennemis de la City et de Wall Street ou de changer d'anathèmes comme les femmes changent de chapeaux. Je réclame le droit de ne pas croire aux récits des correspondants de guerre. Et je réclame le droit de réfléchir avant de m'indigner. La carte du pétrole me paraît un peu trop compliquée pour ma philosophie.

* * * * *

On pourrait croire ici que les principes posés dans cette troisième partie sont inattaquables et limpides, et qu'il n'est rien de plus simple que de condamner des actes contraires aux lois de la guerre. C'est ce qui se serait passé en effet si le tribunal s'était contenté de constater que l'armée allemande avait commis des actes expressément interdits par les conventions de La Haye. Et nous n'avons rien à dire lorsqu'il se borne à le faire, sur la conduite de la guerre sur mer par exemple, ou sur les exécutionsirrégulières de prisonniers de guerre ou sur les réquisitions abusives : mais, à part ce dernier chapitre qui est d'ailleurs une question fort complexe, ces accusations sont peu nombreuses et surtout, elles ne sont pas l'essentiel du procès. Cette dernière partie de l'acte d'accusation soulève toutes sortes de difficultés, et des plus graves, précisément parce que le tribunal a voulu innover.

Il reconnaît cette novation. Le caractère rétroactif de la loi internationale improvisée par le tribunal est tellement évident qu'il n'a pas été nié par les chefs des délégations anglaise et américaine. Ils s'en excusent seulement en disant que l'opinion mondiale ne comprendrait pas qu'on laisse impunies certaines atrocités commises de sang-froid. Que signifie cette affirmation quand l'opinion mondiale a été surchauffée à dessein, et tant qu'une enquête complète et loyale n'est pas ouverte contre tous les belligérants. En l'absence de ces garanties, la rétroactivité de la loi internationale s'exprime finalement ainsi : des diplomates alliés se réunissent à Londres après la signature de la capitulation, et déclarent que tels et tels actes qu'ils reprochent à leurs ennemis seront regardés comme criminels et punis de mort, ils en font une liste qu'ils appellent statut du 8 août 1945, et ils chargent des juges de fabriquer un acte d'accusation dont chaque paragraphe se termine par cette phrase exorbitante : « et ces actes commis en 1943 ou en 1944 sont illégaux et criminels, comme contraires à l'article 6 ou à l'article 8 de notre statut ». Les enfants, au moins, disent « pouce » quand ils veulent changer la règle du jeu. Mais nos juristes internationaux n'ont pas reculé devant cette incohérence : ils ne paraissent même pas en avoir aperçu les conséquences.

Car, ce qui est frappant, ce n'est pas seulement le caractère injuste de cette rétroactivité réprouvée par tous les législateurs, c'est son danger pour l'avenir. Il est bien évident qu'après toute guerre internationale, le vainqueur se croira désormais autorisé à en faire autant. Il se réclamera lui aussi de l'indignation de l'opinion mondiale. Il n'aura aucune peine à faire admettre que les responsables des bombardements atomiques doivent être poursuivis. Il pourra faire admettre aussi bien que les responsables de tous les bombardements de populations civiles doivent être poursuivis au même titre. Et il punira pêle-mêle les aviateurs, les généraux, les ministres, les fabricants, en se fondant sur ce précédent. Il pourra même aller plus loin. Il suffit d'être le plus fort. On peut soutenir avec de très bons arguments que toute opération de blocus est essentiellement inhumaine et la déclarer contraire aux lois de la guerre. Le plus fort peut déclarer tout ce qu'il veut : ses photographes publieront des cadavres, ses journalistes feront des reportages et l'opinion mondiale frémira en écoutant sa radio. Et ses ennemis seront pendus jusqu'au grade de colonel inclusivement, ou plus loin si c'est son bon plaisir. « Je veux gagner la prochaine guerre, disait dans une récente interview le maréchal Montgomery, car je ne me soucie pas d'être pendu. » Ce militaire britannique a bien compris la solidité du nouveau droit.

La délégation française, chapitre de logique et de solidité, entendait avec peine ce mot **rétroactive**. Elle voulut montrer qu'il ne fallait pas avoir tous ces scrupules, et que M. Göring n'était juridiquement qu'un bandit de grand chemin. Et voici la ferme démarche qu'elle suivit en cette démonstration : elle est intéressante pour nous en ce qu'elle pose un principe plus étendu que le précédent. Les Allemands, **ayant été les agresseurs**, la guerre qu'ils font est **illégale**, et ils se mettent par là en dehors de la loi internationale. « Qu'est-ce à dire, sinon que tous les crimes qui seront commis à la suite de cette agression pour la poursuite de la lutte ainsi engagée cesseront d'avoir le caractère juridique d'actes de guerre ? » Dès lors, tout devient très simple : « Les actes commis dans la poursuite d'une guerre sont des atteintes aux personnes et aux biens qui sont eux-mêmes prohibés et sanctionnés dans toutes les législations. L'état de guerre ne pourrait les rendre licites que si la guerre elle-même était licite. Puisque depuis le pacte Briand-Kellog, il n'en est plus ainsi, ces actes deviennent purement et simplement des crimes de droit commun ». Et voilà. Ce n'est pas plus difficile que cela et il suffisait d'y penser : **nous**, tout ce que nous faisons est **licite**, ce sont des **actes de guerre**, qui sont couverts par une « règle spéciale du droit international... qui enlève aux actes dits de guerre toute qualification pénale », **eux**, tout ce qu'ils font « pour la poursuite de la lutte ainsi engagée », expression fort vaste, est **illicite** et devient par là même crime de droit commun. D'un côté, l'ordre, la gravité, la conscience : les armées du droit bombardent Dresde avec un sentiment de peine infinie, et quand nos Sénégalais violent les jeunes filles de Stuttgart, c'est un acte de guerre qui échappe à toute qualification pénale ; de l'autre côté, le droit commun en uniforme et casqué : une troupe de brigands portant des déguisements divers s'installe clans une caverne appelée Kommandantur, et tout ce qu'ils font s'appelle pillage, séquestration, assassinats. Ce n'est pas moi qui le dis, c'est encore la délégation française : « La mise à mort des prisonniers de guerre, des otages et des habitants des territoires occupés, tombe, en droit français, sous le coup des articles 295 et suivants du Code pénal qui qualifient le meurtre et l'assassinat. Les mauvais traitements auxquels l'acte d'accusation se réfère entrent dans le cadre des blessures et coups volontaires qui sont définis par les articles 309 et suivants. La déportation s'analyse, indépendamment des meurtres dont elle s'accompagne, en une séquestration arbitraire dont les articles 341 et 344 donnent la qualification. Le pillage de la propriété publique et privée et l'imposition des amendes collectives sont sanctionnés par les articles 221 et suivants de notre Code de justice militaire. L'article 434 du Code pénal punit les destructions volontaires, et la déportation des travailleurs civils s'assimile à l'enrôlement forcé prévu par l'article 92 ». Et voilà comment le vilain mot de rétroactivité a été rayé de nos papiers. Tout cela grâce à ce bon petit pacte Briand-Kellog, arbalète poussiéreuse décrochée dans le grenier de nos pactes, laquelle nous a servi cependant à tirer ce beau feu d'artifice.

Le caractère ignoble et monstrueux de cette escroquerie juridique mérite d'être souligné. Il faut savoir pour cela que les actes ainsi définis par notre délégation sont, d'autre part, expressément reconnus comme des droits par les conventions de La Haye. Les armées en guerre ont le droit de prendre des otages, et nous ne nous sommes pas gênés pour le faire ; elles ont juridiction sur les prisonniers de guerre sous certaines conditions de forme ; elles ont le droit d'assurer l'ordre sur leurs arrières et de procéder à des arrestations ; elles ont le droit de condamner et d'exécuter les agents de l'ennemi en territoire occupé et, en particulier, les francs-tireurs. Elles ont le droit de percevoir des frais d'occupation « normaux » et de procéder à des réquisitions en suivant certaines règles. Tel est le droit de la guerre, le droit des gens, écrit et convenu, et c'est ce droit de la guerre, ce droit des gens, que notre délégation refuse à nos ennemis. La loi internationale existe : mais elle n'existe pas pour eux. Nous, armée du Droit, nous avons part à tout cela : pas eux. Et ceci est d'autant plus beau que, pendant que les Allemands étaient là, **pendant qu'ils étaient les plus forts**, nous nous sommes réclamés, à leur égard, du droit international. Quand ils étaient les plus forts, ils étaient des soldats et ils **devaient** appliquer le droit des gens, et nous avons accepté en maintes circonstances d'en bénéficier. Maintenant qu'ils sont vaincus, ils ne sont plus des soldats, ils n'ont plus le droit de se réclamer du droit des gens à leur tour, ils sont devenus des criminels de droit commun. Il est difficile d'être plus ignoble et plus bas. Mais, comme nos « résistants » sont inconscients, ils s'étonnent encore quand nous leur disons que la politique française depuis 1944 n'est pour nous que bassesse et sujet de honte, et image du déshonneur.

On reconnaîtra d'ailleurs une certaine unité dans la « pensée » de M. de Menthon. Son système consiste à nier la réalité. À nous autres Français il dit : il n'y avait pas d'armistice, il n'y avait pas de gouvernement français à Vichy, la guerre continuait, le gouvernement français siégeait à Londres, et tout Français du territoire métropolitain qui adressait la parole à l'ennemi se mettait dans le cas d'intelligence avec l'ennemi, il n'accomplissait pas un acte politique, il commettait un crime de droit commun prévu par les articles 75 et suivants du Code pénal. Aux Allemands, il explique de même : il n'y avait pas de guerre, il n'y avait pas d'armée allemande, mais un rassemblement de brigands associés pour la perpétration de crimes de droit commun, et tout Allemand qui signait un ordre était un criminel criant quelque chose à ses complices, il n'accomplissait pas un acte de guerre plus ou moins conforme aux conventions internationales, il commettait un crime de droit commun ou il se faisait complice de crimes de droit commun prévus par les articles tel et tel du Code pénal.

C'est admirable de vivre ainsi avec tant d'aisance dans un univers renversé. La malhonnêteté intellectuelle ne peut aller plus loin. Un mensonge fondamental, un hurlement de fou répercuté par mille échos est le prélude de ce législateur. On lui dit : « et pourtant, elle tourne », mais il n'entend pas, il marche en aveugle porté par sa mauvaise foi et sa haine, il titube au milieu des énormités. Et il nous invite à contempler ses poupées monstrueuses, ses allégories qui vont la tête en bas, la Vérité faisant le clown dans son cirque, et la Justice marchant au plafond comme les mouches.

On perçoit aisément que ce principe est beaucoup plus fécond que le précédent. Désormais, toute guerre internationale devient **automatiquement** une guerre de Droit. Le vainqueur n'aura aucune peine à faire reconnaître que le vaincu est toujours l'agresseur. Nous en avons de bons exemples. Rien n'est plus confus que le début des hostilités en Pologne. Nous avons **oublié** les provocations polonaises, assez copieuses pour que le gouvernement allemand pût les réunir en un *Livre Blanc*. Et rien n'est plus confus que l'affaire de Berlin. Le gouvernement soviétique déduit avec logique et correction les conséquences de l'accord insensé qui lui a été consenti. Cela n'empêche pas que si la guerre éclate, on le désignera comme l'agresseur. Voyons les choses comme elles sont. Le pacte Briand-Kellog est, en réalité, une baguette magique entre les mains du vainqueur. Et tout successeur de M. de Menthon aura désormais le droit de faire le raisonnement de

M. de Menthon, et d'expliquer aux vaincus qu'ils n'étaient pas des soldats comme ils croyaient l'être, mais une bande de malfaiteurs rassemblés, selon le cas, pour un attentat contre la liberté ou pour une opération de brigandage capitaliste. La justice a désormais disparu de notre monde. Le droit international est non seulement un droit équivoque, il est finalement, tel qu'il est appliqué aujourd'hui, la négation et destruction de tout droit.

Cette destruction du droit a des conséquences immenses. Le droit qui protège est le droit écrit. Et il n'est pas inexistant en droit international puisqu'il y a eu les conventions de La Haye. Le droit, c'est l'édit. L'édit est une chose sûre : on voit écrit sur le mur ce qui est permis et ce qui est défendu. Mais aujourd'hui nul ne peut dire, au cours d'une guerre, ni même peut-être en pleine paix, ce qui pourra lui être ou ne pas lui être reproché. **La conscience internationale** jugera. Et qu'est-ce qu'on lui fera dire, à la **conscience internationale ?** Comment nos juristes n'ont-ils pas vu que cette base nouvelle du droit international n'était rien d'autre que ce *volksempfind* qu'ils ont tant reproché au national-socialisme ? Ainsi ce monde élastique que nous décrivions au début de ce livre, l'est beaucoup plus encore que nous ne pouvions l'imaginer. Tout est droit commun si l'on veut. Il n'y a plus d'armées, il n'y aura plus jamais d'armées. Aux yeux du vainqueur, il n'y a qu'une bande de malfaiteurs perpétrant des crimes contre lui : il est interdit d'adresser la parole à ces malfaiteurs, interdit de les regarder comme des hommes, interdit de penser qu'ils disent peut-être parfois la vérité. Il est surtout interdit de traiter avec eux : on est en état de guerre permanent avec le crime. Mais de quel côté est le crime ? La ligne du front risque de devenir en ces matières la plus haute autorité : l'uniforme américain est la livrée du crime si Moscou gagne, et le communisme est le dernier degré de la barbarie si Magnitogorsk capitule. Ce nouveau droit n'est pas si nouveau qu'il en a l'air. Entre mahométans et chrétiens, on décidait à peu près ainsi, et, pour échapper au massacre, il restait comme de nos jours la ressource de se convertir. Mais c'est assez drôle d'appeler cela un progrès.

Cet esprit de notre nouvelle législation est encore aggravé par la conception moderne de la responsabilité. Si nous avions été sages, il n'était pas très difficile de démêler les responsabilités. Il est clair, il est admis par tous les tribunaux du monde, que lorsqu'un subordonné exécute un ordre, il est couvert par cet ordre lui-même. Sa responsabilité personnelle ne commence qu'à partir du moment où il ajoute de lui-même quelque disposition aggravante. Si un policier reçoit l'ordre d'interroger un suspect, il ne peut être inquiété pour l'avoir interrogé et arrêté, mais s'il lui arrache un œil, il est juste qu'on lui fasse un procès pour avoir arraché un œil à un prisonnier. Cette manière raisonnable et traditionnelle d'interpréter les lois nous permettait de rechercher les auteurs de sévices et tortures, et nous ne protestons nullement ici contre les procès particuliers qui ont été intentés à des tortionnaires, lorsque ces procès ont été réguliers et lorsque le jugement a été rendu conformément aux articles du code qui punissent les sévices et la torture. Il était même possible, dans ces conditions, de rechercher les officiers qui avaient été directement responsables de représailles hâtives ou exagérées, et de les accuser d'avoir outrepassé leurs ordres ou d'avoir interprété des consignes générales avec une telle brutalité que cela équivalait à dépasser les ordres donnés. Ces procès individuels étaient d'autant plus légitimes qu'on retrouvait dans la plupart des cas des infractions aux conventions de La Haye, et que, par conséquent, on n'innovait en rien, qu'on se contentait de poursuivre des abus de pouvoirs meurtriers. Cette manière raisonnable de rendre la justice eût rallié toutes les consciences. Elle ne mettait pas un abîme entre le peuple allemand et nous. Le vainqueur disait seulement : « Il y a des lois de la guerre et vous les connaissiez, nous punissons également dans vos rangs et dans les nôtres ceux qui ne les ont pas observées, et maintenant nous vous demandons d'oublier vos souffrances comme nous essayons d'oublier les nôtres, reconstruisons nos villes et vivons en paix. » Ainsi auraient parlé les hommes justes.

Mais ceci ne faisait pas notre affaire. Nous ne tenions pas à punir des actes criminels isolés : il fallait affirmer que **toute** la politique allemande était criminelle, que toute cette guerre était une longue nappe de crimes, et que, par conséquent, tout Allemand était criminel, puisqu'il avait collaboré, même sans initiative, même comme simple instrument, à cette politique criminelle. Il fallait donc arriver à soutenir que dans le pays le plus fortement discipliné qui existe et sous le régime le plus absolu, et ce régime étant depuis dix ans le régime légal, reconnu par le monde entier, néanmoins les lois, les ordonnances, les règlements, les ordres émanant du gouvernement **n'avaient aucune valeur**, et ne protégeaient nullement les exécutants. Alors nous avons tout méconnu, nous avons foulé aux pieds les évidences les plus élémentaires. Ce que nous sommes arrivés à soutenir dépasse l'imagination. Nous avons oublié, nous avons refusé de voir que le *führer-prinzip*, base du régime légal allemand, faisait de chaque particulier un soldat, de chaque exécutant un homme qui n'avait pas le droit de discuter les ordres, quel que fût son rang. Que fallait-il faire lorsqu'on avait le malheur d'être un général allemand ? Il leur était absolument interdit de démissionner pendant la guerre. Alors ? Notre « justice » leur donne à choisir entre le poteau pour refus d'obéissance et la potence de Nuremberg pour avoir appliqué les ordres. Ils devaient protester ? Mais ils ont protesté. Le dossier des Alliés à Nuremberg est essentiellement constitué par les rapports et les protestations que les exécutants des grades les plus élevés adressaient au Quartier Général du Führer pour décrire les excès auxquels donnait lieu la conduite de la guerre et pour demander qu'on revînt sur les ordres trop sévères qui leur avaient été transmis. Il leur fut répondu régulièrement que le Führer ou son délégué, le Reichsführer SS Heinrich Himmler maintenaient ces instructions et qu'ils en revendiquaient l'entière responsabilité.

Il y avait un responsable en Allemagne, et il n'y en avait qu'un, c'était Adolf Hitler. On ne discutait pas un ordre d'Adolf Hitler. Les plus grands l'ont tous dit, et Göring lui-même : Nous n'étions pas toujours d'accord et même sur des points essentiels, mais une fois l'ordre donné, le devoir était d'obéir. Cette discipline absolue, inscrite dans le serment de fidélité, était présentée aux Allemands comme la base de leur régime, et aussi comme une **garantie** à l'égard de leur conscience. Ceci, nous le savons fort bien et nos « juges » le savent fort bien. Mais alors, voici ce qu'ils ont inventé. Contrairement à la législation de l'État allemand, et contrairement aussi à toutes les législations nationales, ils n'ont pas craint de déclarer tout d'abord que personne ne pouvait se regarder comme couvert par des ordres supérieurs. C'était leur statut, rédigé en août 1945 qui établissait solidement ce nouveau principe : « Le statut établit que celui qui a commis des actes criminels ne peut trouver d'excuses dans des ordres supérieurs ». Sir Hartley Shawcross, procureur britannique, tira la conséquence de cette déclaration : « La loyauté politique, l'obéissance militaire sont d'excellentes choses, mais elles n'exigent ni ne justifient l'accomplissement d'actes notoirement mauvais. Il vient un moment où un homme doit refuser d'obéir à son chef s'il veut obéir à sa conscience. Même le simple soldat servant dans les rangs n'est pas obligé d'obéir à des actes illégaux. » Cette affirmation, si grave puisqu'elle rend obligatoire l'objection de conscience, ne suffit pourtant pas au

Tribunal, qui trouva moyen de revenir sur ce point dans le Jugement lui-même. « Celui qui a violé les lois de la guerre, conclut le Tribunal, ne peut, pour se justifier, alléguer le mandat qu'il a reçu de l'État, du moment que l'État, en donnant ce mandat, a outrepassé les pouvoirs que lui reconnaît le droit international. Une idée fondamentale du statut est que les obligations internationales qui s'imposent aux individus priment leur devoir d'obéissance envers l'État dont ils sont ressortissants. »

On ne saurait souhaiter d'affirmations plus nettes, et cette philosophie politique a, du moins, le mérite d'être claire. Elle érige l'objection de conscience en devoir. Elle impose le refus d'obéissance. Sa haine des États militaires est telle qu'elle détruit l'État tout entier. Ce qui était l'honneur et le drame du soldat est nié par elle en une seule phrase. Cette grandeur de la discipline est rayée d'un trait de plume. L'honneur des hommes, qui est un honneur de serviteur et de fidélité, l'honneur tel qu'il est écrit dans nos consciences depuis le premier serment prêté à un souverain, cet honneur-là n'existe plus, il n'est pas inscrit dans le manuel d'instruction civique. Seulement nos savants juges n'ont pas vu qu'en détruisant la forme **monarchique** de la fidélité, ils détruisaient toutes les patries : car il n'est pas de régime qui ne repose sur le contrat de service, il n'est pas de souveraineté autre que monarchique, et les républiques elles-mêmes ont imaginé l'expression de peuple-souverain.

Désormais, cette conscience claire du devoir, l'ordre du souverain est déchue de sa toute-puissance. L'indiscutable, le certain est aboli partout. L'édit placé sur le mur n'a plus d'autorité, l'obéissance au magistrat est affaire de circonstance. Il n'est plus permis à personne de dire : la loi est la loi, le roi est le roi. Tout ce qui était clair, tout ce qui nous permettait de mourir tranquille est atteint par ces phrases absurdes. L'État n'a plus de forme. La cité n'a plus de murs. Un souverain nouveau, sans capitale et sans visage, règne à leur place désormais. Son tabernacle est un poste de radio. C'est là qu'on entend chaque soir la voix à laquelle nous devons obéissance, celle du super-État qui a la primauté sur la patrie. Car la phrase écrite par les juges en leur Jugement est claire, elle ne laisse point place à l'équivoque : si la **conscience de l'humanité** a condamné une nation, les citoyens de cette nation sont déliés de leur devoir d'obéissance, et non seulement ils en sont déliés, mais ils **doivent** agir contre leur propre pays : « les obligations internationales qui s'imposent aux individus priment leur devoir d'obéissance envers l'État dont ils sont ressortissants. »

Ainsi, en cet endroit de l'analyse, on découvre que tout s'épaule et se tient. Nous ne sommes plus les soldats d'une patrie, nous sommes les soldats de la loi morale. Nous ne sommes plus les citoyens d'une nation, nous sommes des consciences au service de l'humanité. Tout s'explique alors. Il ne s'agit pas de savoir si le maréchal Pétain est le chef légal du gouvernement de la France, la France cela n'existe pas, la légalité, cela n'existe pas, il s'agit de savoir si le général de Gaulle incarne la morale internationale plus exactement que le maréchal Pétain : entre la **démocratie** incarnée par un comité improvisé à Londres et la **France** représentée par un gouvernement qui ne convoque pas les conseils généraux, nous n'avons pas à hésiter : il faut préférer la démocratie, parce que la morale est nécessairement du côté de la démocratie, tandis que la France, cela ne représente rien à l'égard de la morale. Nous voilà donc en présence du paysage intellectuel complet du cerveau de M. de Menthon. Désormais, c'est la **démocratie** qui est la patrie, et la patrie n'est plus rien si elle n'est démocratique. Préférer la patrie à la démocratie, c'est trahir. Quand la démocratie est menacée, le patriotisme est **toujours** du côté de la démocratie. Si la patrie est dans le camp contraire, cela ne fait rien : c'est la **résistance** qui est la loi suprême, la **trahison** qui est obligatoire et la fidélité qui est trahison, c'est le franc-tireur qui est le véritable soldat.

Là encore, la situation nouvelle définie par le Tribunal ne devrait pas tant nous surprendre. Car elle a un précédent qui en fixe bien le sens : c'est tout simplement une **excommunication**. Et les résultats qu'on en attend, les résultats qu'on en exige, sont en effet les résultats que l'Église attendait et exigeait de la bulle d'excommunication. L'État ainsi condamné doit être vidé immédiatement de son énergie et de sa substance, il doit répandre du jour au lendemain l'horreur et l'effroi, on doit lui refuser le pain et le sel, c'est-à-dire l'impôt, le service, l'obéissance, ses généraux doivent se révolter. La délégation française nous avertit même que cette excommunication a le pouvoir de changer le nom et la qualité de toute chose. Celui qui s'obstine est métamorphosé comme par la baguette d'une fée. L'armée excommuniée n'est plus une armée, elle devient une association de malfaiteurs, les actes de guerre ne sont plus des actes de guerre, ils deviennent des crimes de droit commun. La malédiction juridique transforme le pays en désert et en même temps elle transforme tous ses habitants en sujets de l'empire du mal, elle leur enlève les prérogatives de l'être humain. S'ils ne prennent pas le parti de l'ange, s'ils n'appellent pas sur leurs cités l'éclair exterminateur, ils sont enveloppés dans la malédiction et la condamnation de leur pays. S'ils n'appellent leur patrie Sodome, et s'ils ne la maudissent, il n'y a point de grâce pour eux. L'O.N.U. fulmine et la patrie se dissout. Il n'y a plus de pouvoir temporel.

Et c'est en effet à cette dissolution du pouvoir temporel que nous amènent peu à peu les tendances que nous décrivions en analysant la première et la deuxième sections de l'acte d'accusation, et dont nous trouvons ici l'expression complète. Nous avions conclu précédemment que c'étaient les nationalismes et avec eux les modes d'expression ou de défense des nationalismes qui se trouvaient atteints par l'esprit de Nuremberg. Le nouveau droit aboutissait à une dépossession. Nous voyons maintenant que ce ne sont pas seulement les nationalismes qui sont mis en accusation, mais les patries elles-mêmes. Les droits internes sont détrônés par l'avènement d'un droit supérieur ; les États souverains sont déposés s'ils n'acceptent pas d'être les serviteurs du super-État et de sa religion. Mais ce n'est pas seulement cela. L'esprit messianique se démasque à la fin : il dit clairement son nouvel évangile. Toutes les cités sont suspectes. Elles ne sont en réalité que les dépositaires du pouvoir. Leur pouvoir temporel n'est plus qu'un pouvoir d'administration. Les patries ne sont plus maintenant que les gérantes d'une immense société anonyme. On leur laisse un certain pouvoir de réglementation : ainsi est circonscrit et défini leur domaine, mais sur l'essentiel elles sont dépossédées. Le pouvoir spirituel, le pouvoir de rassurer les consciences, de rendre légitime ce qui est conforme à la loi, ne leur appartient plus. Gérantes du temporel, elles doivent s'incliner et faire silence, dès qu'il s'agit de décisions d'État. Et non seulement on les invite au silence, mais on invite les citoyens à se défier de leurs cités. Les patries ne peuvent enfanter que des hérésies. Elles sont toutes suspectes d'une malédiction originelle. On les déclare incapables de formuler le dogme et suspectes même quand elles l'interprètent. On leur retire tout pouvoir sur les consciences. Le spirituel est confisqué au profit d'une instance supérieure internationale. C'est elle qui dit le juste, c'est elle qui est la conscience du monde. Les patries sont déposées. Elles sont déposées au profit d'un empire spirituel du monde qui « prime », comme ils disent, toutes les patries. Ils ont réinventé Rome. Il y a désormais, il y officiellement depuis le jugement de Nuremberg, une religion de l'humanité, et il y a aussi un **catholicisme** de l'humanité. Nous devons la soumission à la très sainte église de l'humanité, qui a des bombardiers pour missionnaires. Le jugement de Nuremberg est la bulle *Unigenitus*. Désormais, le conclave prononce et les sceptres tombent. Nous entrons dans l'histoire du Saint-Empire.

Cette notion d'un État universel détenant le gouvernement des consciences n'est donc que le couronnement des principes que nous avions vu poser jusqu'ici. Sans cet aboutissement, ils n'ont point leur sens complet : mais avec lui, tout s'éclaire, cette coupole donne sa forme à l'édifice. Il nous était dit premièrement que nous ne devions pas nous unir pour la force et la grandeur de nos cités, et que ces unions pourraient être appelées à tout moment associations de malfaiteurs ; et deuxièmement que nous devons nous habituer à déléguer une partie de notre souveraineté, celle qui est essentielle, en vertu de la Charte constitutionnelle du super-État, laquelle a été **octroyée** au monde sans qu'on nous demande notre avis. Ces dispositions nous enchaînaient deux fois, elles nous enchaînaient dans nos cités et dans nos rapports avec l'étranger, dans ce qu'on appelle dans les journaux la politique intérieure et la politique étrangère. La conscience universelle, jugeant du haut de son tribunal, nous interdisait la défense et nous interdisait l'isolement. Mais ce n'était pas assez. Il faut qu'elle fasse son métier de conscience jusqu'au bout : il faut qu'elle soit, comme l'œil de Caïn, installée dans la tombe. Elle représente le regard de Dieu. Elle interdit et fait trembler. Elle est suspendue comme un glaive. Le magistrat rentre la tête dans ses épaules, le policier tousse très fort avant de s'arrêter au terrier et le général sent la corde autour de son cou. Car la conscience n'écrit rien, elle indique seulement une ligne à suivre, **la**

ligne. Elle n'est pas coercition, elle n'a point de gendarmes, elle est seulement un poison dans l'État, une simple infiltration qui corrompt tout. On ne vous menace même pas, c'est votre propre voix qui vous menace, car la conscience universelle, c'est tout le monde, et c'est même vous. Êtes-vous bien sûr d'avoir agi conformément à la morale, à cette morale universelle dont nous portons tous l'instinct en nous et qui s'éveillera au jour du jugement et qui exigera **spontanément** des châtiments ? Êtes-vous bien sûr d'avoir été dans **la ligne ?** Quelle ligne ? dit le général : ils disent tous les mêmes mots, mais ces mots ne veulent pas dire la même chose. Cela ne fait rien, ne vous occupez pas de cela : avez-vous une conscience, oui ou non ? Tout le monde, même un général, a une conscience. Alors conduisez-vous selon les lois imprescriptibles de la conscience, et selon elles seules, ou autrement vous serez pendu. Souvenez-vous qu'il n'existe pas de règlement d'infanterie, qu'il n'existe pas de règlement du service en campagne, qu'il n'existe pas d'ordres supérieurs, que rien de ce qui est écrit ne signifie rien, que toutes nos lois sont des lois mineures couvertes en tous cas par la grande voix de la conscience universelle, qui est le plus souvent transmise par radio, que l'unité de l'État et l'existence de l'État peuvent être déclarées dissoutes à tout moment par une simple bulle, et qu'il n'existe rien, absolument rien, hormis la voix qui vient d'en haut.

Voilà le monde qui nous a été fait, tout simplement parce qu'il fallait que les Allemands fussent des monstres, et parce qu'il fallait donner raison à ceux qui avaient écrasé leurs villes. Pour justifier la destruction, on invente la destruction continue. Pour justifier la radio on invente la radio à perpétuité. Pour justifier les Alliés, on jure que toutes les guerres doivent être désormais conduites comme la précédente. Sous prétexte d'atteindre un régime autoritaire, on a détruit partout l'autorité, et sous prétexte de condamner l'Allemagne, on a ligoté tout le monde. Nous nous laissons faire au nom de la vertu et du monde meilleur, sans voir que ce super-État qui interdit par principe certaines formes d'État, qui dicte les contrats et qui supervise les politiques, n'est pas autre chose qu'un suzerain anonyme qui règle la condition de ses vassaux. La morale internationale n'est que l'instrument d'un règne. Elle est impuissante à protéger les individus, mais elle est très commode pour dominer les États.

Il est à peine utile de souligner ici combien ce beau travail préparatoire peut être utile finalement au règne universel du marxisme dont on feint d'apercevoir aujourd'hui la face de Gorgone. Car enfin, que soutient d'autre le marxisme — mais avec une autre acception des mots ? Pour les marxistes, le droit interne dans chaque pays est « primé », en effet, par le devoir qui s'impose aux individus de participer à la lutte libératrice du prolétariat. Pour eux, en effet, il y a toujours au-dessus de leurs obligations de citoyen une conscience universelle qui n'est autre que la conscience de classe. Et cette conscience marxiste objurgue dans les mêmes termes, elle est aussi vague, il s'agit là aussi d'être **dans la ligne**. Les théoriciens de la **conscience universelle** n'ont pas très bien vu que cette arme a laquelle ils donnent tant de soins est pareille à ce javelot des Australiens qui peut toujours revenir assommer le lanceur. Tout ce qu'ils font peut être retourné contre eux. Tout ce qu'ils affirment peut servir leur ennemi. Et nous ne devons pas nous étonner aujourd'hui si le Parti communiste nous avertit que « le peuple français » n'acceptera pas la guerre contre la Russie : c'est une application des principes de Nuremberg. Car enfin, Nuremberg détruit les patries : qui les détruit mieux que le communisme ? Nuremberg instaure une instance internationale : Moscou n'en est-il pas une ? Nuremberg crée une Eglise : il en existe une autre qui est la IIIe Internationale. Nuremberg décrète le règne de la **conscience universelle** : il suffira au bolchevisme de s'affubler de cette peau pour avoir aussi bonne tournure qu'eux. Nos théoriciens ont transformé toutes les guerres à venir en guerres civiles, et dans ces guerres civiles, ils ont préparé tout ce qui servira leur adversaire. Mars n'est plus le dieu de la guerre, mais *Janus bifrons*, Janus aux deux oreilles qui ne sait à quelle radio se vouer. Ils nous ont désarmés contre l'étranger. Mais lequel ?

Un autre résultat obtenu est celui de la déposition réelle de la personne humaine qui est inséparable de la déposition des patries. Ce second résultat est d'abord plus surprenant que le premier, parce que le tribunal de Nuremberg a pris pour thème la défense de la personne humaine. Mais il n'est malheureusement pas moins certain.

Entendons-nous sur un point. Il n'est pas question de nier que les prescriptions et interdictions précises concernant le droit des gens et la conduite de la guerre qu'on trouve dans le Jugement de Nuremberg, et qui font désormais jurisprudence en cette matière, ne puissent rendre de grands services pour la protection des personnes. Les conventions de La Haye ont été ainsi complétées par de nombreux textes que la guerre moderne avait rendus nécessaires. Il eût été cependant de l'intérêt de tout le monde que ce nouveau code de la guerre fût institué dans des circonstances différentes, à la suite d'une coopération loyale et complète entre toutes les nations, et surtout qu'il n'apparût pas comme lié à une conception politique du monde. Il eût mieux valu s'en tenir à des textes pratiques et clairs, plutôt que de formuler une philosophie ambitieuse du droit des gens qui risque d'être interprétée de la façon la plus surprenante. Il eût été plus utile aussi de se proposer un examen complet des procédés de la guerre moderne plutôt que de laisser dans notre codification des lacunes aussi graves que celles du blocus ou du bombardement des populations civiles, simplement parce que ces sujets de réflexion étaient inopportuns.

Mais ce n'est pas de cela qu'il s'agit ici. Nous prenons l'expression **défense de la personne humaine** dans le sens plus général qui lui a été donné au cours des discussions récentes. Ce sont les droits, c'est la liberté de l'homme qui est la préoccupation de ceux qui emploient ces mots. C'est ce sens que nous leur donnons aussi.

Nous ne retiendrons pas contre les représentants de la conscience universelle leur impuissance à assurer le respect de la personne humaine, même dans les territoires contrôlés par elle. Ce serait un jeu trop facile. Il y a évidemment toutes sortes de personnes qui, à l'heure actuelle, ne peuvent prétendre passer pour des **personnes humaines** : par exemple, les Indochinois que nous massacrons en Indochine, les Malgaches que nous emprisonnons à Madagascar, les Baltes, les Sudètes, les Allemands de la Volga qui font du grand tourisme dans les centres de D.P., les petits nazis, moyens nazis et autres monstres qu'on est obligé d'enfermer à Dachau et à Mauthausen, les Polonais et les Tchèques qui n'aiment pas le gouvernement soviétique, les nègres de la Louisiane et de la

Caroline, les Français qui ont crié : « Vive le Maréchal », les Arabes qui ont crié : « Vive le Sultan », les Grecs qui ont crié : « Vive la Grèce », et les Ukrainiens survivants qu'on envoie en Sibérie parce qu'ils ont le malheur d'être des Ukrainiens survivants... Je consens que tout cela ne prouve rien, quoique je trouve cette liste un peu longue. Je suis gêné seulement qu'en faisant le total, on trouve finalement plus de cadavres, de tortures et de déportations au compte des défenseurs professionnels de la personne humaine qu'au compte de ceux qu'ils appellent des tortionnaires et des assassins.

Mais enfin acceptons que cela ne prouve rien. Je ne comprends pas très bien comment cela ne prouve rien, mais croyons-le, puisque des esprits très sérieux nous le disent. Ce qui est important d'ailleurs, ce n'est pas de montrer que la défense de la personne humaine s'accommode présentement des assassinats, des tortures et des déportations, c'est de montrer qu'elle ne peut aboutir en réalité qu'à la déposition de la personne humaine.

Cette fatalité est pourtant écrite en termes bien clairs et que nous avons tous pu lire plus d'une fois. La défense de la personne humaine n'est pas une religion nouvelle. On nous a déjà proposé d'adorer ce dieu. Son avènement a toujours lieu au milieu des mêmes fêtes : la guillotine est son grand prêtre et on égorge un grand nombre d'oppresseurs en l'honneur du dieu. Après quoi, la cérémonie se termine régulièrement par un beau régime autoritaire, luisant de casques, de bottes, d'épaulettes, et abondamment orné d'argousins. Cette contradiction secrète a été mentionnée bien souvent : et dès avant cette guerre, les observateurs les plus sérieux s'étaient mis d'accord pour constater (opinion dont on ne nous parle plus guère), que le mot de liberté est celui que répètent le plus volontiers les fripouilles. Et l'histoire nous conduit ainsi à une première contradiction qui s'inscrit régulièrement dans les faits : la défense de la personne humaine ne peut aboutir qu'à l'oppression au nom de la liberté, ou à des régimes hypocrites qui ne sauvent la liberté qu'en fermant les yeux sur la dégradation des personnes. La géographie n'est pas plus consolante. Le respect de la personne humaine consiste à reconnaître une égale spécificité humaine et par conséquent des droits égaux au nègre de Douala et à l'archevêque de Paris. On ergote sur les droits égaux : il faudra bien les reconnaître quelque jour ou notre devise n'a plus de sens. À partir de ce jour, la libre expression des droits égaux de deux milliards d'êtres humains se répartit ainsi : 600 millions de blancs, le reste en nègres, asiates ou sémites. Par quel raisonnement ferez-vous admettre aux nègres, asiates ou sémites que leurs droits égaux ne peuvent s'exprimer par une représentation égale, et que, lorsqu'il s'agit de choses sérieuses, l'avis d'un blanc vaut celui de dix noirs ? Il n'y a qu'un argument qui rende sensible une vérité si peu évidente, c'est la présence de la flotte de Sa Majesté, à laquelle on a recours en effet chaque fois que la discussion menace de s'égarer vers des généralités. Ainsi la défense de la personne humaine aboutit sur ce plan encore à la même contradiction : elle s'établit à coups de canon, ou elle consiste à entendre avec soumission ce qu'il plaira aux *colored gentlemen* ordonner de nous.

Voilà pourtant pourquoi nous faisons tant de bruit : pour une liberté que nous ne pouvons pas faire régner, et pour une égalité que nous refusons de réaliser. *Verba et voces*. Nous sommes partisans de la défense de la personne humaine, à condition qu'elle ne signifie rien. Nous sommes partisans de la défense de la personne humaine, mais nous voulons faire aux nègres ce que nous reprochons aux nazis d'avoir fait aux juifs. Et non seulement aux nègres, mais aux Indochinois, aux Malgaches, aux Baltes, aux Allemands de la Volga, etc. Et non seulement à tous ces gens-là, mais encore au prolétariat de toutes les nations auquel nous prétendons imposer cette notion officielle du respect de la personne humaine dans laquelle le prolétariat répond qu'il ne voit rien qui concerne le respect du prolétariat. Ainsi nous défendons et respectons la personne humaine, mais une personne humaine idéale, une personne humaine *in abstracto*, une personne humaine **au sens où l'entend le Tribunal.**

Je sais bien qu'on prie ici de ne pas nous arrêter à ces détails. La mise en ordre viendra plus tard. La conscience universelle en est pour l'instant à l'installation de ses bureaux. Mais ce sont justement les graphiques épinglés au mur, les graphiques du développement futur qui m'inquiètent encore plus que les résultats obtenus. Cette personne humaine toute nue, qui n'a point de patrie et qui est indifférente à toute patrie, qui ne connaît pas les lois de la cité et l'odeur de la cité, mais qui perçoit avec un instinct tout personnel la voix internationale de la conscience universelle, cet homme nouveau, cet homme déshydraté, c'est celui que je ne reconnais pas. Votre conscience universelle protège une plante de serre : ce produit théorique, ce produit industriel n'a pas plus de rapport avec l'homme qu'une orange de Californie enveloppée de sa cellophane et transportée à travers les continents n'a de rapport avec une orange sur un arbre. Toutes les deux sont une orange : mais l'une a le goût de la terre, et elle croît et existe sur son arbre selon la nature des choses, et l'autre n'est plus qu'un produit de consommation. Vous avez fait de la personne humaine un produit de consommation. Cela figure sur des statistiques (truquées d'ailleurs), cela se compte, cela s'exporte, cela se transporte, cela s'assure, et quand c'est détruit cela se paie. Je n'y peux rien, ce n'est pas cela pour moi, une **personne humaine**.

Quand nous pensons à une **personne humaine**, nous, nous voyons un père avec ses enfants autour de lui, avec ses enfants autour de sa table, dans la salle de sa ferme, et il leur partage la soupe et le pain, ou dans sa maison de banlieue, et il n'est pas si bien que dans sa ferme, ou dans son appartement au troisième, et il n'est pas si bien que dans une maison de banlieue, et il revient de son travail et il demande comment s'est passée la journée, ou dans son atelier, et il montre à son petit garçon comment on fait proprement une planche, comment on passe la main sur la planche pour vérifier que le travail est bon. C'est cette personne humaine que nous défendons et respectons, cette personne humaine et non une autre, et tout ce qui lui appartient, ses enfants, sa maison, son travail, son champ. Et nous disons que cette personne humaine a le droit que le pain de ses enfants soit assuré, que sa maison soit inviolable, que son travail soit honoré, que son champ lui appartienne. Que le pain de ses enfants soit assuré, cela veut dire qu'un nègre, un asiate ou un sémite ne lui disputeront pas la place à laquelle il a droit à l'intérieur de la ville, et qu'il ne sera pas obligé, quelque jour, pour vivre, d'être le prolétaire et l'esclave de l'étranger. Que sa maison soit inviolable, cela veut dire qu'il pourra penser ce qu'il veut et dire ce qu'il veut, qu'il sera le maître à sa table et le maître dans sa maison, qu'il sera protégé s'il obéit aux édits du prince, et que le nègre, l'asiate ou le sémite ne paraîtront pas devant sa porte pour lui expliquer ce qu'il fallait penser et l'inviter à les suivre en prison. Que son travail soit honoré, cela veut dire qu'il se réunira avec les hommes de son métier, ceux qu'il appelle ses confrères ou ses collègues, comme on voudra, et qu'il aura le droit de dire que son travail est dur, que la chaise qu'il fait vaut tant de livres de pain, que chaque heure de son travail vaut tant de livres de pain, qu'il a le droit lui aussi de **vivre**, c'est-à-dire de ne pas porter de chaussures éculées et de vêtements en pièces, d'avoir sa radio s'il en a envie, sa maison s'il a mis de l'argent de côté pour cela, son auto s'il a réussi dans son travail, et cette part de **luxe** que nos machines lui doivent, et que le nègre, l'asiate ou le sémite ne fixeront point à Winnipeg ou à Prétoria le prix de sa journée et le menu de sa table. Et que son champ lui appartienne, cela veut dire qu'il a le droit de se dire maître de cette maison que son grand-père a bâtie, maître de cette ville que son grand-père et ceux des autres hommes de la ville ont bâtie, que nul n'a le droit de le chasser de sa demeure ni de la maison du conseil et que les ouvriers étrangers dont les grands-pères n'étaient pas là quand on a construit le beffroi, les nègres, les asiates et les sémites qui travaillent à la mine ou qui vendent dans les carrefours n'auront point à décider du destin de son petit garçon. C'est cela que nous appelons les droits de la personne humaine, et nous disons que le devoir du souverain n'est rien d'autre en effet que d'assurer le respect de ces droits essentiels, et de bien gérer sa nation, en bon père de famille comme disent les baux de location, comme le père conduit sa famille ; que les lois ne sont rien d'autre que des règles sages, connues de tous, écrites sur le conseil des hommes compétents, affichées sur les murs et souveraines ; et que ces droits, sans lesquels il n'est point de cité, doivent être défendus par la force s'il le faut, et en tous cas par une protection efficace. Comme on peut le voir, nous sommes partisans, nous aussi, de la défense de la personne humaine. Mais dans ces termes. Et pas **au sens où l'entend le Tribunal.** Il ne s'agit que de se comprendre.

Cet homme de la terre et des cités, cet homme qui est **l'homme** depuis qu'il y a des peuples et des cités, c'est lui précisément que Nuremberg condamne et répudie. Car la loi nouvelle lui dit : « Tu seras **citoyen du monde**, tu vas être toi aussi empaqueté et déshydraté, tu n'écouteras plus le bruissement de tes arbres et la voix de tes cloches, mais tu apprendras à entendre la voix de la conscience universelle, secoue la terre de tes souliers, paysan, cette terre n'est plus rien, elle salit, elle embarrasse, elle empêche de faire de jolis emballages. Les temps modernes sont venus. Ecoute la voix des temps modernes. Le manœuvre polonais qui change d'embauche douze fois par an est le même homme que toi, le fripier juif qui vient d'arriver de Korotcha ou de Jitomir est le même homme que toi, ils ont les mêmes droits que toi sur ta terre et sur ta ville, respecte le nègre, ô paysan. Ils ont les mêmes droits que toi et tu leur feras place à ta table et ils entreront au conseil où ils t'apprendront ce que dit la conscience universelle que tu n'entends pas encore aussi bien qu'il faudrait. Et leurs fils seront des messieurs et ils seront établis juges sur tes fils, ils gouverneront ta ville et ils achèteront ton champ, car la conscience universelle leur donne expressément tous ces droits. Quant à toi, paysan, si tu fait des conciliabules avec tes camarades et si tu regrettes le temps où l'on ne voyait que des garçons du canton à la fête de la ville, sache que tu parles contre la conscience universelle et que la loi ne te protège pas contre cela. »

Car telle est, en vérité, la condition de l'homme après la déposition des patries. On soutient par pression les régimes qui ouvrent largement la cité à l'étranger. On exige que ces étrangers reçoivent les mêmes droits que les habitants du pays et on condamne solennellement toute tentative de discrimination. Puis on ne reconnaît pour régulière qu'une manière d'opiner purement numérique. Avec ce système, quelle cité ne sera pas, en un temps donné, soumise par une conquête pacifique, submergée par une occupation sans uniforme et offerte finalement au règne de l'étranger ?

Le point final est atteint ici. Les différences nationales seront peu à peu laminées. La loi internationale s'installera d'autant mieux que la loi indigène n'aura plus de défenseurs. Les gérances nationales que nous décrivions tout à l'heure prennent dans cette perspective leur véritable signification : les États ne seront plus que les arrondissements administratifs d'un seul Empire. Et d'un bout à l'autre du monde, dans des villes parfaitement pareilles puisqu'elles auront été reconstruites après quelques bombardements, vivra sous des lois semblables une population bâtarde, race d'esclaves indéfinissable et morne, sans génie, sans instinct, sans voix. L'homme déshydraté régnera dans un monde hygiénique. D'immenses bazars résonnants de pick-up symboliseront cette race à prix unique. Des trottoirs roulants parcourront les rues. Ils transporteront chaque matin à leur travail d'esclave la longue file des hommes sans visage et ils les ramèneront le soir. Et ce sera la terre promise. Ils ne sauront plus, les usagers du trottoir roulant, qu'il y eut jadis une condition humaine. Ils ne sauront pas ce qu'étaient nos cités, quand elles étaient nos cités : pas plus que nous ne pouvons imaginer ce qu'étaient Gand ou Bruges au temps des échevins. Ils s'étonneront que la terre ait été belle et que nous l'ayons aimée passionnément. Eux, la conscience universelle propre, théorique, découpée en rondelles, illuminera leurs ciels. Mais ce sera la terre promise.

Et au-dessus régnera en effet **la Personne Humaine**, celle pour qui on a fait cette guerre, celle qui a inventé cette loi. Car enfin, on a beau dire, il y a une **Personne Humaine**. Ce n'est pas les Allemands de la Volga, ce n'est pas les Baltes, ce n'est pas les Chinois, ce n'est pas les Malgaches, ce n'est pas les Annamites, ce n'est pas les Tchèques, ce n'est pas les prolétaires, bien entendu. La **Personne Humaine**, nous savons très bien ce que c'est. Ce terme n'a toute sa signification, on peut même dire qu'il n'a de signification, **au sens où l'entend le Tribunal**, que s'il s'applique à un individu apatride, qui est né dans un faubourg de Cracovie, qui a souffert sous Hitler, a été déporté, n'est pas mort, a quand même été ressuscité, sous la forme d'un patriote français, belge ou luxembourgeois, sur lequel nous sommes invités à reporter tout ce qui est en nous de déférence et d'adoration. La **Personne Humaine** est, en outre, habituellement munie d'un passeport international, d'une autorisation d'exportation, d'une dispense d'impôt et du droit de réquisitionner les appartements. Ajoutons que la **Personne Humaine** ainsi définie est tout spécialement dépositaire de la conscience universelle : elle en est, pour ainsi dire, le vase d'élection. Elle possède pour cela des organes d'une sensibilité exquise qui manquent aux autres hommes : ainsi dans le pays où elle vient d'arriver, elle désigne avec sûreté les véritables **patriotes** et détecte à une grande distance les organismes réfractaires aux vibrations de la conscience universelle. Aussi ces précieux dons sont-ils utilisés comme il convient devant l'opinion. Toutes leurs réactions vibratiles sont précieusement enregistrées et le total de ces vibrations constitue ce qu'on appelle à un moment donné l'indignation ou l'approbation de la conscience universelle. Ce sont elles qui formulent finalement le dogme que nous avons déjà dit et qui porte pour titre : **défense de la personne humaine**.

Il en résulte que la défense de la personne humaine, **au sens où l'entend le Tribunal**, est une sorte de vérité mathématique, à peu près analogue à la règle de trois. On peut l'exprimer ainsi : « Quiconque est apatride et né à Cracovie réside au sein de la communauté universelle, et tout acte qui l'écorche ou le lèse retentit profondément au sein de la conscience humaine ; dans la mesure où votre définition spécifique vous éloigne du caractère apatride et de l'origine cracovienne, vous vous éloignez pour autant de la communauté universelle et ce qui vous lèse n'a plus qu'un retentissement correspondant dans la conscience humaine ; si vous êtes résolument hostile aux individus apatrides originaires de Cracovie, vous ne faites pas partie du tout de la communauté universelle et l'on peut entreprendre contre vous tout ce qu'on veut sans que la conscience humaine se sente le moins du monde blessée. »

Ces catéchumènes de l'Humanité nouvelle ont leurs usages qui sont sacrés. Ils ne travaillent point la terre, ils ne produisent rien, ils répugnent à l'esclavage. Ils ne se mêlent pas aux hommes du trottoir roulant, ils les comptent et les dirigent vers les tâches qui leur sont assignées. Ils ne font point la guerre, mais ils aiment à s'établir dans des boutiques brillantes de lumière où ils vendent le soir très cher à l'homme du trottoir roulant ce qu'il a fabriqué et qu'ils lui ont acheté très bon marché. Nul n'a le droit de les appeler marchands d'esclaves et pourtant les peuples au milieu desquels ils se sont établis ne travaillent que pour eux. Ils forment un ordre. C'est ce qu'ils ont de commun avec nos anciennes chevaleries. Et n'est-il pas juste qu'ils soient distingués des autres hommes, puisqu'ils sont les plus sensibles à la voix de la conscience universelle et nous fournissent le modèle sur lequel nous devons nous conformer ? Ils ont aussi leurs grands-prêtres dans des capitales lointaines. Ils vénèrent en eux les représentants de ces familles illustres qui se sont fait connaître en gagnant beaucoup d'argent et en distribuant beaucoup de publicité. Et ils se réjouissent de lire sur les armoiries de ces héros le chiffre de leurs dividendes. Mais ces puissants ont de grands soucis. Ils méditent sur la carte du monde et décident que tel pays produira désormais des oranges, et tel autre des canons. Penchés sur des graphiques, ils canalisent les millions d'esclaves du trottoir roulant et ils fixent dans leur sagesse le nombre de chemises qu'il leur sera permis de s'acheter dans l'année et le chiffre des calories qui leur seront attribuées pour vivre. Et le travail des autres hommes circule et s'inscrit sur les murs de leur cabinet comme en ces panneaux aux tubulures transparentes sur lesquels courent sans arrêt diverses sèves colorées. Ils sont les machinistes de l'univers. Qui se révolte contre eux parle contre les dieux. Ils distribuent et décident. Et leurs serviteurs, placés aux carrefours reçoivent leurs ordres avec reconnaissance, et ils indiquent sa direction à l'homme du trottoir roulant.

Ainsi fonctionne le monde sans frontières, le monde où tout le monde est chez soi, et qu'ils ont appelé la terre promise.

*****

Voilà ce qui est écrit dans le verdict de Nuremberg.

Et aujourd'hui ceux-là même qui ont rédigé ce verdict se tournent vers la jeunesse allemande : « Allemands, bons Allemands, lui disent-ils, n'aimez-vous pas bien la cause de la Liberté ? N'êtes-vous pas prêts à défendre le monde avec nous contre la barbarie bolchevique ? Allemands, jeunes Allemands, ne seriez-vous pas beaux sur de longs tanks Sherman, pareils à de sombres dieux des combats ? » Et les yeux fixés avec ravissement sur une Allemagne à la fois weimarienne et invincible, pacifique et pourtant armée jusqu'aux dents, ils caressent le rêve d'une troupe de choc de la démocratie, de gardes d'assaut de la Liberté, sentimentaux et intrépides, blonds et musclés, sages comme des jeunes filles, fiancés éternels de la Déclaration des Droits et prêts à mourir pour le Congrès, pour l'Occident, pour l'Y.M.C.A., gigantesque armée d'eunuques qui retrouverait par miracle au combat la vigueur des Germains.

Il faut savoir ce que l'on veut. Nous ne nous battrons pas pour des nuées. Les Allemands non plus apparemment. L'antidote du bolchevisme a porté un nom dans l'histoire. Cessons de prononcer ce nom avec épouvante et de regarder ce drapeau avec horreur. Toutes les idées ont quelque chose de juste, demandons-nous sur quoi celle-ci fondait sa puissance. Au lieu de proscrire, essayons de comprendre. Si des millions d'hommes se sont faits tuer sous ce drapeau que nous piétinons si bassement, n'est-ce pas qu'il leur apportait un secret de la vie et de la grandeur qu'il est absurde de vouloir ignorer ?

Notre refus de regarder les mots en face n'est pas seulement absurde, il est aussi infiniment dangereux. Les ruines idéologiques ne sont pas comme les ruines des villes : on ne les voit pas et les voyageurs ne hochent pas la tête sérieusement en passant auprès de ces décombres. Elles sont plus graves pourtant, elles sont mortelles. Les doctrines qui ont été follement frappées de malédiction sont les seules qui puissent opposer un barrage à l'inondation communiste. Nous avons fait sauter le barrage et nous nous étonnons à présent que le flot emporte les murettes avec lesquelles nous essayons de l'endiguer. Il suffit pourtant de regarder la carte. Il n'est pas raisonnable d'espérer que l'énorme nappe qui s'étend de l'Asie jusqu'à l'Elbe respectera longtemps le fragile ponton d'Occident. Nous sommes submergés à coup sûr si une architecture puissante ne fait pas de la presqu'île Europe une citadelle imprenable, une espèce de Gibraltar de la race blanche d'Occident.

Mais il faut aborder de telles tâches avec un esprit juste et raisonnable. Il faut agir ici sans passion et aussi sans hypocrisie. Nous devons oublier cette guerre et les souffrances qu'elle nous a apportées. Nous devons oublier nos prétentions à nous dire vainqueurs. L'avenir ne se construit pas dans la haine ou la peur, ni sur l'humiliation des autres. Nous devons nous adresser à l'Allemagne nouvelle avec loyauté et en honnêtes gens. Notre première tâche est de renoncer à cette falsification de l'histoire que nous prétendons imposer. Il n'est pas vrai que l'Allemagne soit responsable de cette guerre : la responsabilité des bellicistes en Angleterre et en France est aussi lourde au moins que la responsabilité d'Hitler. Il n'est pas vrai que le parti national-socialiste ait été une association de malfaiteurs : il a été un parti de militants pareil aux autres partis de militants au pouvoir, il a été obligé de recourir à la force pour défendre son œuvre et son efficacité comme le font dans des circonstances dramatiques tous les partis qui se croient chargés pour l'avenir d'une grande mission. Il n'est pas vrai que les Allemands aient été des « monstres » : les nations qui n'ont pas hésité à payer leur victoire de la vie de 2.650.000 civils allemands, c'est-à-dire de 2.650.000 vies d'ouvriers, de vieillards, de femmes et d'enfants allemands n'ont pas le droit de leur adresser ce reproche. Une enquête malhonnête et une propagande gigantesque ont pu abuser quelque temps les consciences. Mais le jour viendra où les ennemis mêmes de l'Allemagne auront intérêt à rétablir les faits, la Fortune aveugle prendra la Vérité par la main et l'assiéra à la table du banquet. Nous avouerons alors qu'il ne nous était pas permis de déduire de fautes occasionnelles et le plus souvent individuelles une condamnation du régime tout entier, que les ennemis de l'Allemagne ont commis également dans la conduite de la guerre des actes qu'on devrait poursuivre au même titre que ceux que nous avons condamnés, et que nous avons ajouté à une falsification honteuse de l'histoire la plus vile et la plus dangereuse des impostures idéologiques.

Nous commençons à apercevoir aujourd'hui l'étendue de notre faute. Tout le monde s'affole devant ce vide, ce trou béant au centre de l'Europe et nous regardons avec terreur ce que nous avons fait nous-mêmes, l'Europe titubant comme le Cyclope aveugle. Cette monstrueuse mutilation géographique, c'est ce que tout le monde peut voir : un autre vide n'est pas moins grave, un autre abîme existe, c'est celui que nous avons créé en extirpant brutalement de la surface de la terre le seul système révolutionnaire qu'on pût opposer au marxisme. L'univers des idées est un univers qui a ses lois et sa géographie. Il est aussi dangereux de raser brutalement toute une région idéologique que d'anéantir une nation. Nous avons brusquement renversé un équilibre idéologique que le temps avait arrangé et qui n'était pas moins nécessaire à la santé politique de l'Europe que l'existence de l'Allemagne à sa défense stratégique.

Ce que nous avons détruit et condamné a été, nous ne devons pas l'oublier, non seulement pour les Allemands, mais pour des millions d'hommes en Occident, la seule solution durable au drame du monde moderne, la seule manière d'échapper à l'esclavage capitaliste sans accepter l'esclavage soviétique. Ce que nous avons détruit était, dans la pensée de ces hommes, non pas cette tyrannie réactionnaire et militaire que nous avons affecté de dénoncer, mais un immense effort d'affranchissement des travailleurs. Leur drapeau rouge timbré au signe de leur patrie était l'emblème de la révolution d'Occident. Nous disons qu'ils étaient des esclaves et eux avaient le regard de ceux qui travaillent dans la joie. Le regard des travailleurs est un témoignage : s'ils reconstruisent Stalingrad en chantant, nos journaux anticommunistes mentent ; de la Baltique au Brenner, vous savez bien que les travailleurs allemands étaient heureux. Et non seulement les travailleurs allemands : mais dans tout l'Occident, cette révolution nouvelle était un signal et un immense espoir. Elle n'avait pas été réalisée partout, elle n'avait pas réussi partout, mais dans tous les pays elle représentait une chance pour l'avenir, qui était la chance même de l'Occident, l'annonciation aux travailleurs d'une vie joyeuse et forte. Ils se trompaient, avons-nous dit, ils étaient trompés. Qu'en savons-nous ? Ce qui est certain, c'est qu'aujourd'hui dans l'Occident désert ils ne trouvent nulle part ailleurs le contenu révolutionnaire que les nouveaux nationalismes leur apportaient. Ce combat a été pour eux la grandeur, la fraternité, le sang versé, la justice : oui, la justice, il l'était dans leur âme, quoi qu'en disent nos tribunaux. Il nous est interdit de l'oublier, à nous qui leur parlons. Ces mots contre lesquels nous nous acharnons, ces blocs gigantesques de volonté et d'espoir que nous avons fait sauter comme un morceau de continent, ils étaient hier encore pour des millions d'hommes l'appel irrépressible de la noblesse, du sacrifice, ils représentaient cette justice enfin trouvée pour laquelle il vaut la peine de mourir. Nous avons créé un désert pour les cœurs. Notre politique en Europe a réussi à faire de l'enthousiasme révolutionnaire une exclusivité soviétique. Après dix ans de nos breuvages, toute la jeunesse du monde sera rangée sous le drapeau rouge : pour protester contre l'injustice, nous ne lui avons laissé que celui-là.

Revenons donc à la justice et à la loyauté. Combien nous faudra-t-il d'expériences pour apprendre que les contrats justes sont les seuls contrats durables, que les paix justes et loyales sont les seules paix ? En 1918, nos hommes d'État ont doctement bouleversé la géographie et ils se sont étonnés d'en voir sortir une guerre. Aujourd'hui les mêmes cuistres se donnent beaucoup de mal pour détruire l'équilibre idéologique européen : comprendront-ils que cette atteinte n'est pas moins grave et que la guerre en sortira aussi sûrement ? Il est indispensable qu'il existe en Europe une zone dynamique de justice sociale qui cristallise les volontés de résistance à l'annexion marxiste. Des hommes ont compris aujourd'hui quelle faute immense ils avaient faite en détruisant l'armée et l'industrie allemandes : ils se disent que la presqu'île Europe a besoin d'un rempart. Mais elle a aussi besoin d'une âme. Le cri de colère que les hommes de notre temps élèvent contre l'injustice sociale, contre la pourriture et contre le mensonge, il faut que l'Occident lui fasse écho. Cette volonté révolutionnaire, cette joie de la révolution en marche, elle doit être à nouveau parmi nous. La justice sociale n'est pas moins nécessaire à l'Occident que l'acier et le charbon. Si nous n'avons rien d'autre à offrir aux ouvriers de nos campagnes et de nos villes que les habituelles impostures démocratiques, aucun raisonnement au monde ne les empêchera de regarder avec espoir vers la terre qui leur parle de l'affranchissement et de la puissance du prolétariat. Nous n'avons pas le droit d'oublier, et il serait fou d'oublier que ce rêve d'un socialisme fièrement affirmé par la nation a été celui de millions d'hommes en Europe. Les vérités sont comme les patries : elles ne s'écrasent pas d'un coup de botte. Que nous le voulions ou non, cette pensée qui a été le grand espoir d'hier, cette fraternité du combat tout proche, est aujourd'hui le fondement naturel d'une communauté d'Occident.

Pour le salut de la nouvelle Europe, pour le nôtre, nos volontés doivent donc s'unir contre ce diktat idéologique de Nuremberg qui n'est pas moins mortel pour la paix du monde que le diktat politique de Versailles. Nous devons rendre aux patries leur couronne et leur glaive. Nous devons restaurer et proclamer les principes simples et naturels de la sagesse politique. Nous devons rappeler aux nochers des nuées que la souveraineté des cités, et que tout ce qui en est inséparable, le droit de s'unir et le droit de bannir, la primauté de la discipline dans l'État, le devoir absolu de l'obéissance chez ceux qui sont au service du souverain, sont les poutres qui soutiennent et qui ont toujours soutenu toutes les nations. Nous devons exiger la reconnaissance solennelle de cette vérité première qui est l'assise de tout pouvoir, que celui qui obéit au prince et aux édits du prince ne saurait être poursuivi, car il n'y a pas d'État sans cela, il n'y a pas de gouvernement sans cela. Nous ne devons pas avoir peur des États forts. Et nous n'avons pas le droit d'exiger que la structure de ces États soit démocratique, au sens où on l'entend à Londres ou à Washington, si ces États préfèrent vivre sous d'autres lois. Si l'unité de l'Occident ne peut se faire qu'autour d'un bloc d'États socialistes autoritaires, cette solution ne vaut-elle pas mieux que la guerre et l'occupation ?

Car c'est de cela qu'il s'agit en définitive. Dans l'Europe actuelle, de tels États sont l'unique garantie de la paix. Bien sûr, en ce moment, la paix et la guerre ne dépendent pas des États européens : mais ils peuvent devenir **l'occasion** de la guerre, et ce qu'on peut leur demander, c'est de ne pas fournir cette occasion. Or, c'est seulement devant un bloc occidental où l'agitation communiste serait aussi impossible que l'agitation démocratique l'est en U.R.S.S. et où le communisme serait impossible parce que le socialisme national serait réalisé, c'est devant ce bloc seulement que peut s'arrêter la guerre. Nous avons besoin d'un rideau de fer **autour de l'Occident**. Car le danger de guerre ne réside pas dans l'existence d'États puissants et de polarisation différente comme les États-Unis et la Russie soviétique, il est au contraire dans l'existence de zones faibles ouvertes à la concurrence de ces deux grandes puissances, ou, en d'autres termes, le danger de guerre s'accroît avec les possibilités d'ingérence, la guerre sera causée par les agents de l'étranger qui travaillent parmi nous. Si, au contraire, un bloc d'Occident pouvait se constituer, vivant sur lui-même, rigidement fermé à l'influence américaine comme à l'influence communiste, ce bloc neutre, cette citadelle imperméable serait un facteur de paix et peut-être de liaison. Si l'Europe d'Occident pouvait devenir une île escarpée qui vivrait sous ses propres lois et où ne pourraient aborder ni l'esprit démocratique d'importation américaine, ni le communisme d'importation soviétique, si cette île était réputée inaccessible et mortelle, si elle devenait forte, qui aurait intérêt à l'attaquer ? Après tout, l'Europe occidentale n'a pas un intérêt stratégique fondamental, (d'autres zones en ont bien davantage), elle a surtout un intérêt politique pour les belligérants, elle est pour l'instant un *no* *man's land* qui appartiendra au plus malin ou au plus prompt. Si nous faisons disparaître cette concurrence, si nous parvenons à nous débarrasser de ces consciences, souvent intéressées, lesquelles attirent les bombes comme l'aimant attire le fer, n'est-ce pas, pour nous et pour tout le monde, les meilleures conditions de la paix ?

Si l'Amérique veut faire la guerre demain, ces réflexions ne signifient rien : mais alors l'Amérique s'est créé d'étranges conditions de guerre. Mais s'il nous est permis de compter sur le temps, en quoi ces perspectives sont-elles plus absurdes que d'autres ? Cette insularité de l'Occident repose en somme sur une condition fondamentale. Il faudrait que les Américains soient assez intelligents pour comprendre qu'il est de leur intérêt d'armer l'Europe occidentale sans lui demander en échange aucune allégeance démocratique. C'est beaucoup de leur dire : donnez-nous des avions et des tanks, puis ne vous troublez pas si nous mettons à la porte les agents de l'Amérique aussi bien que les agents de Moscou. Comprendront-ils qu'ils ont intérêt, au même titre que les Russes, à la constitution d'une Europe occidentale, à la fois antidémocratique et anticommuniste, forte et jalouse de son indépendance ? Comprendront-ils que ce serait un grand symbole de sagesse et le commencement d'un grand espoir de paix que d'exclure de la même manière ceux qui après avoir été les agents de l'Angleterre quêtent aujourd'hui les subsides américains, et ceux qui reçoivent leurs ordres et leurs subsides du Kominform ?

Si les Américains veulent effacer le mal qu'ils ont fait, qu'ils l'effacent dans les âmes, comme ils cherchent à le réparer aujourd'hui dans les villes. S'ils veulent que l'Occident soit solide, qu'il soit l'Occident et non le prolongement de l'Amérique. C'est à cette condition seulement qu'il deviendra une réalité politique. Car le glacis américain en Europe ne peut être qu'une terre mal défendue, et en cas de guerre, rapidement évacuée. Mais l'Empire d'Occident peut exister et se défendre, ou, du moins, imposer sa neutralité.

On commence à comprendre ces choses, mais on les comprend mal. Mrs Roosevelt s'adresse avec éloquence aux femmes allemandes pour leur faire savoir qu'elle admire leur courage. Ce sont de bonnes condoléances quand on pense aux bombardements ordonnés par feu son mari. Cet hommage tardif nous renseigne assez cependant sur l'erreur de la politique américaine : « J'assomme, puis j'arme ; je condamne, puis je relève. » Allemands blonds, n'aimez-vous pas bien la banque Lazard ? Mordez la terre de vos bouches sanglantes en prononçant les doux noms d'Oppenheim et de Kohn. Mais pensez-vous que les volontaires seront nombreux pour former derrière le général de Gaulle une nouvelle Légion antibolchevique ou derrière le maréchal Montgomery la dernière brigade SS ?

Les Russes sont moins naïfs. Ils se sont débarrassés de leurs concurrents les plus dangereux. Ils nous imposent par l'intermédiaire des partis communistes une condamnation intransigeante des doctrines maudites. Pendant le même temps, ils convoquent les généraux allemands pour leur faire reconstituer une armée nationale, et ils mettent M. Wilhelm Pieck sur une estrade pour lui faire annoncer au peuple allemand la naissance d'un nouveau parti « à la fois national et socialiste ». Ce n'est pas moi qui ai mis les mots dans cet ordre : c'est la propagande communiste qui a découvert cette formule.

C'est à nous de savoir si nous combattrons le communisme avec ses propres armes ou si nous serons toujours en retard d'une guerre et d'une idée. Je n'ai pas d'opinion sur la troisième guerre mondiale : elle ne dépend d'ailleurs pas de nous. Mais je crois à une bataille sèche pour le contrôle de l'Occident. Le vainqueur de cette bataille sera, comme jadis, celui que les Francs de Germanie hisseront sur leurs boucliers.

Quant à nous, notre imagination est toujours aussi brillante. Nos hebdomadaires font des enquêtes pour nous demander ce que nous ferons si nous sommes occupés par les Russes. Nous sommes bien optimistes. Nous n'avons pas vu encore qu'au train où vont les choses, nous avons des chances tout aussi sérieuses d'être occupés par des militaires que nous connaissons déjà. Regardons en face l'avenir qui nous attend. Nous pouvons tout sauver en faisant l'Occident, nous ne sommes plus rien s'il se constitue contre nous une gérance communiste de l'Occident. Notre destin se joue en ce moment en Allemagne. Il nous faut choisir d'avoir les SS avec nous ou chez nous.

NUREMBERG II
OU LES FAUX-MONNAYEURS

ÉPIGRAPHE

*Ceux qui manient ou l'épée ou la plume pour leur pays ne doivent penser **QU'A BIEN FAIRE**, comme disaient nos pères, et ne rien accepter, pas même la gloire, que comme un heureux accident.*

Honoré de Balzac, *Les Paysans.*

Préface

Ceci est un livre de circonstance. Si j'avais de la vanité littéraire, je dirais que je refuse de le reconnaître. Il m'a été imposé. Je n'ai été maître ni de la matière, ni de la composition, ni même du style. Il fallait qu'il fût sérieux, mesuré, incolore, et qu'il traitât certains sujets de préférence à d'autres. Je n'étais pas libre de sa longueur, il fallait qu'il ne dépassât pas certaines limites. Je n'étais même pas libre de ne pas le publier. Voici pourquoi.

J'ai écrit il y a deux ans un livre intitulé *Nuremberg ou la Terre Promise* qui a été saisi parce qu'il contenait des vérités désagréables. J'ai été accusé d'avoir fait l'apologie du meurtre. À cette occasion, on a écrit beaucoup de sottises. Je ne puis en rester là. Je n'ai pas de journal pour répondre quand on affirme en 200 000 exemplaires que j'ai applaudi aux camps de concentration. Je ne puis en appeler au jugement du lecteur puisqu'on l'empêche de lire mon livre. Quand je rectifie, on n'insère pas. Il ne me reste qu'un moyen, c'est de faire connaître ma défense. Je n'ai pas de chance et le procès au cours duquel je pouvais m'expliquer ne vient jamais. J'aurais voulu réserver au Tribunal la primeur des documents que j'ai à faire connaître et qui ont été réunis à son intention. Mais puisque ceci n'a pas été possible, c'est le public que je suis forcé d'instituer juge, non pas de ma cause, elle n'importe guère, mais de celle de la vérité. On trouvera donc là toutes les belles choses que j'avais l'intention de dire aux magistrats de la XVIIe Chambre à l'occasion de mon procès.

J'ai une excuse pour publier ce volume : c'est qu'on n'y parle pas de moi ni de mon livre. Le lecteur y trouvera essentiellement des renseignements et des jugements curieux qu'on a cachés jusqu'ici autant qu'on le pouvait, et on le pouvait assez bien, aux bonnes gens de ce pays.

Et, après tout, ce serait trop beau pour les gens en place si les procès n'avaient pas un revers : ils obligent l'accusé à se défendre. Ils l'obligent aussi à se procurer des preuves. Et finalement on rouvre le débat qu'on voulait étouffer. *Nuremberg ou la Terre Promise* n'était rien d'autre qu'un commentaire du procès publié par les autorités militaires alliées et des documents annexés à cette publication. J'avais accepté la documentation du Tribunal, et, en l'étudiant j'avais montré qu'elle avait une valeur douteuse. Mais je n'y avais opposé aucune documentation : à quelques exceptions près qui étaient là pour prouver qu'*il existait une autre documentation* et que par conséquent on aurait dû en tenir compte. J'avais raisonné, j'avais analysé, j'avais comparé ce qu'on me disait à ce que j'avais vu : et le livre que j'avais fait ne contenait rien d'autre, en somme, que les réactions d'un homme honnête devant le procès de Nuremberg. Mais puisqu'on m'accusait de mauvaise foi, il fallait bien que je montre que je n'étais pas un monstre ni un fou, que d'autres avaient eu des doutes, pareils aux miens, qu'ils les avaient exprimés et parfois aussi vivement que moi, enfin que les documents, à mesure que nous les connaissons en plus grand nombre, donnaient plus de solidité à la thèse que j'avais soutenue.

J'entrepris ce travail. Il m'amena à constater l'ampleur des protestations qui s'élèvent depuis quatre ans contre cette cynique falsification de tous les principes du Droit.

C'était un résultat, mais ce n'était pas assez. En continuant mon enquête, je vis que la documentation était beaucoup plus abondante que je n'avais cru, qu'elle commençait à *sortir* plus tôt que je ne l'avais espéré, et que, pour chaque page que j'avais écrite et qui ne s'appuyait que sur l'analyse, on pouvait trouver aujourd'hui toutes sortes de preuves qui montraient qu'elle s'appuyait aussi sur la réalité. Ce n'est pas seulement comme monstruosité juridique que l'opinion mondiale dénonce aujourd'hui le procès de Nuremberg, c'est comme altération de l'Histoire. On nous désigne aujourd'hui une moitié du monde comme le théâtre d'*atrocités* exactement semblables à celles qu'on reprochait aux Allemands : les juges d'hier sont devenus des accusés, et l'on n'est même pas sûr que cette vertueuse indignation ne soit pas en réalité, comme dans l'opération précédente, le prélude à quelque autre chose.

Tout le monde commence à montrer son vrai visage. Les langues se délient, les juges se jettent à la tête leurs propres crimes. Ils parlaient d'humanité et de vertu, et pendant le même temps, sous leurs yeux, sur leurs ordres, on faisait à cent cinquante millions d'Européens désarmés ce qu'ils reprochaient aux accusés d'avoir fait dans les circonstances les plus dramatiques de la guerre. Les camps de concentration avaient seulement changé de maîtres.

À deux cents mètres du tribunal, les gardiens de Julius Streicher lui faisaient manger de force ses excréments, et dans toutes les villes d'Allemagne des milliers d'êtres humains mouraient sur les routes, arrachés aux villages qu'ils habitaient depuis des siècles, vieillards, femmes enceintes, enfants jetés pêle-mêle dans des convois de la mort bien pires que ceux dont on parlait tant, et dans toutes les tourbières d'Allemagne des prisonniers et des blessés qui avaient combattu loyalement pour leur pays crevaient par dizaines de milliers, parqués sans abri, sans couverture, sans nourriture, et se jetant avec des hurlements de fou sur les mitraillettes de leurs gardiens pour en finir plus vite. Les juges parlaient du droit et de la justice, et, pendant le même temps, sous leur domination, des centaines de milliers d'enfants mouraient lentement dans des caves suintantes, grelottant de fièvre et de faim, ils mouraient de faim et de froid, exactement assassinés par les décrets du vainqueur. Et les correspondants de notre presse, de notre bonne presse, si humaine, si chrétienne, riaient de voir des veuves de généraux, muettes et émaciées, errer comme des mendiantes, parce que, pour la première fois qu'il y a des armées en guerre, on interdisait aux vaincus de payer la pension des officiers tués au combat.

On pilla de toutes les façons, on vola tout ce qui pouvait être volé. Quand un Allemand n'avait qu'un poêle, on lui prenait son poêle, quand un paysan n'avait plus qu'un cheval on lui prenait son cheval. Dans des villes entièrement détruites on fit loger des familles de gendarmes ou de Juifs dans des villas de vingt pièces et on réquisitionna des hôtels entiers pour en faire des clubs sans visiteurs. Les généraux passaient la frontière avec des autos remplies à crever de manteaux de fourrure et de Leicas, d'étoffes et de chaussures, qu'ils revendaient ensuite au marché noir. Tout ce qui avait envie de gagner de l'argent malproprement vint en Allemagne. On prenait tout. On ne rançonnait même pas, on se conduisait en marchand de tapis : des officiers à gueule de Levantins échangeaient des jugements et des ausweis contre des argenteries de famille. Les industriels voyaient plus loin : ils transformèrent en ferraille des usines de jouets, d'horlogerie ou d'instruments chirurgicaux en les baptisant fabrications de guerre. Toutes les machines qui pouvaient aider à reconstruire ce pays effroyablement et inutilement détruit furent entassées sur les bords des canaux sous prétexte que ce qui sert à faire du béton peut servir un jour à fabriquer des tanks. Ce que les bombes n'avaient pas fait, la haine froide, l'imbécillité et le goût de détruire pour détruire, le firent. On arracha l'Allemagne de l'Europe comme on arracherait un œil à un esclave captif : et le vainqueur s'amusait à passer ses doigts dans l'orbite pour bien s'assurer que la blessure ne guérirait jamais. Le dossier de l'occupation alliée en Allemagne est exactement ignoble. Ce n'est même pas de la haine, car la haine loyale a sa grandeur. C'est quelque chose d'abject et de sournois où se mêlent le pillage, l'escroquerie, le trafic d'influence, la dépravation sexuelle, la bassesse, l'hypocrisie, la peur. Et une odeur de pourriture levantine s'élève de ce charnier. Cela n'a même pas la grandeur de la rage et du sac. Cela mêle à l'horreur quelque chose de louche et de mercantile : on aperçoit partout le profil de l'usurier et du trafiquant.

Mais les consciences se réveillent peu à peu. Il existe dans tous les pays du monde une race d'hommes qui n'a pas accepté le règne du mensonge et l'avènement des affranchis. On m'a appris à la découvrir. C'est à eux que je veux rendre hommage. Et je remercie mes juges de m'avoir donné l'occasion de ne pas désespérer de l'espèce humaine.

Il serait trop long de citer ici tous ceux qui, bien avant moi, se sont élevés contre l'injustice du procès de Nuremberg. Dès la fin du procès, des intellectuels et des journalistes anglo-saxons protestèrent. Les campagnes de la *Chicago Tribune*, les lettres ouvertes au *Times* signées d'écrivains et de professeurs d'Université anglais, la campagne du journal canadien *Le Devoir*, une très belle protestation d'un grand intellectuel portugais, le Dr Pimienta, des articles de la presse espagnole, presque toute la presse sud-africaine, un grand nombre de périodiques argentins firent entendre les premières voix libres. Elles furent assez fortes pour qu'un personnage officiel des États-Unis, le Sénateur Taft, qui fut un des candidats du parti républicain à la Présidence, prît position publiquement contre le jugement de Nuremberg dans un discours retentissant prononcé devant les étudiants et les professeurs de Kenyon College. Cependant, un journal sud-africain, *Die Nuwe Orde*, n'hésitait pas à publier en première page, dans un encadrement de deuil, la liste de ceux qu'il appelait les « martyrs de Nuremberg ».

Peu de temps après, paraissaient les premières études d'ensemble sur les travaux du Tribunal Militaire International. Presque à la même époque, le duc de Bedford en Angleterre et P.O. Tittmann aux États-Unis faisaient paraître deux brochures extrêmement violentes et fort solidement documentées. Un professeur de Droit de l'Université de Londres, le Dr H.A. Smith, leur apportait dans une série d'importants articles l'appui de son autorité.

Puis vinrent des études plus longues, mais tout aussi sévères : l'hypocrisie des vainqueurs, le mensonge fondamental de l'accusation, la faiblesse de sa position juridique, la bassesse de certains procédés et de certains arguments étaient vigoureusement mis en lumière dans des ouvrages d'un ton peut-être plus modéré que les premiers sursauts de 1946, mais fondés sur une étude attentive et ferme. En Angleterre, le public fit un accueil très favorable au *Commentaire sur Nuremberg* de Montgomery Belgion qui fut réédité un an plus tard avec d'importantes additions, sous le titre *La Justice des Vainqueurs*. Au Portugal, le professeur Joâo das Regras faisait paraître une étude importante sous le titre *Un Nouveau Droit international*, à la fin de laquelle on trouverait réimprimée la célèbre lettre du Dr Pimienta. En Italie, un Père jésuite, le P. Lener, arrivait à des conclusions analogues dans son livre *Crimini di guerra*. En France, Manuel de Diéguez prenait position dans son essai *La Barbarie commence seulement* qui reçut le Prix de la Liberté. En Suisse, le pasteur Jacques Ellul exprimait les mêmes idées dans une importante étude de la revue *Verbum Caro*. Et dès lors, le mouvement ne fit que s'étendre. Le brigadier-général J.H. Morgan publie *The Great Assize*. Le major général Fuller peut écrire dans son livre *Armament and History* quelques-unes des condamnations les plus accablantes contre les Alliés, le grand journaliste anglais F.A. Voigt n'est pas moins net dans ses articles du *Nineteenth Century and After*, le professeur H.A. Smith réunit ses différentes études dans un essai sur *La Crise de la Loi internationale*, un anonyme fait paraître en Angleterre *Advance to Barbarism*, et, tout récemment encore, un écrivain fort connu aux États-Unis, Mrs Freda Utley, expliquait le procès de Nuremberg à peu près dans les mêmes termes que moi.

Je m'excuse de ne pouvoir tout citer : il faudrait étendre indéfiniment cette liste. Mais ces noms suffisent à montrer, je suppose, combien la position du gouvernement français est *excentrique* lorsqu'il prétend empêcher qu'on dise à Paris ce que tout le monde a sur les lèvres dans les pays qui sont encore libres.

Cependant, on se proposait d'autres doutes. Non seulement les principes sur lesquels était fondé le verdict de Nuremberg paraissaient inadmissibles, mais on se demandait aussi si les Alliés avaient bien le droit de faire un tel procès, et s'ils n'étaient pas, eux aussi, coupables de crimes de guerre. A mesure qu'on connaissait mieux cette guerre, on accusait davantage leur conduite de la guerre. Des critiques militaires anglo-saxons, comme Liddell Hart ou Voigt, des généraux anglais comme le général Morgan ou le général Fuller, des personnalités ecclésiastiques, n'hésitèrent pas à se montrer aussi sévères pour les bombardements alliés que pour les camps de concentration hitlériens. On s'avisa que la guerre à l'Est s'était déroulée dans des conditions extrêmement différentes de celles des guerres précédentes, que la vie humaine et les biens humains n'y avaient pas du tout la même valeur que celle qu'on y attache en Occident, et qu'il s'agissait de part et d'autre d'une espèce de guerre barbare où tout le monde avait employé des procédés de destruction inconnus jusqu'ici, que tout cela se passait dans un autre monde, auquel il était peut-être injuste et certainement vain d'appliquer les règles et les lois de la vie de l'Occident.

À cette vue nouvelle des choses, on ajoutait des documents au moins troublants. Un ancien correspondant de guerre du front de Malaisie racontait dans la revue *Atlantic* que les troupes américaines achevaient les blessés japonais et rapportaient à leurs fiancées des coupe-papier sculptés dans des tibias et des bracelets découpés dans des crânes : ces détails rappelaient fâcheusement les abat-jour en peau humaine autour desquels on avait fait tant de bruit. D'autre part, le gouvernement polonais de Londres, dans une série de publications qu'il fut impossible d'ignorer, dénonçait les atrocités commises par les Russes sur les ressortissants polonais. Et, un peu plus tard, le général Anders, dans une étude rigoureuse et accablante sur l'affaire de Katyn, prenait le Tribunal International de Nuremberg en flagrant délit de falsification. De leur côté, un certain nombre d'écrivains français décrivaient les atrocités de la Résistance et les assassinats de l'épuration. La presse italienne parlait à son tour : elle racontait la destruction inutile de l'abbaye du Mont-Cassin par un général américain entêté qui ne savait pas son métier et elle expliquait aussi comment les paysannes d'Espéria groupées au bord de la route pour accueillir les troupes françaises furent violées pendant trois jours par des Marocains déchaînés, épisode peu connu de l'épopée du Tchad au Rhin.

En général, l'enquête se fixa autour de deux thèmes principaux, celui des camps de concentration soviétiques et celui de l'occupation alliée en Allemagne. On sait le développement qu'a pris aujourd'hui le premier de ces exutoires. Pendant trois ans, on ignora soigneusement le petit livre publié à Rome (par les soins du Vatican, semble-t-il) qui contient trois ou quatre cents dépositions de rescapés prouvant que la police soviétique n'a rien à envier à la légendaire Gestapo. Mais depuis que le gouvernement américain a intérêt à faire passer les Russes pour des sauvages, on a vu fleurir les enquêtes sur les camps de déportation en U.R.S.S. Le Foreign Office lui-même s'y est mis, et la documentation est devenue aujourd'hui si abondante dans tous les pays du monde qu'il est impossible même de la résumer. Je regrette d'avoir à dire que je suis un peu sceptique sur toutes ces découvertes, qui me semblent un peu trop « opportunes », comme certaines autres.

Sur le deuxième thème, on est beaucoup plus discret. Mais comme il est difficile d'empêcher les témoins de voir et les voyageurs de parler, nous commençons aussi à avoir quelques lueurs. Un professeur américain a réuni un impressionnant ensemble de documents et de faits dans une brochure intitulée *Le viol des femmes en Europe conquise*. On sait que ces documents se trouvent confirmés par la protestation de l'évêque de Stuttgart sur les incidents de Noël 1945. Deux recueils de documents, l'un et l'autre accablants, ont été publiés récemment sur la conduite des « Libérateurs » tchèques et yougoslaves à l'égard des populations d'origine allemande. Je les laisse de côté pour l'instant. Sur l'occupation alliée en Allemagne, les études sérieuses sont encore peu nombreuses. Quelques reportages ont été publiés en 1945 et 1946, mais ils contiennent des impressions plutôt que des faits. Deux excellentes brochures ont été publiées par P.O. Tittmann aux États-Unis, sous les titres *The Planned Famine* et *Incredible Infamy* : elles contiennent une documentation dense et précise et elles constituent surtout un réquisitoire contre les mesures et les résultats du plan Morgenthau. Deux petits livres très émouvants ont été écrits sur l'Allemagne par un voyageur britannique et c'est avec plaisir que nous écrivons ici qu'il s'agit de l'éditeur juif Gollancz, auquel il est juste de rendre hommage pour son humanité et pour son cœur, car il est touchant de constater qu'il est un des rares hommes à avoir parlé, comme tout être humain devrait le faire, des souffrances des innocents dans un peuple vaincu : on trouvera dans ses livres un tableau très précis des conditions de vie en Allemagne en 1946. Une importante étude de Freda Utley, *The High Cost of Vengeance*, donne une description extrêmement sérieuse du pillage des biens et des industries allemandes par les Alliés, et en particulier par l'état-major Morgenthau.

C'est un livre volontairement technique, mais qui donne une idée très forte, par un exposé presque purement économique, de la bassesse et de l'hypocrisie de la politique alliée en Allemagne jusqu'en 1948.

Aux références que j'ai prises dans ces divers ouvrages, j'ai ajouté une série de documents actuellement non publiés ou simplement publiés en partie, que je comptais présenter au Tribunal en les accompagnant de la certification légale de la signature de l'auteur, comme on fait pour les *affidavit*. On m'a dit qu'ils avaient été réunis sur l'initiative du clergé allemand. On y trouve les premiers éléments de l'enquête, malheureusement très nécessaire, qu'il faudra bien ouvrir un jour sur le traitement des prisonniers de guerre allemands par les Alliés, sur l'assassinat sans jugement de groupes entiers de prisonniers de guerre par des troupes irrégulières, sur la politique d'extermination poursuivie dans certains camps à l'égard des mêmes prisonniers. On pourra voir, par cet ensemble de publications qui commencent à faire leur carrière, que ce qu'on a qualifié de crime de guerre ou de crime contre l'humanité au Tribunal de Nuremberg peut être reproché aussi bien aux Alliés qu'aux Allemands, *après* la fin des hostilités aussi bien que *pendant* les hostilités, et ceci sur une échelle beaucoup plus vaste et dans des cas beaucoup plus nombreux que je ne le pensais en écrivant mon livre.

Il est enfin un autre domaine sur lequel la vérité, une vérité clignotante à la manière d'un phare lointain, lance de temps en temps quelques lueurs, et découvre ainsi par intervalles des fragments de paysage, des quartiers, des blocs d'histoire, un instant entrevus, qui sont tout différents de ceux qu'on croyait connaître : et nous sommes devant cette histoire vraie qui n'apparaît que par trouées, aussi surpris qu'un voyageur qui s'est endormi en plaine, et qui, en essuyant la glace, entrevoit dans la nuit des pics et des pentes neigeuses au milieu desquels défile le train. Les altérations que la propagande a fait subir aux faits nous sont ainsi révélées peu à peu, chaque déposition nous éloigne un peu plus de la version initiale, et soudain nous devinons, nous pressentons un tableau de la guerre, celui que retiendra l'histoire, fort différent de celui qui nous a d'abord été donné. Les documents qui rectifient ainsi l'idée qu'on pouvait se faire de la dernière guerre sont plus rares que ceux que nous signalions tout à l'heure. Mais que de tels documents existent, qu'ils soient publiés peu à peu, n'est-ce pas déjà un singulier changement ?

Nous placerons en tête de cette documentation, à cause de leur caractère significatif, les révélations de la presse américaine sur le procès de Malmédy auxquelles les journaux français se sont bien gardés de faire écho, bien qu'elles aient causé une véritable stupeur dans le monde entier. Voici ce qu'est le procès de Malmédy. Un groupe de SS était accusé de massacre de prisonniers de guerre, tortures, sévices et représailles sur la population civile : l'affaire était à l'instruction et ces instructions sont toujours difficiles car on n'est pas toujours sûr des faits, mais on n'est presque jamais sûr des identifications. Les Américains imaginèrent de faire pression sur les

SS, presque tous jeunes, qu'ils avaient entre les mains pour obtenir des témoignages.

D'abord, ils les torturèrent et l'enquête menée par la suite devait faire connaître que sur soixante-dix inculpés interrogés, soixante-huit avaient les parties sexuelles écrasées, et étaient définitivement infirmes, sans compter les mâchoires brisées, les crânes fracturés, les clavicules défoncées, les ongles arrachés, détails mineurs. Cet interrogatoire ne donna pas de résultat. On procéda alors de la manière suivante. Les policiers constituèrent un faux tribunal, autour d'une table drapée de noir, éclairée de cierges, devant lequel les accusés paraissaient couverts d'une cagoule et enchaînés. Ce tribunal prononça soixante-dix condamnations à mort, et on annonça aux condamnés qu'ils seraient exécutés dans les vingt-quatre heures. Plusieurs avaient dix-huit ans ou moins. Dans la nuit suivante, les condamnés reçurent dans leur cellule la visite de policiers, se disant juges ou accusateurs, d'autres de policiers déguisés en prêtres. On les réconforta, on les prépara à la mort, puis on leur déclara que s'ils signaient telle déposition qu'on leur dicterait et dans laquelle ils accuseraient certains de leurs camarades, on se portait garant de la commutation de leur peine. Plusieurs signèrent. On eut ainsi des documents. On les produisit quelques semaines plus tard au véritable procès, et l'accusation obtint ainsi brillamment cinquante condamnations à mort fondées sur les déclarations les plus formelles et les récits les plus complets.

Malheureusement, un des jeunes SS, un garçon de dix-sept ans, s'était suicidé dans sa cellule quelques heures après qu'on lui eut arraché ses « aveux » qui condamnaient ses camarades. On fit une enquête, un avocat américain s'en mêla, et, comme il avait envie de se faire connaître, il cria très fort et alla jusqu'au Juge Suprême des États-Unis. Il y a un fond d'honnêteté dans ce pays quand on lui dit par hasard la vérité.

Washington ordonna une enquête et envoya un haut magistrat qui se trouva être un juge intègre. C'est le rapport de ce juge van Roden dont la publication, reprise et commentée par les journaux du monde entier, révéla toute l'affaire. Entre-temps, les

« criminels de guerre » avaient été pendus. Cela émut un peu les gens qui commencèrent à croire qu'il ne suffit pas d'avoir été pendu pour avoir été coupable. À elle seule, cette affaire projette un éclairage nouveau sur les *méthodes d'investigation* du tribunal américain. Mais ce qu'il y a de troublant, c'est qu'elle n'est pas seule et qu'elle est accompagnée d'autres exemples d'*erreurs* ou de *pressions*. Peu de temps après, un journaliste américain qui avait suivi de près l'enquête menée sur le camp de Dachau, réussit à faire publier dans *Europe-Amérique* une courte analyse des pièces sur lesquelles, ou plutôt malgré lesquelles, on avait condamné à mort le major Weiss, commandant du camp. Il ressort de cette publication que le major Weiss avait fait constamment des efforts pour humaniser le régime du camp, pour augmenter les rations des prisonniers, pour leur procurer des médicaments, pour les dispenser de certaines punitions ; il avait pris, en tous ces domaines, des initiatives auxquelles le règlement ne l'obligeait pas, et, en définitive, ce major Weiss, qui a été pendu naturellement, apparaît d'après les pièces de son procès comme un homme qui a essayé de faire le moins de mal possible dans une position qui l'obligeait malheureusement à en faire beaucoup. Cela n'empêche pas le camp de Dachau d'avoir été, après son départ, le théâtre d'une terrible épidémie de typhus qui fit 15000 morts, au milieu des souffrances et des drames qu'il n'est pas difficile d'imaginer. Mais, au moins, importe-t-il de savoir que le camp de Dachau n'avait pas toujours été ainsi.

Des pressions analogues à celles qui furent faites dans le procès de Malmédy, quoique moins sensationnelles, n'ont pu être complètement dissimulées à l'opinion, lors des divers procès de Nuremberg, assez peu connus du public, qui succédèrent au grand procès des dirigeants du Reich. Il faut se représenter que les Américains ont, en général, une infinité de moyens de pression sur les témoins allemands : ils les tiennent presque tous en prison, ils sont maîtres de confisquer ou de ne pas confisquer leurs biens, ils peuvent les renvoyer à un tribunal de dénazification ou les faire absoudre, ils disposent enfin d'une menace suprême qui est celle de l'extradition à destination de l'U.R.S.S. ou d'un des pays satellites. C'est plus qu'il n'en faut pour obtenir des témoignages. Trois affaires de falsification de témoignage ont été rapportées par la presse allemande parce qu'il a été impossible de les dissimuler dans le déroulement des débats. Il s'agit des témoignages fournis au grand procès des dirigeants du Reich par les témoins Gauss, Gertoffer et Milch. Ces trois incidents ont montré que l'accusation avait obtenu ou cherché à obtenir des témoins, au moyen de menaces, des déclarations inexactes, qui ont été utilisées pour charger les accusés.

D'autre part, lorsqu'on parcourt les derniers tomes publiés de la sténographie du procès de Nuremberg, que je n'avais pas encore à ma disposition quand j'ai écrit mon livre, ainsi que certains mémoires des avocats qui ne sont pas compris dans cette publication, on s'aperçoit que la défense s'est émue très souvent des entraves apportées à la comparution de témoins importants pour elle : l'administration du Tribunal répondait invariablement qu'il était impossible de retrouver les personnages réclamés parmi les milliers d'internés politiques du Reich, ou alors elle invitait la défense à faire venir elle-même, à ses frais et avec ses propres moyens, des témoins résidant à l'étranger, alors que tout le monde savait que les défenseurs ne pouvaient obtenir ni les devises ni les autorisations nécessaires à leur voyage.

D'autres exemples de pressions en vue d'obtenir des témoignages sont consignés sur des documents assortis d'*affidavit*, qui concernent des procès moins importants, et qui, à ma connaissance, n'ont pas encore été publiés.

On peut conclure de tout cela qu'il y a pour l'historien de sérieuses raisons de ne pas accepter sans vérification la documentation américaine du procès de Nuremberg. Les altérations constatées ne portent-elles que sur des détails, n'ont-elles pour objet que d'obtenir la condamnation de tel ou tel accusé, ou, au contraire, doivent-elles amener un esprit honnête à récuser en bloc toute l'accusation alliée ? C'est ce qu'on ne saura que plus tard. Pour l'instant, ces malfaçons de l'instruction ont pour résultat de faire naître la défiance. Et ce résultat est déjà singulièrement grave.

On n'a pas l'esprit plus tranquille lorsqu'on se trouve en présence d'une documentation d'origine soviétique. Là aussi, notre expérience s'enrichit tous les jours. Le livre du général Anders sur Katyn a démoli définitivement un des griefs du Tribunal

International. On pourrait épiloguer sur cette situation symbolique. Mais ce n'est pas ici notre intention. Ce qui est fort remarquable dans le livre du général Anders, c'est la *vraisemblance* de la falsification soviétique, sa modération, sa prudence, sa feinte objectivité. Tout est parfait dans le rapport soviétique : à la première lecture, il emporte la conviction. Et pourtant, à quelques pages de là, on a sous les yeux les preuves matérielles de la falsification. Nous avons pu constater qu'il en était de même pour le procès Rajk et pour le procès Mindzensky. Alors, cette perfection dans le montage de la propagande est infiniment troublante. Qu'y a-t-il de vrai dans toute la documentation apportée par l'U.R.S.S. et par les États satellites ? Puisque la documentation sur Katyn est un faux, que vaut le reste ? Le procès du maréchal von Manstein dont on s'est bien gardé de nous donner des comptes rendus a déjà apporté des mises au point extrêmement importantes. Pensez-vous qu'un des plus grands avocats anglais, membre important du Parlement, interviendrait avec autant de force si son client était manifestement responsable des crimes dont on a chargé les armées allemandes du front de l'Est ? C'est au tour de l'accusation d'organiser le silence autour du procès. Quelle est donc la version exacte, celle qu'on a apportée en 1945 au procès de Nuremberg, ou celle qui se dégage actuellement du procès von Manstein ? Le « doute systématique » est une des choses qu'on m'a le plus reprochées dans mon livre, on a voulu y voir l' »apologie du crime ». Mais l'histoire qui se fait devant nous n'est-elle pas en train de donner de la consistance à cette attitude ?

Je suis obligé de me montrer assez réservé sur la question des camps de concentration. Sur ce sujet, on verra que je renvoie la plupart du temps aux déportés eux-mêmes. Il y a deux ans, le premier livre de David Rousset était paru, mais le second venait à peine de paraître et je n'ai pu l'utiliser que dans mes notes. Je ne connaissais pas non plus le témoignage d'Eugen Kogon, ni celui d'Anthelme. Le livre de Rassinier, *Passage de la Ligne*, n'était pas publié non plus. Déjà, pourtant, on commençait à savoir que le régime des camps n'était pas aussi simple qu'on l'avait dit au Tribunal de Nuremberg. Notre documentation est maintenant plus abondante. J'utilise surtout le livre tout récent de Rassinier, *Le Mensonge d'Ulysse*, et l'analytique du procès des responsables du camp de Dachau, rédigé par le Ministère public américain. Ma position sur ce point est la suivante. Je ne conteste pas l'exactitude matérielle des témoignages de Kogon, de Rousset, et de Rassinier, je me réclame, au contraire, de ces témoignages. Ce que je reproche à l'instruction du procès de Nuremberg, c'est qu'elle se soit fondée, pour accuser, sur le régime des camps de concentration, sans avoir pris la peine de se renseigner exactement sur ce régime : ce n'était pas à David Rousset, à Eugen Kogon ou à Paul Rassinier qu'il appartenait de nous faire connaître le fonctionnement des camps de concentration, mais au magistrat qui reprochait aux accusés allemands d'avoir administré ou seulement toléré les camps de concentration. C'est en cela que je vois une contradiction entre le procès de Nuremberg et la documentation, même favorable à l'accusation, qui a paru après le verdict. C'est avant de pendre qu'il faut savoir ce qui s'est passé.

J'en ai dit assez pour faire comprendre que les recherches auxquelles j'ai été *contraint* de me livrer ne m'ont pas amené à penser que j'étais un esprit faux, un raisonneur chimérique isolé dans une attitude exorbitante. Beaucoup de lecteurs m'ont écrit, après mon livre, des lettres qui m'ont ému ; d'autres, apprenant les poursuites faites contre moi, m'ont apporté spontanément leur concours et ont mis à ma disposition la documentation dont ils avaient connaissance ; j'ai été mis en prison, et de toutes parts me sont venues des marques de sympathie infiniment touchantes, de tous les points du globe des colis qui ont transformé mon appartement en épicerie ; et, tandis que la presse française me couvrait d'insultes auxquelles leur origine et leur exagération retirent toute importance, il y eut dans la presse étrangère des articles très beaux et d'une inspiration très élevée. Je remercie tous ces hommes si nombreux qui ont compris que, sans moyens, sans fortune, j'avais essayé de combattre loyalement pour ce qui me paraît être la justice et pour ce qui me paraît être la vérité, et qui ont tenu à le dire. Je remercie particulièrement les écrivains français et étrangers qui ont protesté contre mon arrestation, au nom de la liberté de la presse et de l'expression. Je sais que beaucoup d'entre eux sont loin de partager mes opinions, et je leur suis d'autant plus reconnaissant d'avoir compris que mes opinions importaient peu, que ma personne importait peu, mais qu'il était, par contre, important de savoir si un esprit libre avait encore le droit de faire entendre dans notre pays une pensée non conforme à celle de la majorité. On m'a accusé d'obstination et d'orgueil. Je suis très loin d'avoir ces belles et hautaines qualités. Je ne suis qu'un homme honnête qui essaie de voir clair et de ne pas être dupe. J'ai pu me tromper : l'avenir le dira. Je voulais simplement ouvrir une discussion : ce n'est pas me répondre que de m'emprisonner. Cette discussion, du reste, le temps l'ouvrira ou les nécessités de la politique européenne auxquelles nous ne pourrons pas échapper. Je souhaite qu'elle soit loyale, je souhaite qu'elle soit sincère. Je m'inclinerai devant la vérité, mais je ne m'inclinerai que devant elle.

Maurice Bardèche

Première partie

MAURICE BARDÈCHE

Chapitre Premier

La Presse

Nous ne savons jamais rien. Les nations qui vieillissent vivent comme les vieillards. Le mobilier ne change pas autour d'elles, ni les tentures, et elles croient que le bruit qu'on entend vaguement monter de la rue est encore le roulement des fiacres. Des nations vivent ainsi pendant des années dans l'illusion de leurs splendeurs. Nous, nous avons arrêté le cours du temps en 1945. Nous soupçonnons bien que les saisons ont un peu changé, mais nous refusons d'en tenir compte. Nous vivons obstinément dans un paysage moral qui est déjà un paysage moral du passé. Il y a des arrière-pensées dans tout cela. Nous nous enfermons à dessein dans le château de la Belle-au-Bois-Dormant : c'est le seul moyen de maintenir les condamnations qu'on a besoin de maintenir et de garder les places qu'on a envie de garder. Quel beau rêve pour un majordome d'endormir les autres dans le rôle de marmiton ! Il faut pourtant ouvrir les fenêtres. Voici ce qui se passe pendant que nous dormons.

Notre presse actuelle, si injustement enveloppée d'un mépris universel, obtient pourtant un résultat : grâce à elle, un lecteur français cultivé est à peu près aussi renseigné sur ce qui se passe à l'étranger qu'un lecteur de la *Pravda* ou des *Isvetzia*. Des esprits indulgents pensent que nos journalistes sont paresseux et ignorants. Je ne les contredirai pas. Il est d'autant plus nécessaire qu'on me donne la permission d'exposer les opinions de quelques personnalités éminentes appartenant à tous les pays et à tous les partis sur la question, si importante pour nous, de la « culpabilité allemande ».

Commençons par les journalistes : car, dans quelques pays, les opinions sont encore libres, phénomène surprenant.

Naturellement, au commencement, le verdict de Nuremberg fut approuvé par un certain nombre de journaux : par les journaux communistes, qui trouvaient qu'on aurait pu pendre davantage, par les journaux crypto-communistes, par les journaux socialistes qui aiment beaucoup qu'on mette en prison, et enfin par cette intéressante partie de la presse qui a pour tâche, dans tous les pays du monde, de persuader les lecteurs que les institutions dont ils jouissent sont les meilleures institutions possibles et les hommes en place les hommes les plus intègres, les plus perspicaces et les plus généreux de la population. Toutefois, dès l'origine, quelques citoyens moins résolument optimistes firent entendre une voix discordante.

Je passe sur les précurseurs, bien qu'avec regrets : car on désespérerait sans doute moins de l'espèce humaine si l'on avait la preuve qu'il y eut quelques sages pour garder encore, au milieu du combat, le souci de la justice et de l'objectivité. Il y en eut. Mais je ne fais pas ici une enquête sur les titres de noblesse de l'esprit humain. Je laisse aux historiens le plaisir de cette découverte. Je n'ai pas d'autre ambition ici que de montrer que le verdict de Nuremberg, aussitôt qu'il fut connu, fut dénoncé dans toutes les langues du monde par des hommes que leur nom et leurs fonctions rendaient inattaquables, et souvent dans des termes fort violents.

La documentation que j'ai pu réunir est lacunaire, et je m'en excuse : elle est la documentation qu'on peut rassembler à titre personnel, quand on n'a à sa disposition ni secrétariat, ni organisation, ni moyens financiers. Telle qu'elle est, et précisément parce qu'elle est due au hasard, pour ainsi dire, elle n'en est que plus troublante. Je l'ai élaguée, en outre, pour ne pas alourdir inutilement ce livre. Je veux prouver seulement que, dans tous les pays du monde, des hommes fort estimables disent depuis quatre ans sur le procès de Nuremberg ce qu'on n'avait pas le droit de dire l'an dernier dans notre pays.

Voici d'abord quelques lettres publiques envoyées au *Times* pendant le déroulement du procès. Elles émanent de personnalités universitaires, littéraires et politiques. On en trouve deux du professeur Gilbert Murray, de l'Université d'Oxford, le plus connu des hellénistes anglais ; une autre du Dr. C.K. Allen, doyen de

Rhodes House, de l'Université d'Oxford également ; une autre du critique militaire Liddell Hart ; une de l'éditeur Victor Gollancz ; une d'un député aux Communes, R.R. Stokes.

La première lettre du professeur Gilbert Murray, datée du 26 avril 1946, s'exprime ainsi :

> Avec tout le respect dû au professeur Goodhart *(c'était un des interlocuteurs précédents de cette correspondance)*, il reste à savoir si l'on peut dire que les accusés de Nuremberg ont un loyal et honnête procès *(a fair trial)* parce qu'ils ont eu la permission de faire des proclamations nazies ou de se lancer sur ce même sujet dans des disputes bruyantes avec quelques-uns de leurs adversaires. La plus grave question et qui va le plus loin est de se demander si un procès devant un tribunal militaire improvisé quant à sa formation, sa procédure et sa juridiction sur des accusations dont, pour quelques-unes, on n'a jamais entendu parler jusqu'à maintenant dans aucune loi nationale ou internationale est un véritable procès, dans tous les sens que les Anglais ont toujours donné à ce mot, excepté dans les époques de procès pour trahison politique. Nuremberg est seulement un des nombreux « honnêtes » procès *(fair trials)* qui sont actuellement menés à travers toute l'Europe, en se basant sur les principes de la « justice naturelle ». Il y en aura d'autres par exemple « l'honnête procès » du général Mihaïlovitch sera bientôt ajouté à la liste. En vérité, on ne risque rien de prédire que chaque guerre de l'avenir aura une longue et sanglante séquelle d'»honnêtes procès » des ennemis vaincus.

Huit jours plus tard, le 2 mai 1946, revenant sur le même sujet, le professeur Gilbert Murray, écrit :

> Comment peut-il être juste, ou pour les générations futures seulement sembler juste, qu'après une guerre les vainqueurs, parce qu'ils sont vainqueurs, s'arrogent le droit de juger les crimes des vaincus, et simplement parce qu'ils sont victorieux échappent eux-mêmes à tout jugement ? Avons-nous le droit d'affirmer qu'aucun crime de guerre n'a été commis par aucun membre des armées anglaise, américaine ou russe ?

De très nombreuses réponses furent envoyées au professeur Murray et pendant plusieurs semaines la rubrique si importante des correspondances du *Times* fut consacrée presque uniquement à ce débat. Le professeur C.K. Allen, déjà cité, constatait de son côté :

> J'ai reçu un grand nombre de lettres de toutes sortes de gens, qui me convainquent qu'il y a un grand malaise dans l'esprit public au sujet de toute cette procédure et un profond instinct que c'est un très dangereux précédent.

A la même époque, et sur le même débat, une revue religieuse dirigée par le pasteur Ferrie, *The Monthly Paper of the Presbyterian Church*, qui avait déjà pris position en 1944 contre la pratique de l'*area bombing*, résumait ainsi la position qui paraît avoir été celle de nombreux Anglais :

> Nous avons dit dans ce journal il y a déjà bien longtemps qu'il nous paraissait impossible de concevoir que la légalité fût respectée à moins que : 1° le tribunal chargé de juger les hommes accusés d'être responsables de la guerre fût composé de neutres, et que 2° ce tribunal fût habilité à accueillir les accusations dirigées contre les Américains, les Anglais et les Russes au même titre que les accusations dirigées contre les Allemands. Aucune de ces conditions n'a été remplie. À supposer que le complot en vue de provoquer la guerre et la déclaration même de la guerre soient des crimes pour lesquels il n'y ait pas d'autres accusés que les Allemands, il est encore plus difficile d'admettre que les Allemands seuls se soient rendus coupables de violations des lois et des coutumes de la guerre et de crimes contre l'humanité.

Cette discussion se prolongea, nous l'avons dit, pendant plusieurs mois. Parfois, à mesure que les débats se développaient, un incident, un grief, provoquaient des protestations particulières. Voici en quels termes le pasteur Ferrie, déjà nommé, opposait Keitel et Churchill :

> À moins que nous ne pensions que la justice n'existe que pour un seul camp, prenons la peine de rapprocher les deux citations de notre presse qui suivent : 1° « Le maréchal Keitel a été mis sur la

sellette pour avoir promulgué un ordre disant que tous les membres des commandos alliés, même en uniformes, et avec ou sans armes, devaient être tués jusqu'au dernier, même en cas de reddition » ; et 2° « M.Churchill (aux Communes) : Cette action a constitué la rencontre la plus importante sur terre avec les forces japonaises et elle s'est terminée par le massacre de 50.000 à 60.000 Japonais auquel il faut ajouter la capture de quelques centaines de prisonniers ». *(Rires de l'assemblée)*.

Quelques mois plus tard, de même, une protestation collective accueillait dans le *Times* le grief articulé contre von Rundstedt d'avoir remis au plus proche bureau de la Gestapo les parachutistes capturés autrement qu'en combat régulier :

Imaginez la situation renversée, imaginez que la guerre ait eu lieu dans cette île. Imaginez de plus que des saboteurs allemands aient été lâchés en parachute sur des villages anglais. La tâche de notre propre police de la sécurité était de s'occuper des tentatives ennemies de sabotage, espionnage et propagande. Si le commandant en chef anglais avait donné l'ordre que de tels parachutistes, si l'on en découvrait, fussent livrés au service spécial, c'est-à-dire au M.I.5 ou à n'importe quel autre corps spécial qui aurait pu être créé pour la sécurité du territoire, cet ordre en lui-même aurait-il pu être considéré comme un crime ?

Cette lettre est signée par Liddell Hart, Victor Gollancz, Gilbert Murray et R.R. Stokes. Elle n'est pas unique, il y en a un certain nombre d'autres. Mais ce n'est pas le type de lettre le plus fréquent. En général, c'est le principe même du Tribunal de Nuremberg qui est discuté et presque toujours dans les mêmes termes. Je me bornerai sur ce point à deux citations, car toutes se ressemblent. A deux ans de distance, deux pasteurs se prononcent presque identiquement. En 1944, un an et demi avant la fin des hostilités, alors qu'on se bornait à proposer l'idée du Tribunal de Nuremberg, notre pasteur Ferrie écrivait déjà :

Nous n'avons pas de tribunal revêtu de pouvoirs légaux pour faire passer en justice les hommes coupables de crimes contre l'humanité en temps de guerre, excepté nos cours martiales. Or, dans nos propres tribunaux, un juré est exclu si l'on considère qu'il peut avoir quelque grief personnel contre l'accusé. Par conséquent, il semble nécessaire que ce tribunal spécial soit composé de juges pris parmi les neutres. Une autre considération, non moins facile à émettre, est qu'un tel tribunal devrait avoir le droit de retenir toute charge qui pourrait être dirigée contre des Russes, des Américains ou des Anglais.

Et plus tard, un de ses collègues, mettant un point final aux discussions du *Times*, remerciait ainsi la direction du journal :

Monsieur, puis-je vous exprimer mes remerciements et ma satisfaction pour la publication ce matin de la lettre signée par le professeur Gilbert Murray et autres ? La lettre exprime ce que beaucoup d'entre nous sentent. « Il est indécent pour des vainqueurs de traduire en justice les vaincus, quoi qu'ils aient pu avoir fait, plusieurs années après la cessation des hostilités et après des années d'emprisonnement sans procès. » Il semble à ceux qui sentent ces choses ainsi que moi, que c'est, en plein XXe siècle, un brusque retour en arrière aux vieux âges barbares. Les règles de conduite que dictent la morale et l'humanité sont outragées par tous ceux qui participent à une guerre. Il n'est aucune des Puissances belligérantes qui puisse plaider « non coupable » mais chaque dimanche matin, à l'église, répétons dans nos prières : « Pardonnez-nous nos péchés comme nous pardonnons à ceux qui ont péché contre nous ».

Telles sont les réactions des lecteurs, des réactions d'hommes cultivés en Angleterre, réactions non sans importance, le nom des signataires en fait foi, réactions non isolées, car un journal comme le *Times* n'ouvre pas une discussion dans sa correspondance des lecteurs s'il n'a pas le sentiment que cette discussion correspond à une préoccupation du public.

Aux États-Unis, la réaction n'est pas moins prompte. Elle est même plus officielle, plus considérable, plus orchestrée qu'en Angleterre. C'est un non moindre personnage que le sénateur Taft qui en donna le signal. Le sénateur Taft est le fils d'un ancien président des États-Unis qui fut ensuite juge à la Cour Suprême. Il a été lui-même récemment l'un des candidats du parti républicain pour la présidence. Son influence est importante et ses interventions sont mesurées comme celles de tout membre influent de l'opposition. Se conformant à ce qui semble être depuis quelques années une tradition des États-Unis, c'est à l'occasion d'une cérémonie organisée par une Université de l'Ohio qu'il fit les déclarations suivantes, dont le retentissement fut considérable :

> Je crois que la plupart des Américains se montrent inquiets en présence des procès de guerre qui viennent de se terminer en Allemagne et qui continuent au Japon. Ils violent le principe fondamental de la loi américaine qui veut qu'un individu ne puisse être jugé selon un statut mis en vigueur après les faits incriminés. Le procès des vaincus par les vainqueurs ne saurait être impartial, quelle que soit la manière dont les formes de la justice sont camouflées. Sur ces jugements plane l'esprit de vengeance et vengeance est rarement justice.

> La pendaison de ces onze condamnés allemands sera dans les annales américaines une tache que nous regretterons longtemps. Dans ces procès nous avons fait nôtre l'idée russe de l'objet de ces procès — intérêt politique et non justice — ayant peu de rapport avec notre héritage anglo-saxon. En revêtant cet intérêt politique du manteau de la procédure légale, nous courons le risque de discréditer, pour bien des années, toute idée de justice en Europe. En dernière analyse, même à la fin d'une guerre terrible, nous serions en droit d'envisager l'avenir avec plus de confiance, si nos ennemis pensaient que nous les avons traités selon le concept de la justice propre aux peuples de langue anglaise, avec leurs méthodes d'entr'aide et d'après leur manière de fixer définitivement les limites territoriales. Je demande instamment que l'on ne répète pas cette procédure au Japon ; sur le terrain de la vengeance elle serait moins justifiée qu'elle ne le fût en Allemagne.

> Notre attitude dans le monde entier, pendant toute une année, après le jour de la victoire, y compris l'usage de la bombe atomique à Hiroshima et Nagasaki, m'apparaît comme un abandon des principes de justice et d'humanité qui ont toujours fait respecter l'Amérique sur terre et sur mer avant cette seconde guerre mondiale. Mais au-delà des mers, comme chez nous, nous avons un long

chemin à parcourir avant de rendre en entier au peuple américain son héritage de croyance innée dans l'équité, l'impartialité et la justice. Selon moi, les peuples de langue anglaise ont une grande responsabilité ; ils devront notamment ramener dans la conscience humaine le culte d'une justice basée sur la loi et égale pour tous.

Bien entendu, un homme comme le sénateur Taft n'est pas un isolé. De nombreux journaux républicains firent écho au discours de Kenyon College. L'un d'entre eux, tout au moins, est connu du public français, c'est la *Chicago Tribune* du sénateur McCarthy. Les appréciations du sénateur McCarthy, lors d'un récent voyage en Europe, sur notre pays et sur la mentalité de notre personnel politique, ont tellement surpris *Le Monde* que ce journal n'a pas hésité à le faire passer pour un hurluberlu et un original sans consistance. Pourtant, le sénateur McCarthy s'adresse chaque jour à plusieurs millions d'Américains. Et les nombreux éditoriaux qu'il a consacrés au procès de Nuremberg nous permettent d'entrevoir que l'initiative des gouvernements victorieux a troublé profondément une partie du public américain. Pour bien des raisons, il n'est pas possible de donner une analyse ou des extraits étendus de tous ces articles. On y retrouverait d'ailleurs la plupart des raisons que nous allons voir présenter par la suite dans des ouvrages plus complets et plus ordonnés. Mais quelques citations permettront de juger du *ton* avec lequel ces matières sont traitées dans la presse républicaine. Ce ne sont pas les principes seulement qui sont en cause, c'est la légitimité même du Tribunal, c'est son président, c'est la conduite des débats.

Pour la *Chicago Tribune* :

Le statut au nom duquel les accusés sont jugés est une invention propre à Jackson et contraire au droit international tel qu'il est défini dans la seconde Convention de La Haye. En inventant un tel statut, Jackson, par là-même, instaure une légalisation du lynchage. *(Editorial du 10 juin 1946.)*

Quelques mois plus tard, même affirmation, toujours aussi nette :

La *loi internationale* sur laquelle le Tribunal s'appuyait n'est pas autre chose qu'une création du juge Jackson au moment où il jouait son rôle de chef du Ministère public au premier procès de Nuremberg. Pendre des hommes pour avoir violé cette prétendue « loi » est, en réalité, un acte qu'il est impossible de distinguer de l'assassinat. *(Editorial de 1947.)*

Au fond, c'est le juge Jackson — la *Chicago Tribune* lui donne même une autre qualification que celle de juge — qui est responsable de tout, aussi bien de la malhonnêteté du statut que de la malhonnêteté des débats :

Jackson, dit la *Chicago Tribune*, a déclaré qu'autant que possible toutes les pièces se rapportant aux faits seraient lues en séance. Le Ministère public, malheureusement, n'a pas tenu sa promesse, mais il a fondé son action sur une documentation soigneusement sélectionnée au préalable. Si la documentation prouvait la culpabilité allemande, elle était recevable. Si elle prouvait la culpabilité russe ou anglaise, ou l'activité assez louche de Roosevelt pour engager son pays dans une guerre dont il ne voulait pas, elle était rejetée. *(14 juin 1946.)*

On pourrait citer ainsi à l'infini. Le ton est toujours aussi vif, la polémique toujours implacable. Pour une partie de l'opinion américaine, Roosevelt est un criminel de guerre et on ne se gêne pas pour l'affirmer bien haut. Retenons-en surtout que la terreur avec laquelle de tels sujets sont abordés dans notre pays illustre surtout la servilité et la timidité de notre presse politique.

Au Canada, le plus grand quotidien de langue française, *Le Devoir*, de Montréal, condamne le procès de Nuremberg, en termes peut-être moins violents que la *Chicago Tribune* mais aussi sévères au fond. Voici les affirmations catégoriques qu'on trouve dans les éditoriaux de son rédacteur en chef, M. Paul Sauriol, en octobre 1946 :

Les historiens considéreront avec étonnement ce grand procès qui posait des précédents si redoutables en matière de droit international. En vertu du jugement de Nuremberg, il est entendu que les vainqueurs ont le droit de juger et de condamner les vaincus ; de les juger et condamner en vertu de « lois » rétroactives promulguées après leur défaite ; les vainqueurs peuvent se constituer à la fois les accusateurs et les juges ; ils peuvent aussi juger les seuls actes des vaincus, sans tenir compte du tout des actes analogues commis par les vainqueurs ; enfin, le fait d'avoir préparé une guerre d'agression sera un crime pour les vaincus, car ce sont les vainqueurs qui diront de quel côté aura été l'agression. *(Editorial du 12 avril 1948, au moment de la publication du procès de Nuremberg.)*

Le jugement dit que la preuve est accablante quant aux crimes de guerre et aux crimes contre l'humanité, qu'elle révèle un règne systématique de violence, de brutalité et de terreur. Mais cela aurait dû relever d'accusations individuelles pour des crimes de droit commun. Il aurait subsisté pourtant une grande difficulté, c'est que ces accusés auraient été jugés par les vainqueurs, et que seuls les vaincus auraient été ainsi traduits devant des tribunaux pour leurs crimes, alors que des crimes du même genre ont aussi été commis par les Alliés. Il semble bien que les troupes soviétiques ont encore dépassé les Allemands en atrocités. Agir ainsi, même dans le seul domaine des crimes de droit commun, c'est faire de la justice une servante de la victoire et lui donner un rôle unilatéral.

La quadruple accusation soutenue à Nuremberg mêle des choses fort disparates au point de vue culpabilité. Ainsi le premier chef d'accusation comprend l'établissement du parti et de la dictature nazies, ce qui comportait des actes répréhensibles, mais pas plus que le parti et la dictature communistes des Soviets et de leurs satellites.

Ce chef d'accusation soulève tout le problème des causes de la guerre, et ce n'est pas un tribunal militaire formé des seuls vainqueurs qui peut trancher le débat.

Tandis que les vingt-deux accusés étaient tous accusés sous le premier chef, seize d'entre eux étaient accusés sous le deuxième chef, les crimes contre la paix. Il s'agit là de la préparation de la guerre d'agression et de la violation de traités et accords internationaux. Douze de ces accusés ont été trouvés coupables. La guerre moderne totale exige des préparatifs poussés, et, avec le précédent posé à Nuremberg, il sera facile aux vainqueurs de l'avenir de condamner les chefs vaincus, en invoquant par exemple les programmes d'armement, les plans que préparent d'office tous les états-majors du monde, les recherches ou expériences sur les armes atomiques et autres armes secrètes.

Les troisième et quatrième chefs d'accusation visent les atrocités de toutes sortes, commises soit sous prétexte de nécessité militaire, ou en fonction de programmes d'extermination comme dans le cas des Juifs, ou comme représailles. Là encore, des actes fort divers sont groupés. A côté d'atrocités claires et indéfendables, on reproche à ces accusés des exécutions sommaires qui ne violaient probablement pas toutes les coutumes de la guerre, et, avec des cas d'indiscutable torture, des faits qui pouvaient être inévitables comme l'emprisonnement de civils sans procès. Ces distinctions peuvent avoir leur importance, car le Tribunal dit à propos de Keitel et de Jodl que leur défense repose sur la doctrine des « ordres supérieurs », interdite par l'article 8 de la charte du Tribunal comme moyen de défense.

La Cour ajoute que cette excuse ne peut pas atténuer « des crimes aussi révoltants et étendus que ceux qui ont été commis consciemment, brutalement et sans excuse ou justification militaire ». Mais, l'acte d'accusation aurait eu plus de force s'il n'avait porté que sur des actes indiscutablement condamnables.

Mais il faudrait encore que le tribunal fût compétent. Or comment peut-il l'être ? La même difficulté surgit que pour l'interdiction de la guerre. De même que, sans un arbitrage international réel, il est impossible d'interdire validement la guerre, de même sans l'existence d'une autorité judiciaire internationale reconnue, il est impossible de juger des crimes commis sur le plan international.

Des juristes neutres se récuseraient probablement, pour ne pas risquer d'attirer des représailles futures à leurs pays. Ou, au moins, ils devraient exiger que la justice atteigne tout le monde, tous les criminels, chez les vainqueurs comme chez les vaincus, ce qui serait évidemment impossible, en l'absence d'une véritable autorité supranationale.

Mais un tribunal constitué par les vainqueurs est radicalement inadmissible. Car il faut bien admettre que ces juges représentent des chefs et des peuples auxquels on peut reprocher quelques-uns des mêmes crimes.

Le problème grandit pour les deux premiers chefs d'accusation, car les vainqueurs se font juges des vaincus, et prétendent condamner jusqu'à la politique nationale allemande qui a préparé la guerre ; or les vaincus ont affirmé qu'ils entendaient se défendre contre un encerclement politique et économique qu'ils considéraient comme une autre forme d'agression. Les vainqueurs se trouvent ainsi amenés à rendre jugement dans leur propre cause, et ont intérêt à condamner les vaincus pour disculper leurs propres pays.

Le chapitre des crimes contre la paix présente autant de difficultés que celui de la conspiration pour livrer la guerre d'agression. Sur la violation des traités et sur les méthodes de la guerre totale, des juristes allemands ou japonais pourraient préparer un dossier accablant contre les chefs alliés.

Quant aux méthodes de guerre, la blitzkrieg et les bombes volantes restent bien loin en arrière des bombardements alliés de Dresde, de Berlin, de Hambourg. A Dresde, en une nuit, les bombardements alliés ont fait périr 300.000 personnes, des civils, dont un grand nombre étaient des fugitifs fuyant devant l'armée rouge. Ce bombardement systématique d'une population civile s'est produit alors que les Alliés étaient assurés de gagner la guerre, que l'armée allemande se repliait presque en déroute, et que le Reich ne résistait plus que parce qu'on lui refusait l'armistice. Et, toujours, sous le deuxième chef d'accusation, que peut-on reprocher aux chefs de l'Axe de plus criminel, de plus clairement contraire aux traités et au droit de la guerre que les bombardements atomiques de Hiroshima et de Nagasaki ?

Les condamnés de Nuremberg sont peu sympathiques, et leur sort a bien peu d'importance auprès des principes en jeu dans ce procès. Car le jugement prononcé aujourd'hui pose un précédent grave. Sous prétexte de justice, les Alliés ont reporté les mœurs internationales à ce qu'elles étaient avant la civilisation chrétienne. S'il survient une troisième guerre mondiale, les chefs des belligérants pourront s'attendre, en cas de défaite, à subir le sort des vaincus de l'Antiquité. *(Editorial du 1er octobre 1946, au moment de la publication de l'acte d'accusation.)*

Quelques jours plus tard, le même éditorialiste fait écho au discours du sénateur Taft, mais c'est pour se montrer plus précis et plus frappant :

Le sénateur Robert A. Taft, de l'Ohio, aspirant à la candidature républicaine présidentielle pour 1948, a dénoncé samedi les verdicts prononcés à Nuremberg, disant que ces condamnations « violent le principe fondamental du droit américain », qu'un homme ne peut pas être jugé en vertu d'une loi adoptée après que l'acte incriminé a été commis. M.Taft s'est borné à invoquer le plus flagrant grief que l'on puisse formuler à l'adresse du Tribunal de Nuremberg : la rétroactivité de la « loi » promulguée par les vainqueurs que la guerre est un crime.

Il aurait pu invoquer plusieurs autres principes de droit aussi formels : que l'accusateur ne doit pas cumuler les fonctions de juge, que les chefs politiques jouissent d'une immunité personnelle pour leurs actes politiques officiels, que les chefs militaires jouissent d'une immunité personnelle analogue pour l'exécution des ordres militaires de leur gouvernement. Ces principes respectés, il ne resterait que les crimes de droit commun, et la plus élémentaire décence exigerait encore que les accusateurs et les juges ne soient pas solidaires eux-mêmes de crimes semblables. M. Taft a affaibli sa courageuse protestation en admettant de façon assez illogique que le tribunal allié aurait dû se contenter de condamner les « coupables » à l'emprisonnement à perpétuité.

D'autres voix discutent le jugement de Nuremberg, mais en sens contraire. Aux États-Unis, des journaux commentent de façon approbative les paroles du sénateur Taft. La *Chicago Tribune* écrit que ce procès a été une farce depuis le début et qu'il est absurde de voir des juges représentant Staline juger des Allemands accusés d'avoir livré une guerre d'agression, alors que Staline lui-même a conspiré avec Hitler pour livrer une guerre d'agression contre la Pologne. Le journal conclut que le monde « ne peut pas respecter le verdict du Tribunal de Nuremberg, parce que ce tribunal n'est pas mieux qu'une cour hitlérienne ; sa loi n'est pas meilleure que la loi d'Hitler, et ses méthodes sont celles d'Hitler, Staline et Tito. *(Editorial du 8 octobre 1946.)*

Et il conclut par ces lignes qui peuvent aujourd'hui nous paraître un avertissement prophétique :

M. Dewey Short, républicain du Missouri, membre du Comité des Affaires militaires, a exprimé l'opinion que les procès pour crimes de guerre devraient être limités aux personnes qui ont commis ou ordonné des atrocités ; il craint que le procès de Nuremberg n'établisse un précédent dangereux. Il a ajouté que si les États-Unis perdent jamais une guerre, le pays ennemi pourrait se servir de ce précédent pour faire un procès au président, à son cabinet et à tous les principaux officiers de l'armée, de la marine et de l'aviation. Ces hommes, a-t-il dit, seraient de grands héros aux yeux de leurs concitoyens, mais ils pourraient être accusés comme criminels de guerre par un pays conquérant.

Tous les hommes dont nous venons de citer l'opinion ont été des ennemis de l'Allemagne. Leurs pays venaient de participer à une guerre impitoyable. Cette guerre leur a coûté plus de pertes, plus d'efforts qu'elle n'en a coûté à notre pays. Or, il est remarquable de constater que, au contraire de nous, qui montrons, tout au moins dans notre presse, une haine inextinguible et hystérique, ceux qui ont conduit cette guerre n'hésitent pas à censurer énergiquement les mesures qu'on a prétendu prendre en leur nom.

Ces protestations qu'a soulevées le procès de Nuremberg, elles sont bien plus violentes encore, elles expriment beaucoup plus exactement l'indignation ou le dégoût d'une âme impartiale et généreuse, quand elles sont exprimées dans des pays qui se sont tenus à l'écart de cette guerre. Pour ceux-là, nous avons un moyen très simple de nous en débarrasser : nous les déclarons pays fascistes, et, à partir de ce moment, leur voix ne compte plus. Nous ne nous sommes pas encore aperçus qu'en acceptant de faire cette discrimination dans le front anticommuniste, nous faisons le jeu de la propagande communiste. C'est, pour ma part, une discrimination que je n'accepte pas : mais les protestations contre le verdict de Nuremberg sont si nombreuses, elles sont si variées que je peux me dispenser de faire paraître ces témoins qu'on a injustement frappés de suspicion. Je me bornerai à deux citations, qui sont présentées ici surtout comme des échantillons, comme des *specimens* du ton employé dans certains pays sur la question qui nous occupe.

L'une est signée d'un nom portugais très connu, celui du Dr Alfredo Pimenta, membre de l'Académie portugaise, conservateur des Archives nationales, en date du 26 octobre 1946. Je m'excuse de ne donner que des extraits de cette publication. Elle pouvait être lue intégralement à un tribunal, mais si je la reproduisais en entier pour le public, on ne manquerait pas de m'accuser de donner à ce livre un ton provocant que je veux éviter. Je pense que les extraits qu'on va lire donneront cependant au lecteur une idée assez nette de ce qu'un homme libre a le droit d'écrire dans d'autres pays.

Les sentiments les plus divers se débattent en moi : l'indignation, la colère, la révolte, le désespoir, le dégoût, la pitié, la stupéfaction, la tendresse, l'admiration, la haine !

La page la plus noire de l'Histoire du Monde vient d'être tournée. Jusqu'au dernier moment, j'ai eu l'espoir qu'une lueur de conscience jaillirait dans le désert aride qu'est l'âme des bourreaux. Jusqu'au dernier moment, j'espérais que la voix auguste de l'unique Pouvoir spirituel dans le monde s'élèverait, dans la magnifique grandeur de sa nature transcendante, pour prononcer la parole juste, logique, nécessaire.

Rien ! Les bourreaux ont retroussé leurs manches, ont fait jouer leurs muscles, ont expérimenté la fidélité diabolique des cordes, et les dix victimes ont monté les degrés de la potence et ont été immolées à la rancœur impitoyable de la Victoire des Démocraties.

Et, dans le monde entier, se sont tus ceux qui devaient parler ; sont devenus complices tous ceux qui devaient écarter de leur personne tout soupçon de complicité ; se sont résignés tous ceux qui, par devoir moral, se devaient de protester. Dans le monde entier on n'entendit que le gémissement des cordes qui se tendaient et l'agonie rapide des martyrs.

Et c'est ainsi que fut tournée la page la plus noire parmi les plus noires de l'Histoire de l'humanité.

Tous les auteurs ou les complices des actions ténébreuses pratiquées depuis les cirques romains jusqu'aux liquidations purgatives de France et d'Italie, au cours des années terribles de 1945-1946, sont des anges nimbés de diaphanéité céleste si on les compare aux responsables des horreurs de Nuremberg.

Tous ceux-là, les organisateurs des supplices romains, les plèbes fanatiques et révoltées, les tribunaux terroristes, les persécuteurs et les chasseurs d'hommes, en France, en Italie, tous ceux qui dans l'Histoire ont sinistrement marqué leur place et leur nom, d'où sans cesse le sang, comme des mains de Macbeth, dégouttera, tous ont agi sous l'influence de la passion exacerbée, en proie à la fascination qui aveugle et, beaucoup d'entre eux, au péril de leur propre vie.

Mais les fameux juges de Nuremberg, implacablement froids, n'ont pas l'ombre d'une excuse. Ils ont été, pendant des mois et des mois, toujours les mêmes. Chaque jour, pendant des heures, ils ont eu devant eux, inertes, abandonnés, vaincus, vingt hommes qui pouvaient à peine parler, parce qu'on leur fermait la bouche, qui pouvaient à peine se défendre, parce qu'on limitait leur défense, et qui se sentaient, de minute en minute, menacés de succomber sous les calomnies et les infamies dont les vainqueurs les accablaient.

Et ces juges de Nuremberg, qui, avant même de juger, donnaient à ces malheureux le nom de « criminels » ; ces juges de

Nuremberg qui parlèrent au nom d'un Droit qu'eux-mêmes avaient formulé, ces juges de Nuremberg, stupeur du Monde, de l'Histoire, de la Morale, de la Foi chrétienne, de l'honneur, de la pitié même des bêtes féroces, ont fait hisser, un jour, aux cordes de leurs potences, dix parmi ces vingt hommes, choisis au petit bonheur, au nom d'un Droit qui n'existait pas, au nom de principes que tout le monde ignore, érigés en Droit et en principes seulement parce qu'il plut au vainqueur qu'il en fût ainsi.

La mort est toujours la mort ; mais il y a toutefois différentes sortes de mort. Suivant les conventions humaines, il y a la mort infamante, qui dégrade, et il y a la mort qui, malgré tout, ennoblit. C'est ainsi que l'on tient pour infamante la mort par pendaison et pour une mort qui n'avilit point, ceux qui ont revêtu un uniforme de soldat, la mort par fusillement. Les juges de Nuremberg ont choisi la mort infamante. Croient-ils, parce que le sang n'a pas été versé, que les onze morts, qui sont l'œuvre de leurs mains, seront muettes et stériles ?

Pauvres créatures, aussi mesquines d'esprit que pauvres de sentiment ! Incapables de comprendre que, au-delà de la Rancœur qui anime les sectes dont ils ont été les instruments passifs, mais responsables, il y a un Jugement qui la dépasse, en nature et en projection, les juges de Nuremberg ne se sont pas aperçus que le martyre qu'ils ont fait subir à leurs victimes les a purifiées. Parmi les sentiments variés dans lesquels je me débats en contemplant l'horrible page qui vient d'être écrite, et qui représente la négation la plus foudroyante de l'esprit chrétien, il en est un qui domine tous les autres : le dégoût que je ressens pour mon époque, et en même temps la honte indélébile d'être de cette époque.

La seconde est tout aussi éloquente, bien qu'elle soit plus brève. C'est une simple liste, celle des hommes qui ont été condamnés et exécutés ce jour-là, qui est imprimée tous les ans, *in memoriam*, en tête du journal d'Afrique du Sud *Die Nuwe Orde*, à la date anniversaire de l'exécution du jugement de Nuremberg : sur sa première page encadrée de deuil, le journal fait simplement figurer en grosses lettres la liste des suppliciés, avec un hommage à leur mémoire.

Je pourrais citer des dizaines d'exemples analogues. Et le lecteur français apprendrait sans doute avec étonnement qu'il existe dans tous les pays du monde des hommes qui ont protesté avec la même violence contre une voie de fait judiciaire que nous regardons bonnement comme acceptée par une espèce d'unanimité. Mais je ne veux pas faire un étalage de documentation. Et je limiterai ces citations à l'essentiel, c'est-à-dire à ce qu'il est impossible d'ignorer si l'on veut avoir une idée suffisante de ce qui se dit et s'imprime dans tous les pays du monde sur le procès de Nuremberg.

Chapitre II

Les Officiels

Il ne faut pas s'étonner, dès lors, si des hommes mêlés par leurs fonctions à l'ensemble des procès de Nuremberg ou jouissant dans leurs pays respectifs d'une certaine autorité morale ont cherché peu à peu à se désolidariser de l'esprit de Nuremberg.

Naturellement ces mouvements de retraite ont été effectués avec discrétion, et souvent à une époque assez tardive. Mais ils ont été effectués, et c'est là l'essentiel. Nous ne retiendrons que pour mémoire le plus célèbre de tous, celui de Winston Churchill : celui-ci d'ailleurs nous paraît un peu trop inspiré par des préoccupations utilitaires et nous n'aurons pas la naïveté de le ranger parmi les crises de conscience ; ce n'est rien d'autre, en réalité, que la prudence d'un personnage qui cherche à nouveau une infanterie. Mais d'autres gestes analogues, plus désintéressés, méritent d'être cités.

Voici d'abord celui d'un haut magistrat américain, le juge Wennerstrum, de la Cour Suprême de l'État d'Iowa, qui, nommé au siège du Tribunal international de Nuremberg, quitte son poste au bout de quelques mois en déclarant :

Si j'avais su, il y a sept mois, ce que je sais aujourd'hui, je ne me serais jamais rendu ici. Il est évident que dans aucune guerre le vainqueur ne peut être le meilleur juge des crimes de guerre. Malgré tous vos efforts, il est impossible de persuader les accusés, leurs avocats et leurs concitoyens que le tribunal cherche à incarner l'humanité plutôt que le pays qui a nommé ses membres.

Voici une autre déclaration du même genre, mais encore plus vive, celle d'un haut magistrat indien, le juge Radhabinode Pal, de la

Haute Cour de Calcutta, représentant de l'Inde au Tribunal de Tokio, qui renonça lui aussi à ses fonctions en accompagnant sa lettre de démission d'un véritable réquisitoire contre les procès des « criminels de guerre ». Il écrit :

> Un soi-disant procès fondé sur des griefs définis actuellement par les vainqueurs efface les siècles de civilisation qui nous séparent de l'exécution sommaire des vaincus. Un procès fondé sur une telle définition de la loi n'est rien d'autre que l'usage déshonorant des formes légales pour la satisfaction d'une soif de vengeance. Il ne correspond à aucun idéal de justice. Affirmer qu'il appartient au vainqueur de dire ce qui fut un crime et de le punir à son gré, c'est revenir aux âges où il lui était permis de mettre à feu et à sang le pays qu'il avait conquis, de se saisir de tout ce qu'il contenait et d'en tuer tous les habitants ou de les emmener en esclavage.

Voici maintenant la protestation du Lord-Evêque de Chichester dans une intervention qui eut lieu à la Chambre des Lords le 23 juin 1948, et qui est ainsi rapportée dans le *Hansard*, vol. 156, n° 91, contenant la sténographie des débats :

> Deux principes fondamentaux de la loi internationale, telle qu'on la comprenait jusqu'à ces dernières années, ont été violés par la structure légale improvisée pour les procès des criminels de guerre à Nuremberg.
>
> En premier lieu, il n'est pas discuté que la loi qui inculpe les accusés est une loi mise en vigueur longtemps après que beaucoup des actes spécifiés dans l'acte d'accusation avaient été commis. *Nulla poena sine lege* est la base de la loi à cet égard. La Charte entière est une liste détaillée de crimes commis, mais les crimes, tels qu'ils sont exposés dans la Charte quelques-uns d'entre eux pour la première fois sont des crimes exposés et publiés après la fin de la seconde guerre mondiale. Il y eut un exemple frappant de législation rétroactive dans la dénonciation en avril 1942 de l'article 443 du chapitre XIV du Manuel anglais de Législation militaire dont l'effet était que les ordres des supérieurs constituent une bonne défense à une accusation de crimes de guerre.

Il y a des principes fondamentaux de la loi internationale qui ont été jusqu'à présent couramment admis et il y a un autre principe de la loi internationale sur lequel je ne pense pas que nous serons en désaccord, à savoir le principe d'impartialité. Je suis sûr que le noble et savant vicomte qui siège sur le Sac de Laine (le chancelier) ne sera pas cette fois d'une opinion contraire. On n'a pas cherché à atteindre les crimes de guerre commis par certaines Puissances totalitaires et, parmi les juges de Nuremberg, il n'y en avait pas qui appartinssent à des pays neutres.

L'evêque de Chichester concluait en demandant l'arrêt immédiat des procès, une amnistie générale et la révision des sentences prononcées.

J'aurais pu citer d'autres interpellations, plus violentes, choisies parmi celles de R.R. Stokes aux Communes, par exemple, mais j'ai préféré ne mentionner que des témoignages de personnalités officielles. Voici encore une lettre du Dr. Dibelius, évêque de Berlin et du Brandebourg, telle qu'elle est citée par le journal suisse *Das Dund*, de Berne, dans son numéro du 16 mai 1949 :

Comme chrétien, nous refusons absolument de reconnaître comme justes les sentences de Nuremberg. Ces jugements ne sont autre chose qu'une action de représailles qu'un peuple vaincu doit subir contre sa volonté et le droit international y est foulé aux pieds par l'égoïsme brutal des États modernes ; une nouvelle période des âges barbares a commencé. Il est possible que beaucoup des condamnations de Nuremberg aient été des représailles méritées. Mais, d'autres, par contre, ne peuvent être regardées que comme des actes inhumains qui prouvent un manque d'intelligence. À ce nombre je place en première ligne le jugement prononcé contre votre mari (*la lettre est adressée à la Comtesse Schwerin von Krosikg*) et ensuite le jugement prononcé contre Weiszacker.

Enfin, voici le plus formel, le plus grave peut-être de ces témoignages : c'est celui de Lord Hankey, qu'on trouve dans son livre *Politics, Trials and Errors*. Lord Hankey est un des hommes politiques britanniques les plus importants, bien que son nom ne soit pas très connu en France, et surtout l'un des plus mêlés aux secrets des cabinets anglais. De 1912 à 1938, Lord Hankey a été Secrétaire du fameux Comité de Défense de l'Empire, et, en outre, de 1920 à 1941 il a été constamment le Secrétaire du Cabinet. Cette fonction sans équivalent en France en a fait un des hommes les mieux informés de la politique européenne. Ajoutons que, pendant les deux premières années de la guerre, Lord Hankey fut ministre de la Couronne dans le cabinet Churchill, poste qu'il abandonna au moment où il se trouva en désaccord avec la politique de « reddition inconditionnelle » de l'Allemagne, dans laquelle il voit une erreur capitale et d'immense conséquence. Son livre *Politics, Trials and Errors*, paru en 1949, reprend et développe un certain nombre de ses interventions à la Chambre des Lords à partir de 1926. Voici les appréciations exprimées à la tribune de cette assemblée par ce collaborateur de Churchill et de l'Amirauté sur le verdict de Nuremberg :

À Nuremberg aussi bien qu'à Tokyo, ce sont les vainqueurs qui ont fait comparaître et jugé les vaincus. Les deux tribunaux ont été établis par les Puissances victorieuses et ne tenaient leurs pouvoirs que d'elles seules, et la procédure s'appliquait aux vaincus et ne s'appliquait qu'à eux seuls. C'est par les vainqueurs uniquement que furent imaginés la Charte et le Code de la Loi Internationale. Il y avait quelque chose de cynique dans le spectacle de ces juges anglais, français et américains, qui avaient auprès d'eux sur le même banc des collègues qui, quelque irréprochables qu'ils fussent individuellement, n'en représentaient pas moins une nation qui, avant le procès, pendant le procès et après le procès, s'était rendue coupable des mêmes crimes que ceux qu'on prétendait juger. En dépit des arguments spécieux qu'on fait entendre en faveur du verdict de Nuremberg, je ne vois pas comment on peut encore se dissimuler que, sous un frêle simulacre de justice, c'est toujours le même éternel vieux drame qu'on nous a joué, celui qui distingue entre la loi des vainqueurs et la loi des vaincus, l'antique *Vae victis* Non seulement la Charte ne parle que des crimes commis par les vaincus ; mais, en outre, comment voulez-vous que l'ennemi battu ait l'impression qu'on a puni justement des crimes tels que la déportation des civils, le pillage, l'assassinat des prisonniers de guerre, les dévastations sans nécessité militaire, alors qu'il sait très bien que des accusations analogues pourraient être portées contre un ou plusieurs des Alliés, mais ne sont jamais articulées ?

Pour comprendre le danger politique d'un tel précédent, imaginez un instant que les pays de l'Est de l'Europe occupent la plus grande partie des pays occidentaux. Voyez-vous comment ils suivraient scrupuleusement le précédent créé à Nuremberg, rédigeant leur propre Charte, définissant et instituant leur propre loi internationale et installant leurs propres tribunaux ? L'emploi de la bombe atomique serait déclaré une violation du droit des gens, proposition fort soutenable, et tous ceux sur lesquels on pourrait mettre la main et qui auraient été mêlés à quelque titre à l'emploi de la bombe atomique seraient jugés et pendus. De même, le Pacte Atlantique a déjà été dénoncé par la Russie et ses satellites comme une violation de la loi internationale : ainsi ceux qui l'ont établi et appuyé, qui ont été mêlés aux plans stratégiques qui découlent de son application, feront aussi bien de ne pas tomber entre les mains des Russes. Un autre dangereux précédent est celui qui concerne notre organisation défensive. C'est sur la discipline et le loyalisme des exécutants militaires et civils à l'égard des ordres de leurs gouvernements respectifs que repose la sécurité de notre nation ou de tout groupe de nations combattant à ses côtés. Mais ces vertus primitives de loyalisme et de discipline ont été totalement oubliées par les cuistres qui ont rédigé l'article 8 du statut. Ils ont posé en principe que « le fait qu'un accusé a agi conformément à un ordre de son gouvernement ou de ses chefs ne l'empêche pas d'être responsable ». Ceci pose pour tout exécutant un dilemme insoluble entre sa conscience et son devoir. Faut-il obéir aux ordres ou faut-il se réfugier à l'abri d'on ne sait quelle loi internationale, celle qui sera instituée finalement non pas par ses compatriotes, non pas forcément non plus d'après la Charte de Nuremberg, mais par le vainqueur qui peut être éventuellement l'ennemi, et un ennemi obéissant à une morale entièrement étrangère à la nôtre ? Cet article n'est rien d'autre qu'une prime offerte à la lâcheté et à la dérobade lorsqu'il s'agit d'une exécution correcte des ordres.

Mais Lord Hankey va plus loin encore. Non seulement il attaque le principe du Tribunal de Nuremberg, mais, ce que nous n'avions pas vu faire jusqu'ici, il en discute la documentation et l'honnêteté historique. Ce reproche est d'autant plus grave qu'il se trouve exprimé par un homme qui a parfaitement connu tous les actes de la politique de son propre pays et tous les aspects de la politique internationale. Voici ce qu'il dit à ce propos, toujours dans ses interventions à la Chambre des Lords :

Contrairement à ce qu'on croit généralement, la version historique des faits sur laquelle sont fondés le verdict et les attendus du Tribunal de Nuremberg n'est pas conforme à la vérité (*is not accurate*).

On nous a sorti tout ce qui accablait Hitler, Dönitz, Keitel, Jodl, Räder, Rosenberg, etc., mais pas une lueur n'a filtré sur ce que mijotait en même temps le Cabinet de Guerre britannique, M. Churchill et l'Amirauté.

Et, ici, Lord Hankey, prenant pour exemple le débarquement allemand en Norvège, défini par le tribunal comme une « agression », pose une question écrite. Il demande au Gouvernement de Sa Majesté si les documents suivants, contenus dans l'ouvrage de Winston Churchill, *La Seconde Guerre mondiale*, tome I, ont été communiqués au Tribunal de Nuremberg : 1° La lettre écrite le 19 septembre 1939 par le Premier Lord de l'Amirauté au Premier Lord de la Mer, citée par Churchill p. 421 ; 2° Le Mémorandum du 29 septembre 1939, adressé par le Premier Lord de l'Amirauté au Cabinet de Guerre, sur la Norvège et la Suède, cité par Churchill p. 422 ; 3° La lettre du même jour écrite par le Premier Lord de l'Amirauté au Chef-Adjoint de l'État-major de la Marine, citée par Churchill p. 423 et suiv. ; 4°La note du 16 décembre 1939 du Premier Lord de l'Amirauté, sur la route du fer, citée par Churchill, p.430 et suiv. À cette question écrite, le Sous-Secrétariat d'État aux Affaires étrangères fit l'éloquente réponse ci-après : *Rien n'indique que les quatre documents susdits aient été communiqués au Tribunal de Nuremberg.*

Là-dessus, après avoir démontré que le Tribunal de Nuremberg était surpris sur ce point particulier en flagrant délit de falsification, Lord Hankey reprend :

L'affaire de Norvège n'est qu'une des innombrables questions capitales que M.Churchill traite dans son ouvrage. Si les attendus du tribunal concernant la campagne de Norvège constituent une falsification historique (*is wrong history*), la même remarque est malheureusement vraie lorsqu'il s'agit du résumé beaucoup plus important consacré par le tribunal à l'accession au pouvoir d'Hitler et de son parti par lequel commence le verdict en vue d'exposer les préliminaires de la guerre d'agression et des crimes de guerre exposés dans l'acte d'accusation. C'est une constatation d'une certaine gravité. On m'a toujours répondu que cela n'avait aucune importance, puisque tous les accusés avaient été convaincus de crimes de guerre aussi bien que de crimes politiques et que, par conséquent, de toute façon la sentence aurait été la même, quand bien même ils n'auraient pas été déclarés coupables de crimes contre la paix. Cette réponse ne me satisfait nullement, car selon moi il est clair qu'à l'égard de l'Histoire une erreur monumentale a été commise en accusant une nation entière de crimes politiques, sans mentionner aucune des circonstances atténuantes que j'ai indiquées. En conclusion, je me range à l'opinion du très éminent évêque. *(Il s'agit de l'évêque de Chichester, dont l'intervention a été mentionnée plus haut.)* La décision la plus urgente à prendre est de mettre un terme à tous ces procès, et, si nous sommes en désaccord sur ce point avec d'autres nations, de refuser tout au moins d'apporter plus longtemps la coopération britannique à cette opération. Comme je l'ai demandé dès le 18 février 1948 à cette tribune, notre premier acte doit être d'interrompre les procès et les poursuites concernant les crimes de guerre et le second de proclamer une amnistie générale.

[L'ouvrage original de Maurice Bardèche ne comporte pas de chapitre III.]

Chapitre IV

Les écrivains

Naturellement, les protestations sporadiques, improvisées avec l'événement lui-même, réactions instinctives de l'opinion ou des consciences accompagnant l'actualité, gardant par là le caractère de l'improvisation, interjections de surprise ou d'indignation, nécessairement peu coordonnées et peu constructives, ont été, quelque temps après, suivies d'études d'ensemble, livres ou brochures, articles étendus, plus cohérents, plus systématiques, qu'il est indispensable de faire connaître également pour donner une notion assez nette des réactions provoquées par le verdict de Nuremberg.

On notera d'abord un phénomène qu'on peut trouver, comme on voudra, naturel ou étrange : dans chaque pays du monde, dans chaque langue du monde, il existe un livre contre le procès de Nuremberg ; passionné ou objectif, timide ou implacable, ce livre aboutit toujours à la même condamnation. Il s'est trouvé dans chaque pays un homme, cette fois sans mandat, pour se créer le devoir de protester, pour s'en faire une obligation. Les écrivains français, seuls, se sont tus. Dans chacun de ces pays, il existait dans la législation un article punissant l'apologie des crimes. Le gouvernement français, seul, s'en est servi. On méditera, comme on voudra, sur ces constatations.

Elles expliquent peut-être incidemment pourquoi nos livres ne se vendent plus à l'étranger.

Nous rendons donc hommage à tous ceux qui, pasteurs, prêtres, juristes, écrivains, ont eu l'honnêteté de protester publiquement contre ce qu'ils regardaient comme une injustice. Ce livre n'est pas un palmarès. J'oublie certainement beaucoup de noms. Je m'en excuse auprès de ceux qui sont injustement omis sur les difficultés que peut trouver un particulier à réunir sur un tel sujet une documentation complète. Je ne cite ici que les ouvrages ou les brochures dont j'ai eu connaissance et qui sont les plus caractéristiques. On trouvera peut-être ce chapitre un peu long. Mais ce sera un jour une consolation.

Nous commencerons ici encore par les pays anglo-saxons. L'esprit protestant a cela de grand qu'il ne peut supporter une tache sur la conscience ; il a le courage de la confession publique qui est en effet à l'égard de l'irréparable la seule forme de réparation envers soi-même et envers autrui. Je ne peux me souvenir sans tendresse de ce pasteur dont je parlais au début de ce livre et qui, au milieu de 1944, condamnait tranquillement dans son bulletin paroissial les massacres des femmes et des enfants allemands. Comme lui, d'autres hommes se sont dressés partout contre l'injustice, presque seuls d'abord, puis s'enhardissant. Je ne crois pas qu'un jour on voie la tempête du mal tomber, assagie par ces voix lointaines comme par la flûte d'Orphée.

Mais je crois que de tels livres sont notre honneur. Il en arrivera ce qui pourra.

Voici donc ce qu'écrivait dès 1947 sur le verdict de Nuremberg un intellectuel anglais nommé Montgomery Belgion dans un livre auquel il donna pour titre *Epitah on Nuremberg*, ce qu'on peut traduire, je crois, par *Lettre sur Nuremberg*. Cette lettre est censée être adressée à un pasteur de ses amis.

Elle reprend et résume d'abord les objections les plus souvent faites sur la composition et la compétence du tribunal :

Le tribunal était l'instrument judiciaire d'une des parties en cause. Le tribunal n'était qu'un prolongement du Ministère public. On trouvait ainsi un Ministère public assis sur le siège, en plus du Ministère public debout au Parquet. Cette difficulté, ni l'audience ni le jugement ni aucun article du statut ne pouvaient la résoudre. La difficulté qu'on rencontrait était la question : Quelle garantie avons-nous de l'impartialité des juges ? A cette question, la seule réponse possible est que nous n'avons aucune garantie de leur impartialité. Ils étaient nommés pour confirmer la ligne politique des grandes Puissances victorieuses. Même si nous estimons que le vaincu mérite de porter la responsabilité de cette guerre, il est si évidemment de l'intérêt du vainqueur d'en rejeter toute la responsabilité sur le vaincu que le vainqueur est dans l'incapacité de se faire prendre au sérieux quand il fait porter sur l'autre cette responsabilité. Que les vainqueurs aient cherché à rejeter sur le vaincu toute la responsabilité de la guerre au moyen d'une cérémonie ostensiblement judiciaire mais dans laquelle ils étaient à la fois accusateurs et juges, cela montre un mépris réellement stupéfiant de la justice et de la vérité en même temps qu'une confiance maniaque en tout ce qui est frelaté.

Le procès de Nuremberg, selon moi, a eu pour objet de renforcer l'allégation exprimée dans ce passage du message de Montgomery (*il vient de citer le discours où Montgomery dit : « Nous ne vous laisserons pas oublier que vous avez été coupables de prendre l'initiative de cette guerre »*). Pour reprendre l'expression du juge Jackson que je citais tout à l'heure, il a eu pour objet de « démontrer aux Allemands que le crime pour lequel leurs chefs vaincus étaient traduits en justice ne fut pas d'avoir perdu la guerre, mais de l'avoir déclarée ». Je ne pense pas, comme le juge Jackson feint de le croire, que le procès a eu pour objet de déclarer tel ou tel survivant du cabinet allemand ou tel ou tel général ou amiral allemand, ou d'autres, coupable d'un acte technique d'agression. Mais en dépit de la déclaration du juge Jackson que « nous n'avons pas à nous laisser entraîner dans un procès sur les causes de la guerre », je constate que le procès de Nuremberg a eu pour objet de créer l'illusion qu'on découvrait par des méthodes légales ce que nous voulions démontrer, à savoir que l'Allemagne était responsable de la guerre. Je pense que le fait de créer cette illusion favorable à notre démonstration était précisément cette opération de grande politique qui avait été confiée au tribunal quand on le chargea de condamner la plupart des accusés.

Mais, pour la première fois dans ce livre, on voit un auteur aller bien au-delà de ces objections habituelles. En dénonçant le jugement de Nuremberg comme une opération politique destinée à *justifier* les vainqueurs, il en dénonce aussi le caractère d'opération de propagande, préparée et préméditée, exactement comme ce fut le cas pour d'autres opérations de propagande de la seconde guerre mondiale.

Alors qu'en 1918, écrit-il, c'est la vérité de Versailles qui fit endosser solennellement au vaincu toutes les responsabilités de la guerre, cette fois-ci, au lieu d'attendre le traité de paix pour proclamer l'Allemagne responsable de la seconde guerre mondiale, nous avons décidé d'avoir des procès qui devaient, pensait-on, établir de façon concluante sa culpabilité aux yeux du monde entier et aussi aux yeux des Allemands eux-mêmes. Tel fut, je le prétends, le réel objet du procès de Nuremberg. Telle est, je le prétends, sa véritable, sa complète explication. En outre, on expliquerait aux Allemands par de belles émissions bien détaillées les audiences du procès. Le procès de Nuremberg a été une gigantesque mise en scène. Le procès de Nuremberg a été une gigantesque opération de propagande.

L'intention de propagande peut être subodorée dans le ton des articles préparatoires. Pour beaucoup de gens en Angleterre et aux États-Unis et aussi bien, à cet égard, en France, le maximum de la monstruosité allemande fut découvert grâce aux descriptions de la situation des camps de concentration. En face de détails qui furent soudain rendus publics en avril 1945 sur les indicibles horreurs de Belsen, de Buchenwald et autres lieux, une vague d'indignation et de colère balaya le monde anglo-saxon. C'était une indignation honnête et une colère généreuse. Néanmoins, si nous nous arrêtons un instant pour remarquer l'énorme publicité qui fut donnée aux nouvelles concernant la situation des camps à ce moment précis et si nous la comparons avec le silence observé sur quelques autres sujets, le soupçon s'impose inévitablement à nous que ces découvertes ne se produisirent pas par pur hasard, à l'aube de la victoire. Elles semblaient avoir eu un objet précis. Elles semblaient bien avoir été réservées pour exploiter des sentiments honorables dans le cœur du public et pour exacerber la haine du vaincu. Comme la voix de la propagande peut être soupçonnée sur ce point, je la soupçonne aussi dans le déroulement actuel des procès intentés aux Allemands, et avant tout dans le procès de Nuremberg. Les mains ont pu être les mains de la Justice, mais la voix était la voix de la Propagande.

La caractéristique de l'époque à laquelle nous vivons est que la défaite de l'ennemi dans la guerre n'est plus suffisante désormais. Comme la guerre elle-même est devenue de plus en plus terrifiante par la puissance et le nombre des armes mises en action, par l'étendue des destructions et de la détresse infligée aux hommes, par la violence des passions déchaînées, ainsi en est-il de l'après-guerre. Vaincre l'ennemi sur le champ de bataille ne suffit plus. Une fois vaincu, l'ennemi doit, en outre, être proclamé responsable de la guerre et il faut le contraindre à admettre lui-même cette responsabilité. Ce n'est pas assez qu'il ait perdu la guerre : il doit porter encore tout le poids du mal provoqué par cette guerre.

Je n'ai pas l'intention de soutenir que les dirigeants allemands étaient innocents de toute responsabilité dans cette guerre. Mais je ne suis pas assez naïf pour penser qu'une agression se produit jamais dans un ciel serein. Je ne suis pas assez naïf pour supposer que les grandes Puissances étaient toutes des agneaux avec des toisons blanches comme neige, folâtrant pacifiquement et joyeusement, tandis que l'une d'elles et une seule était un grand méchant loup. Je ne prends pas la défense d'une tolérance qui, regardant toutes les opinions comme également valables, finirait par rendre toutes les opinions également insignifiantes. Mais je reprends mes paroles précédentes. La confiance dans le triomphe final d'une opinion correcte exige que cette opinion correcte soit confrontée avec l'opinion fausse et que *a priori* l'une et l'autre soient également soumises à la réfutation. C'est seulement par ce débat entre opinions contraires que la passion de la vérité conserve sa vie. *L'invincible conscience* n'est invincible qu'à la condition que l'ennemi soit toujours devant les portes. Si on lève le siège, la conscience succombe à la langueur et s'atrophie. Nous n'avons le droit, nous Anglais, d'affirmer que nous avons raison que si les Allemands ont le droit eux aussi d'affirmer que nous avons tort. Que la vérité surgisse de la confrontation de la thèse, de l'antithèse et de la synthèse est une question qui reste à débattre. Mais ce qui est certain, c'est que la vérité est une question de découverte : elle n'a pas à être un objet manufacturé.

C'est également dans ce livre que, pour la première fois, on voit un écrivain accuser les armées et les gouvernements alliés d'avoir commis eux-mêmes les atrocités pour lesquelles ils ont condamné les chefs militaires et politiques allemands. Reprenant point par point les griefs de l'acte d'accusation, Montgomery Belgion complète ainsi, à sa manière, la documentation du Ministère public allié :

L'opinion publique mondiale ne sait pas le dixième de ce qui a été ordonné par les gouvernements britannique, américain, français et russe ou par leurs commandants militaires, après la reddition allemande. L'opinion mondiale ne sait pas le dixième de ce que les soldats britanniques, américains, français et russes, ou en accord avec eux, de ce que les civils russes, français, polonais, yougoslaves et autres ont fait, sur ordres directs, pendant la même période.

L'opinion mondiale n'a jamais été informée.

Cette opinion mondiale fut informée la veille de la reddition allemande de l'exécrable infamie des camps de concentration allemands. On ne parla pas, soit alors, soit après, des camps de concentration non allemands. En juillet 1946, à Nuremberg, on fit une annonce, pleine d'un humour assurément inconscient mais cependant sardonique, qui était la suivante : La délégation américaine à la Conférence de la Paix, se tenant alors à Paris, avait proposé que des clauses relatives au crime curieusement nommé « raciste », la tentative d'extermination d'un groupe racial, soient incluses dans tous les traités de paix et que tout gouvernement signant un traité soit forcé d'inclure dans son code criminel une stipulation que qui que ce soit qui attaque la vie, liberté, propriété d'un groupe racial, national ou religieux, est coupable de racisme. L'humour sardonique contenu dans cet avis provient du fait que, en ce qui concerne le « crime contre l'humanité » nommé « génocide », tout le monde sait qu'il y a des camps de concentration (ou leurs équivalents) pour les Polonais en Pologne, pour les Tchèques et Slovaques en Tchécoslovaquie, pour les Croates, Slovènes et Serbes en Yougoslavie, pour les Roumains en Roumanie, pour les Bulgares en Bulgarie, pour les Hongrois en Hongrie, pour les Français en France, pour ne pas mentionner d'autres pays d'Europe.

Le délit des hommes et des femmes confinés dans ces camps est précisément le délit sur le compte duquel, de 1933 à 1945, des Allemands furent enfermés dans des camps de concentration en Allemagne. Ils ont professé des opinions politiques répugnant à leur gouvernement. Qui en Angleterre ou aux U.S.A. peut déclarer ignorer que ces hommes et femmes ont été traités avec une certaine cruauté ? Et même si leur traitement pouvait être tout ce que l'on peut désirer, ils seraient encore des hommes et des femmes privés de liberté et de la jouissance de leurs biens. Ceux d'entre eux qui appartiennent aux minorités raciales ou politiques ne sont-ils pas ainsi des victimes du racisme ?

Sur la liste des « crimes de guerre » figuraient les déportations en masse des « territoires occupés » de citoyens robustes, dans telles et telles conditions de transport et de situation. Des actes de même nature sont mentionnés comme ayant été accomplis par le gouvernement russe, ses soldats, ses policiers et officiels, au moment où, en septembre 1939, la Russie et la Pologne étant en paix, la moitié Est de la Pologne devint « territoire occupé », c'est-à-dire territoire polonais sous occupation militaire russe. Des actes de même nature sont mentionnés comme ayant été accomplis par le gouvernement russe et ses âmes damnées, après l'invasion des États de la Baltique, Estonie et Lituanie, par les armées russes, sans déclaration de guerre.

Les déportations massives de Polonais en Russie eurent lieu en février, avril et juin 1940, et en juin 1941. Il y eut un dernier rassemblement en 1943 après que tous les habitants de la Pologne annexée eurent été déclarés citoyens soviétiques. Les déportations massives de Baltes eurent lieu après l'invasion des pays Baltes par la Russie en juin 1940. Pour une très bonne raison, les chiffres exacts de ces déportations ne sont pas connus. En 1944, toutefois, Miss Keren déclara qu'elle avait obtenu certains chiffres approximatifs, de la Croix-Rouge américaine et de la Croix-Rouge internationale. Elle établit qu'en Estonie 60.940 célibataires de toutes classes et âges et des deux sexes furent déplacés et qu'en Lettonie également plus de 60.000 personnes disparurent.

Selon le livre polonais intitulé *The Dark Side of the Moon*, en Lituanie 700.000 personnes sur un total de 3.000.000 d'habitants furent inscrites sur les listes de déportation. Le premier gouvernement polonais à Londres estimait que les déportations de Polonais avaient atteint entre un million et un million 600.000 personnes. Les cercles polonais à Londres ajoutent qu'environ 400.000 déportés polonais périrent durant leur voyage à l'intérieur de la Russie. Sur 144.000 enfants polonais déportés, 77.834 étaient portés manquants lorsque l'heure de la libération sonna en 1941.

Assurément, la déportation par le gouvernement russe de millions d'hommes est apparentée aux « crimes contre l'humanité » spécifiés dans la mise en accusation de Nuremberg. On pouvait penser qu'il n'y avait pas à s'y tromper. On pouvait penser que les exigences de la justice étaient très simples. Si, en se chargeant du châtiment des prétendus criminels de guerre les Puissances victorieuses désiraient, au lendemain de leur victoire, faire un acte de justice et honorer le principe que tous les individus sont soumis à la même loi, on pouvait penser qu'il n'était pas suffisant d'entreprendre le procès des chefs du gouvernement allemand et de milliers de soldats et de fonctionnaires allemands, mais qu'il était nécessaire aussi de faire le procès des membres du gouvernement russe et de milliers de soldats et de fonctionnaires russes. Au lieu de cela, le gouvernement russe fit partie du procès des prétendus « criminels de guerre » et deux des juges du Tribunal militaire international chargé de juger les prétendus « grands criminels de guerre » étaient des personnes désignées par le gouvernement russe. Que peuvent donc avoir voulu dire les apologistes du jugement des « criminels de guerre », quand en Angleterre et aux États-Unis ils invoquaient la justice ? Comment le procureur américain peut-il avoir proclamé qu'on ne commit aucune injustice ? Comment le procureur britannique peut-il avoir représenté le résultat du procès de Nuremberg comme encourageant pour amener un jour le règne de la loi et de la justice ? De tels jugements en de telles circonstances résonnaient comme un outrage à la justice.

Selon des chiffres avancés par M.E. Bevin, ministre des Affaires étrangères à la Chambre des Communes le 26 octobre 1945, on estime à environ 4 millions le nombre des Allemands qui ont été refoulés des régions annexées de Pologne vers Stettin, et à environ 4 millions ou 4 millions et demi le nombre de ceux qui ont été expulsés de Tchécoslovaquie, de Hongrie et d'autres pays, soit un total d'environ 9 millions. Ces déportations ou expulsions ont été approuvées par la Grande-Bretagne et les U.S.A. Elles devaient avoir lieu, selon le Protocole de la Conférence de Berlin, « d'une façon ordonnée et humaine ».

Comment la décision fut accomplie, vous pouvez en juger d'après la description suivante de quelques groupes de déportés aperçus à Berlin :

« Aujourd'hui j'ai vu des milliers de civils allemands, vieillards, hommes et femmes, enfants de tous âges, réduits à la plus affreuse misère et condamnés à des souffrances pires que celles que les nazis infligèrent aux autres durant leur régime. J'ai vu à la gare de Stettin de misérables restes d'humanité ; la mort se peignait déjà dans leurs yeux au terrible regard vide : quatre étaient déjà morts, un cinquième et un sixième étaient étendus à côté d'eux, comme abandonnés sans espoir par le médecin, ayant juste la permission de mourir. Les autres étaient assis ou allongés, gémissant, pleurant ou simplement attendant. »

En février 1946, on estimait qu'à la suite d'une guerre annoncée comme devant donner la paix et le bonheur à l'humanité et comme devant lui apporter les quatre libertés de la Charte de l'Atlantique, y compris la liberté qui met à l'abri du besoin et de la peur, 17 millions de personnes avaient été chassées de chez elles et privées de leurs biens et que sur le continent entre 25 et 40 millions d'individus étaient sans toit.

Il n'y avait pas que les Russes qui déclaraient aux prétendus « criminels de guerre » allemands : « Quand vous avez fait ce que j'ai fait, c'était un crime. Quand je le fais, c'est très bien. » Ce n'est pas seulement dans l'Est de l'Allemagne qu'on pille et maltraite les civils sans défense. Cela se produisit aussi à l'Ouest, pendant les semaines de l'invasion. Cela continua après l'invasion. Les armées alliées se conduisirent avec toute la licence et la sauvagerie de quelque horde primitive de barbares. Le pillage est défendu par la loi militaire britannique sous peine de lourdes punitions. À cette occasion, toutefois, il fut activement encouragé à tous les échelons. M. Leonard O. Mosley, correspondant de guerre aux armées, trouva, dit-il, surprenant que la fièvre du pillage ait atteint même les plus hauts membres de l'armée britannique. Il y avait aussi les réfugiés, dit-il. Les milliers d'étrangers qui furent rapidement connus sous le nom de *personnes déplacées* furent autorisés à piller et à détruire, tout en étant protégés contre les Allemands qu'ils dépouillaient. Des soldats revinrent de l'Armée du Rhin surchargés de butin. Par la suite, de plus en plus d'Allemands furent expulsés de chez eux en quelques heures, en exécution d'ordres de réquisition. L'entassement des Allemands porta à un niveau incroyable le mauvais état sanitaire. L'Armée du Rhin elle-même s'adonna à la boisson et à la licence.

Les *crimes de guerre* selon la définition de Nuremberg comportaient le retrait des *territoires occupés* de toute matière première, de tout outillage industriel, la confiscation ou la vente forcée des entreprises, des usines, etc. Vous avez déjà constaté que les Russes ont considéré cette sorte de *crime de guerre* comme particulièrement attirante. Ils ne furent pas les seuls. En 1945, le territoire allemand occupé par les Russes fut largement dépouillé de ses plus importantes usines. Vers la fin de septembre de la même année, le général Eisenhower annonça que cinq des plus grandes entreprises allemandes allaient être démantelées et envoyées en des lieux qu'il ne désigna pas autrement. Un mois plus tard, on annonça que les trois grandes usines de l'I.G. Farben en zone américaine ainsi que cinq autres établissements industriels allaient être détruits. En zone britannique, le déménagement ou la destruction de l'outillage et des mines était encore en cours en juillet 1946, alors qu'à cette date il avait cessé en zone américaine. Un des plus vastes docks d'Hambourg fut détruit à cette époque et 12.000 tonnes d'acier furent anéanties. En novembre 1946, on fit savoir que 18.000 habitants des villes industrielles de la Ruhr étaient sur le point d'être réduits au chômage par la fermeture projetée des firmes. Bien plus, ce n'était pas seulement l'outillage industriel ou les usines, ou du moins l'équipement essentiel en général qu'on allait mettre à la ferraille. Le 12 septembre 1945 on annonça que les forêts de l'Allemagne du Nord-Ouest allaient être exploitées à la limite. Dans le même mois de septembre, les Puissances victorieuses exigèrent que les familles allemandes et aussi les autorités, sociétés et associations, remissent aux représentants des Alliés tout l'or et l'argent qu'ils détenaient sous forme de monnaie, le platine et le cuivre sous toutes leurs formes, leurs devises étrangères et les monnaies étrangères qui étaient en leur possession. Le pillage se manifesta sous toutes les formes et depuis les sphères les plus élevées qui volèrent les formules chimiques et les secrets industriels jusqu'aux plus humbles des G.I. ou des personnes déplacées qui volaient une bouteille d'alcool ou une paire de chaussures. En ce qui concerne le pillage dans les sphères dirigeantes, M. R.R. Stokes déclara aux Communes le 26 juillet 1946 : « Comme industriel, j'ai trouvé les réactions de certains personnages officiels sur la soustraction frauduleuse des secrets industriels extrêmement et totalement répugnantes. Je trouve immonde que, lorsqu'un ennemi est complètement impuissant, les industriels de notre pays envahissent son territoire comme un vol de vautours et arrachent des lambeaux de chair sur son cadavre. »

Je n'ai encore rien dit des Français. Peu d'informations sont parvenues en Angleterre sur la zone d'occupation française. Ce n'est pas seulement sur la zone russe et sur les pays de protectorat russe qu'on a fait descendre un rideau de fer. Cependant, dans l'été de 1946, un Américain, M. James P. Warburg, put visiter les quatre zones d'occupation et dans un reportage publié en Angleterre il déclara : « Dans toute la zone française, on rencontre des exemples de la loi « œil pour œil, dent pour dent ». Il est choquant de s'apercevoir que les Français ont démonté une des deux voies de la ligne Fribourg-Mulheim-Offenbourg, dans le but de faire profiter les lignes de chemin de fer françaises de l'autre côté du Rhin de l'important trafic Nord-Sud du pays, ou qu'ils ont déménagé de fond en comble une usine de matériel chirurgical y compris les coffres, les stocks et les caisses.

En parlant des Français, je suis amené à la question des prisonniers de guerre. Le meurtre et le mauvais traitement des prisonniers de guerre figurent, vous vous en souvenez, au nombre des *crimes de guerre* spécifiés par l'Acte d'accusation de Nuremberg. En Angleterre et aux États-Unis, on ne sait rien des prisonniers de guerre emmenés en Russie. On sait seulement que beaucoup ont disparu. M. F.A. Voigt a noté, par exemple, que sur 300.000 prisonniers de guerre roumains internés en Russie 164.000 ont disparu sans laisser de traces. Sur la question de savoir comment il se fait que tant d'officiers et de soldats faits prisonniers par les Russes peuvent avoir disparu, le public anglo-saxon n'a reçu aucune information. Je n'ai pas l'intention de suggérer que les prisonniers de guerre ont disparu également en France. Mais comment les ont traités les Français ? Peu après la capitulation allemande, l'armée américaine commença à mettre chaque mois à la disposition du gouvernement français un certain nombre de prisonniers de guerre pour fournir à la France une main-d'œuvre supplémentaire. En juillet 1945, 320.000 prisonniers de guerre étaient transférés en vertu de cet accord. Puis, en septembre suivant, ces transferts furent suspendus. Les autorités militaires américaines les ont suspendus parce que, déclarèrent-elles, à la fois la Croix-Rouge internationale et la Croix-Rouge américaine avaient trouvé l'administration des camps de prisonniers en France lamentable et informé les autorités que les prisonniers allemands n'y étaient pas traités convenablement. En particulier, les malades étaient laissés sans soins. C'est assez éloigné du meurtre et de la torture des prisonniers de guerre reprochés aux Allemands par l'Acte d'accusation de Nuremberg. Mais cela tombe sous le grief de mauvais traitements.

Le 26 avril 1946, Julius Streicher, un des accusés, déclara qu'après avoir été arrêté il fut gardé pendant quatre jours en cellule sans aucun vêtement. « On m'a forcé à embrasser les pieds des nègres. On m'a fouetté. On m'a forcé à boire des crachats. On m'a ouvert la bouche de force avec un morceau de bois et on m'a craché dans la bouche. Quand je demandais à boire un verre d'eau, on m'amenait aux latrines et on me disait : « Bois ! » (A la suite, l'auteur donne l'exemple des mauvais traitements subis par M. Ezra Pound, sujet américain, commentateur à la radio allemande). M. Leonard O. Mosley, correspondant de guerre, était à Belsen en avril 1945 au moment où ce camp fut placé sous commandement britannique. « Les soldats anglais, dit-il, battaient les gardiens et gardiennes SS et les forçaient à ramasser les corps des morts, les obligeant toujours à en porter deux. Quand l'un d'eux tombait d'épuisement, il était battu à coups de crosse. Quand une gardienne s'arrêtait pour un instant, elle était rouée de coups jusqu'à ce qu'elle se remît à courir ou piquée à coups de baïonnettes, au milieu de hurlements ou de rires indécents. Quand l'un d'eux essayait d'échapper ou désobéissait à un ordre, il était abattu d'un coup de feu. »

Une des catégories de *crimes de guerre* spécifiées dans l'Acte d'accusation de Nuremberg était la destruction de villes, villages et hameaux entiers. Une autre était la dévastation de villages, de ports, de digues et de ponts. L'Acte d'accusation soutenait que ces destructions et dévastations avaient eu lieu sans nécessité militaire. C'était là naturellement le point délicat. Jusqu'ici, il avait été laissé à l'appréciation des chefs militaires de décider si une destruction qu'ils ordonnaient correspondait ou non à une nécessité militaire. Toutefois, un tribunal entièrement libre de son jugement aurait pu ne pas considérer que les destructions faites par l'aviation américaine et anglaise correspondaient invariablement à une nécessité militaire. La raison alléguée en Angleterre et aux États-Unis fut que le bombardement de masse sans égard aux objectifs contribuait à abréger la guerre. Si les Allemands avaient pu le faire, ils n'auraient certainement pas hésité à invoquer le même argument pour les destructions dont ils étaient accusés, et avec une égale solidité. Car, pour ce qui est d'abréger la guerre avec l'Allemagne, les arguments donnés par l'Angleterre et les États-Unis sur les bombardements sans objectif peuvent être discutés. Selon le Dr Thomas Balogh : « Les conséquences des bombardements sans objectif ont été brillamment analysées par le rapport sur les bombardements stratégiques américains. Ce document a montré que le bombardement des villes avant 1943 était une folie (car nous nous exposions à des représailles plus graves sans résultat pratique) et qu'après 1943 il était un crime (car nous ne diminuions pas la production de guerre allemande puisque l'occupation de la France et les perfectionnements du radar permettaient des attaques aériennes sur objectifs). Quoi qu'il en soit, la grande presse anglaise n'a jamais insisté sur l'horreur des bombardements de masse sans objectif sur les villes. Les raids aériens sur les zones d'habitation étaient seulement présentés comme des prouesses techniques.

Il n'y a pas un seul acte spécifié dans l'Acte d'accusation de Nuremberg comme *crime de guerre* que l'une ou l'autre des grandes Puissances victorieuses qui s'arrogent le droit de châtier les prétendus criminels de guerre parmi les vaincus ne puisse être exposée à s'entendre reprocher. Ces actes n'ont peut-être pas tous été accomplis de sang-froid. Il n'était peut-être pas possible de les éviter. Mais enfin, ils ont été accomplis.

Telle fut, par exemple, la guérilla menée en France par les bandes connues sous le nom de Résistance ou de Maquis. Ces bandes étaient certainement inspirées par un noble idéal. Elles voulaient débarrasser le pays de l'envahisseur. Il importe peu à la valeur même de cet idéal que la Résistance ait été impuissante par elle-même et même avec l'appui en hommes, argent et armes fourni par l'Angleterre à atteindre ce résultat. C'est seulement le succès du débarquement de juin 1944 qui a assuré le succès de la Résistance. A coup sûr, toutefois, la Résistance française ne peut pas se vanter de s'être constamment, dans ses opérations contre l'envahisseur, conformée aux lois et coutumes de la guerre. Et même, en vérité, elle peut très difficilement prétendre même qu'elle les a observées. En premier lieu, les opérations qu'elle assurait étaient en flagrante contradiction avec les termes d'un armistice qu'un gouvernement français reconnu non seulement par l'Allemagne mais par la Russie et les États-Unis avait signé de son propre mouvement avec le gouvernement allemand. En second lieu, les membres de la Résistance française commirent souvent des déprédations à l'égard de leurs propres compatriotes et ces déprédations n'étaient pas toujours commises dans le seul intérêt de leur cause. En maint endroit de France, à la fin de 1945, on désignait des particuliers qui étaient soupçonnés de s'être enrichis au détriment de la communauté française. Quand, pour se procurer des fonds, les Résistants pillaient une banque ou un bureau de postes, ils ont souvent mis une part du butin dans leurs poches. En troisième lieu, si les membres de la Résistance française ont montré constamment un courage et une audace remarquables, ils furent forcés aussi de recourir à la ruse et aux voies furtives. Ils ont fait une guerre du coup de poignard dans le dos. Et cette expression s'applique aussi bien aux dommages matériels qu'ils ont infligés qu'aux meurtres qu'ils ont perpétrés. La guerre, certes, est atroce. Toutefois, depuis longtemps certaines règles de conduite de la guerre ont été élaborées pour en atténuer le caractère horrible et pour rendre la carrière des armes honorables. Mais les francs-tireurs, les maquisards et les partisans sont contraints d'enlever à la conduite du combat tout caractère honorable par les conditions mêmes dans lesquelles ils doivent harceler l'ennemi.

Il est très bien qu'à Nuremberg on ait désigné comme *crimes de guerre* l'exécution d'otages et l'imposition de pénalités collectives. Mais des otages furent arrêtés et exécutés et des pénalités imposées exactement dans les mêmes conditions que dans les guerres précédentes et comme elles l'auraient été en Allemagne par nos armées victorieuses si celles-ci avaient eu à combattre un mouvement de résistance.

Si certains actes commis pendant la guerre doivent être définis comme des *crimes de guerre*, alors à notre tour nous devons au moins nous demander si la tactique des mouvements de résistance, la tentative de priver de nourriture les populations civiles par le système du blocus, ainsi que la sous-alimentation, les privations et les mauvais traitements infligés au vaincu après sa capitulation ne devraient pas être comptés parmi ces actes condamnables.

Nous constatons que les gouvernements et les armées des grandes Puissances victorieuses ne peuvent être tenus pour innocents de nombreux actes pareils à ceux pour lesquels ils accusent et châtient certains des vaincus comme criminels de guerre. Et enfin nous constatons que les gouvernements, les armées et les ressortissants des grandes Puissances victorieuses ont également commis pendant la guerre et après la guerre d'autres actes également susceptibles d'être déplorés et réprimés. Il est clair que dans le châtiment des prétendus criminels de guerre et dans le procès et le châtiment imposés par les vainqueurs à certains des vaincus après leur capitulation, le principe que *chacun est égal devant la loi* a été ouvertement bafoué. Il a pu y avoir une procédure judiciaire. Il n'y a pas eu de justice.

Sous cette forme, le livre de Montgomery Belgion constitue un acte d'accusation très complet contre le procès de Nuremberg. Il dit ce qu'il fallait dire, ce qu'on retrouvera partout. Et il le dit avec fermeté, avec modération, et de bonne heure. Mais on peut prétendre que Montgomery Belgion est un isolé, un esprit paradoxal, un écrivain que la justice britannique a eu la faiblesse de ne pas poursuivre, précédent dont je me couvre abusivement. Je vais donc montrer, par de rapides sondages, que le livre de Montgomery Belgion existe dans toutes les langues. Les arguments sont en place, vous les avez entendus, vous les connaissez. Vous les reconnaîtrez facilement. Dès lors, notre énumération va être rapide et on aura une idée d'ensemble de chaque ouvrage que je vais citer, simplement en le classant par rapport à celui que je viens d'analyser.

Aux États-Unis, retenons d'abord le petit livre de A.O. Tittmann, *The Nuremberg Trial*, paru à New York en 1947. Voici sur le principe du tribunal :

> On peut dire très exactement qu'avec la fin de cette guerre est arrivée également la fin de l'ère chrétienne. Tous les préceptes de conduite qui avaient cours jusqu'ici ont été écartés et à leur place a été établi l'esprit de vengeance de la loi mosaïque. La loi internationale, pour être reconnue en tant que telle, doit être acceptée par toutes les nations. Elle ne peut être forgée ou modifiée unilatéralement, et le statut du Procureur Jackson a été accepté uniquement par les vainqueurs de cette guerre, et même il ne fut accepté par certains qu'avec hésitation et après beaucoup d'insistance. Ce statut n'a pas été soumis aux autres nations. La loi internationale est le produit d'une lente germination et elle ne peut être rejetée avec dédain et refaite à brûle-pourpoint pour convenir aux circonstances. Le produit de MM. Rosenman, Jackson et Glück n'a rien à voir avec la loi internationale.

Voici sur la responsabilité de la guerre :

> Le principal grief contre les *criminels* est celui d'avoir fomenté un *complot* pour déclencher une *guerre d'agression*. Combien de guerres ont été un complot du même genre, sans en excepter celles que nous avons faites. S'il y eut un *complot* en Allemagne pour *déclencher une guerre d'agression*, il y eut des *complots* analogues aux États-Unis, en Angleterre, en France et en Russie, nations qui se sont toutes constituées les *juges* de ceux qu'ils accusent d'être les seuls responsables de la *guerre d'agression*. L'Angleterre a déclaré la guerre à l'Allemagne parce que, si la puissance allemande s'étendait par des

agressions nouvelles, l'Angleterre se serait trouvée dans l'impossibilité de défendre ses droits les plus élémentaires. Les mêmes raisons ont déterminé la France *(cit. de Sir Norman Angell dans New York Times du 21 oct. 1945)*.

Ces deux nations, par conséquent, ont déclenché contre l'Allemagne une *guerre préventive* qui ne pouvait être autre chose qu'une guerre d'agression. Ni l'Angleterre ni la France ni les États-Unis ne se sont fondés sur le pacte Kellogg ou n'en ont observé les stipulations au moment de la déclaration de guerre. Les raisons données par Chamberlain et Daladier pour déclarer la guerre à l'Allemagne n'étaient pas basées sur ce texte et il ne fut pas respecté non plus dans les nombreux actes de belligérance illégaux au moyen desquels Roosevelt finit par nous engager dans la guerre.

Voici enfin sur les crimes de guerre des Alliés :

Ce qui se passa en Bohême-Moravie quand von Neurath était à la tête de ce pays n'est presque rien en comparaison des traitements subis par les Allemands des Sudètes sous le gouvernement de Benès, dont l'incroyable degré de terrorisme et de cruauté est passé sous silence par notre presse enchaînée, quoi qu'elle soit parfaitement renseignée sur ce point. Mais il n'est pas convenable d'imprimer cela parce que cela dissiperait le rideau de fumée que cette presse a répandu sur notre pays. L'attitude générale de notre presse enchaînée montre ce qu'on peut attendre de ce « procès » et son caractère de bouffonnerie. Sachant parfaitement qu'il n'a aucune base légale, ses promoteurs essaient de le « refiler » au peuple américain en se servant de méthodes de propagande solidement éprouvées.

L'énumération des *crimes allemands*, déportation de travailleurs, meurtre et sévices sur les prisonniers de guerre, pillage de la propriété publique et privée, destruction aveugle des villes et villages, dévastations non justifiées par la nécessité militaire, peut aussi bien être dirigée contre les ennemis de l'Allemagne et se poursuit aujourd'hui dans l'état de paix, réalisé en fait quoiqu'il n'existe pas en droit, et plus d'un an après la fin des hostilités.

Jackson accepte sans hésitation et intégralement tous les chiffres fournis par les Russes, bien qu'ils soient notoirement faux, ce qui est prouvé par le fait que l'armée allemande aurait été anéantie plusieurs fois de suite si les chiffres des pertes que les Russes prétendaient lui avoir infligées avaient été exacts. Il accepte même pour authentique l'affirmation de source russe que, en septembre 1941, 11.600 officiers polonais avaient été assassinés par les Allemands dans la forêt de Katyn, alors qu'en fait les vêtements d'hiver trouvés sur les corps prouvaient que l'assassinat avait eu lieu tandis que la région se trouvait sous le contrôle des Soviets. Si l'on excepte les Juifs, le nombre de civils tués délibérément par les Allemands n'approche sûrement pas ceux des Allemands tués par leurs ennemis. Le bombardement des villes allemandes a coûté à lui seul deux millions de vies humaines, tandis qu'un beaucoup plus grand nombre de victimes étaient blessées ou privées de leur foyer, ce qui entraîna leur mort par le froid, les privations ou la faim.

Les mots *destruction massive* suffisent à démolir les mensonges habituels sur les installations militaires, par la présence desquelles on prétend légitimer certains *des crimes les plus atroces* contre les non-combattants que le monde ait jamais vus. Il est réconfortant de voir les grandes Puissances désavouer indirectement ce qu'elles ont fait sous prétexte de nécessité militaire dans une guerre qui, selon de nombreux experts, pouvait fort bien être gagnée dans le respect des règles du monde civilisé, qui ont constamment protégé les non-combattants, hommes, femmes et enfants, incapables de se protéger eux-mêmes. Où est le tribunal pour juger ces criminels-là ? Les coupables, dites-vous, ne sauraient échapper en produisant la vieille excuse que les actes perpétrés le furent par l'État et pour la défense de l'État, sans qu'aucun individu en puisse porter la culpabilité ou la responsabilité. Très bien alors, mettez en jugement Eisenhower, Spaatz, Montgomery et Harris : car cette règle s'applique à eux.

Au Portugal, le professeur Joaô das Ragras publie à Lisbonne, en février 1947, une étude du procès de Nuremberg sous le titre *Um Nuovo Direito Internacional, Nuremberg*. On y peut lire les appréciations suivantes :

Parce qu'il n'était pas possible aux accusateurs de juger le phénomène historique Hitler « en personne », ils ont entrepris la tentative de renverser le prodigieux édifice de son œuvre politique et spirituelle au moyen de la formule des cinq points de l'accusation. Le procès des criminels de guerre n'a pas été un exemple du droit démocratique de libre défense, mais bien, au contraire, un enchaînement, sans précédent dans l'histoire du droit, de violations et d'empêchements systématiques imposés à la défense.

En ce qui concerne la responsabilité de la guerre :

Ce n'est pas la peine d'examiner dans son contenu juridique le bavardage ridicule du verdict de Nuremberg en ce qui concerne les *guerres d'agression* des Allemands contre l'Autriche, la Tchécoslovaquie, le Danemark, la Norvège, la Hollande, la Belgique ou les pays balkaniques, puisqu'on a interdit aux avocats allemands d'y opposer les pièces secrètes prises aux Alliés pendant la guerre et les plans des états-majors français et anglais. Le texte des productions sur lequel se base le verdict représente une falsification de l'histoire véritable qui peut difficilement être dépassée.

En ce qui concerne les crimes de guerre allemands et les crimes de guerre alliés :

Les bombes incendiaires au phosphore, les attaques terroristes contre les habitations civiles, l'assassinat de centaines de milliers de femmes et d'enfants innocents, les actes barbares d'absurde furie destructive, par exemple le bombardement aérien de Dresde, contre lequel le vieux Gerhard Hauptmann, qui en fut le témoin oculaire, éleva de violentes protestations, les attentats contre la neutralité effectués par le contrôle des navires au moyen de certificats douaniers et de navy-certs, violation du droit international qui se prolongea jusqu'à la fin de la guerre, tout cela et beaucoup d'autres choses (et encore, nous ne parlons pas des crimes bolcheviques et des bombes atomiques), on déclara que ce ne sont pas des *crimes de guerre*, mais des actes conformes à une conduite humanitaire et démocratique de la guerre. Conclusion d'un juriste neutre : quand il s'agit des Allemands, les mauvais traitements contre les prisonniers sont considérés comme *crimes de guerre* ; mais quand il s'agit des

Alliés, les mêmes crimes sont regardés comme « irrelevant » et, en conséquence, ils appartiennent à la catégorie des moyens normalement appliqués par la *justice démocratique*.

Ce sont là les thèmes habituels. Mais ici l'auteur va plus loin. Il accuse le Ministère public d'avoir fait reposer l'essentiel de son argumentation sur des documents d'une authenticité douteuse et sur des aveux extorqués par les mauvais traitements et parfois par la violence. Nous traiterons plus loin, en détail, cet aspect très important des jugements de Nuremberg. Bornons-nous, pour l'instant, à citer notre auteur portugais :

> Conclusion qui s'impose à tout juriste impartial : il y a quelque chose qui sonne faux dans les « documents-clefs » du tribunal militaire *(il s'agit du rapport Schmundt et de la note Hossbach)*, bien que le juge Lawrence ait accepté les preuves d'authenticité de ces documents Beaucoup plus importantes encore pour formuler un jugement sur certaines assertions (de l'accusation) sont les violences commises par les Alliés sur des prisonniers sans défense et qui consistaient en mauvais traitements et en tortures au moyen desquelles étaient extorquées de prétendues « confessions ».

Enfin l'auteur n'hésite pas non plus à rompre avec les préjugés habituels, en exprimant son sentiment pour le national-socialisme :

> En fait, à Nuremberg, deux mondes se sont affrontés qui ne pouvaient pas se comprendre. Le monde matérialiste de Mammon et de l'hypocrisie démocratique contre la conception idéaliste et héroïque d'un peuple qui défendait son droit de vivre. Comment ce monde assouvi et matérialiste pouvait-il comprendre l'inébranlable et héroïque volonté de vivre d'un peuple qui, en dépit de l'espace restreint qu'il possédait, a donné depuis des siècles des œuvres immortelles à notre culture, et qui, avant la seconde guerre mondiale, a été à la tête de tous les progrès techniques décisifs de notre siècle ? Il est digne de la mentalité de canaille de la presse internationale de se déchaîner encore contre les chefs du peuple allemand, en dépit de leur attitude de dignité lorsqu'on leur faisait subir un traitement ignoble et une injuste condamnation à mort. Avec une attitude vraiment héroïque, digne de la plus haute

admiration, sont morts les condamnés de Nuremberg, précurseurs d'une justice sociale fondée sur des bases nationales et avec une proclamation ardente de leur amour pour leur peuple et pour leur idéal.

En Angleterre encore, un autre petit livre politique a été mis en circulation. C'est une brochure plutôt qu'un livre, mais par le ton et le contenu elle fait écho, elle aussi, aux ouvrages précédents. Elle est éditée par un groupe qui a à sa tête le duc de Bedford, sous le titre *Failure at Nuremberg*, ce qui peut se traduire, je crois, par *La Faillite de Nuremberg*. Je passe sur les arguments traditionnels contenus dans cette brochure, sur la partialité du tribunal, sur les condamnations portées *ex post facto lege*, sur les crimes de guerre alliés, sur la malhonnêteté fondamentale du procès lui-même. Je ne retiens que les passages qui concernent le national-socialisme et ceux qui concernent la falsification des témoignages et des preuves. Voici d'abord comment s'exprime l'auteur sur le national-socialisme :

Peu importe que le national-socialisme allemand ait été un mouvement politique généreux ou condamnable et probablement, comme la plupart des fragiles institutions humaines, il a été un mélange de bien et de mal mais, en tout cas, ce qu'aucune personne informée et impartiale ne peut nier c'est qu'il fut un mouvement politique d'une totale sincérité. En outre, cette grande, cette magnifique sincérité imprégnait profondément (à l'exception d'un ou deux opportunistes à qui leur double-jeu valut la vie) les âmes des accusés de Nuremberg, les âmes de ces hommes qui furent condamnés à mort ou à l'emprisonnement. Que ce mouvement ait attiré un certain nombre de fripouilles, c'est là une chose trop naturelle (et à quel grand parti cela n'arrive-t-il pas d'ailleurs ?), mais qu'on puisse balayer toutes les organisations nazies en les dénonçant comme *criminelles*, c'est là une position que tout historien honnête, s'il examine les preuves contemporaines, ne manquera pas de rejeter et de condamner sans aucune hésitation Le national-socialisme est mort.

L'humanité, toutefois, n'est pas laissée sans recours et le jour viendra peut-être où des hommes trouveront le moyen de réaliser ce qu'il y avait de bon dans le national-socialisme sans retomber dans son autoritarisme brutal, dans son fanatisme sans merci et dans son intolérance. Une chose, toutefois, est certaine. Ce jour n'a pas été rendu plus proche par l'assassinat judiciaire de ces vaincus qui avaient servi leur pays avec amour. Le procès de Nuremberg n'est pas l'aurore d'un temps nouveau, c'est un retour aux temps barbares et à la nuit.

Et voici les conclusions des divers passages consacrés à l'examen des témoignages et des preuves. Des témoignages ont été obtenus par des pressions exercées sur les témoins :

Peut-être sera-t-il opportun de se référer ici au procès de Belsen, où furent produits les prétendus aveux d'une des accusés, Irma Grese. Il fut soutenu devant ce tribunal que ces aveux avaient été arrachés par la force et aucun démenti satisfaisant ne fut publié par la suite La même mésaventure semble être arrivée à propos de Sauckel. Son défenseur a déclaré que ses aveux à l'instruction lui avaient été extorqués par la force et que l'accusation n'avait pas eu le temps (à cette date) de faire une enquête approfondie sur les faits. Ces aveux furent utilisés à nouveau cependant (six mois plus tard) par la délégation française. Sauckel nia tout le contenu de ce document, en déclarant qu'on l'avait menacé, s'il persistait à refuser de signer, de le livrer avec ses dix enfants aux autorités soviétiques. Ces « aveux » furent néanmoins acceptés par le tribunal.

Des documents peu probants, en particulier, des rapports de police insuffisamment contrôlables ont été présentés comme preuves :

Le rapport de la délégation française contenait un grand nombre de rapports de police. La défense fit des objections fondées sur le principe que ces rapports n'étaient pas suffisamment contrôlés, mais le tribunal les déclara acceptables en tant que document présenté par un gouvernement. Le caractère douteux de « documents » de cette catégorie ne peut être ignoré de personne. D'autres documents ont été commentés avec une évidente mauvaise foi :

La délégation américaine produisit ce qu'elle appelait un catéchisme nazi, compilé par Rosenberg, et comprenant un certain nombre de nouveaux commandements tels que ceux-ci : *Tu seras courageux -Tu n'agiras jamais bassement -Tu croiras à la présence de Dieu dans toute la création vivante, dans les animaux et dans les plantes -Tu garderas la pureté de ton sang*. Que des commandements de ce genre constituent vraiment un crime de guerre serait, croyons-nous, un point de vue bien difficile à soutenir devant n'importe quelle assemblée douée de bon sens.

Enfin, la partialité des témoins était évidente et leur témoignage fut souvent fantaisiste :

De même que pour les documents, ainsi en ce qui concerne certains des témoins, un lecteur impartial du procès ne peut manquer d'être choqué par le choix malheureux du Ministère public. Cette critique s'applique à ceux dont le témoignage côtoyait la fantaisie, à quelques-uns qui ne reculèrent pas devant la trahison en temps de guerre, à d'autres qui témoignèrent par écrit, mais qui étaient apparemment peu désireux, ou qui se firent interdire sous d'excellents prétextes, de soutenir leurs dires en face des accusés.

Et voici la conclusion à laquelle aboutit l'auteur :

On a ainsi ouvert la voie à une campagne d'exagérations qui fut énergiquement soutenue par notre presse et qui, peut-être volontairement, a servi à masquer et à excuser largement la politique de disette, de déportation, etc., que nous infligions en même temps aux Allemands. Si la vérité occupe le premier rang parmi les victimes de la guerre, tous ceux qui ont lu notre presse pendant la guerre peuvent prendre sur eux d'affirmer que le sentiment de l'honneur fut sacrifié tout de suite après. Il est indécent qu'après une guerre qui a dévasté un continent et qui a failli mener le monde entier à la famine, une farce aussi tragique puisse être jouée. Il n'est pas dans la tradition de l'Angleterre de se conduire ainsi. Et ce n'est pas intelligent : peut-être est-ce le pire de tout.

Après ces monographies consacrées au procès de Nuremberg, il ne faut pas s'étonner si les ouvrages des essayistes ou les reportages politiques anglo-saxons, qui ne traitent que par incidence du procès de Nuremberg, sont souvent très sévères dans leurs appréciations. Il faut ici se borner à quelques sondages. Nous ferons connaître d'abord quelques passages d'un livre très célèbre aux États-Unis, en Angleterre et en Allemagne, mais totalement inconnu en France, celui de Freda Utley sur l'Allemagne actuelle, paru récemment à Chicago sous le titre *The High Cost of Vengeance*. Mme Freda Utley, veuve d'un des meilleurs militants communistes américains et devenue après l'assassinat de son mari la grande spécialiste des enquêtes sur la politique internationale, a écrit des livres qui font autorité sur l'Extrême-Orient, la Chine, le Pacifique. Son nom, aux États-Unis, est beaucoup plus important que celui des frères Alsop, porte-parole du brain-trust Roosevelt, dont nos journaux recueillent religieusement les papiers. Après deux années d'une enquête très attentive en Allemagne, Mme Freda Utley écrit ce qui suit :

À Nuremberg, non seulement nous avons appliqué une loi créée *post facto*, mais nous avons déclaré en outre qu'elle s'appliquerait aux Allemands seuls. Selon les jugements des tribunaux américains de Nuremberg, la volonté des vainqueurs est absolue et le vaincu n'a pas le droit d'en appeler à la loi internationale, à la loi américaine, ou à n'importe quelle autre loi. Peu d'Américains en ont conscience, mais leurs représentants à Nuremberg ont fait savoir expressément que les vainqueurs n'étaient pas soumis à la même loi que les vaincus. Quand la défense prétendit que, si c'était un crime contre la loi internationale que des Allemands aient confisqué la propriété privée dans les régions occupées de Pologne et de Russie, qu'ils aient utilisé des civils et des prisonniers de guerre comme travailleurs forcés ou qu'ils aient réduit les rations alimentaires dans les territoires occupés par eux, on ne comprenait pas pourquoi les gouvernements militaires américain, anglais, français ou allemand ne se trouvaient pas poursuivis pour les mêmes crimes qui étaient commis chaque jour en Allemagne, on leur répondit : « Les Puissances alliées ne sont pas soumises aux règles de la Convention de La Haye et aux règles concernant la conduite des hostilités ». Pourquoi ? « Parce que, dirent les juges et les procureurs américains à Nuremberg, les règles concernant la conduite des hostilités s'appliquent à la conduite des belligérants en territoire occupé *pendant tout le temps où une armée se bat contre eux* pour essayer de restituer le pays occupé à son légitime possesseur, mais *ces règles cessent de s'appliquer quand la belligérance est terminée*, qu'il n'y a plus d'armée ennemie en campagne et que, comme c'est le cas pour l'Allemagne, le pays a été subjugué par le moyen d'une conquête militaire ». (Jugement dans le procès n° 3 p. 10.) Cet argument que ce qui est un crime pendant la guerre cesse d'en être un après la cessation des hostilités est sûrement le plus beau sophisme juridique dans la collection de Justice Jackson.

Nous refusons donc d'observer les règles de la loi internationale parce que nous sommes un pouvoir *souverain* ; mais en même temps nous refusons d'appliquer la législation américaine ou la législation allemande parce que nos tribunaux sont une émanation d'une *autorité internationale*. Les Allemands sont donc *rechtlos* : privés de la protection de toute loi et soumis à l'arbitraire des décrets du vainqueur. Nous avons mis le peuple allemand *hors la loi* comme Hitler avait fait pour les Juifs.

Plus loin, Freda Utley signale, elle aussi, les difficultés d'une inculpation collective et, également, la difficulté d'obtenir des témoignages exacts à cause de la terreur qui régnait dans toute l'Allemagne en 1945 et 1946 :

Les jugements de Nuremberg sont fondés sur le principe totalitaire de la culpabilité collective et du châtiment collectif. Nous décrétons que quiconque, à n'importe quel poste, militaire ou civil, a aidé ou appuyé l'effort de guerre allemand est coupable d'avoir participé à une guerre d'agression. Cet objectif est si vaste qu'il s'est finalement évanoui. Les juges américains envoyés à Nuremberg pour juger les criminels de guerre ont été incapables de savoir où il fallait faire passer la ligne de discrimination pour éviter l'inculpation de tout le peuple allemand et par suite créer un précédent pour l'incrimination de tout le peuple américain dans une future guerre baptisée *guerre d'agression* par les communistes. Car, aux termes de la loi n° 10, le paysan ou le fermier qui a produit ou vendu ses productions, l'industriel qui a continué à faire travailler ses ouvriers et les ouvriers qui ont poursuivi leur travail, les fonctionnaires et les soldats qui ont obéi au gouvernement, peuvent tous être regardés comme coupables.

Le plus grave de tous les handicaps de la défense était la difficulté de trouver des témoins, d'obtenir l'autorisation de les voir ou de les persuader de déposer à Nuremberg. À l'époque du procès des grands criminels de guerre, presque tous les témoins étaient en prison, et ne pouvaient être mis en rapport avec la défense si l'accusation les réclamait comme témoins à charge. Il était souvent possible d'obtenir d'un témoin la déposition qu'on voulait, simplement en le maintenant en prison pendant deux ou trois ans, sans nouvelles de sa famille, sans personne pour s'occuper de lui, ou en le menaçant de l'inculper lui-même comme criminel de guerre s'il refusait de charger un accusé.

Mais Mme Freda Utley va plus loin encore. Comme Montgomery Belgion, mais en termes plus vifs encore, elle dénonce l'hypocrisie fondamentale des jugements de Nuremberg, en montrant que les autorités soviétiques ne se privent pas de soustraire au tribunal les prétendus criminels de guerre qui ont accepté de passer à leur service, et aussi en révélant les arrière-pensées des Alliés dans la campagne des atrocités allemandes et le rôle de la propagande dans cette campagne :

On a poursuivi des Allemands pour des crimes de guerre commis en Russie, tandis que le gouvernement soviétique, lui, refusait de participer à ces procès. Les Soviets, pendant ce temps-là, s'occupaient à persuader les *criminels de guerre* allemands de devenir leurs collaborateurs. Si bien qu'il est arrivé souvent que les juges américains de Nuremberg condamnent ceux qui avaient exécuté les ordres de leurs supérieurs tandis que les supérieurs eux-mêmes remplissaient au même moment des fonctions importantes en zone soviétique. Par exemple, le général Vincent Müller, qui signa l'ordre de liquidation des civils russes qui se trouvaient sur la route de l'armée allemande, est maintenant chef d'état-major de von Seydlitz qui commande la *force de police* germano-russe en zone soviétique ; tandis que le général Hans von Salmuth, son chef d'état-major, qui se borna à distribuer cet ordre, a été condamné à vingt ans de prison par les Américains au Tribunal de Nuremberg. Les procès de

Nuremberg sont maintenant terminés. Le seul résultat obtenu est qu'ils ont tourné en dérision la justice américaine et rempli les Allemands de haine et de mépris pour notre hypocrisie. Un très grand universitaire américain que je rencontrai à Heidelberg exprima cette opinion que les autorités militaires américaines, lorsqu'elles pénétrèrent en Allemagne et virent les effroyables destructions causées par notre *obliteration bombing*, furent épouvantées en comprenant que cette révélation pouvait causer un retournement de l'opinion aux États-Unis et pouvait empêcher qu'on appliquât à l'Allemagne le traitement qu'on avait prévu, en éveillant la sympathie pour les vaincus et en dévoilant nos crimes de guerre. Ce fut, croit-il, la raison pour laquelle le général Eisenhower mit instantanément une flotte aérienne tout entière à la disposition des journalistes, des congressmen et des gens d'église pour leur faire voir les camps de concentration ; son intention était que le spectacle des victimes d'Hitler effaçât notre sentiment de culpabilité. Il est certain qu'on réussit cette opération. Pas un grand journal américain jusqu'à présent n'a décrit les horreurs de nos bombardements ni décrit les conditions épouvantables dans lesquelles vivaient les survivants dans leurs ruines truffées de cadavres. Les lecteurs américains ont été gavés, au contraire, des seules atrocités allemandes.

Sur ce dernier point, on trouvera un jugement analogue émis par un psychologue américain dans une revue anglaise, la *Word Review*. M. John Duffield, spécialiste de la sociologie et de la psychologie collective, écrit, en effet, dans le numéro d'août 1946 de cette revue, sous le titre *War, Peace and Unconsciousness*, les phrases suivantes :

Le traitement de nos anciens ennemis est basé fondamentalement, non sur la justice, mais bien sur une neurose des masses. En effet, on a inventé à cet effet une nouvelle « justice », unilatérale. Car, n'est-il pas étrange que, sur quelque trente millions d'hommes qui ont combattu pour les Alliés, il n'y en ait pas un seul qui ait été traduit devant un tribunal pour crimes de guerre ou atrocités ? Actuellement, la guerre n'est que la violence portée à ses extrêmes limites, elle comporte d'innombrables cruautés, aussi bien préméditées qu'accidentelles.

Mais l'ennemi paraît à l'opinion encore plus cruel, brutal et sadique qu'il n'est réellement, car, en plus des crimes qu'il a commis réellement, il nous apparaît comme chargé de tout l'enfer de notre propre inconscient, car toutes les tendances mauvaises que nous condamnons avec le plus de force et qui sont réprimées dans notre inconscient, nous les projetons au dehors sur lui. Et il apparaît ainsi comme un monstre inhumain, n'ayant plus rien de commun avec nous. En temps de guerre, cette projection populaire de la totalité des puissances du mal sur l'ennemi est encouragée journellement par la propagande, le thème des « atrocités » devenant la principale méthode employée pour cela.

Je laisse de côté des témoignages du même ordre qu'on retrouvera facilement si on le désire : celui de Dorothy Thomson, dont les interventions à la radio sont si connues que le public français lui-même en a entendu parler ; celui du major général Fuller, le grand historien militaire anglais, qui, dans ses deux ouvrages consacrés à la seconde guerre mondiale, *Armament and History* et *World War II*, a été aussi catégorique que Freda Utley et Dorothy Thomson, et qui va même plus loin puisqu'il ne craint pas d'écrire que, la guerre totale ayant été acceptée par les Alliés et réalisée par eux selon leurs moyens propres, ceux-ci n'ont pas à reprocher aux Allemands d'avoir employé de leur côté des formes différentes de la guerre totale, mais tout aussi inévitables. Il faudrait ici citer de trop nombreux passages pour donner un aperçu exact et fidèle de la pensée du major général Fuller. Je préfère donner un résumé d'un essai, paru à Londres en 1949 et qui relève de la même inspiration. Il s'agit d'un petit livre intitulé *Advance to Barbarism*, que j'aurai l'occasion de citer à nouveau plus loin pour les renseignements très intéressants et très peu connus qu'il contient. Pour éviter d'en reproduire des extraits trop nombreux, je me borne à recopier ici l'analyse qui en a été faite dans un hebdomadaire canadien de langue française, *L'Œil* de Montréal :

La guerre de 1939-45, suivant l'auteur, a marqué le retour, sans préambule ni raison apparente, à la barbarie hypocrite et masquée, pire que la barbarie franche. Il attribue à l'Angleterre surtout la responsabilité d'avoir commencé une guerre dans laquelle le non-combattant est frappé au même titre que le combattant, parfois même de préférence au combattant. Il cite les bombardements de Dresde durant les dernières semaines de la guerre, en 1945, alors que 800 bombardiers allèrent pilonner et incendier cette ville que l'on savait être exclusivement remplie de femmes et d'enfants fugitifs de la Russie soviétique, et décrit celui de Hambourg, où de petits enfants allèrent se jeter dans les canaux pour ne pas rôtir ; il cite aussi l'usage inutile de la bombe atomique sur Hiroshima et Nagasaki. Puis il étudie la transformation de millions de prisonniers de guerre en esclaves véritables, état de choses qui dure encore presque quatre ans après la fin des hostilités, la confiscation pure et simple de la propriété des non-combattants, etc.

Tout cela, dit-il, n'a pas été fait spontanément. Il cite l'aveu public de Churchill criant : « Il n'y a pas de limite de violence que nous ne franchirons pas dans cette guerre ». Il cite le fils de Roosevelt dans son rapport sur la conférence de Téhéran, où, après avoir vidé plusieurs bouteilles de vodka, Staline proposa de faire fusiller sans aucune forme, pour la beauté du spectacle, 50.000 chefs ennemis ; Churchill, qui avait ingurgité beaucoup de cognac, déclara qu'il faudrait mettre au point une sorte de procès ; Roosevelt, qui avait bu quelques douzaines de cocktails Martini, suggéra à Staline de réduire son chiffre à 49 500, ce qui ferait paraître le nombre total moins grand. C'est exactement de même, dit-il, que discutaient les satrapes païens dans l'antiquité.

L'auteur analyse ensuite, comme prototype de tous les autres procès, le plus connu de tous, celui de Nuremberg, où, pour la première fois dans l'histoire civilisée, les chefs militaires et navals ennemis furent condamnés à mort pour avoir servi leur pays, pour le crime d'avoir été perdants. Il démontre comment ce tribunal n'avait aucune juridiction, aucun mode légal pour le diriger, aucune offense préalablement qualifiée à juger, aucune garantie de justice puisque les vainqueurs étaient à la fois accusateurs et juges des vaincus ; de plus, les accusés ne pouvaient choisir des avocats que parmi leurs ennemis politiques et n'avaient pas accès à leurs propres archives pour se défendre.

L'auteur conclut que ce simulacre de procès *(mock-trial)* restera comme une dégradation de la justice, de la légalité et de la morale aussi longtemps qu'il n'aura pas été confirmé par un véritable tribunal international, ayant juridiction, neutre et impartial. Ce qui paraît indiquer un commencement de regret, et de réprobation de la farce de Nuremberg, dit-il, c'est qu'à peine neuf mois plus tard l'Angleterre et les États-Unis ont officiellement protesté contre le procès fait à Nicolas Petkov en Bulgarie, parce que Petkov, anticommuniste, était jugé par des juges et assesseurs communistes ; pourtant ce tribunal avait parfaite juridiction ; les offenses jugées étaient préalablement codifiées ; tout ce qui manquait au procès était la garantie d'impartialité et c'était suffisant pour rendre immorale, injuste et illégale la sentence prononcée contre Petkov.

À Nuremberg, *toutes* les conditions essentielles de justice, de légalité et de moralité étaient absentes. L'auteur conclut que si une entente valable et stable n'est pas faite immédiatement pour un retour sérieux aux usages de la guerre et de l'après-guerre suivant les données de la civilisation chrétienne, la prochaine guerre plongera tous les pays dans un abîme de sauvagerie que l'humanité n'a pas encore connu.

Toutes ces références prouvent suffisamment que, dès maintenant, toute une partie de l'opinion mondiale a pris position dans cette question avec une netteté et une force qui sont généralement méconnues ou plutôt inconnues, dans notre pays, pour les raisons que j'ai déjà dites. Mais, de plus hautes autorités n'ont pas dédaigné de faire connaître leur opinion, ou du moins de la laisser connaître, par des interprètes officieusement autorisés. Aux ouvrages dont je vais parler maintenant on trouvera un ton un peu différent. Ils sont moins violents, moins catégoriques que ceux dont je viens de mentionner l'existence ; mais ils sont tout aussi graves par leurs réserves, modestement formulées et par le caractère de ceux qui les ont écrits. Il est donc important que ces avertissements, ces mises en garde, qui deviennent, par moments, de véritables condamnations, trouvent place également dans cette documentation.

En Italie, le Père jésuite S. Lener publie à la maison d'édition officieuse Civiltà Cattolica une étude intitulée *Crimini di guerra e delitti contro l'umanità*, qui semble bien représenter, en raison de la personnalité de l'auteur et de l'éditeur, une opinion tout au moins reconnue comme acceptable par les autorités vaticanes. L'auteur commence, du reste, par rappeler les termes du message radiodiffusé de S.S. Pie XII, à Noël 1945 :

> Personne, à coup sûr, ne pense, déclare ce message, à désarmer la justice à l'égard de ceux qui ont profité de l'état de guerre pour commettre *des crimes de droit commun authentiques et prouvés*, auxquels les prétendues nécessités militaires pouvaient au plus offrir un prétexte, mais nullement une justification. Mais s'il est question de juger et de punir, non plus des individus isolés, mais collectivement une communauté tout entière, qui pourrait refuser de voir dans un semblable procédé une violation des lois qui président à tous les jugements humains ? Ceux qui exigent une expiation pour les fautes commises au moyen d'une juste punition des criminels en raison de leurs crimes doivent bien prendre garde à ne pas faire eux-mêmes ce qu'ils punissent chez les autres sous le nom de délit ou de crime.

Le P. Lener commente cette position du souverain pontife, en se prononçant tout d'abord contre le caractère rétroactif des condamnations de Nuremberg. Je cite le passage, particulièrement clair et fort au point de vue juridique :

> Puisque, en fait, il n'existait pas une loi pénale internationale reconnue par tous les États intéressés et puisque le droit pénal interne de chacun des États, ou ne s'appliquait pas aux faits, ou se révélait inapplicable, le principe *nullum crimen sine prævia lege poenali* apparaît avoir été violé sans aucun doute, soit qu'on ait promulgué *hic et nunc* des lois codifiant la répression projetée (comme c'est le cas dans le *Statut* promulgué à Londres), soit qu'on étende exceptionnellement la sphère d'efficacité du droit interne, soit enfin qu'on procède avec une espèce de blanc-seing pénal. Est-il possible, dans de telles conditions, de réaliser une juste répression, lorsqu'elle est en contradiction évidente avec un principe retenu comme un canon fondamental de la justice pénale ? L'aphorisme *nullum crimen sine prævia lege poenali*, dans le sens qui lui est donné communément de nos jours, implique une triple limitation du pouvoir répressif : 1° l'impossibilité de punir un acte non désigné par la loi comme coupable ; 2° l'impossibilité d'appliquer par analogie la loi pénale à

un acte non spécifiquement visé par elle ; 3° l'impossibilité de lois pénales rétroactives. Toute dérogation à ces règles, affirme solennellement la conférence de criminologie de Rio-de-Janeiro (1936), « introduirait une cause certaine d'anarchie et un mal d'une extrême gravité » ; il pourrait même en résulter « un crime aussi néfaste que l'abolition de toutes les peines et de tous les délits »...

Le P. Lener insiste ensuite sur la valeur qu'aurait dû avoir constamment l'excuse absolutoire des subordonnés et exécutants, pratiquement reconnue actuellement par nos tribunaux militaires. Je cite, également en raison de la sûreté du raisonnement et de la documentation :

À supposer qu'on admette l'évidence efficace du droit humain, et par conséquent la nullité des lois nazies qui sont en contradiction avec lui, comment refuser à celles-ci, tout au moins, l'effet de rendre *incertains* les préceptes prohibitifs du droit commun, sinon pour ceux qui occupent un grade élevé dans l'État, du moins pour les subordonnés, les soldats, les policiers, etc. ? Les principes généraux pourront bien avoir toute leur valeur, mais seulement pour ceux qui sont en mesure d'en connaître l'existence, l'autorité indéfectible, et de comprendre comment ils peuvent agir sur les différentes parties d'un ensemble juridique, mais non pour la masse des fonctionnaires qui ne connaît que la partie du droit relative à leurs propres devoirs et qui sait bien que les lois spéciales ou exceptionnelles dérogent nécessairement au droit commun. Comment est-il possible d'affirmer qu'un droit formellement abrogé doit conserver immuablement dans leurs consciences sa vigueur originelle ?

Enfin, selon le P. Lener, ce sont tous les belligérants indistinctement qui auraient dû rendre des comptes :

Le droit humain, en fait, ne peut pas ne pas s'appliquer dans la même mesure à toutes les parties en conflit. Vainqueurs et vaincus doivent répondre également de leurs transgressions non justifiables. Si la défaite allemande se présente comme la *condition de fait* qui permet pratiquement de satisfaire les exigences de justice nées des innombrables crimes contre l'humanité perpétrés par les nazis chez eux et à l'étranger, celle-ci n'a rien à voir avec la définition intrinsèque des crimes eux-mêmes. Le peuple allemand lui-même, en cas de victoire, aurait eu le devoir de punir les responsables de ces crimes ; de même aussi les Russes, les Anglais et les Américains devraient permettre aujourd'hui même que les accusations de crimes contre l'humanité dirigées contre leurs représentants et leurs subordonnés (je pense aux fameuses troupes marocaines) soient publiquement discutées et portées devant des juges impartiaux. Celui qui invoque le droit humain pour punir les crimes d'autrui sous une forme légale ne peut en refuser l'application à son détriment.

D'où sa conclusion, extrêmement nette et vigoureuse, et d'autant plus frappante pour le lecteur que tout l'ouvrage est conduit avec plus de sérénité et d'impartialité :

Il est licite d'affirmer en toute certitude le caractère illégal du Tribunal de Nuremberg, tel qu'il a été constitué sur la base de l'accord de Londres. D'après le contenu même de la notion de justice, ce tribunal ne peut être reconnu comme juge. Répétons-le : celui qui juge en sa propre cause n'est pas seulement un juge *suspect* et par là même *récusable* (comme aussi s'il a des intérêts connexes avec une des parties, ou des liens de famille, ou une intime amitié, etc.) mais encore et tout simplement, il n'est pas juge du tout. Et par suite, s'il fait, en fait, fonction de juge, le caractère illégal du procès et la nullité de la sentence, selon les principes généraux du droit, sont absolus et irréparables. Dans la deuxième guerre, les mauvais traitements contre les prisonniers ont eu lieu partout. En Russie et en Algérie [Aaargh : Allemagne ?]surtout, la faim a fait des ravages ; et pas seulement la faim. Dans certains dominions anglais l'honneur des prisonniers a été souillé au-delà de toute imagination humaine. Et les fosses de Katyn ? Ici l'accusation était précise et fondée sur des documents. Et les bombardements anglo-américains eux-mêmes n'ont-ils pas dépassé évidemment toute limite de représailles acceptables ? On pense aux innombrables villes italiennes presque entièrement détruites sous prétexte de représailles pour les deux cents appareils inefficaces qui auraient dû bombarder Londres. On pense aux mitraillages à basse altitude de civils et même de petits enfants occupés à des jeux innocents, aux aviateurs ivres et aux crimes ignobles de certaines troupes de couleur (les Marocains), aux pillages et aux viols des isolés. Mais le comble de l'atrocité et de l'humanité a été définitivement atteint dans notre siècle par les bombes atomiques lancées sur des cités civiles surpeuplées, comme Nagasaki ou Hiroshima (et, selon certains journaux, après l'offre de reddition inconditionnelle et non pour des raisons militaires). Est-ce là autre chose que la terre brûlée, autre chose que des destructions sans discrimination (dont on fait un chef d'accusation contre les Allemands), autre chose que des moyens d'attaque disproportionnés et impossibles à limiter, et, en tant que tels, interdits par le droit de la guerre et par le droit naturel ?

La prise de position du clergé protestant n'a pas été moins nette que celle du clergé catholique. On en trouvera le témoignage dans un article du pasteur Jacques Ellul paru en août 1947 dans la revue théologique et ecclésiastique *Verbum Caro*, de Neuchâtel. L'auteur commence par des déclarations catégoriques sur la valeur du procès lui-même :

> Il faut bien reconnaître que, malgré l'imagination et la bonne volonté des juges et des procureurs, le procès de Nuremberg était insoutenable juridiquement.
>
> Ce qui le manifeste plus que tout, c'est la substitution, dans toutes les Revues qui lui ont consacré une étude, d'indignations vengeresses à des raisons juridiques.

Et il ajoute, quelques pages plus loin :

> Ainsi, de quelque côté que l'on se tourne, sur le terrain juridique, on ne constate que vanité, incertitude, incohérence. On ne peut attribuer aucun fondement juridique valable à ce procès, aucune valeur de droit à la condamnation.

Et plus loin :

> Pourquoi avoir joué toute cette parade ? Pourquoi avoir voulu justifier la procédure et la sentence précisément par des arguments juridiques ? Pourquoi avoir voulu élaborer une théorie de ce procès ? Pourquoi avoir déclaré que tout cela n'était pas arbitraire, mais

fondé en droit ? Pourquoi avoir accumulé toutes ces preuves, inutiles hors d'un régime de droit ? Pourquoi ces faux semblants et cette comédie de juridiction régulière, de plaidoiries et de réquisitoires ? Une seule réponse, qui est dure, c'est un symbole de l'hypocrisie où s'enlisent les démocraties.

M. Jacques Ellul va même beaucoup plus loin. Il ne voit aucune différence entre l'attitude des Alliés et celle de l'Allemagne. Tous les États se valent. Les lois de la puissance et de l'instinct de conservation sont les mêmes pour tous. Toute puissance politique est établie contre l'homme. L'hypocrisie seule y met des nuances :

Quant à la préparation de la guerre, aucune nation n'est exempte de ce crime. Qu'il s'agisse de la France avec le plan d'offensive par la Belgique, du conseil de la guerre en 1936, qu'il s'agisse de l'U.R.S.S. avec le « plan quinquennal de l'Armée rouge ». Quel État ne prépare pas la guerre ? Le crime contre la paix est un mot qui caractérise l'attitude de tous les États, de tous les gouvernements, et il apparaît absolument inouï de l'imputer aux représentants d'un seul d'entre eux.

Et encore :

L'État-nation apparaît aux yeux de tous comme la valeur suprême. L'intérêt de l'État-nation est placé au premier plan par l'U.R.S.S. comme par les U.S.A... Ce n'est ni le nazisme, ni l'espace vital, ni le *Führerprinzip* qui sont des causes : ils se bornent à colorer les effets quand les causes sont admises en réalité par les démocraties et les Soviets comme par les autres. Avec une autre idéologie spécifique, il y aurait seulement un changement de catégories de victimes... En réalité les nazis ont été jusqu'au bout des conséquences contenues dans les principes admis universellement et ils l'ont fait avant les autres.

On me dira que ces témoins ont plus d'autorité que de compétence. À quoi je répondrai d'abord que c'est leur autorité qui m'importe. Je cherche le verdict des honnêtes gens. C'est comme leurs représentants que je les fais comparaître. Mais je ne veux pas non plus me trouver sans juriste : et, quoique ma bibliographie, comme on dit dans nos écoles, ne soit pas sur ce point fort longue et fort savante, il faut que je cite ici une sorte de *consultation*, dont l'auteur me paraît sans parti-pris puisqu'il est professeur de droit international à l'Université de Londres. Voici donc ce qu'écrit un spécialiste aussi considérable et aussi documenté que le professeur H.A. Smith, dont je viens de citer le titre, dans un article sur le procès de Nuremberg paru dans la revue *Free Europe* en juillet 1946. Je cite l'article *in extenso*, en raison de l'importance de ses références et de son caractère technique :

L'essence de ce que nous appelons la « règle du droit » réside dans la soumission du pouvoir politique suprême à une autorité qui lui est supérieure. Pour Dicey, aux dernières années du siècle passé, ceci paraissait le principe de base de notre constitution, et aux États-Unis, bien que leurs méthodes soient différentes des nôtres, le même principe est admis comme fondamental. Ceci n'est pas une trouvaille particulière à la pensée politique anglo-saxonne, car le fondement en est la théologie morale du christianisme, et pour cette raison le principe a été rejeté par des systèmes politiques tels que ceux des Marxistes ou des Nazis, qui ont été bâtis de parti-pris sur une base non-chrétienne.

La théorie adverse refuse à la loi une autorité indépendante qui lui soit propre et la considère simplement comme l'instrument de l'autorité politique. Les cours de justice prennent alors place parmi les instances subordonnées dont le rôle est d'appuyer la volonté des quelques hommes en qui un système totalitaire investit l'exercice du pouvoir suprême. Il est absolument impossible à de tels gouvernants de faire quoi que ce soit d'illégal, du moment que « la loi » elle-même est la simple expression de ce qui se trouve être leur bon plaisir du moment. Pour cette raison, la règle de tous les systèmes civilisés, selon laquelle un homme ne peut être puni pour un acte qui ne constituait pas un délit au temps où il a été commis, cesse alors d'avoir la moindre signification, puisqu'un acte qui déplaît à l'autorité suprême devient automatiquement un délit et peut être puni légitimement. C'est pourquoi Hitler agissait en parfaite conformité avec les principes nazi et marxiste quand il donnait l'ordre à ses juges de condamner dans tous les cas « où une opinion publique saine » (*Volksgesundheit*) exigeait une punition, quand bien même les faits ne révélaient aucun délit réprimé par le Code pénal allemand. Le système de justice soviétique admet la même doctrine.

Jusqu'ici nous avons seulement parlé du droit intérieur ou « civil », mais dans cet article nous avons surtout à nous occuper du droit des nations. Du moment que ce droit est chrétien, tant par son origine historique que par son contenu essentiel, il doit tout d'abord, nécessairement, accepter pour principe que la fonction la plus haute du droit est d'imposer des limites à l'exercice du pouvoir. Les canonistes qui ont posé les bases du droit international l'envisageaient comme un corps de règles qui liait par son autorité les princes indépendants qui ne reconnaissaient pas de supérieur sur terre, et ce principe fut pleinement agréé par leurs successeurs laïcs jusqu'à nos jours. Le droit des nations ainsi envisagé formait un étalon convenu de la conduite internationale : les gouvernants des états en litige étaient tous disposés à y faire appel. La faiblesse du système résidait, et réside encore, non pas dans l'étalon commun lui-même, mais dans l'absence d'une autorité capable de déterminer son application dans les cas particuliers. Ce principe de la valeur en soi et de l'autorité du droit international n'a pas été récusé jusqu'à ce que les Bolcheviques aient pris le pouvoir en Russie.

En ceci réside le véritable point litigieux que présentent les Procès de Nuremberg. Acceptons-nous le principe de l'autorité indépendante du droit international, ou bien pensons-nous que les vainqueurs d'une guerre ont le droit de modeler à nouveau la loi de façon à pouvoir imposer leur volonté à la personne de leurs ennemis vaincus ?

Des critiques, telles que celles dont on a toléré la parution dans la presse (et beaucoup ont été censurées), ne font que refléter faiblement l'anxiété que ressentent à propos de cette question primordiale les gens qui réfléchissent. Pour la plupart, les commentateurs se sont attachés au compte rendu de mauvaise foi qui a été fait des débats, et il est malheureusement vrai que la presse a pleinement usé du fait que les débats n'étaient pas protégés par la règle du droit anglais qui punit l'offense au tribunal.[2] Mais ceci est relativement un sujet mineur. La véritable question est de savoir si le procès dans son ensemble est conforme au droit international.

Dans la Convention de la S.D.N., dans la Charte de l'O.N.U. et dans beaucoup d'autres documents solennels, notre Gouvernement, en compagnie de ceux des autres États civilisés, a affirmé à plusieurs reprises sa fidélité à l'autorité du droit international. Pour un exposé officiel du principe de ce droit, nous pouvons nous en référer au Statut de la Cour internationale de justice, qui figure en annexe à la Charte de l'O.N.U. Là, nous trouvons écrit que la Cour doit fonder ses jugements sur les conventions internationales, la coutume internationale, et « les principes généraux du droit reconnus par les nations civilisées » (art. 36). Les termes employés sont les mêmes que ceux du Statut de la Cour Permanente de Justice Internationale, dont le nouveau tribunal est le successeur, et ils ont forcément la même signification que lorsqu'ils furent rédigés pour la première fois en 1920. La question que nous avons à nous poser est de savoir si les Procès de Nuremberg sont conformes à l'acceptation de ce canon.

Il est bon de dire qu'en 1920 le principe qu'aucun homme ne peut être puni pour un acte qui n'était pas un délit selon la loi à l'époque où il a été commis, était commun à tous les peuples civilisés. Il est exprimé dans tous les codes criminels européens, y compris l'allemand. Pour établir formellement ce principe fondamental, nous pouvons reprendre l'article 4 du Code pénal français :

« Nulle contravention, nul délit, nul crime, ne peuvent être punis de peines qui n'étaient pas prononcées par la loi avant qu'ils fussent commis. »

Si cette loi était un « des principes généraux du droit reconnu par toutes les nations civilisées », il s'ensuit qu'elle faisait partie du droit international, et qu'un procès qui viole cette loi est illégal au

---

[2] Par cette règle, il est interdit, en Angleterre, de préjuger de la décision d'un tribunal, et, par exemple, d'écrire d'un meurtrier ou d'un incendiaire, même s'il a avoué, qu'il est un meurtrier ou un incendiaire, avant que le tribunal en ait décidé ainsi. *(Note de l'éditeur.)*

point de vue du droit international. Nous n'avons pas besoin de perdre du temps à réfuter la justification fournie par ceux qui cherchent des excuses à Nuremberg en disant qu'on est autorisé à négliger la loi dans le cas où les accusés savaient que ce qu'ils faisaient était moralement mauvais : car il est évident qu'une telle exception démolit complètement la loi elle-même.

Tout de suite, nous devons nous occuper de la « Charte » du tribunal et de l'Acte d'accusation préparé en s'appuyant sur cette « Charte ». La place ne nous permet pas de citer entièrement, mais il suffit de dire que chacun de ces documents se divise en deux parties principales, qui traitent respectivement des préparatifs de guerre et de la conduite de la guerre. Sous le premier chef, les prévenus sont accusés d'avoir conspiré pour entreprendre « une guerre d'agression ». Sous le second, ils sont accusés de « crimes de guerre » et de « crimes contre l'humanité ».

Pour le premier, on peut dire en toute certitude qu'aucun légiste n'aurait osé dire en 1939 que les gouvernants d'un État pouvaient être punis comme criminels individuels pour avoir préparé une guerre d'agression. La question a été débattue dans le cas de Napoléon, et amena précisément la même conclusion ; mais en 1815, le Gouvernement britannique de l'époque préféra suivre l'opinion des juristes plutôt que les clameurs de la foule. Après l'armistice de 1918, le Gouvernement des Pays-Bas agit selon le même principe en refusant de livrer l'Empereur d'Allemagne, qui avait été accusé dans le Traité de Versailles de « délit suprême contre la morale internationale et la sainteté des traités ». Les Alliés, sachant qu'ils étaient sur un sol mouvant, n'insistèrent pas avec leur demande, et on laissa tomber la question. Un instant de réflexion suffira pour montrer que, dans ce domaine, comme dans beaucoup d'autres, la loi est plus sage que les passions fugitives des hommes, et les hommes d'État de l'avenir auront à juste titre de bonnes raisons pour déplorer le précédent que Nuremberg a établi.

Le précédent, établi dans toute sa simplicité, revient à ceci : les membres d'un gouvernement qui décide de s'engager dans une guerre prendront leur décision tout en sachant qu'ils courent le risque d'être pendus à la discrétion de leurs ennemis s'ils ne la gagnent pas. Comme il est totalement impossible d'arriver à une définition généralement acceptée de l' »agression », il est clair que, dans l'avenir, les vainqueurs, et eux seuls, peuvent décider si l'État vaincu avait une raison suffisante de déclarer la guerre.

La loi cesse d'être la loi, si le succès peut justifier qu'on la viole. La preuve la plus simple que l' »agression » est un crime seulement pour le vaincu, le cas de la Russie le fournit. En décembre 1939, l'Union soviétique fut solennellement expulsée de la Société des Nations pour une attaque non provoquée contre la Finlande durant le mois précédent. Telle fut l'unanime décision d'un corps international, décision à laquelle notre propre Gouvernement prit part, et on peut rappeler qu'à ce moment nous étions même prêts à aider la résistance de la Finlande contre la Russie, si la Suède avait accepté de nous donner le droit de passage. Si nous avons assez de courage pour demander maintenant comment un acte qui constituait un crime capital de la part de certains en septembre, est devenu totalement innocent lorsqu'il est commis par d'autres en novembre, la réponse ne sera que trop évidente. La violation de la « loi », couronnée par le succès, transporte le délinquant du banc des accusés au banc des juges.

Pour ce qui est de l'accusation qui traite de « crimes de guerre » et de « crimes contre l'humanité », il est nécessaire d'être légèrement plus technique. De la seconde formule, tout ce qui a besoin d'être dit, c'est qu'elle était auparavant inconnue du droit, et qu'elle ressemble à s'y méprendre à la doctrine de Hitler sur les actes « contraires à une saine opinion publique ». L'expression « crimes de guerre », au contraire, a un sens légalement défini, sur lequel toutes les autorités sont solidement d'accord.

Dans le *Manual of Military Law* anglais (ch. XIX §441), il est dit que « le terme » « crime de guerre » est l'expression technique pour un acte de soldats ou de civils ennemis qui mérite d'être châtié en cas de capture des délinquants. Ce terme s'emploie couramment, mais on doit faire remarquer avec insistance qu'il est employé dans le sens militaire et technique, et le sens légal seulement, et non dans le sens moral.

Le paragraphe qui suit explique avec plus de précision ce qu'on entend :

« §442. Les crimes de guerre peuvent être divisés en quatre catégories différentes :

1) Violation des règles reconnues de conduite de la guerre par des membres des forces armées ;
2) Actes hostiles illégitimes commis en armes par des individus qui ne sont pas membres des forces armées ;
3) Espionnage et trahison de guerre ;
4) Maraudage. »

Tout le sujet des crimes de guerre est traité sous la rubrique générale « *Means of Securing Legitimate Warfare* » (Moyens de garantir la conduite légale de la guerre) (§435-451), le point capital étant que le droit de châtier des individus dans certains cas est un moyen d'obliger l'ennemi à observer les lois de la guerre. De nombreux exemples sont donnés (§443) pour illustrer la quadruple classification : le trait commun de ces exemples étant qu'ils sont tous tirés du champ des opérations militaires réelles. Le seul but est de punir des individus exclusivement pour des actes dont ils sont individuellement responsables ; pour cette raison, l'énumération des exemples est suivie d'un principe qu'il faut citer intégralement :

« Il est important, cependant, de faire remarquer que les membres des forces armées qui commettent des violations des lois reconnues de la guerre qui sont ordonnées par leur Gouvernement ou par leur commandement, ne sont pas criminels de guerre, et ne peuvent être en conséquence punis par l'ennemi.

L'ennemi peut punir les fonctionnaires ou commandants responsables de tels ordres, s'ils tombent entre ses mains, mais autrement il peut seulement recourir aux autres moyens d'obtenir réparation qui sont exposés dans ce chapitre » (ceux-ci sont donnés dans le §438 : plainte à l'ennemi ou aux neutres, représailles et prise d'otages).

Ce paragraphe expose ce qui est communément connu sous le nom de « moyen de défense tiré des ordres supérieurs ». La même loi existe dans le Manuel américain correspondant, et le principe est évidemment de première importance. Dans le droit des nations tel qu'il est clairement exprimé dans l'article 3 de la Quatrième Convention de La Haye de 1907, l'État en tant que tel est rendu responsable de la correction générale de la conduite de ses forces armées, le droit de punir des individus étant strictement limité aux quatre catégories de cas spécifiés ci-dessus. Sans une telle loi, on ne pourrait maintenir qu'avec peine la discipline des armées, et il n'est pas surprenant qu'un grand nombre d'officiers supérieurs soient sérieusement troublés par le déroulement des procès de Nuremberg. Le sens commun en la matière est qu'un homme ne peut être châtié en bonne justice pour avoir exécuté un ordre (même odieux) auquel il lui a été pratiquement impossible de résister.

Le paragraphe que nous venons de citer a été suffisant pour assurer l'acquittement de la plupart des accusés des procès de Leipzig après la guerre de 1914-1918, et pourrait également être une défense suffisante contre la plupart des charges élevées à Nuremberg. Ceci nous amène à un sujet très troublant. En avril 1944, tandis que l'on préparait activement le procès des criminels de guerre à Londres, le War Office changea les termes du paragraphe 443 de manière à supprimer le moyen de défense tiré des ordres supérieurs. Les nouveaux termes sont extraits d'un article du professeur Lauterpacht de Cambridge dans le volume 1944 du *British Year Book of International Law* (Annuaire anglais de droit international), où l'auteur dit :

« La nature nettement illégale de l'ordre — illégale si l'on se réfère aux principes généralement reconnus du droit international qui s'identifient avec les puissantes injonctions de l'humanité de façon à être évidents pour toute personne d'intelligence ordinaire — rend le moyen de défense tiré des ordres supérieurs irrecevable. »

En conséquence, le subordonné est maintenant exposé à être pendu par l'ennemi après la guerre, s'il ne prend le risque durant le déroulement de la guerre de refuser obéissance à un ordre qu'il considère comme moralement mauvais. Peut-être n'est-il pas déloyal de douter que le professeur Lauterpacht, qui a mérité la situation d'universitaire distingué dans ce pays, eût osé agir en conformité avec la doctrine exposée par lui aujourd'hui, au temps où il servait dans l'armée autrichienne durant la Première Guerre mondiale

Le point important n'est pas de savoir si les nouveaux termes sont ou ne sont pas préférables aux anciens. Tout criminaliste sait que l'invocation de coercition présente de très graves problèmes pour la défense et qu'il y a matière à de grandes divergences d'opinion. Ce qui est d'une importance vitale, c'est que ce texte ait pu être changé au moment où l'on préparait l'accusation et après que beaucoup des actes incriminés eurent été commis. Supprimer un terrain de défense primordial de cette manière est totalement incompatible avec nos traditions de justice.

On a beaucoup parlé dans la presse de la « probité » du procès et on peut admettre que le juge qui présidait a mené les débats dans le meilleur esprit de notre magistrature. L'improbité ne réside pas dans la salle d'audience, mais en dehors d'elle. La « Charte » a faussé la balance en chargeant lourdement un des plateaux au détriment des accusés avant le début du procès, car la loi qui régit le procès est contenue dans un document préparé par l'accusation. Par ce document, les principaux moyens de défense ont été supprimés à l'avance et, de ce fait, ils n'ont pu être utilisés par les accusés. On n'a pas permis non plus aux accusés de récuser la juridiction du tribunal ni de soutenir qu'ils n'avaient fait qu'appliquer des ordres supérieurs. On ne leur a pas davantage permis de plaider que Staline a entrepris une guerre d'agression, ni que les camps de concentration russes sont dirigés avec une grande brutalité.

Nous pouvons tous admettre que les accusés constituèrent un groupe de très méchants hommes, mais le véritable litige n'est pas dans le sort personnel de quelques individus. Ce qui est en cause dans ce procès, c'est l'autorité du droit international et les idéaux de droit et de justice dont nous sommes les garants et pour lesquels nous avons fait profession de lutter.

Tel est l'état de l'opinion mondiale, trois ans après le procès de Nuremberg. On s'est bien gardé de nous le laisser savoir. Nous croyons, en France, et nous continuons à croire que tout le monde approuve avec infiniment de respect tout ce qui s'est fait en France depuis 1944. On étonnerait beaucoup de Français en leur découvrant la profondeur du mépris dans lequel s'est enfoncé notre malheureux pays. Ce n'est qu'un cas particulier du dégoût qu'inspire à des millions d'hommes l'hypocrisie démocratique. On pourrait faire chaque semaine un journal, rien qu'en découpant dans la presse internationale ce que les journaux officieux d'Europe se gardent bien de citer.

Nous vivons dans une euphorie intellectuelle de grands malades. On ménage apparemment en nous des cerveaux chancelants que la brusque vue de la réalité épouvanterait autant qu'un juge d'instruction quand il soulève un coin du voile. De temps en temps, nos penseurs officiels s'avisent qu'on ne lit pas nos livres et qu'on ne les traduit pas : ils ont la naïveté de s'en étonner. Ce qui serait miraculeux ce serait qu'on s'obstinât à lire ce qui s'imprime à Paris, élucubrations qui ressemblent beaucoup aux conversations convenables qu'on tient dans les bonnes maisons, avec juste ce qu'il faut d'obscénité pour ne pas s'endormir. Nous avons cru que nous pouvions conserver comme la Grèce une sorte de royauté intellectuelle et nous sommes partis à la conquête du vainqueur. Mais tel est le résultat de notre peur de la vérité : la littérature française a autant d'importance aujourd'hui que l'armée française. Le pays de Voltaire condamne Calas tous les jours à son petit déjeuner. C'est bien commode d'avoir affaire à des monstres. Cela permet une indifférence facile. Nous avons le culte de la facilité, en politique, en stratégie, en finance : en pensée aussi.

Mais les Lois sont des déesses impassibles : celles que nous avons faites nous jugent. Nous avons écrit les Tables de la décadence. Nous n'en sortirons qu'en ayant le courage de regarder en face les visages immobiles et graves qui nous reprochent notre silence.

MAURICE BARDÈCHE

Deuxième partie

De quelques motifs de prudence

MAURICE BARDÈCHE

Chapitre Premier

Les pressions sur les témoins

Dans toute la première partie de cet exposé, je n'ai cité que des témoignages qui dénonçaient l'hypocrisie juridique du procès lui-même. Ce sont des légistes qui parlent ou des polémistes qui se sont faits légistes pour la circonstance. Mais, sauf par exception, cette documentation ne touche pas encore aux faits. Dans les pages qui vont suivre, c'est sur les faits eux-mêmes, tels qu'ils ont été produits au procès ou dénoncés à l'opinion mondiale, que s'exercera la critique des commentateurs que je vais mentionner. On verra que, là aussi, notre pays a été tenu systématiquement dans l'ignorance des faits nouveaux qui ont troublé un certain nombre de consciences, et qu'il est nécessaire de connaître pour porter un jugement complet et équitable sur le procès de Nuremberg.

On devra faire d'abord deux observations. La première est la suivante : dans l'état actuel de l'Allemagne, les témoignages qu'on pourrait appeler « à décharge » sont encore d'une production très difficile. Les Allemands vivent toujours sous un statut qui permet aux troupes d'occupation d'effectuer des arrestations arbitraires et de prononcer des détentions administratives ou des déchéances de toute sorte, sans les motiver autrement que par des raisons vagues de sécurité. C'en est assez pour fermer bien des bouches. La moitié de l'Allemagne est soumise au contrôle soviétique qui ne laisse filtrer aucun renseignement. Il y a des témoins dans cette moitié de l'Allemagne et ils ne peuvent se faire entendre. Il y en a aussi dans les prisons et dans les camps de concentration, et ceux-là ne peuvent pas témoigner non plus. Enfin, il faut ajouter la masse considérable de tous ceux qui, s'étant refait une situation ou ayant trouvé par chance un petit emploi, désirent avant tout ne pas faire parler d'eux ; et la plupart de ceux qui, ayant été au service du régime national-socialiste, pourraient avoir quelque chose à dire, sont dans ce cas. On peut écrire, sans aucune exagération, que les circonstances sont telles qu'une pression permanente s'exerce à peu près partout, qui a pour effet de rendre presque impossible pour l'instant la production d'un grand nombre de témoignages. Nous pouvons en avoir une idée si nous songeons qu'en France, bien que la situation soit très différente, beaucoup de personnes hésitent encore à dire ce qu'elles savent sur les crimes et les exécutions qui ont accompagné la guerre civile de 1944. Ce qu'on peut arracher à ces eaux silencieuses n'en a que plus de prix. Si l'on réfléchit aux risques qu'ont acceptés pour eux et pour leur famille (car la misère est un risque, elle aussi) ceux qui ont eu le courage de parler et de protester, on regardera comme une sorte de miracle et comme un grave sujet de réflexion que nous ayons pu, sans moyen d'enquête, sans fonction, sans appui, réunir sur ce point une documentation aussi abondante.

La seconde réserve que j'ai à faire est celle-ci : Je ne traiterai pas ici la question de la responsabilité de la guerre. Par ce qui a été dit plus haut, on a pu voir que les avis sur ce point sont très partagés. Il n'est pas temps d'ouvrir ce débat. Mais je pense que n'importe qui a le droit de suspendre son jugement sur cette question et qu'aucune loi française ne m'interdit d'être sceptique sur les affirmations du verdict de Nuremberg. Il ne sera donc pas fait mention de l'étrange sélection faite par le Tribunal international entre les documents dont il pouvait disposer ou qu'il pouvait faire rechercher, et pas davantage de son étonnante paresse à recueillir les témoignages.

Nous excluons volontairement de notre enquête cette matière importante.

Pour parler comme les juges, c'est donc uniquement de la conduite de l'instruction en ce qui concerne les crimes de guerre et leur subdivision principale, les crimes contre l'humanité, que nous allons faire porter notre examen. L'instruction fut-elle complète ? Fut-elle honnête ? Fut-elle libre ? C'est sur ces divers points que nous allons d'abord apporter des témoignages.

Dans un livre précédemment interdit, et saisi sous le grief d'apologie du meurtre, nous avions déjà été amenés à souligner certaines défaillances de l'instruction. Dans ce livre, en l'absence de tout autre document, nous avions surtout montré, par l'analyse du compte rendu sténographique des débats, que certaines accusations avaient été soutenues à l'audience après une enquête qui semblait fort incomplète, et qu'en tout cas ces accusations n'étaient jamais accompagnées d'un tableau sérieux et méthodique de la situation. C'était donc le procès lui-même, c'était l'accusation elle-même qui m'avait guidé vers ses propres défaillances. Je vais utiliser maintenant une documentation d'une provenance tout à fait différente, celle qui vient des accusés eux-mêmes et de leurs défenseurs.

Il faut ici, pour la clarté de l'exposition, rappeler quelques faits. Ce que nous appelons le procès de Nuremberg, c'est-à-dire le procès intenté par les Alliés aux dirigeants du Reich allemand devant le tribunal dit Tribunal militaire international, n'est en réalité que le premier en date du groupe des procès de Nuremberg. Il y eut d'autres fournées que les Américains appellent deuxième, troisième, quatrième, septième, huitième procès de Nuremberg, etc. Il y eut une différence assez importante entre ces procès secondaires et le procès initial : ces procès secondaires eurent lieu devant un tribunal composé exclusivement de juges américains et l'accusation y fut soutenue également par un ministère public entièrement américain. Avec l'évolution de la politique des États-Unis en Allemagne, ces procès devinrent plus libres, et les avocats et parfois les accusés eux-mêmes en profitèrent pour déposer des protestations qui étaient rédigées à l'occasion de certains incidents de ces procès eux-mêmes, mais qui souvent visaient les méthodes du procès initial. En même temps et parallèlement, des procès particuliers se déroulaient devant des cours martiales américaines. Dans ces procès, les accusés furent autorisés à faire appel à des avocats anglais ou américains, qui se trouvèrent infiniment plus libres devant le tribunal que leurs confrères allemands.

C'est cette situation spéciale qui donna naissance à un certain nombre de mémoires adressés aux tribunaux américains. Je suis loin de les connaître tous, mais, d'après ceux que j'ai pu consulter, il me semble qu'ils constituent une sorte de mise au point dont on ne saurait se passer pour apprécier la valeur de l'enquête présentée à Nuremberg.

Un grand nombre de ces mémoires sont des documents de caractère purement juridique qui ne font que reprendre les arguments qui ont été exposés dans notre première partie. Nous les laissons donc de côté. Mais un certain nombre d'entre eux concernent les faits eux-mêmes. Ils reprochent à l'accusation de n'avoir pas fourni aux accusés toutes les garanties qu'ils étaient en droit d'exiger, et, en particulier, ils expriment le reproche grave que des témoins gênants ont été délibérément écartés ou que des pressions ont été exercées sur eux pour qu'ils modifient leur déposition dans un sens favorable à l'accusation.

En voici quelques exemples. Je cite d'abord une déclaration sous serment du fameux aviateur allemand, le maréchal Milch, déclaration certifiée par son défenseur Me Berghold, relative aux pressions subies par lui-même lors de sa déposition au premier procès de Nuremberg. Je m'excuse de citer cette pièce et les suivantes telles qu'elles me sont parvenues, dans leur traduction gauche et souvent fautive ; je n'ai rien voulu changer à ces documents qui diminuât leur authenticité et je trouve touchants, d'autre part, ces efforts dont la forme même prouve qu'ils viennent d'hommes qui n'ont pas d'argent, pas de journaux, pas d'appui, et qui sont seuls pour essayer de dire ce qu'ils furent véritablement.

Moi, Erhard Milch, Generalfeldmarschall, né le 30-3-1892 à Wilhelmshafen, en ce moment au tribunal de Nuremberg, ai été prévenu que je suis punissable en faisant une fausse déclaration sous serment.

Je déclare sous serment que mes déclarations sont vraies, et qu'elles seront remises à un tribunal en Allemagne comme preuves.

Le 5-11-1945, le très connu major Emery, comme il se nommait en Allemagne, mais aussi Englander, comme il se nommait en Angleterre, me rendit visite à Nuremberg. Il m'était déjà connu en Angleterre. Je suppose que son vrai nom est un autre. Il était, à ce qu'il m'a une fois raconté, banquier à New York. Il dirigeait le camp d'enquête anglais n° 7, auquel appartenait aussi le capitaine Tracy (certainement aussi un nom faux). À l'arrivée du major Emery au tribunal de Nuremberg, justement un enquêteur américain s'occupait de moi. J'entendais par hasard que cela devait être un major Mahagan (?).

Après une courte entente à trois, Emery demanda au major Mahagan de nous laisser seuls. Emery m'annonça ensuite que si je continuais à faire des dépositions pour Göring, Speer et les autres accusés du tribunal international, j'avais à compter d'être moi-même accusé de crime de guerre. Je déclarai que je n'avais commis aucun crime de guerre et que je ne voyais aucune raison pour être accusé. Emery répondait : « Ceci est une chose très simple, nous pouvons, si nous voulons, accuser chaque Allemand de crime de guerre, et lui faire un procès, qu'il ait commis un crime ou non. Pourquoi parlez-vous pour Göring et les autres, ils ne le feraient pas pour vous, et je voudrais vous donner un bon conseil, parlez contre ces gens, ceci dans votre propre intérêt. »

Je lui répondis que je ne disais que la vérité, que ma personne ne jouait aucun rôle, et que je n'avais peur d'aucun procès. Emery répond : « Pensez que vous êtes encore jeune et que vous pourriez encore jouer un rôle et aussi que vous êtes obligé de penser à votre famille. »

Je refusai naturellement le conseil qu'il me donnait, même s'il était bien donné. Emery termina en disant qu'alors il ne pouvait pas m'aider. À partir de ce moment, je savais que l'on allait essayer de faire un procès de criminel de guerre contre moi. J'ai raconté ceci à des camarades de Nuremberg et Dachau ainsi qu'à des délégués de la Croix-Rouge Internationale de Genève. Nuremberg le 9-4-47.

Signé : Erhard MILCH, Generalfeldmarschall.

La signature du Generalfeldmarschall Erhard Milch a été donnée en ma présence, à Nuremberg, devant l'avocat Dr Friedrich Bergold, et est atteste comme vraie.

Dr Friedrich BERGHOLD, Avocat au tribunal militaire II, Nuremberg.

Le procédé employé ici a été répété en maintes circonstances. Tous les témoins, il faut le dire, ne furent pas toujours aussi fermes que le maréchal Milch. Un incident fit même scandale, et il est si connu en Allemagne que je n'ai pas besoin, ici, de fournir un document. On avait besoin de charges contre le ministère des Affaires étrangères du Reich. On fit venir un haut fonctionnaire de ce département, le Dr Gauss. On lui parla sérieusement. Au bout de quelques entretiens, le témoin accoucha d'une déposition accablante pour l'Allemagne et pour les accusés, que le ministère public exhiba avec beaucoup de satisfaction. Le public fut un peu étonné. Mais il le fut moins, lorsqu'on apprit que le Dr Gauss, par suite d'une promotion flatteuse, avait été désormais admis à classer les fiches de l'accusation, dans la propre antichambre du Dr Kempner, juif allemand émigré en 1938 aux États-Unis et nommé, en 1946, factotum et collaborateur principal de Justice Jackson dans le procès contre l'Allemagne.

Il ne faut pas oublier, si l'on veut apprécier honnêtement cette situation, que presque tous les témoins étaient en même temps ou pouvaient devenir des accusés : il n'était pas difficile de les persuader qu'en chargeant leurs chefs ou en falsifiant les faits selon le vœu du ministère public ils servaient leur propre cause. Quand cet argument ne suffisait pas, on les menaçait de les livrer aux autorités soviétiques ou polonaises.

Voici à ce propos un extrait de la sténographie du procès Weizsäcker (audience du 3 mars 1948) reproduisant l'interrogatoire du témoin Eberhard von Thadden par le Dr Schmidt-Leichner, avocat de l'accusé :

D. Monsieur le témoin, pouvez-vous vous rappeler combien de temps la discussion a duré dans le cas Mesny ?

R. Non.

D. Avez-vous été au courant autrefois de l'exécution ?

R. Non, je l'ai apprise pour la première fois par M. Kempner en 1946.

D. Donc vous avez été interrogé sur cette affaire en 1946 ?

R. Oui.

D. Pourrais-je vous demander si, dans ce premier interrogatoire, selon vous, vous étiez interrogé comme témoin ou comme accusé ?

R. Ma situation dans l'interrogatoire de 1946 n'a d'abord pas pu être claire pour moi, mais après l'interrogatoire de septembre, non de la fin d'août, j'avais l'impression que les interrogatoires étaient encore pour le procès international.

D. Vous a-t-on fait savoir pendant l'interrogatoire qu'il était possible de vous remettre aux autorités françaises ?

R. Oui.

D. Plaît-il ?

R. Oui.

D. Voulez-vous, s'il vous plaît, donner quelques explications au haut tribunal.

R. On m'avait fait savoir qu'il me restait deux chances : ou de faire un aveu, ou alors d'être transmis aux autorités françaises, devant un tribunal français et la peine de mort serait sûre pour moi. Un délai de vingt-quatre heures m'avait été accordé, pendant lequel j'avais à me décider.

Me Schmidt-Leichner : Je vous remercie, je n'ai pas d'autres questions.

Voici, dans le même procès, audience du 11 mai 1948, un fragment de l'interrogatoire de l'accusé Haefliger par un des avocats, le Dr Siemer :

D. Avez-vous déjà été interrogé ou non ?

R. J'ai été interrogé lors de mon arrestation par M. Sachs, et celui-ci me menaça de me livrer aux autorités russes, parce que j'étais ressortissant suisse, et si je me reposais sur ma nationalité suisse, il me faisait remarquer qu'il n'y avait aucune relation diplomatique entre la Russie et la Suisse.

Les mémoires des avocats donnent des exemples analogues. Je cite d'abord un fragment d'un mémoire du Dr Rudolf Aschenauer, avocat des SS dans le procès de l'Einsatzgruppe, mémoire portant la date de juin 1948 :

Dans le procès de « l'Einsatzgruppe » un journal de Berlin, par exemple, publia que tous les membres de ce groupe qui n'auront pas été jugés par le tribunal de Nuremberg seront remis aux autorités russes, ce qui eut comme suite que personne ne se présenta comme témoins. Les détenus qui étaient annoncés comme témoins à décharge passaient presque tous d'abord devant des juges.

Ils étaient l'objet de nombreuses menaces, en particulier d'être livrés aux Polonais (Dr Barthols, Dr Baecker, Vietz). Ceci faisait que ces témoins étaient ensuite dans leurs déclarations très timides, car ils s'attendaient à être livrés aux Polonais, et savaient que leurs déclarations seraient employées contre eux-mêmes. Dans un cas, le Dr Stier, a vraiment été livré aux Polonais (en ce moment encore il est dans la prison de Varsovie).

Deux autres mémoires, présentés dans le même procès, l'un du Dr von Imhoff, l'autre du Dr Georg Froeschmann, avocats d'autres accusés, protestant contre les mêmes faits :

Dans le même procès, un Allemand qui était demandé comme témoin, et qui voulait témoigner pour l'accusé, fut accueilli au tribunal par ces paroles du juge : « Comme le témoin sera remis aux autorités polonaises demain, nous avons été obligés de le faire venir aujourd'hui. » Le témoin, qui ne savait rien de tout cela, fut presque dans l'impossibilité de témoigner tellement il avait peur. *(Dr.von Imhoff.)*

Souvent des personnes qui étaient venues pour témoigner pour l'accusé furent prévenues qu'elles seraient remises à des autorités étrangères, ceci pour obtenir que les témoins ne parlent pas. Je pense, par exemple, à des personnes comme les accusés : Berger, le témoin, Dr Bathels, Brautigam, Meuerer et d'autres.

Une interrogation des différents témoins montrerait la justesse de ces déclarations. *(Dr Georg Froeschmann.)*

D'autres méthodes étaient encore à la disposition des enquêteurs pour faire disparaître les témoignages à décharge, car ils disposaient d'un arsenal abondant. Très souvent, ils se servaient des travaux des Commissions de dénazification. Un mémoire du Dr Frohwein pour le général Poertsch, présenté à Nuremberg le 19 juillet 1948, explique bien ce mécanisme :

En plus des procès de Nuremberg, les procès de la dénazification se passent parallèlement devant les tribunaux spéciaux allemands. Cette procédure a pour conséquence que beaucoup de témoins ne peuvent parler librement. Ils ont peur que le tribunal ne livre des preuves (comme cela s'est déjà produit) au tribunal spécial allemand qui ensuite les condamne.

Dans le cadre du tribunal de Nuremberg travaille, en outre, la *Special Project Division*, où ont accès des fonctionnaires du ministère public allemand. On croit savoir que ceux-ci préparent, en collaboration avec le service accusateur, des procès allemands. Ce qui aussi s'oppose à ce que les témoins parlent librement.

Le général Foertsch a été libéré dans le procès [Aaargh : du commandement] Sud-Ost. Il se trouve maintenant condamné par le tribunal spécial allemand, comme fautif principal. Dans les accusations faites contre lui, il y a de nouveau des accusations de crimes de guerre, desquelles le tribunal militaire l'avait acquitté. Le général prétend avoir entendu du juge officiel que les preuves le chargeant venaient de l'accusateur de Nuremberg. Il prétend également que d'abord le juge officiel avait envisagé la chose comme non grave, mais que depuis quelque temps, après avoir reçu des ordres, il voyait la chose d'une façon plus sérieuse.

D'autres fois, quand l'extradition ou la dénazification ne peuvent être envisagées contre le témoin, ce sont les associations de déportés politiques et de victimes raciales qui interviennent, et fréquemment menacent, pour empêcher des témoins de déposer. Ce dernier mode de chantage est particulièrement grave, parce qu'il a souvent privé les accusés de témoins appartenant aux catégories qu'on représentait comme victimes des atrocités allemandes, et qui étaient disposés à déposer sans exagération sur leurs conditions de vie. L'absence de ces témoignages a non seulement causé la perte de certains accusés, mais elle a singulièrement facilité la tâche de la propagande antiallemande. Il a été facile, dès lors, de dire qu'il y avait unanimité dans les dépositions, qu'il n'y avait jamais de variantes, qu'en fait on n'avait presque pas besoin de dépositions pour constater des crimes aussi évidents. Tout ceci ressemble beaucoup à une action concertée, en vue de ce qu'il faut bien appeler un habile maquillage de la réalité.

Voici toute une documentation qui concerne le camp de concentration d'Auschwitz, où les dirigeants de l'I.G. Farben, le grand trust chimique allemand, furent accusés de crimes contre l'humanité, pour avoir utilisé des internés politiques comme travailleurs dans leur usine locale.

Les associations d'anciens internés politiques et de victimes du régime nazi ont organisé une campagne d'intimidation auprès des anciens déportés pour s'opposer à leurs témoignages. Le fait a été constaté par le Dr Alfred Seidl, dans son plaidoyer pour l'ingénieur Walter Dürrfeld, devant le Tribunal militaire n° VI. Je cite la sténographie des débats, p. 50 et 51 :

Ces difficultés propres à la défense se sont fait sentir d'une manière particulièrement aiguë à propos des anciens internés qui travaillaient dans l'usine d'Auschwitz de l'I.G. Farben. Dès qu'il s'agissait d'internés politiques, ces difficultés étaient insurmontables et les témoignages impossibles, car les organisations des « déportés du régime nazi » défendaient à leurs membres de parler pour les accusés. Il est aussi arrivé que des membres qui néanmoins avaient parlé ou donné des déclarations sous serment pour les accusés, ont été l'objet, de la part d'autres membres de leurs organisations de pressions pour les obliger à démentir leurs témoignages. Il est compréhensible que, dans ces conditions, il soit impossible d'entendre la vérité.

La même protestation est reprise dans le mémorandum sur les droits et les moyens de la défense au procès de l'I.G. Farben, présenté au nom des divers défenseurs par le professeur Wahl, de l'Université d'Heidelberg :

Les défenseurs ont rencontré encore parfois de plus grandes difficultés. Par exemple, le groupement des « déportés politiques », qui travaille avec les accusateurs, a fait savoir à ses membres qui travaillaient dans la I.G. de ne pas parler pour les accusés dans le procès de la I.G. Malgré cela, des ouvriers d'une fabrique de la I.G., qui connaissaient très bien les accusés sans appartenir à leurs partis politiques, ont fait la grève pour témoigner que les directeurs accusés ne sont pas fautifs, et n'appartiennent nullement au groupe des criminels de guerre.

Voici maintenant des pièces annexées au mémorandum de la défense, et émanant d'internés politiques eux-mêmes. Je cite d'abord un fragment d'une lettre adressée sur cette affaire, en date du 9 juin 1948, au cardinal Wurm, archevêque de Stuttgart, par l'interné politique Fritz H, habitant Fallbach, près de Stuttgart :

Je suis ancien interné du camp de concentration d'Auschwitz et ai été demandé comme témoin à décharge, devant le tribunal de Nuremberg, dans le procès de la I.G. Farben. J'avais déjà fourni une déclaration en 1947, par un affidavit qui a été remis à M. le professeur Dr Wahl, document qui certainement est la cause de ma convocation à Nuremberg.

Avant même d'avoir été interrogé pour la première fois à Nuremberg, j'apprenais par un employé de l'Union des Déportés (V. V. N.) de Wurtemberg-Bade que les représentants du ministère public au procès de la I.G. Farben, messieurs von Halle et Minskoff, avaient fait savoir à Stuttgart à l'Union des Déportés, région de Francfort, que je n'étais sûrement pas interné dans le camp de concentration comme interné politique, et qu'il était probable que j'avais commis des crimes contre l'humanité. Je ferai remarquer que je suis en possession de la carte des internés politiques N° 441 et que j'ai été reconnu par l'Union des Déportés de Wurtemberg-Bade, sous contrôle de la police de Stuttgart. Il est donc certain que mes papiers avaient été examinés, et qu'il ne pouvait pas s'agir d'erreur. Je suis employé depuis un an. Mon dossier judiciaire est en ordre et ne contient aucune condamnation.

Le but de ces manœuvres est clair. Après avoir essayé de me faire peur avec ces déclarations à l'Union des Déportés et surtout en m'annonçant que l'on me soupçonnait de crimes contre l'humanité, on croyait que je ne témoignerais pas. Après avoir réglé mes affaires en cas d'arrestation, je me suis rendu à Nuremberg pour faire mes déclarations. L'attitude de MM. von Halle et Minskoff pendant ma déposition, le Dr Seidl, l'avocat bien connu, pourra lui-même la préciser.

J'ai dit exactement dans cette déposition ce qu'avait été là-bas la vie de mes camarades. J'en appelle au témoignage de Martin N de Bad-Cannstatt *(suit l'adresse)*. Lui aussi est ancien interné du camp de concentration d'Auschwitz.

Ce témoignage n'est pas isolé. Il est confirmé par des interrogatoires d'autres internés politiques devant le Tribunal militaire VI, lors de la même affaire. Je cite la sténographie des débats, déposition du témoin D de K. Interrogé par le ministère public, le témoin déclare :

Je voudrais faire remarquer que l'on a essayé de me faire des difficultés. Après que des membres du « comité des victimes racistes » apprirent que je devais déposer, ils ont même essayé de me faire arrêter. Ils n'ont pas même eu honte de demander à des camarades internés avec moi si je n'avais pas battu pendant ce temps des Juifs ou autres, pour trouver une occasion de me faire arrêter et d'empêcher mon voyage à Nuremberg.

Mais ces messieurs n'ont pas réussi.

R. Je vous remercie, je n'ai pas d'autres questions, Monsieur le président.

Ensuite, le témoin est interrogé par le Dr Servatius, l'un des avocats de l'I.G. Farben. Voici la sténographie des questions et réponses :

D. Monsieur le témoin, comme nous avions l'intention de ne pas nous contenter de lire votre déclaration sous serment, nous avons fait la demande au haut tribunal de vous faire venir vous-même à Nuremberg. La demande a été acceptée et le secrétaire général de ce tribunal vous a fait parvenir un télégramme par lequel on vous faisait savoir de venir comme témoin le 12 à Nuremberg.

R. Oui, j'ai reçu ce télégramme.

D. Vous avez répondu que vous aviez reçu ce télégramme, est-ce vrai ?

R. Oui, cela est vrai.

D. Etait-ce le 12 ?

R. Non, cela devait être le 11, même le 10 ou le 11.

D. Monsieur le témoin, un deuxième télégramme est alors arrivé, adressé au lieutenant P. J'ai ce télégramme en main, il signalait : *Je n'attache pas d'importance à l'interrogatoire de la défense et retire mes déclarations.*

R. Cela est juste, j'avais envoyé ce télégramme après avoir parlé à des camarades par suite de

D. Excusez-moi, Monsieur le témoin, de vous interrompre, je ne vous ai pas encore posé de questions. Je voudrais savoir ceci : après votre déclaration sous serment, une personne de l'Union des Déportés vous a-t-elle interrogé entre le mois de mars et avril, en vous demandant les termes exacts de votre déclaration ?

R. Je n'ai pas été questionné sur les termes exacts de ma déclaration, on m'a seulement demandé si j'allais témoigner pour la défense.

D. Qui vous l'a demandé ?

R. Un certain P, de F.

D. Cet homme s'appelle ?

R. P

D. Ce P. est-il membre de l'Union des Déportés ?

R. Oui.

D. Que vous a dit cet homme ensuite ?

R. Si vraiment j'avais l'intention de le faire, qu'il m'était certainement connu, par des articles de journaux de l'Union des Déportés, que celle-ci n'aimait pas que ses membres témoignent pour les accusés dans les procès.

D. Vous a-t-on déclaré ce qui vous arriverait, dans le cas où vous témoigneriez tout de même ?

R. Oui, on m'annonçait que je pouvais dans ce cas m'attendre à ce que je ne sois plus reconnu comme membre de l'Union des Déportés et que certains groupes ou sections de l'Union trouveraient bien moyen de me le faire savoir.

D. Y avait-il encore quelqu'un, à part ce P., pendant votre conversation ?

R. Pendant cette conversation, non.

D. Plus tard, y eut-il encore une autre conversation, où d'autres personnes assistaient, à part ce P. ?

R. Oui.

D. Quand était cette conversation ?

R. Elle était le 11, à G.

D. Où eut-elle lieu ?

R. Elle eut lieu chez un Monsieur H. dans son logement où se trouve aussi le bureau de l'Union des Déportés.

D. Ainsi, là, à G. chez ce Monsieur H. se trouve le bureau de l'Union des Déportés, c'est bien cela ?

R. Oui.

D. Combien de personnes ont discuté avec vous dans ce bureau de l'Union des Déportés ?

R. Un seulement a discuté.

D. Et combien y avait-il de personnes avec lui ?

R. Deux.

D. Vous a-t-on dit, à G., ce qui se passerait si néanmoins vous étiez témoin pour la défense ? ou tout simplement si vous étiez témoin ?

R. On ne m'a pas dit directement ce qui se passerait, mais qu'ils n'aimaient pas en principe que leurs membres soient témoins. Je l'ai compris comme une pression, et sur ce j'envoyai ce télégramme. J'ai déclaré que je ne voulais pas faire le contraire de mes camarades, et que je n'irais pas à Nuremberg.

D. Vous dites que vous aviez l'impression de subir une pression. Avez-vous craint, par exemple, d'être exclu de l'Union et de perdre les faveurs dont les membres de l'Union bénéficient en différentes circonstances ?

R. Oui.

Enfin, je reproduis, toujours sur la même question, des déclarations, faites par des condamnés actuellement détenus à la prison de Landsberg. Elles ont, sans doute, moins de poids que les dépositions précédentes, mais elles ne sont pas négligeables, puisqu'elles sont recoupées par ce qui vient d'être dit. Voici un passage d'une déclaration sous serment de Karl H, faite à Landsberg, le 18 février 1948 :

La doctoresse juive, Dr Lange-Waldeg et l'ancienne internée de camp de concentration, Mydla, de Berlin, avaient fait, spontanément, des déclarations. Les témoins ont été l'objet d'une intervention de la part de l'Union des Déportés et n'ont plus fait de déclarations.

Voici un autre passage, extrait d'une déclaration sous serment de Woldemar H, faite à Landsberg, le 17 février 1948 :

Un de mes témoins à décharge, M. Friedrich D, ancien interné du camp de concentration de Buchenwald, a déclaré devant témoins qu'il avait été menacé par l'Union des Déportés de graves représailles s'il témoignait pour un accusé, dans un procès de crime de guerre à Nuremberg. Dans mon procès, 12 anciens internés du camp de concentration de Buchenwald voulaient venir spontanément par camion de Hambourg à Nuremberg sans avoir été même convoqués par la défense pour témoigner pour moi. Le parti communiste de Hambourg stoppa leur camion sur la route et les empêcha de témoigner dans mon procès (les affidavits peuvent être procurés).

Ces cas ne sont pas isolés, ils ne sont pas limités à l'affaire de l'I.G. Farben. Je ferai remarquer en passant que la documentation que je viens d'apporter se rapporte au camp de concentration d'Auschwitz, dans lequel, d'après l'étrange confession du directeur du camp, témoignage entouré de circonstances assez surprenantes, sur lesquelles il faudra bien revenir quelque jour, on nous affirme péremptoirement que tous les Juifs sans exception passaient aussitôt à la chambre à gaz. Mais voici d'autres exemples, que je cite au hasard parmi les mémoires des défenseurs, ou la sténographie des procès.

Devant le Tribunal militaire n° VI, audience du 14 avril 1948, le Dr Seidl interroge le témoin Helmut Schneider et obtient les déclarations suivantes :

D. Avez-vous déjà été interrogé par M. von Halle, que vous a-t-il dit au commencement de l'interrogatoire ?

R. M. von Halle m'a demandé, avant qu'un procès-verbal n'a été fait, « Etes-vous prêt à faire une déclaration convenable ? » Sur ce, j'étais très étonné car, comme personne normale, muni de mes cinq sens, j'étais capable de faire une déclaration normale. M. von Halle m'a fait comprendre ensuite qu'il avait compris, sous le mot convenable, le mot utilisable. Je déclarais que je ne savais pas à quel point ma déclaration était utilisable, mais que j'allais dire la vérité. M. von Halle me fit remarquer qu'il avait l'occasion et les moyens de me faire faire des déclarations *utilisables* ; ce mot a été prononcé exactement.

Devant le même tribunal, audience du 13 février 1948, le Dr Hoffmann, défenseur de l'accusé Ambros, intervient en ces termes en faveur de son client :

M. le président, je voudrais encore faire remarquer par le haut tribunal la chose suivante : le haut tribunal se rappelle, je crois, des déclarations du témoin Pfeffer qui avait témoigné au sujet du cas Ambros. Un témoin qui, lui aussi, avait été présent pendant l'interrogation était un nommé M, un Allemand qui se trouve en liberté. J'ai donc fait apparaître celui-ci pour la défense du nommé Ambros. La prosécution a, de son côté, interrogé M, ce qui est tout à fait en ordre. Maintenant ce témoin M, qui est libre, m'a fait dire qu'on lui avait défendu qu'il parle encore une fois avec moi : ceci, monsieur le président, est, je crois une chose injuste, et ne correspond pas aux principes ni de la prosécution ni de la défense de l'accusé.

Au même endroit, le Dr Hoffmann rappelle également que l'accusé Henri Pieck se plaint qu'on ait empêché un témoignage en sa faveur :

Le témoin de nationalité hollandaise qui lui aussi voulait témoigner en ma faveur a fait savoir à mon défenseur, l'avocat Dr Hans Gawlick, qu'une secrétaire du juge d'instruction lui avait fait savoir qu'il ne devait pas témoigner pour moi.

Un mémoire du Dr Aschenauer, daté de Nuremberg, juin 1948, signale le cas d'une secrétaire qui a été l'objet de pressions et de menaces :

Le remplaçant du juge principal, Herbert Meyer, demandait à Leipzig une déclaration par foi de serment d'une sténotypiste. La déclaration n'étant pas faite comme il voulait, il menaçait la jeune fille qu'il reviendrait dans quelques minutes avec un officier russe, qu'elle devrait réfléchir. Sous cette menace la déclaration par foi de serment avait été donnée.

Dans le même mémoire, le Dr Aschenauer rappelle que plusieurs des accusés ont été soumis à une prison préventive de deux ans et demi et que, pendant ce temps, abandonnés à l'arbitraire de la police, ils ont subi des pressions et des menaces de toute sorte :

La durée des enquêtes ne peut être donnée exactement, toujours est-il que cela durait des années, vu que déjà en 1945 et 1946 des gens ensuite accusés (Hoffmann et Loerenz) avaient été interrogés dans le Haut quartier à Oberursel et que des déclarations par foi de serment avaient été obtenues de force, celles-ci ensuite étaient employées dans les procès (par exemple : déclaration par foi de serment de Hoffmann). Pendant l'interrogatoire par les juges (aussi par des personnes non juges) tout de suite ils sont menacés et tenus dans des dépressions morales, menaces de fausses déclarations par foi de serment, délivrance aux autorités russes ou autres (Lorenz,

Hübner) avec remarque de ce que cela serait pour eux ainsi que pour leurs familles (Lorenz, Hoffmann, Schwalm, Sollmann, Bückner, Greifelt), menace de les faire pendre (Schwalm). *Nous vous délivrerons aux autorités russes et vous savez que vous ne vivrez alors plus 24 heures* (Greifelt). D'autre part, on leur faisait aussi des remarques cachées que s'ils témoignaient juste, c'est-à-dire à souhait, ils n'auraient pas à attendre d'accusation (Viermetz, Hübner).

Il faut ajouter enfin une autre source de difficultés et d'obstacles qu'il serait naïf d'attribuer uniquement aux circonstances. Il fut impossible pour la défense d'entrer en contact avec les témoins résidant à l'étranger, et naturellement il lui fut impossible de les faire venir. On devine combien cette particularité peut être grave quand il s'agissait des camps de concentration, par exemple. Pratiquement, cela voulait dire que, seuls les témoins demandés par l'accusation pouvaient être entendus au procès. Bien entendu, aucun règlement ne s'opposait à ce que les défenseurs allemands convoquassent des témoins étrangers, mais, pratiquement, les difficultés étaient insurmontables. Voici un passage d'une intervention de l'avocat Dr Heintzeler, pour son client l'accusé Wurster, devant le Tribunal militaire n° VI, audience du 1er décembre 1947, qui montre bien le mécanisme de cette obstruction.

Dr HEINTZELER : Haut tribunal, quand, il y a quelques semaines, le tribunal accusateur présenta le premier affidavit d'un Français qui travaillait dans une fabrique de la I.G., j'avais l'honneur de remarquer qu'il était nécessaire également de demander que d'autres Français soient admis à ce jugement, et qu'il serait nécessaire d'envoyer un défenseur ou des représentants en France à ce sujet. Pendant ce temps je m'étais mis en correspondance avec le *Defense Center* de cette maison, et je craignais la réponse reçue, qui fut celle-ci : *le gouvernement militaire faisait savoir qu'il était impossible d'avoir l'autorisation d'entrer en France pour un civil allemand, à part que celui-ci avait des parents en France qui étaient gravement malades, impossible aussi de faire le change de marks en francs.*

LE JUGE : J'ose demander à monsieur le défenseur : avez-vous pensé à la possibilité qu'une personne de nationalité française se trouvant en France règle la chose pour vous ?

Dr HEINTZELER : Aussi cette question avait été déjà examinée, mais aussi celle-ci a été interrompue par la question argent français, pour pouvoir payer un avocat français ou un représentant. Quand il s'agit d'envoyer des questionnaires, il est tout d'abord indispensable de connaître les adresses des témoins. Mais, dans ce cas, où il s'agit presque seulement de travailleurs étrangers qui étaient occupés en Allemagne, le travail des défenseurs sera avant tout de rechercher les personnes voulues et leurs adresses. A ce moment-là seulement la possibilité de remplir des questionnaires serait donnée.

Un mémoire plus général de l'avocat Dr Muller-Torgow, remis le 1er mars 1948, signale toute l'étendue de ces difficultés et la gêne qui en résulte pour les débats :

Il n'était pas possible aux défenseurs d'entreprendre des voyages à l'étranger pour pouvoir se procurer des preuves. Même dans les zones d'occupation, il était très difficile d'interroger des témoins eux-mêmes internés. Il était donc très difficile de pouvoir défendre les accusés, malgré qu'il faudrait croire que le gouvernement américain ou les autorités américaines avaient tout intérêt, vu que le développement des procès était assez intéressant au point de vue de la « défense des droits de l'homme », comme cela a été possible dans les procès de Nuremberg, d'aider à ce que ces difficultés soient supprimées. En particulier, les voyages de défenseurs à l'étranger étaient une chose impossible. Dans le procès du Sud, une quantité de témoins se trouvaient en Grèce. Cependant, il fut impossible, cette fois-ci, de faire venir des témoins de la Grèce vu que l'autorisation avait été refusée par les autorités compétentes de Berlin, impossible aussi aux défenseurs de partir pour la Grèce et de rapporter des déclarations par foi de serment. De faire venir des témoins à Nuremberg était une chose absolument impossible. Donc impossible de pouvoir procurer des déclarations données par foi de serment de hautes personnalités grecques.

Le tribunal avait pourtant la possibilité de donner l'autorisation de faire venir ces témoins.

Dans le mémoire cité plus haut, le Dr Aschenauer précise :

Les témoins internés dans la zone orientale ne pouvaient jamais être atteints par les défenseurs, mais quand le ministère public en avait besoin, ils étaient toujours à disposition. Les internés dans la zone russe, il était impossible de les atteindre comme témoins.

Même déclaration dans le plaidoyer du Dr Seidl pour Dürrfeld, déjà nommé, au procès de l'I.G. Farben. Dans le passage que je cite ici, on pourra mesurer l'étendue des lacunes causées par ce système et le dommage qui en résulte pour la manifestation de la vérité :

Les témoins ainsi que les preuves ne peuvent pas être transmis même de l'Autriche toute proche. De même, des témoins de la zone russe ne pouvaient venir à cause des mêmes difficultés. De ce fait, il est évident que les preuves concernant les anciens membres de la fabrique de la I.G. ne pouvaient être transmises qu'avec grandes difficultés. Le voyage à l'étranger est une chose impossible pour le défenseur. Il y avait 25 000 personnes employées à cette fabrique. Pour beaucoup, même une déclaration était un danger personnel. Les témoins habitant l'étranger ou la zone russe ne pouvaient pas apparaître devant le tribunal.

Les avocats allemands ne furent pas seuls à protester. Quand le Dr Paget fut envoyé par des souscripteurs anglais pour collaborer à la défense du maréchal von Manstein, il eut à faire les mêmes remarques, et ne se priva pas de les faire avec force. Je cite la plaidoirie du Dr Paget d'après la publication qui vient d'en être faite à Hambourg par le Dr Leverkühn, autre défenseur du maréchal, sous le titre *Verteidigung Manstein*. La plaidoirie commence par ces remarques préliminaires :

Les documents entassés dans l'énorme building du Pentagone à Washington ont été sélectionnés dans la mesure où ils étaient des documents à charge.

Nous n'avons eu aucune possibilité sans que l'accusation en soit nullement responsable de trier les documents. Aucune commission n'a jamais examiné ces documents au point de vue de savoir si certains d'entre eux étaient favorables à l'Allemagne ou aux accusés.

Nos témoins ont été intimidés l'un après l'autre. Ceux qui se trouvaient convoqués pour déposer dans des procès de crimes de guerre étaient arrêtés soudain sans aucun avertissement et apprenaient à leurs dépens que leurs propres dépositions, en tant que témoins, pouvaient être utilisées contre eux devant des tribunaux alliés ou allemands. C'est ce qui s'est produit justement pour von Manstein lui-même.

Faute de publicité dans la presse, nous ne sommes pas en mesure de trouver des témoins sur la question qui nous intéresserait.

Les deux tiers des lettres que nous avons reçues et qui pourraient constituer des témoignages sont anonymes et notre correspondant déclare : Je pourrais vous apporter des documents ou des informations mais je n'ose pas vous faire connaître mon nom parce que j'ai des ennemis en Allemagne et des parents en zone russe.

Cette déclaration ne suffit pas au Dr Paget. Il a des habitudes d'avocat anglais ; il a observé toute la vie et vu observer autour de lui un certain nombre de règles rigoureuses en ce qui concerne les preuves. Il s'étonne vivement de ne pas les voir appliquées lorsqu'il s'agit des généraux allemands. Et son plaidoyer devient, quand il traite cette question, une grave interpellation sur la conduite des procès de guerre.

Pourquoi les documents à charge ne sont-ils pas plus sévèrement examinés ? Pourquoi admet-on n'importe quoi pourvu que ce soit une accusation ?

Pourquoi accepte-t-on des racontars, des récits invérifiables, des documents qui ne se prêtent à aucun examen d'authenticité ou à aucun examen contradictoire ? Pourquoi tout est-il bon quand il s'agit d'accuser, tandis que toute pièce qui intéresse la défense est introuvable ?

En ce qui concerne les preuves, vous avez dit et répété que vous vous réserviez strictement le droit d'apprécier la valeur probatoire des documents présentés. Mais alors, selon quelles règles allez-vous mesurer cette valeur probatoire ? Quel sera pour vous le moyen de fixer la valeur de documents qui reposent sur des déclarations par ouï-dire, lesquelles sont souvent de troisième ou quatrième main ? Quelles règles appliquerez-vous pour porter un jugement sur des documents que von Manstein n'a jamais vus et qui concernent des événements dont il n'a même pas eu connaissance ? Quelles règles allez-vous appliquer ici ? La seule règle que je connaisse est la règle du droit anglais, et, d'après celle-ci, de tels documents n'ont exactement aucune valeur. Les juristes anglais récusent dans 99% des cas les documents présentés comme preuve lorsqu'ils sont de seconde main. Ils récusent tous les documents que l'accusé n'a pas vus. Ils les récusent parce qu'ils savent qu'une telle catégorie de documents risque de conduire à des erreurs plutôt qu'à une certitude.

(...)

Je ne sais pas combien de milliers de documents vous estimez que von Manstein a pu avoir signés ou avoir vu passer sous ses yeux pendant la guerre. À mon sens, il doit y en avoir plusieurs milliers. Or, on ne vous en présente ici qu'une demi-douzaine. Sur les autres documents, nous ne savons exactement rien. Dans l'immeuble du Pentagone, il doit se trouver des milliers et des milliers de documents, et, comme je l'ai dit, il n'existe aucune commission pour examiner parmi ces milliers de documents ceux qui pourraient constituer des témoignages à décharge en faveur des accusés ou de l'Allemagne. C'est là un point essentiel.

On sent combien ces objections vont loin. Elles mettent en question toute la méthode d'enquête sur la conduite des Allemands. Car, les éléments d'incertitude que le Dr Paget dénonce ici, on les retrouve, amplifiés, reproduits à une large échelle, dans tous les procès où il est question de crimes de guerre, y compris le grand procès de Nuremberg. Et ces arguments présentés par un avocat britannique ont eu assez de poids sur un tribunal britannique pour qu'il en soit très largement tenu compte dans le verdict. On le lira plus loin, sur dix-sept chefs d'accusation, deux seulement furent maintenus contre Manstein dans leur forme originelle : sur tous les autres, il fut considéré que les preuves présentées étaient insuffisantes ou qu'elles devaient amener à formuler autrement l'accusation.

On voit par ces exemples combien nous sommes éloignés de pouvoir dire que nous avons une documentation complète ou seulement suffisante sur un certain nombre de faits qualifiés crimes de guerre ou crimes contre l'humanité. Ce n'est pas les excuser que de constater que notre information a été hâtive et mutilée. Ce n'est pas faire l'apologie de quoi que ce soit que de réclamer qu'on établisse honnêtement et complètement la vérité. Ce que l'analyse interne de la sténographie du procès de Nuremberg permettait de soupçonner se trouve donc confirmé par les faits.

Chapitre II

L'affaire de Malmédy

À ces raisons déjà importantes de douter de l'impartialité de l'instruction et même de son caractère vicieux, des incidents graves sont venus ajouter un avertissement qu'on ne peut pas négliger. Ces incidents confirment ce qui est dit par les avocats, mais ils donnent, soudain, à leurs plaintes un relief saisissant. Quoiqu'on ne puisse pas en tirer de conclusion de caractère général, ils sont tellement significatifs qu'il est impossible de les passer sous silence. Je fais allusion en particulier à une affaire qui a fait dans le monde entier, excepté en France et dans les pays sous contrôle soviétique, un bruit considérable, l'affaire dite de Malmédy.

Pendant la bataille de Bastogne, une unité allemande stationnée à Malmédy était accusée d'avoir tiré sur des civils du village et fusillé des soldats américains qui venaient de se rendre. Il s'agit là d'un crime de guerre parfaitement conforme aux définitions de La Haye et dont il était légitime de rechercher les auteurs.

Malheureusement, les Américains se trouvèrent bientôt à propos de l'affaire de Malmédy dans la même situation que nous à propos des affaires Alfredo et d'Oradour : on avait bien identifié l'unité, mais il était impossible de déterminer individuellement les coupables. On sait comment nous avons, nous, résolu cette difficulté : une loi d'exception permet de considérer *collectivement* comme auteurs du crime tous les soldats qui font partie de l'unité incriminée et, par conséquent, de leur infliger la peine de mort, sans s'inquiéter de savoir quelle fut leur part personnelle dans le crime lui-même. Les Américains n'avaient pas à leur disposition cet admirable instrument juridique. Ils furent donc obligés de provoquer des aveux. Ce sont les méthodes employées pour obtenir les aveux et les preuves fournis à l'audience qui ont fait scandale. Elles ont provoqué une violente campagne de l'avocat des condamnés, le Dr Everett, d'Atlanta, des interventions de la presse, et finalement la nomination d'un haut magistrat chargé d'une enquête, le juge van Roden. Le gouvernement américain eut le courage, dont il faut le féliciter, de publier cette enquête. Les faits qu'elle révéla furent si graves que toute la presse anglo-saxonne manifesta une profonde émotion.

Ce sont les révélations de cette enquête qui ont été reproduites par les journaux que nous allons citer. Quant aux condamnés, leur sentence fut annulée, et une partie d'entre eux furent remis en liberté. Les autres, deux ou trois douzaines environ, avaient déjà été pendus ; car les protestations font parfois triompher la vérité, mais elles arrêtent rarement le bourreau.

Voici donc les circonstances de l'affaire de Malmédy, telles que les relatent plusieurs documents qui se complètent mutuellement, et dont les uns sont établis d'après requête de l'avocat Everett et les autres d'après le rapport du juge van Roden.

La plainte en appel signale des faits que nous négligeons comme secondaires, bien qu'ils soient déjà fort graves, le fait que la défense eut moins de deux semaines pour préparer le procès de 74 accusés, qu'on n'accorda aux défenseurs que des interprètes sans expérience et aucun sténographe, que les accusés qui auraient dû être traités comme des prisonniers de guerre furent mis au secret illégalement à la prison de Schwabisch-Hall, etc. La tentative de falsification commence au-delà. Elle se caractérise d'abord par des pressions morales et des tortures physiques sur lesquelles le rapport du juge van Roden nous donne les renseignements suivants.

Au sujet du massacre de Malmédy, le juge van Roden déclare : « Il faut distinguer entre l'assertion que l'atrocité a été commise et l'assertion que l'atrocité fut commise par les 74 Allemands qui se trouvaient à ou près de Malmédy à ce moment et contre qui on a apporté des preuves deux ou trois ans après. » Le juge van Roden nomme un certain lieutenant-colonel Ellis et un certain lieutenant Pearl, du personnel judiciaire de l'armée américaine, qui lui ont déclaré « qu'il était difficile d'obtenir une preuve compétente » et que « comme la cause était difficile il a fallu employer des méthodes persuasives ». Au sujet de ces « méthodes persuasives », le juge van Roden donne ensuite une longue description. Voici une partie de son rapport officiel : « Les « aveux » qui furent admis comme preuve furent obtenus d'hommes qui avaient préalablement été tenus en solitude totale pendant trois, quatre ou cinq mois. Ils furent gardés entre quatre murs, sans aucune fenêtre, sans pouvoir faire aucun exercice physique. Deux maigres repas étaient poussés chaque jour par une trappe pratiquée dans la porte de la cellule. Il ne leur était pas permis de se parler l'un à l'autre. On leur refusait toute communication avec leur famille, avec un prêtre ou un pasteur. En quelques cas, ce traitement a suffi à persuader des Allemands à signer des confessions rédigées d'avance. Ces confessions préparées d'avance n'accusaient pas seulement le signataire, mais impliquaient souvent les autres défendeurs.

Dans d'autres cas, des tortures physiques ont été employées pour arracher des aveux. Les enquêteurs plaçaient une cagoule noire sur la tête des accusés, puis les frappaient au visage avec des poings de fer, les battaient à coups de pieds et avec des boyaux de caoutchouc. Plusieurs accusés allemands eurent les dents brisées, quelques-uns des mâchoires fracturées.

Sur 139 cas étudiés, tous ces Allemands, moins deux, furent frappés aux testicules avec une telle violence qu'il en résulta une invalidité permanente. C'était une procédure « standard » de nos enquêteurs américains.

Un défendeur âgé de 18 ans, après une série de traitements brutaux, consentit à écrire une confession qu'on lui dictait. Il en avait déjà écrit seize pages quand vint l'heure de le renfermer pour la nuit. Au petit jour, les Allemands des cellules voisines l'entendirent crier : « Non, je n'admettrai pas un seul autre mensonge. » Quand le geôlier vint le chercher pour continuer la rédaction de sa « confession », on trouva le garçon mort, pendu à un barreau de sa cellule. Cependant, la déclaration écrite de ce jeune Allemand qui s'était suicidé pour ne pas la continuer fut produite et acceptée comme preuve aux procès des autres accusés. »[3]

Ainsi furent obtenues par la violence un certain nombre de déclarations fausses qu'on utilisa ensuite comme preuves des faits, ou comme témoignages à charge contre les accusés ou contre des tiers. Mais ce ne fut pas tout. Un certain nombre d'accusés résistèrent aux tortures et refusèrent de signer des déclarations inexactes. On imagina alors de constituer une fausse cour martiale, de feindre de les condamner à mort, de leur annoncer qu'ils seraient exécutés dans les vingt-quatre heures, et de leur envoyer des policiers déguisés en prêtres, chargés de leur promettre une mesure de grâce s'ils acceptaient d'attester certains faits. Voici le récit de cette scène telle qu'elle est rapportée dans la requête du Dr Everett. Les accusés recouverts d'une cagoule sont introduits dans une grande pièce sombre :

Quand leur cagoule eut été ôtée, chacun des demandeurs aperçut devant lui une longue table, couverte d'un drap noir qui tombait jusque sur le sol : aux deux extrémités brûlaient des bougies et au milieu se dressait un crucifix. Derrière cette table étaient assis en nombre variable des civils américains, qui avaient illégalement arboré l'uniforme et les insignes d'officiers de l'armée américaine. Un faux défenseur (la plupart du temps c'était aussi un des enquêteurs déguisé) fut mis à la disposition des jeunes soldats allemands ; il se présenta aux demandeurs comme étant leur défenseur, quoiqu'il ne fût pas lui-même avocat. On les informa et on leur fit croire qu'ils étaient jugés par les Américains pour avoir violé le droit des gens. À l'autre bout de la table siégeait un soi-disant procureur, qui lut ensuite l'acte d'accusation, apostropha en criant les demandeurs (âgés de 18 à 20 ans) et tenta d'obtenir d'eux des aveux par la contrainte.

---

[3] Le Dr Everett précise ce dernier point : Pendant le véritable procès de Malmédy, l'accusation a produit, malgré les objections des défenseurs, cette déclaration non signée et incomplète comme pièce justificative et cela avec le consentement du tribunal. Puis l'accusateur américain eut l'inconscience de demander au policier tortionnaire de dire, sous la foi du serment, ce que ce jeune Allemand mort aurait communiqué dans sa déclaration s'il était resté en vie.

Ces débats simulés continuèrent de la façon suivante : on opposa aux plaignants faux témoin après faux témoin et l'on « prouva » de façon indubitable, en se servant de mensonges, que les demandeurs s'étaient rendus coupables de nombreux crimes de guerre. Pendant toute la durée de ces débats simulés, le prétendu défenseur fit semblant de les défendre. À la fin de ces prétendus débats le défenseur fit semblant de plaider.

Pour terminer, le faux tribunal prononça des peines de mort par pendaison qui devaient être exécutées dans un délai de 24 à 48 heures. Là-dessus, le faux défenseur exprima ses regrets, en constatant en même temps qu'il avait fait tout ce qui lui était possible pour chacun des demandeurs ainsi touchés.

À la suite de ces débats simulés le prétendu défenseur essaya et, dans la majorité des cas, il y parvint d'obtenir des demandeurs, en faisant pression sur eux, qu'ils signent des aveux faux, dans lesquels ils reconnaissaient le bien-fondé de toutes les accusations portées contre eux. Leur faux défenseur leur avait déclaré : « Dans 24 heures vous serez de toute façon pendus ; pourquoi ne voulez-vous pas décharger quelqu'un d'autre, en prenant toute la faute sur vous et en mettant par écrit les aveux que je vais vous dicter ? »

On compléta cette comédie par une autre, plus odieuse encore. Les condamnés, s'ils se montraient récalcitrants, étaient ensuite coiffés à nouveau de leur cagoule et conduits dans la cellule des exécutions. Là :

On leur enlevait les capuchons, on leur montrait des traces de balles dans les cloisons, auxquelles étaient restés collés, de la façon la plus horrible, de la chair humaine et des cheveux, restes d'une des dernières exécutions. Par cette méthode, le parquet américain obtint par la force des aveux de crimes qui n'avaient jamais été commis.

D'autres fois, plusieurs des demandeurs furent conduits, de la même manière, dans la « chambre du bourreau ». Là, on leur retira leurs capuchons, ils furent placés sur un haut tabouret et on leur plaça autour du cou la corde du bourreau. Dans de pareils moments, plusieurs demandeurs, s'imaginant qu'on allait les pendre immédiatement, signèrent les déclarations qu'on leur imposait. Dans celles-ci, non seulement ils reconnaissaient être coupables de crimes qu'ils n'avaient jamais commis, mais de ces déclarations on pouvait déduire la culpabilité d'autres demandeurs sur des crimes qui, en vérité, n'avaient jamais été perpétré.

À la suite de ces débats simulés, les enquêteurs ont aussi suggéré à ces adolescents, aujourd'hui plaignants, d'écrire des lettres d'adieu à leurs parents, avant d'être pendus. Cela aussi fut l'occasion d'exercer sur eux une pression dans le but de servir les plans qui avaient été forgés. En outre, les enquêteurs proposèrent d'autoriser la visite d'un prêtre, afin que les derniers sacrements pussent leur être administrés avant la mort.

Le rapport van Roden donne, à cet endroit, la précision suivante :

Dans un cas, un faux prêtre catholique (qui était en réalité un policier) entra dans la cellule de l'un des accusés, entendit sa confession, lui donna l'absolution et lui donna amicalement un petit conseil : « Signez donc tout ce que les policiers vous demanderont de signer. On vous remettra en liberté. Même si c'est une déclaration contraire à la vérité, je peux vous donner d'avance l'absolution pour le mensonge que vous ferez.

Enfin, dernier trait, relaté dans la requête de Willis M. Everett :

Les enquêteurs américains menacèrent à plusieurs reprises d'user de violences et de sévices à l'égard des mères, pères, sœurs, épouses et enfants de différents accusés, si ceux-ci ne signaient pas des aveux complets dictés par eux, concernant des actions et des actes qu'ils n'avaient jamais commis, ainsi que des actions et des actes d'autres accusés dont ils n'avaient jamais été témoins.

Telle est l'affaire de Malmédy. On ne serait pas complet ici si l'on ne signalait pas un autre renseignement effarant contenu dans la requête Everett. Devant les protestations des défenseurs, on se décida à vérifier la matérialité de certains faits relevés par l'accusation. Voici ce que l'on trouva :

Un officier fut envoyé en Belgique, et enquêta à Wanne sur un incident au sujet duquel on avait, paraît-il, affirmé ce qui suit : l'un des demandeurs aurait pénétré dans la maison d'un civil belge et assassiné sans motif une femme assise sur une chaise. Dans de faux aveux arrachés par la force, le demandeur avait reconnu avoir commis ce crime de guerre, et quatre ou cinq de ses co-accusés avaient reconnu sous serment, dans leurs faux aveux obtenus de force, que ces faits avaient eu lieu et avaient rapporté tous les détails de la même façon.

Cet officier délégué en accord avec le tribunal rapporta une déclaration sous serment de l'époux de la femme « assassinée avec préméditation », dans laquelle celui-là déclarait que sa femme avait été effectivement tuée au cours des combats ennemis, mais qu'elle se trouvait dans la rue, devant sa maison, au moment de l'explosion d'un obus américain qui la tua. Cette déclaration sous serment avait été, conformément à la règle, faite devant un prêtre.

Le second exemple se rapporte à certains faits qui se seraient déroulés à l'intérieur du cimetière de La Gleize (Belgique). Quelques-uns des demandeurs avaient reconnu, dans leurs aveux obtenus par la force, que deux ou trois groupes de soldats américains qui s'étaient rendus, vingt ou trente hommes chaque fois, avaient été placés contre la muraille intérieure du cimetière et fusillés froidement par rafales de mitrailleuses.

L'enquête de la défense permit d'établir qu'il n'existait aucune muraille intérieure dans le cimetière, qu'il n'y avait en réalité qu'une muraille d'appui extérieure.

Le curé de la paroisse remit à cet officier délégué par la défense une déclaration sous serment, dans laquelle il déclare qu'il avait été présent à l'église pendant tout le temps qu'avaient duré les combats et les soi-disant crimes, qu'il a examiné la muraille extérieure de soutien sans y trouver aucune marque visible de points d'impact de projectiles, que, du reste, de telles atrocités n'avaient jamais été commises aux environs de son église, que le seul Américain mort qu'il ait vu dans la localité était un soldat d'un blindé américain, que ses brûlures rendaient méconnaissable ; et que lui-même enfin était, pendant l'après-midi au cours duquel les prétendus crimes auraient été commis, passé le long de la muraille d'appui et n'y avait pas vu d'Américains morts.

Voilà cet exemple que j'ai voulu citer en entier, non seulement à cause de sa célébrité (la plupart des grands journaux américains ont loyalement cité cette enquête), mais parce qu'il montre avec quelle prudence on doit utiliser les documents présentés comme preuves par le ministère public dans les procès des criminels de guerre. Je ne suggère pas qu'on en vienne à conclure que le ministère public a toujours dit des choses fausses. Je ne suggère pas non plus qu'on se hâte de tirer des conclusions quelconques d'un fait qui peut être un scandale isolé. Je souhaite seulement qu'après de tels exemples on apporte à l'examen de cas semblables l'honnêteté que tout accusé a le droit d'attendre des juges qui lui sont imposés et de l'opinion publique.

L'affaire de Malmédy est-elle un cas isolé qu'il convient de traiter comme une monstrueuse exception ? Ce n'est malheureusement pas sûr. D'autres exemples existent, moins sensationnels, moins dramatiques. Je citerai tout de suite l'un d'eux pour terminer ce chapitre.

Voici, d'après la *Chicago Tribune* du 14 février 1949, le récit des sévices infligés à un groupe de médecins du camp de Buchenwald pour obtenir d'eux des aveux. Le reportage est signé de Larry Rue. Il est intitulé : *Un médecin allemand raconte un exemple de mauvais traitements, il accuse les Américains d'extorquer de fausses dépositions*. Je cite la première partie de ce reportage :

Un exemple des sévices employés par la commission des crimes de guerre pour obtenir de faux aveux ou des témoignages truqués des Allemands est raconté par le médecin allemand Auguste Bender.

Bender, né en 1909, a servi comme officier sur le front, de septembre 1939 à janvier 1944. Il fut alors affecté comme médecin militaire aux commandos de travail extérieurs dépendant du camp de Buchenwald. Bender a été déclaré innocent de tout crime et il essaye actuellement de se reconstituer une clientèle médicale à Krenzau près de Dueren en zone britannique.

Bender faisait partie d'un groupe de 31 prisonniers de guerre capturés pendant l'armistice de 1945 et enveloppés dans une accusation collective, lors de ce qu'on appela le premier procès de Buchenwald qui se déroula à Dachau. À ce procès, le ministère public américain demanda la peine de mort contre tous les accusés et on lui a reproché d'avoir utilisé de faux témoignages pour soutenir son accusation.

Dans une lettre à l'évêque catholique de Munich, Bender écrivait : « Sans un seul témoignage écrit ou oral contre moi, j'ai été condamné le 19 août 1947 à dix ans de prison. Le 18 juin 1948, on me notifia que ma mise en liberté avait été ordonnée. »

Les sévices que rapporte Bender commencèrent le 17 septembre quand il fut transféré au camp d'enquête d'Oberursel près de Francfort. Il fut transféré là avec cinq autres prisonniers, actuellement détenus à la prison de Landsberg. Il se trouva en cellule avec le Dr Hans Theodor Schmidt.

L'inspecteur, chargé de nous, ferma la fenêtre de la cellule et mit en marche le chauffage électrique, raconte Bender. La chaleur devint extrême et nous le dîmes au gardien, mais celui-ci se contenta de rire et le chauffage continua.

Dans la soirée, il y eut du tapage dans le couloir et on vint m'extraire de la cellule. Des Américains étaient dans le couloir et formaient une haie à travers laquelle je devais passer, dit Bender à notre reporter. Et il continue ainsi : à mon passage, ils me frappèrent à coups de ceinturons, ou avec des manches à balai, des cannes, et des seaux, ils me donnèrent des coups de poing, ils me donnèrent des coups de pied dans les tibias, et enfin ils me jetèrent dans une cellule spéciale. Là, je dus me déshabiller devant un capitaine américain accompagné de quelques simples soldats. Ils me firent garder mes gros souliers. Je dus alors refaire le même itinéraire complètement nu, et en subissant le même traitement qu'auparavant, et alors ils me jetèrent dans un cachot noir où il faisait une chaleur étouffante. Le cachot pouvait avoir six pieds sur huit et huit pieds de haut. Il n'y avait ni fenêtre ni ventilation. Les murs et le plancher étaient en matière isolante. Il y avait aussi un radiateur électrique dans cette pièce et il marchait à fond.

Avant que j'aie pu reprendre mon souffle, Schmidt fut jeté là avec moi. Aussitôt nous fûmes avertis par un inspecteur, toujours en présence d'un grand nombre de simples soldats, de bien prendre garde à ne pas mentir. On nous menaça des châtiments les plus sévères si l'on s'apercevait que nous ne restions pas au garde-à-vous face au mur du côté opposé à la porte. Ensuite, environ toutes les quinze minutes, les gardiens ouvraient la porte ou faisaient tourner la clef comme s'ils voulaient ouvrir.

Alors que nous étions au garde-à-vous, en sueur, plusieurs baquets d'eau glacée furent jetés sur nous et sur le radiateur. Ce jet d'eau sur le radiateur dégagea une énorme quantité de vapeur et il devint très difficile de respirer. Alors, ils nous ligotèrent d'abord poitrine contre poitrine, et un peu plus tard dos à dos, puis encore plus tard côte à côte. Ils firent alors passer des tuyaux à travers la porte très légèrement entrebâillée et se mirent à hurler : « les gaz, les gaz ». Une matière analogue à de la poudre D.D.T. fut alors soufflée à l'intérieur du cachot, remplissant nos poumons et blessant nos yeux. Ils vinrent alors resserrer de plus en plus étroitement nos liens, si bien que, lorsqu'on nous les ôta, le sang coulait de mes avant-bras.

Pendant la nuit, deux autres prisonniers de notre groupe, transférés aussi à Oberursel, furent jetés avec nous dans le cachot. Ils avaient subi auparavant le même traitement que nous.

Depuis la matinée du 15 septembre 1945, on peut parler avec certitude d'un plan de tortures régulières, déclara Bender. Pendant douze jours et demi, nous avons été l'objet de pressions ininterrompues de la part des trois inspecteurs qui s'occupaient de nous à toute heure du jour.

Nous pouvions voir constamment des hommes en uniformes américains et parfois un capitaine. Un des inspecteurs, probablement un combattant, nous déclara qu'il désapprouvait le traitement qu'on lui avait ordonné de nous faire subir pour nous mettre à la raison. Il s'excusait constamment. « Ce sont des ordres supérieurs », disait-il. Le second inspecteur était la brutalité même.

Quant au troisième, il était cynique et semblait se croire dans un laboratoire de psychologie.

Les neuf premiers jours, nous avons été maintenus dans l'obscurité et dans une chaleur étouffante. Du dixième au dernier jour, je fus séparé de mes camarades et j'eus à subir des tortures par le froid d'une manière particulière.

On me fit passer à travers la haie habituelle jusqu'au bout des baraquements, dans un cachot de planches ayant une surface de 40 pouces carrés environ et une hauteur de huit pieds. Il n'y avait ni fenêtre ni chauffage. Entre le bas de la porte et le plancher, il y avait un trou à peu près grand comme la main. Ce réduit semblait avoir servi de placard pour les balais et les brosses. Il était immonde. Il était situé tout près de l'entrée du baraquement et la porte du baraquement était maintenue ouverte. Par le trou ménagé sous la porte, le vent de septembre entrait et, grâce aux espaces entre les planches formant le mur, il y avait un continuel courant d'air.

J'étais nu. Pendant huit jours, j'avais souffert de la chaleur excessive. Je n'avais ni couverture, ni rien pour me couvrir. J'ai été gardé trois jours et demi dans ce cachot.

Bender me parla encore de coups dans les yeux, d'oreilles décollées et de coups à l'aine. Il déclara que ses camarades et lui n'avaient à leur disposition aucune installation sanitaire. « Il nous était impossible de nous laver et on nous faisait fumer de force et on nous forçait à avaler les mégots brûlants », déclara-t-il. On nous forçait aussi à faire des exercices de gymnastique jusqu'à épuisement physique. Telles sont les choses que j'ai subies pendant douze jours.

Quant à notre nourriture, on la jetait sur le sol et on essayait de nous forcer à la manger par terre. Nous étions constamment affamés et altérés. Les internés, ajouta Bender, commencèrent à souffrir d'hallucinations et se mirent à se battre entre eux. Un soir, on nous força à nettoyer le plancher des cachots avec des brosses à dents. Au lieu de nous donner de l'eau pour faire ce travail, ils jetaient de l'eau bouillante sur nos jambes et sur nos pieds. Régulièrement, on nous amenait à un soi-disant médecin qui devait contrôler la résistance qui nous restait. Il ne nous fit jamais aucun traitement et m'avoua qu'il n'avait ni instruments, ni médicaments, ni pansements.

Dans la deuxième partie du reportage, dont je n'ai malheureusement pas pu me procurer le texte, on établit comment des aveux inexacts furent ainsi arrachés au Dr Bender et à des camarades. Comme dans l'affaire de Malmédy, les pièces furent ensuite transmises au tribunal qui en fit état dans des délibérations. C'est dans ces conditions que le Dr Bender, contre lequel aucun autre témoignage n'avait pu être relevé, fut condamné à dix ans de réclusion. Dès l'année suivante, un examen plus sérieux des dossiers fit apparaître l'absence de toute charge et le Dr Bender fut l'objet d'une mesure de grâce. Quant à ceux de ses camarades qui avaient été pendus, il en fut pour eux comme pour les victimes du procès de Malmédy, on se contenta de regrets polis et d'excuses évasives.

Chapitre III

Autres méthodes d'enquête

Des faits analogues se sont passés sous contrôle français. Je n'en citerai qu'un seul, pour ne pas avoir à présenter une documentation, malheureusement considérable, et qui, d'autre part, étendrait un peu trop le sujet traité présentement. Il s'agit d'un rapport adressé par le pasteur S aux autorités protestantes. Le pasteur S a exercé son ministère à la prison de Nîmes pendant l'année 1948. Il reproduit dans son rapport les déclarations sous serment qui lui ont été faites par des détenus allemands. Je reproduis deux de ces déclarations qui attestent les méthodes employées en 1944 et en 1945 pour constituer le dossier des enquêtes. Voici la déclaration de Schmidt Albert, après son interrogatoire :

Le soussigné déclare par foi de serment qu'il a été maltraité entre le 15 et 24 mai 1945 toutes les nuits dans la prison de Lorrach-Baden d'officiers français. La prison était commandée par un officier français du nom de M. (suit un nom juif). Le soussigné a été reconduit dans sa cellule chaque fois couvert de sang. Une fois même on voulait le faire lécher son propre sang sur le plancher, ce que le soussigné refusa, sur ce, il fut battu à nouveau.

On le menaça, s'il n'avouait pas ce que l'on demandait de lui, d'aller chercher sa femme et ses enfants pour leur arracher en sa présence les ongles des doigts de mains et pieds et si cela ne suffisait pas encore, toutes les dents. Ceci était pour le soussigné une torture d'âme vu que les fautes reprochées n'étaient pas vraies, et que le soussigné ne pouvait jamais avouer ceci.

En octobre 1945, je fus, après avoir été obligé de passer presque trois semaines sans manger, présenté à des hommes du service de la sûreté française pour être interrogé. Comme j'étais obligé de compter à nouveau être maltraité si je ne répondais pas comme il fallait, je déclarai ne rien avoir à faire avec le cas. Les employés furent obligés de quitter la prison sans avoir pu obtenir aucun renseignement. Le soussigné demanda alors l'autorisation de parler au commandant français de la prison, ce qui lui fut autorisé. Dans cette entrevue, le prisonnier avait l'occasion de citer son cas comme il était vraiment. Sur ce, quelques jours plus tard, des employés de la sûreté allemande qui se trouvait à nouveau en service sont venus interroger le soussigné. Quelques jours après les interrogations des employés de la sûreté allemande, l'un des employés de la sûreté française apparut et le battait de telle sorte que les camarades ne le reconnaissaient plus que d'après ses habits.

Encore une fois, une semaine plus tard, un deuxième employé de la sûreté française battait le soussigné également terriblement, encore aujourd'hui des marques de ces maltraitements sont visibles à la tête. Le soussigné déclare que des exemples plus terribles, et du même ordre, pourraient être cités également.

Voici, d'autre part, des extraits de la déclaration d'Erlich Karl, sur l'instruction de son affaire :

Avant d'avoir été pour la première fois, le 28 août 1945, donc exactement huit mois après mon arrestation, interrogé par le juge d'instruction, j'avais été pendant le temps du 7 février au 30 avril 1945 interrogé par la brigade de surveillance du territoire de Toulouse. Ces interrogations étaient presque toutes faites par l'inspecteur de police Georges W. (suit un nom juif) âgé de 39 ans. Au contraire, de la brigade nommée, l'inspecteur W. est venu lui-même le 27 février 1945 me chercher pour m'emmener en voiture de la B.S.T. à la villa Saint-Joseph, bureau de la B.S.T. (Brigade de la surveillance du territoire de Toulouse). Arrivé là, l'inspecteur W. me dit textuellement (je vous cite exactement les paroles de l'inspecteur W.) : « Vous êtes un menteur, vous allez passer un mauvais quart d'heure. » Je répondis : « Je n'ai pas menti. » Sur ce, W. me répond : « Dans deux minutes, deux témoins vous prouveront le contraire. » Je devais attendre une demi-heure jusqu'à ce que deux hommes (des Juifs émigrant d'Allemagne) arrivèrent. Ceux-ci étaient, comme je l'apprenais plus tard, des hommes de la bien connue Commission de la recherche des crimes de guerre. L'un d'eux se faisait toujours appeler M. le directeur. Celui-ci est, ayant entendu parler entre eux le juge d'instruction lieutenant de R. et l'inspecteur W., connu sous le nom de « capitaine Truelle », en service en zone française à Reutlingen, bien connu pour ses méthodes et maltraitements terribles. Ce monsieur me cria de suite en rentrant au bureau : « Cochon de nazi », et me gifla avec une telle force que je tombais d'un coin de la salle à l'autre. Ceci ne devait être que le commencement. N'ayant pas fait pendant l'interrogation les déclarations voulues, que je ne pouvais d'ailleurs pas faire, ne connaissant aucun des cas cités, on me maltraita. Pendant cette interrogation qui se tira en longueur jusqu'à deux heures du matin, je reçus des coups de poing dans la figure, du côté du foie, dans le bas-ventre, une côte m'a été brisée. Ensuite, je fus fouetté sur la tête, bras, poitrine, jambes, dos de pied et dos. Pour pouvoir réussir à la dernière opération, j'étais obligé d'enlever mes chaussures et bas, me mettre à genoux de façon qu'ils atteignent juste une règle placée là. La douleur produite ainsi n'est presque pas supportable. L'inspecteur W. avait, par exemple, aussi, une grande joie en me marchant avec ses grosses bottes sur mes pieds nus. Après cette première procédure, on me jeta dans la cave de la villa, où je restai jusqu'au matin, ne pouvant pas dormir de douleurs. Le matin du 28 février 1945 on me présenta à un Français du nom de S, prisonnier comme moi, qui était pendant l'occupation collaborateur. Celui-ci assura que j'étais revenu un jour d'une opération contre le maquis avec une mitrailleuse sur l'épaule et une main couverte de sang. Ce soir en 1944, huit ou neuf Français devaient avoir été fusillés. Je niai ceci énergiquement : « Je n'ai pas tué de Français. » L'après-midi du même jour, on m'interrogea de nouveau en présence des deux membres de la commission B.S.T. ; un médecin français assista un certain temps à cet interrogatoire. Celui-ci m'annonça que si je ne voulais pas reconnaître ma faute, on essayerait avec d'autres moyens pour me faire parler. Pendant cette interrogation, je fus battu à plusieurs reprises à coups de fouet, aussi par le médecin français en uniforme, sur la tête et le dos. Il me fit savoir à part cela que si je n'avais pas avoué jusqu'au soir, on me couperait morceau par morceau tous mes doigts. Quand, au soir, je n'avais pas avoué avoir tué un Français, vu que je n'avais vraiment tué aucun Français pendant le temps que je me trouvais en France de 1940 à 1944, on me maltraita encore une fois à coups de fouet, de nouveau par le médecin français. Enfin, arrivait le commissaire de police C. qui me dit que, comme je n'avais pas avoué, on allait faire avec moi une promenade d'où je ne reviendrais plus ; j'avais l'impression que, sous cette peur de la mort, on essayait de me forcer à avouer quelque chose pour pouvoir me condamner. Tard dans la soirée, on me remit de nouveau dans la cave, où je restai jusqu'au matin du 1er mars 1945.

Vers 8h 30, je fus mené de la cave au bureau de l'inspecteur W., ainsi qu'un de ses camarades, et transmis dans une salle de bain. Là on continua l'interrogation. D'abord, on m'ordonna de dire la vérité, ce que j'ai promis.

Ensuite, on me demanda combien de Français j'avais tués. Je répondis : « Je n'ai tué aucun Français. » Sur ce, je fus jeté par les deux hommes, la tête en avant, dans la baignoire pleine d'eau. Ils tenaient ma tête aussi longtemps sous eau, jusque je ne pouvais plus respirer. De nouveau, on me fit la même demande, de nouveau je répondis la vérité : « Non, je n'ai tué aucun Français. » La même procédure recommença. Je sentais comme mes forces m'abandonnaient et je ne pouvais plus réfléchir, je n'avais plus de volonté ni force, tout ce que l'on faisait avec moi ou autour de moi m'était égal. Les douleurs physiques et morales n'étaient plus à supporter. Impossible de réfléchir. Si je voulais ou non, j'étais obligé de répéter tout ce que l'on me disait de dire, car je n'avais plus la force de me défendre. Ils recommencèrent la même méthode encore une fois et la même question fut à nouveau posée. Maintenant, vu que je n'avais plus de volonté, étant sans force, je répondais : « Je ne sais pas combien de Français j'ai tués, un ou deux. Je ne l'ai fait que sur ordre de mes chefs. » Mais cela ne suffisait pas encore, le même bain recommença, pour la quatrième fois. Sur ce, j'avouai avoir tué deux Français. En vérité, je n'avais tué aucun Français, même pas blessé. Donc ce que l'on m'a fait avouer n'était pas vrai. Je voudrais remarquer que ces maltraitements avaient été exécutés en présence du commissaire de police C., de celui-ci je fus chaque fois menacé avec son pistolet, à plusieurs reprises, il me posa le pistolet dans la nuque, de façon à ce que je pouvais sentir sur ma peau le fer de celui-ci. Je crois avoir prouvé avec quels moyens ils me faisaient avouer une faute non commise.

Ces méthodes, comme on peut le voir, n'ont rien à envier à celles qu'on nous a décrites comme les méthodes de la Gestapo. Comme les aveux obtenus sur l'affaire de Malmédy, les déclarations arrachées ainsi aux prévenus étaient ensuite produites comme preuves. Une autre déclaration du rapport S... ne nous permet pas d'en douter. C'est celle de Biewald Willi, dont je cite un extrait :

Je fus obligé de passer trois interrogations, au cours desquelles je fus chaque fois battu à coups de poing et bâton dans la figure. Tout de suite après ma première interrogation, l'interrogateur me montra sur une table des objets : un pistolet, poignard, bâton et une pièce de fer carrée qui certainement devait servir à électriser en me disant que, si je ne répondais pas à ses questions comme il voulait, j'en ferais la connaissance. Je répondis que je ne pouvais dire que la vérité et ce que je pouvais vraiment affirmer devant moi-même. Je voudrais remarquer, en outre, qu'un jour où je me trouvais encore dans la prison de Rennes un Français apparut en m'annonçant que je n'avais qu'à signer le protocole qu'il portait avec lui, et qui était déjà tout préparé, un monsieur B. (suit un nom de consonance étrangère). Je demandai alors qu'un camarade allemand qui se trouvait aussi dans la prison et qui connaissait complètement la langue française me soit autorisé comme interprète. B. me déclara qu'il n'avait pas autant de temps et que je devais signer le protocole. En voyant que j'hésitais, il me menaça de me maltraiter. Donc, je signai sans avoir connu le contenu de ce protocole.

La conclusion que je désire tirer de ces productions, c'est qu'une partie de notre documentation sur les crimes de guerre, et une partie importante, les aveux des Allemands eux-mêmes, doit nous être extrêmement suspecte. Il en résulte aussi que les Alliés ont tous plus ou moins employé des moyens regrettables pour se procurer des déclarations accablantes. En éliminant, d'une part, une partie des témoignages, en falsifiant, d'autre part, par des pressions et des sévices, les témoignages qui restent accessibles, le résultat qu'on obtient est le suivant : toute la documentation à décharge disparaît pratiquement, et l'on n'entend plus que les témoins de l'accusation, témoins souvent passionnés et infidèles, dont on ne peut plus désormais vérifier la véracité.

C'est toute notre information sur les crimes de guerre qui est ainsi remise en question. Les plaintes qu'on est en droit de nous adresser sont donc très graves. Je ne peux en donner une idée plus exacte et plus étendue qu'en citant deux importants documents qui circulent en Allemagne, qui ont un caractère presque officiel, puisque l'un provient du professeur Wahl, professeur de droit de l'Université d'Heidelberg, et l'autre du docteur Weber, conseiller ecclésiastique supérieur à Stuttgart.

Je n'ai pas pu, malheureusement, me procurer l'ouvrage du professeur Wahl et je me borne à en donner une idée d'après une analyse de Hal Foust dans la *Chicago Tribune* du 30 avril 1948 :

Après avoir attaqué les bases juridiques du procès de Nuremberg, le professeur Wahl accuse le ministère public américain de procédures barbares qui seraient poursuivies comme des actes criminels si elles avaient eu lieu aux États-Unis. D'après des informations obtenues auprès des défenseurs, il affirme que les témoins demandés par la défense sont arrêtés sur l'ordre du ministère public et soumis au chantage d'une incarcération de longue durée. Par contre, parmi les témoins à charge, ajoute le professeur Wahl, on compte des criminels de droit commun qui sont libérés lorsqu'ils font une déposition convenable. Des accusés, dit Wahl, ont été contraints par des sévices à témoigner contre eux-mêmes et contre leurs camarades. Il cite deux exemples. Une loi du gouvernement militaire en date du 16 août 1945 fait un délit pour tout Allemand de la non-communication d'une information le concernant personnellement. Un autre moyen couramment employé consistait à faire parler un détenu comme témoin, sans lui notifier qu'il était lui-même inculpé. L'armée et le gouvernement militaire ont saisi tous les documents sur les trois années précédant la capitulation. Jusqu'à l'ouverture des audiences, les accusés allemands et leurs défenseurs ne purent avoir accès aux dossiers, et les personnes qui les détenaient eurent défense expresse d'en indiquer le contenu. Au cours du procès, les documents cités à l'audience furent seuls communiqués à la défense. « Dans certains procès, conclut le

Dr Wahl, des ensembles très importants de documents saisis ont disparu, sans qu'on puisse en retrouver de trace. Ce sont le plus souvent des documents essentiels pour la défense qui ont été ainsi égarés. »

Le rapport du Dr Weber a le mérite de faire une distinction très utile et nécessaire entre des scandales comme ceux du procès de Malmédy et la conduite de ce qu'on appelle le procès de Nuremberg. Ici, les apparences furent gardées. Mais l'altération de la vérité fut réalisée par d'autres moyens dont nous avons énuméré quelques exemples au début de ce chapitre. Et surtout, tout se tient. La documentation de Nuremberg, bien qu'elle ne paraisse pas scandaleusement falsifiée comme celle de Malmédy, devient suspecte dans la mesure où il est prouvé que la documentation de procès secondaires a été falsifiée. On ne croit plus au premier procès quand on découvre les mensonges qui ont accompagné les suivants. Il en résulte un doute général, assez légitime, que le document fort modéré du Dr Weber décrit prudemment comme un malaise. Ainsi comprenons-nous comment, dans beaucoup de consciences, tous ces faits sont nécessairement liés. Voici ce mémorandum :

Depuis la capitulation de l'Allemagne, des Allemands sont jugés pour des crimes de guerre dans presque tous les pays alliés.

Bien que nous partagions avec beaucoup d'autres l'opinion que les fautes commises pendant le régime national-socialiste contre des membres de la nation allemande ou contre des nations étrangères ne doivent pas rester inexpiées, toutefois beaucoup considèrent que les sentences des tribunaux militaires ont été extrêmement sévères. Nous appelons également votre attention sur le fait que les condamnations infligées par les tribunaux militaires ne sont pas, au moins dans certains cas, justement proportionnées aux crimes ou aux fautes commises. Nous sommes convaincus, de plus, que si un examen objectif des preuves pouvait avoir lieu, une quantité notable de condamnations ne pourraient pas être maintenues dans leur forme présente. C'est particulièrement vrai pour un certain nombre de condamnations à mort qui ont été cependant exécutées : il y a lieu de croire que, dans ce cas, ce sont autant d'assassinats juridiques qui ont été commis.

Après avoir rappelé les procédés criminels employés dans le procès de Malmédy par la cour de Dachau, le Dr Weber cite d'autres faits imputés, soit à la même cour de Dachau, soit à d'autres cours :

Ces procès furent commencés sans aucune règle de procédure ; ce n'est que plus tard que les droits fondamentaux de la défense furent reconnus. Les accusés n'étaient pas informés comme ils auraient dû l'être de leurs droits. La loi qui leur était appliquée était complètement étrangère et inconnue aux accusés allemands et à leurs avocats. Les accusés étaient incapables de préparer leur défense. Pendant des semaines, et même des mois, ils étaient presque complètement coupés du monde extérieur dans leur prison et dans leur camp ; et, pendant ce temps, ils étaient soumis aux mauvais traitements, à une nourriture insuffisante et à une mauvaise installation. Pendant assez longtemps, après l'armistice, il n'y eut en Allemagne ni postes, ni chemin de fer, de telle sorte que l'isolement des détenus était complet. Dans beaucoup de procès, l'acte d'accusation ne fut pas remis à l'accusé, si ce n'est très peu de temps avant que la cour commençât à siéger, de telle sorte qu'il lui devenait pratiquement impossible de préparer sa défense. Mais, même si l'acte d'accusation lui avait été remis plus tôt, cela ne lui aurait été que de très peu d'utilité, car, à l'ordinaire, ces actes d'accusation ne contenaient pas d'énonciations précises des faits qui étaient reprochés à l'accusé. Dans beaucoup de procès l'acte d'accusation ne contenait que des phrases très vagues. Fréquemment l'accusé ignorait quels griefs individuels avaient été retenus contre lui, jusqu'au moment où il entendait le ministère public parlant contre lui, pendant le procès. Dans ces conditions, le ministère public s'assurait un effet de surprise contre l'accusé en énumérant ses preuves pendant le procès lui-même, tandis que l'accusé n'avait pas le temps suffisant pour se défendre lui-même aussi complètement qu'il l'aurait fait devant un tribunal procédant régulièrement. Il a été rapporté également que l'examen de la valeur des preuves n'était pas régulièrement effectué. Même dans des cas d'accusation grave tels qu'assassinats, meurtres ou crimes, la preuve par ouï-dire fut admise et acceptée par le tribunal. Dans un article d'*Evening Star*, de Washington, daté du 2 octobre 1948, un membre du ministère public américain, Mr Léon B. Boullada, reconnut que cette habitude était un grave défaut de procédure. En outre, comme aucune enquête sur les témoignages n'était faite par le tribunal, le ministère public ne pouvait savoir si le témoin n'avait pas été lui-même déjà convaincu de crime, ou s'il n'avait pas commis de parjure ou de faux témoignage. On doit mentionner aussi l'institution des « témoins professionnels » qui rôdaient pendant des semaines autour du camp de Dachau ; ils étaient à la disposition du ministère public comme témoins à charge. Par la même occasion, ils s'enrichissaient au marché noir en vendant des cigarettes américaines, de telle manière qu'il n'y eut pas moins de quatre-vingts procès dans lesquels on vit apparaître comme témoins du ministère public ces personnages étranges et douteux. La déloyauté, la haine et la provocation à de fausses déclarations furent les caractéristiques de la procédure, qui devint célèbre sous le nom d'*exhibition de Dachau*. Celle-ci consistait en une manière toute spéciale de confronter le détenu qui était accusé avec les anciens détenus des camps de concentration. La confrontation avait lieu dans le théâtre du camp. Le détenu était conduit sur l'estrade, de forts projecteurs étaient braqués sur lui, tandis que les témoins qui avaient été ramassés dans toute l'Europe étaient assis dans l'obscurité. Parmi les détenus figurant sur l'estrade, les témoins avaient à distinguer les tortionnaires des autres accusés. Ces exhibitions organisées par Mr. Kirchbaum, déjà nommé à propos du procès de Malmédy, ont été stigmatisées comme des circonstances spécialement blâmables. Des protestations ont été élevées contre elles-mêmes par d'anciens internés du camp de concentration. Kirchbaum, qui s'était déjà distingué à Schwabisch Hall pour ses mauvais traitements contre les détenus, promenait une auto à travers le camp de Dachau sur laquelle le mot « *Rache* » (vengeance) était écrit en énormes lettres : ce qui caractérise assez bien son attitude dans son travail. Le ministère public veillait aussi à ce qu'il soit fait aussi peu que possible de déclarations déchargeant l'accusé. Pour cette raison il y avait une étroite liaison entre le ministère public et l'Association des Victimes du IIIe Reich. Les membres de cette organisation étaient invités à ne faire aucune déclaration pouvant décharger les accusés.

Le tribunal militaire de Dachau était composé exclusivement de militaires et chaque cour avait seulement un juriste auprès d'elle. Les dispositions prises pour la défense des accusés n'étaient pas suffisantes ; un seul avocat américain chargé de la défense avait habituellement à représenter des groupes entiers d'accusés simultanément, si bien qu'il lui était impossible de consacrer à chaque cas individuel autant de temps qu'il est nécessaire lorsqu'il s'agit de détentions à vie ou de condamnations à mort. Quant à l'avocat allemand qui assistait la défense, il n'avait pas une connaissance suffisante de la procédure qui était appliquée. En outre, on a dit que les interprètes en fonction à Dachau, pour certains d'entre eux au moins, n'ont été en aucune manière à la hauteur de leur tâche. La position favorable du ministère public lui permettait d'avoir une influence prépondérante sur le choix de ce qui était inscrit finalement dans l'analytique du procès et de ce qui était omis. Ce point est encore de la plus haute importance aujourd'hui, car aucun jugement écrit n'a été rédigé dans les procès jugés par la Cour de Dachau. Il y a des accusés, à ce qu'on prétend, qui ont été déclarés coupables, il y en a même qui ont été condamnés à mort et qui ont été effectivement pendus, sans avoir jamais su exactement pourquoi ils avaient été condamnés ; ils affirmaient qu'ils avaient réfuté toutes les charges avancées contre eux au cours du procès.

Après le verdict, les condamnés n'étaient pas suffisamment informés des moyens d'appel ou de révision de la sentence. En particulier, il semble avoir été ignoré des condamnés que la tâche de leur avocat n'était pas terminée quand la sentence était prononcée et que ces avocats étaient tenus de surveiller les intérêts de leurs clients au moment de la révision des sentences par les autorités compétentes du gouvernement militaire. Par contre, les hommes qui avaient élaboré les sentences avaient le droit de participer à leur révision. Le Gouvernement militaire américain en Allemagne a répété maintes et maintes fois qu'avant la confirmation définitive d'une sentence il n'y avait pas moins de huit échelons de révision pour déterminer si elle pouvait être maintenue ou non. En dépit de ces faits cependant, cette révision des sentences doit être regardée comme insuffisante.

En faisant cette déclaration, il n'est pas dans notre intention d'émettre une opinion sur la qualité du travail juridique que les organismes de révision ont pu faire dans des cas individuels. Ce travail juridique a pu être excellent, il est toutefois possible que des erreurs judiciaires soient confirmées. La raison en est que le travail des organismes de révision a pour base uniquement les documents retenus. A cet égard nous devons à nouveau retenir l'attention sur le fait que, en raison des méthodes employées pour rédiger l'analytique de chaque procès, ces analytiques ne constituent pas une base suffisamment sûre pour une révision. Ce document, par exemple, ne mentionne pas si tel témoin a fait un faux témoignage, ou si son témoignage est sans valeur pour toute autre raison ; c'est un motif pour lequel toutes les églises d'Allemagne ont demandé qu'un tribunal d'appel soit établi pour déterminer, autant que possible, les causes d'erreurs que nous avons signalées.

Le Dr Weber passe ensuite à l'examen des procédés employés à Nuremberg, lors du procès des dirigeants nationaux-socialistes :

Les procès de Nuremberg se distinguent extérieurement des procès de Dachau. En ce qui concerne les procès de Göring et des autres, les projecteurs de la publicité mondiale ont été braqués sur eux depuis le début ; aussi des offenses aussi extraordinaires contre les principes de la légalité la plus élémentaire ne furent pas commises à Nuremberg. Au contraire, ceux qui suivirent les procès de Nuremberg en retirèrent l'impression que ces procès avaient été conduits d'une manière loyale ; mais celui qui ne se contente pas d'une impression superficielle et qui examine avec plus de soin se rendra compte qu'il est nécessaire d'objecter à la conduite du procès que le ministère public et la défense n'ont jamais combattu à armes égales. Le ministère public, au contraire, a toujours eu la possibilité de s'assurer une position incontestablement supérieure à celle des accusés et de la défense.

Dans les interrogatoires qui eurent lieu avant les procès, les enquêteurs ne s'abstinrent pas d'exercer des pressions extrêmement graves sur les personnes qui avaient à déposer. Les arrestations des témoins qui étaient gardés en prison pendant des mois, jusqu'à ce qu'il soit jugé nécessaire qu'ils donnent leurs témoignages, ont eu le même effet. Pendant les enquêtes antérieures au procès, des personnes, qui furent ensuite poursuivies, ont été interrogées sans qu'elles sachent si c'était au titre de témoins ou d'accusées. Il est même arrivé que des gens qui furent plus tard poursuivis durent faire, sous la menace de condamnation, des déclarations sous serment. Une méthode particulièrement courante pour obtenir des déclarations était la menace d'extradition aux puissances étrangères, particulièrement à la Pologne et à la Russie.

De cela, la sténographie de l'interrogatoire du Dr Gauss, conseiller juridique du ministère des Affaires étrangères, par le Dr Kempner, membre du ministère public, le 6 mars 1947, est un exemple classique. Après que Gauss eut cédé à la pression exercée sur lui, il n'eut plus jamais à craindre d'être placé dans le box des accusés dans le procès des ministères des Affaires étrangères. Au contraire, on lui donna la permission de devenir l'auxiliaire du ministère public et d'aider à classer les documents dans le secrétariat du Dr Kempner.

Les difficultés de la défense étaient considérablement aggravées par le fait que le ministère public s'était assuré le monopole de toute la documentation historique. Le ministère public avait le pouvoir de déterminer quelles parties de cette documentation il fallait utiliser. La défense n'avait accès qu'à une partie restreinte de cette documentation. De plus, la défense n'avait pratiquement aucune possibilité de faire venir des témoins ou de se procurer aucune preuve de l'étranger. Enfin, à deux exceptions près, les avocats américains ne furent pas admis comme conseils de la défense à Nuremberg.

Les procès de Nuremberg, à cause de leur documentation formidable, se déroulèrent constamment en un temps trop réduit. Naturellement cette contrainte pesait principalement sur la défense car elle l'empêchait de préparer avec autant de soin et d'exactitude qu'il aurait fallu, surtout après la communication tardive des preuves. Pour faire une économie de temps, le tribunal de Nuremberg alla même jusqu'à passer par-dessus le principe qui consiste à présenter les preuves objectivement devant le tribunal et se contenta de faire rassembler des preuves, indirectement, par des magistrats commissionnés à cet effet.

À la différence du procès de Dachau, le ministère public de Nuremberg a donc utilisé des méthodes plus raffinées, mais qui toutefois n'étaient pas moins effectives pour atteindre ses objectifs.

Il eût été extrêmement important, à Nuremberg, de rechercher la vérité historique avec une sincère objectivité, et non pas avec l'apparence de l'objectivité. Cet établissement de la vérité historique n'aurait pas dû faire l'objet d'une rhétorique uniquement polémique du ministère public, dont l'attitude penchait d'un seul côté et qui avait surtout le souci de montrer qu'il avait raison.

Malheureusement beaucoup des sentences prononcées aux procès de Nuremberg ressemblent, en réalité, à des pamphlets politiques.

Cette grave situation juridique est caractérisée par les faits relatés dans la lettre de l'évêque Wurm au général Clay : « Les potences et les tombes de Landsberg ne contribueront nullement à donner le souvenir d'une jurisprudence et d'une justice loyales, en considération des erreurs et des fautes commises dans les procès de Dachau. Il se trouve que même les sentences qui ont puni justement des crimes indiscutables peuvent malheureusement se trouver, elles aussi, mises en doute. Au lieu de donner au peuple allemand un exemple de procédés juridiques dont l'honnêteté est inattaquable, la manière avec laquelle les procès de Dachau ont été conduits a choqué plutôt qu'elle n'a renforcé son sens du droit et de la justice. »

Je ne voudrais pas citer uniquement sur ce dernier point des documents d'origine allemande. Cela ne veut pas dire que je reconnaisse quelque valeur à l'objection stupide tirée d'une prétendue mauvaise foi éternelle de l'Allemagne. Car une telle objection ne fait que superposer une obstruction à une autre : nous empêchons les Allemands de parler par notre procédure, puis, si, par hasard, ils réussissent à placer un mot, nous nous bouchons les oreilles. Cela simplifie évidemment la discussion. Je pourrais me borner à rappeler les protestations du Dr Paget au procès Manstein, citées plus haut, lesquelles reprennent, presque textuellement, les plaintes du mémorandum Weber. Ce rapprochement suffirait sans doute. Mais enfin, je ne suis pas fâché de faire entendre, en cet endroit, un second témoin que nul ne pourra récuser ou soupçonner, puisqu'il a été choisi par le gouvernement américain comme juge des crimes de guerre. C'est le juge Wennerstrum, de la Cour suprême de l'Iowa, dont le nom a déjà été mentionné. Voilà comment la *Chicago Tribune* du 10 juin 1948 nous transmet son témoignage, sous le titre *Nuremberg nous déshonore* :

> Le juge Wennerstrum, un juriste d'un caractère indiscuté, a été l'un des trois juges américains désignés pour juger le procès du groupe de généraux allemands accusés d'assassinat d'otages (en Yougoslavie). Le procès dura plus de la moitié d'une année. Le chef du ministère public était le général Taylor. Deux des acquittés furent condamnés et huit autres furent condamnés à des peines de prison. Le lendemain du jour où le verdict fut rendu, notre collaborateur Hal Foust interviewait le juge Wennerstrum.
>
> Le juge exprima son regret d'avoir accepté de présider ce procès, estimant qu'il n'avait guère servi à édifier le peuple allemand. Puis il en vint à quelques détails. Beaucoup des hommes de loi, interprètes, secrétaires et enquêteurs attachés à l'accusation étaient des Américains de nationalisation récente qui avaient des raisons personnelles pour haïr les nazis. L'accusation essaya de soustraire certains documents essentiels à la défense et montra beaucoup d'aigreur contre le tribunal lorsqu'il insista pour qu'on se conduisît loyalement en ce domaine. Le général Taylor avait établi presque toute son accusation sur des déclarations et des aveux obtenus de détenus qui étaient depuis deux ans et demi en prison, « ce qui est en soi un élément de contrainte », selon la propre expression du juge. Le but de ces procès de propagande a été de rejeter tout le mal de la guerre sur l'ennemi, bien que chacun sache parfaitement que toutes les grandes nations, y compris la nôtre, ont leur proportion de criminels de guerre.

Je suppose que toutes ces pièces suffisent pour nous inviter à la prudence et par conséquent pour légitimer une réserve, une précaution d'historien, qu'on a voulu transformer gratuitement en approbation systématique du crime. Si tant d'éléments d'incertitude, si des méthodes d'enquête aussi étranges et cavalières ne nous inclinent pas à suspendre notre jugement, ou, du moins, à être quelque peu perplexes, je me demande à quel moment nous daignerons nous trouver embarrassés. Si le métier d'historien consiste, dans nos démocraties, à ignorer intrépidement tout ce qui gêne notre propagande politique, je me demande, je le répète, au nom de quoi nous pouvons bien reprocher aux historiens soviétiques d'avoir les oreilles bouchées. Et si nous inventons une législation ou une interprétation de la législation qui interdise d'exposer ces difficultés, qui ne voit que les mots dont nous nous servons n'ont plus de sens, et que la prétendue « liberté de l'information » n'est qu'une dérision ?

Mais ces productions ne me suffisent pas, et je veux montrer que ma justification est encore beaucoup plus complète, en faisant connaître maintenant des documents publiés postérieurement à la publication de mon livre ou inconnus de moi à cette date, et qui confirment mes thèses ou plutôt mes doutes sur quelques-uns des points qui m'ont été le plus vivement reprochés.

C'est à quoi va être consacrée la troisième partie de cet exposé.

MAURICE BARDÈCHE

Troisième partie

Des témoins oubliés

MAURICE BARDÈCHE

Chapitre Premier

Un témoignage sur Buchenwald

Avec les informations dont je disposais, il y a deux ans, j'avais abordé la délicate et douloureuse question des camps de concentration. J'avais cité, simplement à titre d'exemples de documents versés au débat, des informations qui m'avaient été transmises ou des espèces de dépositions que j'avais recueillies, et j'avais dit simplement : « Connaissez-vous ces pièces, connaissez-vous ces dépositions, il me semble qu'on devrait en tenir compte ? » Je persiste à croire que cette position était très modérée, très acceptable, même pour ceux qui avaient souffert, et que cette question, car ce n'était qu'une question, était de celles qu'un historien a le droit de poser. On m'a accusé si vivement de mauvaise foi que je me suis interrogé moi-même. Les documents que j'avais cités étaient authentiques, je parle de leur authenticité matérielle, et, du reste, personne ne les avait contestés, mais je me demandais si je n'avais pas montré de la prévention, un esprit de système, ou si je n'avais pas mis exagérément en relief des documents peut-être uniques et qui ne rectifiaient qu'un détail. J'ai donc cherché, non seulement pour me défendre, mais aussi pour me rassurer.

C'est le résultat de mes recherches que je présente ici. Mais, d'abord, puisque ce sujet est toujours aussi délicat et risque d'éveiller les mêmes susceptibilités qu'autrefois, je dois commencer par donner une assurance. Comme je l'ai dit dans mon livre précédent, je condamne les camps de concentration par principe, je les condamne quels qu'ils soient et où qu'ils soient, en France, en U.R.S.S., en Allemagne orientale, aussi bien que dans l'Allemagne nationale-socialiste et je réprouve ce qui s'est passé dans les camps de concentration allemands, si ce qu'on nous a dit est vrai. Mais nous a-t-on dit la vérité ? N'a-t-on pas exagéré les faits par passion, par système, par facilité ou pour les besoins de la propagande ? Ne nous a-t-on pas présenté des faits une explication tendancieuse pour masquer certaines responsabilités ? Ces questions sont graves. Elles le sont d'autant plus que, depuis cinq ans, l'Allemagne vaincue est condamnée au silence par ses vainqueurs. Est-il honorable pour les hommes, et en particulier pour les intellectuels, et en particulier pour les intellectuels de notre pays qui s'est fait aimer autrefois pour sa générosité et son courage, que personne n'ose s'élever pour demander que l'Allemagne sans défense, même si on la croit coupable, bénéficie de l'enquête sereine, loyale et honnête que tout accusé est en droit d'exiger des juges qui lui sont imposés ? Je ne le crois pas.

Je dois donc dire que je ne me sens nullement coupable pour avoir fait ce que je regarde comme mon devoir d'honnête homme. Et je vais maintenant apporter la preuve, ou tout au moins de fortes présomptions, que les faits que j'avais cités ne constituent pas des témoignages isolés mis en relief systématiquement et avec une arrière-pensée de mauvaise foi, mais qu'ils sont confirmés par d'autres témoignages plus nombreux et plus nets encore que je ne le pensais.

Pour la clarté du débat, il convient de rappeler un fait qui a été obscurci par la polémique. J'ai critiqué dans *Nuremberg* non pas les livres qui ont été publiés sur les camps de concentration postérieurement au procès lui-même, mais le tableau qui a été fait des camps de concentration aux audiences du procès par le ministère public et les témoins présentés par lui, et d'après lequel le Tribunal international a jugé. Loin d'être confirmé par les livres publiés par les déportés eux-mêmes, ce tableau s'est révélé étrange par ses lacunes. Il y est fort peu question, par exemple, des kapos, et pas du tout des chefs de bloc, de la hiérarchie des détenus chargés de fonctions, des sévices et des cruautés que certaines catégories de détenus exerçaient sur d'autres : toutes notions qui sont depuis ce temps devenues beaucoup plus claires. D'autres omissions, moins graves, donnent toutefois à penser. À aucun moment, il n'a été expliqué au tribunal quelle était la composition *réelle* d'un camp de concentration, quelle était par exemple la proportion des détenus de droit commun par rapport aux détenus politiques.⁴ Il n'a jamais été dit non plus que les kapos, et parfois les chefs de bloc étaient armés, que la police du camp était faite par les détenus eux-mêmes en escortes armées,⁵ que des sanctions souvent très graves par leurs conséquences étaient prononcées par certains détenus contre d'autres. Les faits rapportés par les déportés eux-mêmes, dont l'hostilité au national-socialisme n'est pas discutable, suffisent à montrer l'insuffisance de la documentation produite à Nuremberg : à la lumière de ces seuls témoignages, il n'est pas exagéré de dire que le fonctionnement des camps de concentration a été présenté par le ministère public aux membres du tribunal de la manière la plus inexacte.

Avant tout autre document, je vais donc citer les déportés eux-mêmes. Car, si la plupart d'entre eux ont fourni des témoignages tendancieux, quelques-uns d'entre eux, quand on leur parle, n'hésitent pas à rectifier les exagérations de la propagande et essaient de fixer avec sang-froid et équité les responsabilités. Depuis longtemps, j'avais été très intéressé par cet écart sensible entre ce que les déportés *disent* et ce que leurs porte-parole officiels écrivent. Cet écart était devenu tellement évident que la littérature consacrée aux camps de déportation en avait subi les effets. Dans les ouvrages qui faisaient autorité jusqu'à ces derniers temps sur la question, ceux de David Rousset et d'Eugen Kogon, on pouvait déjà trouver une présentation de la vie dans les camps très différente de celle qui avait été faite à Nuremberg. Des explications beaucoup plus détaillées nous avaient été fournies sur le rôle des déportés chargés de fonction dans les camps, ce qu'on appelle dans nos prisons les détenus *classés*, et l'on commençait à reconnaître que le propre de ce qu'on appelait *l'univers concentrationnaire* était une quasi-autonomie, qui se caractérisait par le gouvernement des détenus par eux-mêmes. Dans ces deux derniers ouvrages, on expliquait par les motifs les plus élevés la part de *collaboration,* je ne vois pas d'autre mot exact, que certains détenus politiques avaient été obligés de consentir à leurs gardiens. Cette explication changeait déjà bien des choses.

---

⁴ Le colonel Rémy dans *La Justice et l'Opprobre* cite, d'après un rapport de Debeaumarché, la proportion de 10% de détenus politiques par rapport au total de l'effectif. Il ajoute à cet endroit qu'il croit cette proportion plus élevée et avance le chiffre de 20 à 25%.
⁵ Dans les derniers mois et en certains camps seulement.

Mais, à partir de ce moment, on en arrivait, en analysant ces ouvrages, à se poser des questions bien embarrassantes. On avait l'impression qu'on ne nous disait pas tout et qu'il restait encore certains points obscurs.[6] Ces lacunes ont été comblées récemment par un ouvrage ou plutôt par deux ouvrages qui confirment, pour la matérialité des faits, les témoignages de David Rousset et d'Eugen Kogon, mais qui présentent les faits sous un éclairage différent. Il s'agit des deux livres de Paul Rassinier, ancien déporté à Buchenwald et à Dora, ancien député à la Constituante, parus l'un en 1949 sous le titre *Passage de la Ligne*, l'autre tout récemment sous le titre *Le Mensonge d'Ulysse*.

Le premier de ces livres est un témoignage de M. Paul Rassinier sur ce qu'il a vu lui-même à Buchenwald et à Dora : c'est un document très précieux pour l'historien, parce qu'il évite soigneusement tout accent passionnel ; il ne déforme pas, il explique et décrit ; grâce à cet esprit d'exactitude, ce livre est, je crois, l'ensemble de renseignements le plus précis et le plus rigoureux qui ait paru sur ce sujet. Le second livre de M. Paul Rassinier est un examen de la littérature relative aux camps de concentration et un relevé des erreurs et des falsifications qu'elle contient. Je n'ai pas besoin de dire combien ce second ouvrage est significatif, puisque c'est un déporté lui-même qui signale les déformations imposées aux faits par la propagande, déformations qu'un historien impartial pouvait deviner, mais qu'il n'aurait pu mettre en lumière avec autant d'autorité. Cette preuve de courage et d'honnêteté intellectuelle m'inspire beaucoup d'estime. M. Paul Rassinier a sacrifié, pour faire connaître la vérité, une de ces positions que Marcel Everett appelle *confortables*, il lui suffisait de dire comme tout le monde, ou, du moins, de laisser dire. Mais de tels actes portent leurs fruits dans l'avenir. Ce témoignage loyal ne sera peut-être pas compris tout de suite : c'est plus tard qu'on s'apercevra qu'une telle honnêteté, de la part de ceux qui ont été les victimes des souffrances de l'occupation, est la contribution la plus efficace à la réconciliation.

---

[6] Il est impossible, par exemple, de ne pas être un peu en garde lorsque M. Eugen Kogon nous explique, dans la préface de son livre, qu'il a lu son manuscrit aux déportés ayant participé à la gestion du camp et qu'il met précisément en cause dans son livre.

Pour la commodité de l'exposé, je réunirai dans un seul développement les observations de M. Paul Rassinier dans ses deux livres, ainsi que les références à David Rousset et Eugen Kogon.

Au fond, Paul Rassinier, David Rousset et Eugen Kogon insistent tous les trois sur le même fait, à peu près inconnu du Tribunal de Nuremberg, et qu'il faut, semble-t-il, admettre aujourd'hui comme une vérité établie sur les camps de concentration : on ne voyait que par intermittences les Allemands chargés de la garde et de l'administration des camps ceux qu'on appelle, inexactement du reste, les SS,[7] presque tout était réglé à l'intérieur du camp par les détenus chargés de l'administration et de la police du camp, ce qu'on appelait la *Häftlingsführung*. Dans *Passage de la Ligne*, Paul Rassinier pose très clairement le principe de cette administration par les détenus, en même temps qu'il en souligne, tout de suite, les inconvénients.

Dans les débuts des camps, pendant la période de gestation, les SS administraient directement ; dans la suite et dès qu'ils le purent, ils n'administraient plus que par la personne interposée des détenus eux-mêmes. On pouvait croire que c'était par sadisme et, après coup, on n'a pas manqué de le dire ; c'était par économie de personnel, et pour la même raison, dans toutes les prisons, dans tous les bagnes de toutes les nations, il en est de même. Les SS n'ont administré et fait régner l'ordre intérieur directement que tant qu'il leur fut impossible de faire autrement. Nous n'avons, nous, connu que le self-government des camps. Tous les vieux détenus qui ont subi les deux méthodes sont unanimes à reconnaître que l'ancienne était en principe la meilleure et la plus humaine, et que, si elle ne le fut pas en fait, ce fut parce que les circonstances, la nécessité de faire vite, la précipitation des événements, ne le permirent pas.

---

[7] Cf. Paul Rassinier, *Passage de la Ligne*, p. 69 : « Les nécessités de la guerre ayant fini par imposer l'envoi au front des jeunes recrues avec une instruction militaire limitée, ou même sans aucune préparation spéciale, les jeunes furent remplacés par des vieux, des gens qui avaient déjà fait la guerre de 14-18, et sur lesquels le national-socialisme n'avait qu'à peine marqué son emprise. Ceux-ci étaient plus doux. Dans les deux dernières années de la guerre, la SS devenant insuffisante, les rebuts de la Wehrmacht et de la Luftwaffe, qui ne pouvaient être utilisés à rien d'autre, furent affectés à la garde des camps. »

Les postes de la *Häftlingsführung*, tout d'abord aux mains des droits communs, leur furent arrachés progressivement par les politiques. Les politiques, disent Rousset et Kogon, ont accompli là une tâche admirable, ils ont feint de collaborer avec les Allemands, en réalité ils ont organisé la résistance et sauvé de nombreuses vies humaines. C'est cette thèse que Rassinier conteste. Elle a été inventée après coup, dit-il. Elle n'est qu'une justification. En réalité, les détenus cherchaient à être classés pour de tous autres motifs que ceux d'un altruisme désintéressé et l'administration de la *Häftlingsführung* ne s'est nullement traduite par une amélioration du sort des déportés. Voici les arguments et les faits cités par Paul Rassinier. Ils montreront, j'espère, au lecteur que rien de ce que j'ai écrit sur les camps de déportés n'était exorbitant et que les doutes que je me suis proposés, les questions que j'ai posées, étaient ceux qu'un critique impartial, habitué à réfléchir sur les documents, devait finalement faire ressortir.

Voici dans *Passage de la Ligne*, dès l'arrivée à Buchenwald, le premier contact du déporté avec les détenus *classés* qui vont désormais être ses maîtres.

Le Block est partagé en deux clans : d'un côté, les nouveaux arrivés, de l'autre les onze individus, chef de Block, Schreiber, Friseur et Stubendienst, Germains ou Slaves, qui constituent son armature administrative, et une sorte de solidarité qui fait table rase de toutes les oppositions, de toutes les différences de conditions ou de conceptions, unit tout de même dans la réprobation les premiers contre les seconds. Ceux-ci, qui sont des détenus comme nous, mais depuis plus longtemps, et possèdent toutes les rouéries de la vie pénitentiaire, se comportent comme s'ils étaient nos maîtres véritables, nous conduisent à l'injure, à la menace et à la trique. Il nous est impossible de ne pas les considérer comme des agents provocateurs, ou de plats valets des SS. Je réalise enfin et seulement ce que sont les Chaouchs, prévôts des prisons et hommes de confiance des bagnes, dont fait état la littérature française sur les pénitenciers de tous ordres. Du matin au soir, les nôtres, bombant le torse, se targuent du pouvoir qu'ils ont de nous envoyer au Krematorium à la moindre incartade et d'un simple mot. Et, du matin au soir aussi, ils mangent et fument ce qu'ils dérobent, au vu et au su de tous, insolemment, sur nos rations : des litres de soupe, des tartines de margarine, des pommes de terre fricassées à l'oignon et au paprika. Ils ne travaillent pas. Ils sont gras. Ils nous répugnent.

Et voici maintenant un passage du *Mensonge d'Ulysse* qui exprime sous une forme plus didactique la même idée, et qui rectifie l'interprétation qu'en a donnée David Rousset.

On sait que les SS ont délégué à des détenus la direction et l'administration des camps. Il y a donc des Kapos (chefs de Kommandos), des Blockaltester (chefs des Blocks), des Lagerschutz (policiers), des Lageraltester (doyens ou chefs de camps), etc., toute une bureaucratie concentrationnaire qui exerce en fait toute l'autorité dans le camp. C'est encore une règle qui fait partie du code de la répression dans tous les pays du monde. Si les détenus auxquels échoient tous ces postes avaient la moindre notion de la solidarité, le moindre esprit de classe, cette disposition interviendrait partout comme un facteur d'allégement de la peine pour l'ensemble. Malheureusement, il n'en est jamais ainsi nulle part : en prenant possession du poste qu'on lui confie, partout, le détenu désigné change de mentalité et de clan. C'est un phénomène trop connu pour qu'on y insiste et trop général pour qu'on l'impute seulement aux Allemands ou aux nazis. L'erreur de David Rousset a été de croire, en tout cas de faire croire, qu'il pouvait en être autrement dans un camp de concentration, et qu'en fait il en avait été autrement, que les détenus politiques étaient d'une essence supérieure au commun des hommes et que les impératifs auxquels ils obéissent étaient plus nobles que les lois de la lutte individuelle pour la vie.

Ceci l'a conduit à poser en principe que la bureaucratie concentrationnaire, ne pouvant sauver le nombre, eut le mérite de sauver la qualité au maximum.

« Avec la collaboration étroite d'un Kapo, on pouvait créer des conditions bien meilleures de vie, même dans l'Enfer. »

Mais il ne dit pas comment on pouvait obtenir la collaboration étroite d'un Kapo.

En réalité, ce ciment était le profit matériel qu'en pouvaient retirer ceux qui en faisaient partie, quant à la nourriture et à la sauvegarde de la vie. Dans les deux camps que j'ai connus, l'opinion générale était que, politique ou non, communiste ou pas, tout « Comité » avait d'abord le caractère d'une association de voleurs de nourriture, sous quelque forme que ce soit. Rien ne venait infirmer cette opinion. Tout, au contraire, était à son appui : les groupuscules de communistes ou de politiques s'affrontant, les modifications dans la composition de celui d'entre eux qui détenait le pouvoir, et qui intervenaient toujours à la suite de différends sur la répartition et le partage des pillages, la distribution des postes de commande qui suivait le même processus, etc.

Il est faux, nous dit-on, que les détenus privilégiés qui composaient la *Häftlingsführung* n'aient songé qu'à former des comités de résistance, à organiser le sabotage, etc.

On a dit que les politiques et surtout les politiques allemands avaient constitué des comités révolutionnaires, tenant des assemblées dans les camps, y stockant des armes et même correspondant clandestinement avec l'extérieur ou d'un camp à l'autre : c'est une légende. En fait de comité né de longue date, il n'y en eut qu'un dans tous les camps : une association de voleurs et de pillards, verts ou rouges, détenant des SS les leviers de commande, par surcroît. A la Libération, ils ont essayé de donner le change et il faut convenir qu'ils ont réussi dans une honnête mesure.

Ceci est un extrait de *Passage de la Ligne* relativement modéré. Dans *Le Mensonge d'Ulysse*, Rassinier va plus loin. Je me contente de choisir, parmi de nombreux autres, un extrait qui, sur cette question dont je sens bien qu'elle est infiniment délicate, me paraît suffisamment explicite. On sentira assez combien il est difficile, en cette matière, d'être exact sans paraître révoltant.

On peut soutenir, et peut-être on le fera, qu'il n'était pas capital d'établir, fût-ce au moyen de textes empruntés à ceux qui tiennent le fait pour négligeable, ou qui le justifient, que la *Häftlingsführung* nous a fait subir un traitement plus horrible encore que celui qui avait été prévu pour nous dans les sphères dirigeantes du nazisme et que rien ne l'y obligeait. J'observerai alors qu'il m'a paru indispensable de fixer exactement les causes de l'horreur dans tous leurs aspects, ne serait-ce que pour ramener à sa juste valeur l'argument subjectif dont on fit un si abondant usage, et pour orienter un peu plus vers la nature même des choses les investigations du lecteur dans l'esprit duquel le problème n'est qu'imparfaitement ou incomplètement résolu.

Les deux livres de Paul Rassinier nous permettent de suivre en détail ce gouvernement de la *Häftlingsführung*. Ils nous montrent comment l'attitude très spéciale de ce groupe de détenus, se superposant à un règlement féroce par lui-même, a été à l'origine de ce qu'on a présenté comme un système d'atrocités préméditées. On trouvera là une infinité de petits faits de la vie des camps, mal connus ou déformés, qui donnent matière à beaucoup de réflexions. Ces sévices collectifs, absurdes ou sadiques, qui constituaient une espèce d'énigme pour l'observateur non prévenu, par exemple les appels interminables dans la neige, les douches glacées, les histoires fantastiques du *Revier*, nous sont expliqués par ce témoignage qui n'innove pas sur ce point, mais qui ne fait que mettre de la clarté dans les témoignages voisins. Je ne fais que résumer ici, car il faudrait citer à l'infini.

Dans *Le Mensonge d'Ulysse*, Rassinier analyse, dans un petit livre de Frère Biron, le récit des violences et des vexations qui accompagnaient l'arrivée au camp. Il cite, puis il ajoute :

Le lecteur non prévenu pense immanquablement que ces barbiers improvisés qui ricanent et qui lardent sont des SS et que les matraques qui harcèlent les têtes sont tenues par les mêmes. Pas du tout, ce sont des détenus. Et, les SS absents de cette cérémonie qu'ils ne surveillent que de loin, personne ne les oblige à se comporter comme ils le font. Mais la précision est omise et la responsabilité se rejette d'elle-même en totalité sur les SS. Cette confusion est entretenue tout au long du livre par le même procédé.

Même observation en ce qui concerne l'arrivée à Dora :

Je n'ai pas souvenance que des chiens furent lâchés sur nous, ni que des coups de fusil aient été tirés. Par contre, je me souviens très bien que les Kapos et les Lagerschutz qui vinrent nous prendre en compte étaient beaucoup plus agressifs et brutaux que les SS qui nous avaient envoyés.

Un peu plus loin, voici une explication sur les fameux appels de plusieurs heures par lesquels commençait et se terminait la journée. Ici le résultat est dû à une harmonieuse collaboration du règlement, de la mentalité pénitentiaire et des détenus classés.

La longueur des appels, si elle dépendait de l'humeur du Rapport-Führer SS, dépendait aussi des capacités des gens chargés d'établir chaque jour la situation des effectifs. Parmi eux, il y avait les SS qui savaient généralement compter, mais il y avait aussi et surtout les détenus illettrés ou quasi, qui n'étaient devenus secrétaires ou comptables à l'Arbeitstatistik que par faveur. Il ne faut pas oublier que l'emploi de chaque détenu dans un camp de concentration était déterminé par son entregent et non par ses capacités. A Dora, comme partout, il se trouvait que les maçons étaient comptables, les comptables maçons ou charpentiers, les charrons médecins ou chirurgiens.

Cette explication est illustrée par deux écrits dramatiques qu'on trouvera dans *Passage de la Ligne*. L'un décrit une opération d'épouillage. Cela se passe à Dora. On a trouvé des poux. La *SS Führung*, qui craint le typhus, ordonne un épouillage général. Les chefs de bloc réunissent leurs assujettis : on leur fait déposer leurs vêtements, on les leur enlève, on les met nus cinq par cinq, et on les dirige sous la pluie et la neige vers le bâtiment de la désinfection. Voici la scène :

Il y a huit cents mètres environ à franchir. Nous arrivons. Les quatre autres Blocks, nus comme nous, se pressent déjà à l'entrée : nous sentons la mort descendre parmi nous. Combien de temps cela va-t-il durer ? Nous sommes là un millier environ, tout nus, grelottant dans le froid mouillé de la nuit qui nous pénètre jusqu'aux os à nous presser contre les portes. Pas moyen d'entrer. On ne peut passer que quarante par quarante. Des scènes atroces se produisent.

On veut d'abord forcer l'entrée : les gens de l'Entlaüsung nous contiennent avec la lance à eau. Alors on veut retourner au Block pour y attendre son tour : impossible, les Lagerschutz, gummi à la main, nous ont encerclés. Il faut rester là, coincés entre la lance à eau et le gummi, arrosés et frappés. Nous nous serrons les uns contre les autres. Toutes les dix minutes, quarante sont admis à entrer dans une bousculade effroyable qui est une véritable lutte contre la mort.

Naturellement, il y a des morts : par écrasement, par congestion pulmonaire, etc. Et voici l'explication :

Ce qui s'est passé ?

La SS Führung s'est bornée à décider la désinfection à raison de cinq Blocks par jour et la H-Führung a été laissée maîtresse, entièrement maîtresse, des modalités d'application. Elle eût pu prendre la peine d'établir un horaire, un tour par Block : à 11h le 35, à minuit le 24, à 1h le 32, etc. Les chefs de Block eussent pu, dans le cadre de cet horaire, nous envoyer par groupes de cent à vingt minutes d'intervalle, par exemple, et tout habillés, ce qui constituait déjà quelque chose d'assez pénible après la journée de travail. Mais non : c'était trop simple.

Et au lieu de cela

Les événements de la nuit du 31 mars étant venus aux oreilles de la SS Führung, celle-ci établit elle-même un horaire précis, dès le lendemain, pour les Blocks qui restaient à désinfecter.

Autre récit, non moins significatif. Le jour de Pâques 1944, la *SS Führung* a décidé de donner un jour de congé : on se lèvera plus tard, on ne travaillera pas. Tout semble devoir bien se passer. On fera un appel général à 9 heures que les SS désirent terminer aussitôt que possible pour profiter de leur jour de congé. Au moment de l'appel, incident grave : on s'aperçoit qu'il y a une différence de 27 hommes entre les chiffres fournis par l'administration et le chiffre des présents. On mande le kapo de l'Arbeitstatistik : on refait l'appel, on refait les calculs, on fouille le camp. Cela dure des heures. Soudain, le kapo de l'Arbeitstatistik revient en courant : il a trouvé un nouveau chiffre. On recommence la vérification, il manque 8 hommes. Nouvelles recherches, nouveaux calculs. L'Arbeitstatistik présente un troisième chiffre : il est encore faux. Enfin l'appel se termine à 23h. 45 et plusieurs détenus se sont écroulés par suite de la fatigue et de l'immobilité.

Vous avez maintenant l'explication de la longueur des appels : les gens employés à l'Arbeitstatistik, illettrés ou quasi, ne sont devenus comptables que par faveur et sont incapables de dresser du premier coup une situation exacte des effectifs.

La même explication est valable pour le *Revier*. David Rousset, et, après lui, Eugen Kogon, ont expliqué que, très souvent, la *Häftlingsführung* préféra mettre à la tête de l'infirmerie du camp, le *Revier*, un détenu qui n'avait pas de titre médical. Voici ce que dit Eugen Kogon :

Par sa position, le Kapo de l'infirmerie exerçait dans tous les camps une influence considérable sur les conditions générales d'existence. Aussi les détenus *ne poussèrent-ils jamais un spécialiste à cette place, bien que cela eût été possible en de nombreux camps, mais une personne qui fût entièrement dévouée à la couche régnante dans le camp.*

Et voici ce qu'ajoute Rassinier :

Le Kapo, choisi parce qu'il était communiste, choisissait un portier, non parce qu'il était capable de discerner les malades des autres, ou, entre les malades, ceux qui l'étaient le plus de ceux qui l'étaient le moins, mais parce qu'il était robuste et pouvait administrer de solides raclées. Il va sans dire qu'il l'entretenait en forme par des soupes supplémentaires. Les raisons qui présidaient au choix des infirmiers, si elles n'étaient pas de même nature, étaient d'aussi noble inspiration. S'il y eut des médecins sur le tard, dans les infirmeries des camps, c'est que les SS l'imposèrent. Encore fallut-il qu'ils vinssent eux-mêmes les séparer de la masse, à l'arrivée des convois.

La brutalité et l'absence de scrupules avaient, naturellement, des effets beaucoup plus funestes à l'infirmerie qu'ailleurs. Les médicaments sont très rares. En voici l'explication :

La SS Führung n'alloue que très peu de médicaments, et Proll (le détenu chargé de diriger le *Revier*) prélève sur le contingent tout ce qui est nécessaire à la H-Führung, ne laissant filtrer jusqu'aux malades eux-mêmes que ce dont elle n'a pas besoin.

La nourriture est aussi insuffisante au *Revier* que dans le reste du camp. Le règlement prévoit pourtant des rations supplémentaires, mais elles sont détournées de la même façon que les médicaments. Ecoutez ici le témoignage d'Eugen Kogon :

Pour l'infirmerie des détenus, il y avait dans les camps une nourriture spéciale pour les malades, ce qu'on appelait la diète. Elle était très recherchée comme supplément et sa plus grande part était détournée au profit des personnalités du camp : Doyens de Block, Kapos, etc. Dans chaque camp, on pouvait trouver *des communistes ou des criminels qui, pendant des années, recevaient, en plus de leurs autres avantages, les suppléments pour malades.* C'était surtout une affaire de relations avec la cuisine des malades composée exclusivement de gens appartenant à la catégorie de détenus qui dominaient le camp, ou une affaire d'échange de bons services.

Quant aux sévices infligés aux malades, ils sont le fait, la plupart du temps, des infirmiers ou des hommes de salle choisis parmi les détenus par le kapo en vertu du système expliqué. Dans *Passage de la Ligne*, on nous dit qu'au *Revier* de Buchenwald le règlement stipulait qu'on devait donner une douche à tous les entrants. L'appareil était installé de manière à distribuer de l'eau chaude. Quand il s'agissait d'un détenu qui ne lui était pas recommandé, l'infirmier « jurait ses grands dieux que l'appareil était détraqué » et administrait une douche glaciale (p. 123). Un peu plus loin, Rassinier nous raconte les exploits d'un détenu polonais, infirmier lui aussi, qui faisait la chasse aux dysentériques, et, à force de douches glaciales, les expédiait en quelques heures dans un monde meilleur (p. 127). Toutes ces méthodes barbares, selon le témoignage de Paul Rassinier, ont une cause principale qui est celle-ci :

Ces soi-disant « chefs des détenus », exposant des milliers de malheureux à la maladie, en les frappant et en leur volant leur nourriture, les faisaient soigner, en fin de circuit, sans que la SS les y obligeât, par des gens qui étaient absolument incompétents.

Dans la plupart des cas, les responsables allemands du camp n'exerçaient qu'une surveillance très lointaine, négligence qu'on est en droit de leur reprocher, bien entendu, et même parfois ils se tenaient soigneusement à l'écart de certains blocs, ceux des typhiques par exemple, en raison, nous dit Eugen Kogon, « de leur crainte insurmontable de la contagion ».

Il est utile de descendre jusqu'à ce détail pour avoir une idée plus exacte de l'administration des camps. On n'aura une notion complète des erreurs de fait qui sont à la base de notre jugement que si l'on rappelle certaines particularités qui sont restées ignorées de la totalité du public français. Par exemple, contrairement à ce qu'on croit en général, on peut lire dans Paul Rassinier que les déportés pouvaient recevoir librement des colis de leurs familles. De tels envois n'étaient pas exceptionnels : ils pouvaient être quotidiens. Et Paul Rassinier nous explique qu'il a dû la vie probablement à l'entêtement de sa femme qui, bien qu'elle n'ait pas reçu de nouvelles de lui hormis son adresse, s'obstina à lui envoyer chaque jour des colis qui lui furent presque tous distribués. On pouvait donc recevoir des colis, et quand on n'en recevait pas de sa famille, on en recevait de la Croix-Rouge. Mais là encore, la *Häftlingsführung* intervenait. Voici un extrait du chapitre des colis dans *Passage de la Ligne* :

Tous les jours, un wagon de dix tonnes, plein de colis venant de toutes les nations de l'Europe occidentale, sauf de l'Espagne et du Portugal, arrivait en gare de Dora : à quelques rares exceptions près, ces colis étaient intacts.

Cependant, au moment de la remise à l'intéressé ils étaient totalement ou aux trois-quarts pillés. Dans de nombreux cas, on ne recevait que l'étiquette accompagnée de la nomenclature du contenu, ou d'un savon à barbe, ou d'une savonnette, ou d'un peigne, etc. Un kommando de Tchèques et de Russes était affecté au déchargement du wagon. De là, on conduisait les colis à la Poststelle où les Schreiber et Stubendienst de chaque Block venaient en prendre livraison. Puis le chef de Block les remettait lui-même à l'intéressé. C'est sur ce parcours limité qu'ils étaient pillés.

Je rappelle que tous les fonctionnaires cités ici sous les noms de Schreiber, Stubendienst, chefs de bloc, sont des détenus choisis par les détenus. Mais ce n'est pas seulement la nourriture contenue dans les colis qu'ils font disparaître au passage. Les rations prévues par le règlement parviennent régulièrement au camp (au moins avant le printemps 1945) ; des suppléments réclamés par les commandants de camp pour les travailleurs de force y arrivent également ; les détenus ont droit enfin à un pécule ; avec ce pécule, ils ont le droit d'acheter à la cantine, ils ont le droit d'acheter des cigarettes qui sont mises en vente chaque semaine par le camp. Mais voici ce qui arrive. Je cite ici David Rousset :

La bureaucratie ne sert pas seulement à la gestion des camps : elle est, par ses sommets, tout embrayée dans les trafics SS. Berlin envoie des caisses de cigarettes et de tabac pour payer les hommes. Des camions de nourriture arrivent dans les camps. On doit payer toutes les semaines les détenus ; on les paiera tous les quinze jours, ou tous les mois ; on diminuera le nombre des cigarettes, on établira des listes de mauvais travailleurs qui ne recevront rien. Les hommes crèveront de ne pas fumer. Qu'importe ? Les cigarettes passeront au marché noir. De la viande ? Du beurre ? Du sucre ? Du miel ? Des conserves ?

Une plus forte proportion de choux rouges, de betteraves, de rutabagas assaisonnés d'un peu de carottes, cela suffira bien. C'est même de la bonté pure. Du lait ? Beaucoup d'eau blanchie, ce sera parfait. Et tout le reste : viande, beurre, sucre, miel, conserves, lait, pommes de terre, sur le marché pour les civils allemands qui paient et sont de corrects citoyens. Les gens de Berlin seront satisfaits d'apprendre que tout est bien arrivé. Il suffit que les registres soient en ordre et la comptabilité vérifiable.

De cette explication amphigourique, on pourrait aisément conclure que les vivres et le tabac sont interceptés par les services allemands du camp, à destination du marché noir. Mais voici sur ce passage le commentaire de Paul Rassinier qui ne laisse subsister aucune équivoque :

> Voilà démentie, au moins en ce qui concerne la nourriture, la légende qui veut qu'un plan ait été établi en « haut lieu » pour affamer les détenus. Berlin envoie tout ce qu'il faut pour nous servir les rations prévues, conformément à ce qu'on écrit aux familles, mais, à son insu, on ne nous le distribue pas. Et qui vole ?
>
> Les détenus chargés de la distribution. David Rousset nous dit que c'est un ordre des SS auxquels ils remettent le produit du vol : non, ils volent pour eux d'abord, se gobergent de tout sous nos yeux et paient tribut aux SS pour acheter leur complicité.

Et maintenant, reprenons le texte d'Eugen Kogon qui nous donne une explication plus générale, s'appliquant à l'ensemble de la vie dans les camps :

> En fait, les détenus n'ont jamais reçu les faibles rations qui leur étaient destinées en principe. Tout d'abord, la SS prenait ce qui lui plaisait. Puis, les détenus qui travaillaient dans le magasin à vivres et dans les cuisines « se débrouillaient » pour prélever amplement leur part. Puis, les chefs de chambrée en détournaient une bonne quantité pour eux et pour leurs amis. Le reste allait aux misérables détenus ordinaires.

Cela ne suffit pas à Paul Rassinier, qui désire qu'on soit plus net encore. Il y a lieu de préciser, ajoute-t-il :

> que tout ce qui détenait une parcelle d'autorité dans le camp était, par là même, placé pour « prélever » : le doyen de camp qui délivrait globalement les rations, le Kapo ou le chef de Block qui se servaient copieusement en premier lieu, le chef d'équipe ou l'homme de chambre qui coupaient le pain ou mettaient la soupe dans les écuelles, le policier, le secrétaire, etc. Il est curieux que Kogon ne le mentionne même pas. Tous ces gens se gobergeaient littéralement

des produits de leurs vols, et promenaient dans le camp des mines florissantes.

Expliquant le mécanisme du vol, Kogon en fait un simple aspect du « système D », indistinctement employé par tous les détenus qui se trouvaient sur le circuit alimentaire. C'est, à la fois, une inexactitude et un acte de bienveillance à l'égard de la *Häftlingsführung*.

Le travailleur d'un kommando quelconque ne pouvait pas voler, le kapo et le vorarbeiter, prêts à le dénoncer, le surveillant étroitement. Tout au plus pouvait-il se risquer, la distribution des rations étant faite, à prendre quelque chose à un de ses compagnons d'infortune. Mais le kapo et le vorarbeiter pouvaient de concert prélever sur l'ensemble des rations, avant la distribution, et ils le faisaient cyniquement. Impunément aussi, parce qu'il était impossible de les dénoncer autrement que par la voie hiérarchique, c'est-à-dire en passant par eux. Ils volaient pour eux-mêmes, pour leurs amis, pour les fonctionnaires d'autorité desquels ils détenaient leur poste, et, aux échelons supérieurs de la hiérarchie, pour les SS dont ils tenaient à s'assurer ou à conserver la protection.

Rassinier ajoute en note cette précision supplémentaire :

Il y a lieu de remarquer que les SS ne prélevaient généralement pas eux-mêmes ou très timidement : ils laissaient prélever pour leur compte et ils étaient ainsi mieux servis.

Un autre aspect de la vie des camps, assez surprenant pour le public, et contradictoire avec les explications fournies à Nuremberg, complète ces indications : les troupes allemandes chargées de la garde du camp intervenaient peu, elles s'en remettaient aux détenus. Déjà, dans *Passage de la Ligne*, Rassinier nous affirmait que le seul soldat allemand en rapport avec les détenus, le Blockführer, chargé en principe de surveiller le Blockaltester, choisi parmi les détenus, « ne se montre que très rarement » :

En général, ils se bornent à rendre une visite amicale au chef de Block dans la journée, c'est-à-dire en l'absence des détenus, si bien que celui-ci est en dernier ressort seul juge et que toutes ses exactions sont pratiquement sans appel.

En un autre endroit du même livre, Rassinier dit encore :

Les SS donc n'assurent que la garde extérieure et on ne les voit pour ainsi dire jamais à l'intérieur du camp où ils se contentent de passer en exigeant le salut des détenus, le fameux : *Mutzen ab*.

De son côté, Eugen Kogon n'est pas moins affirmatif. Parlant de la direction SS du camp, il écrit :

Elle ignorait ce qui se passait réellement derrière les barbelés.

Et Rassinier commente ainsi :

La *Häftlingsführung*, en effet, multipliait les efforts pour qu'elle l'ignorât. S'érigeant en véritable « justice des détenus », profitant de ce qu'aucun appel ne pouvait être interjeté contre ses décisions pour prendre les plus invraisemblables, elle n'avait jamais recours aux SS que pour renforcer son autorité si elle la sentait faiblir. Pour le reste, elle n'aimait pas les voir intervenir, redoutant à la fois qu'ils fussent moins sévères, ce qui eût mis son autorité en discussion dans la masse, et leurs appréciations quant à son aptitude à gouverner, ce qui eût posé le problème de son renvoi dans le rang et de son remplacement. Pratiquement, tout cela se résolvait dans un compromis, la *Häftlingsführung* « évitant les histoires » en les empêchant de traverser l'écran qu'elle constituait, la SS ne cherchant pas à savoir, sous réserve que l'ordre régnât et qu'il fût inattaquable.

Le moins qu'on puisse dire, c'est que ces indications, rapprochées les unes des autres, nous donnent des camps de concentration une image fort différente de celle qui a été présentée à Nuremberg. Cette image exacte s'est formée peu à peu. Kogon est plus précis que Rousset, Rassinier plus précis que Kogon. Nous aboutissons maintenant seulement à une information loyale et complète. Et, à mesure que cette description des camps de concentration est plus exacte, elle s'éloigne davantage de celle qui a été donnée à Nuremberg. N'était-il pas utile de faire cette rectification, confirmée par les déportés eux-mêmes ? Puisqu'il est évident que l'image qu'on nous a donnée tout d'abord était fausse, qu'y a-t-il de criminel à le dire ? En quoi est-ce approuver les camps de concentration ?

J'ai limité au minimum les citations que j'ai empruntées aux deux livres de Rassinier. Il s'agissait seulement de faire comprendre le mécanisme réel des camps de concentration. Mais je ne puis en finir avec ce témoignage, sans faire connaître l'opinion de Rassinier sur quelques points complémentaires sur lesquels on affecte toujours de penser que la discussion est close une fois pour toutes. On verra que les choses ne sont pas si simples.

Voici d'abord les déclarations de Rassinier sur quelques accusations précises, constamment énumérées parmi les « atrocités allemandes ». Sur les piqûres, il écrit dans *Passage de la Ligne* :

À Dora, il n'y avait pas de Block de cobayes et on ne pratiquait pas la piqûre. Généralement d'ailleurs et dans tous les camps, la piqûre n'était pas utilisée contre le commun des détenus, mais par un des deux clans de la H-Führung contre l'autre : les verts employaient ce moyen pour se débarrasser élégamment d'un rouge dont ils sentaient l'étoile monter au ciel SS, ou inversement.

Et il est tout aussi affirmatif dans deux passages du *Mensonge d'Ulysse* où il s'oppose avec force aux témoignages « romancés » de l'abbé Jean-Paul Renard et de l'abbé Robert Ploton.

Sur les chambres à gaz, il est très sceptique, dans *Passage de la Ligne*. Dans le *Mensonge d'Ulysse*, il communique les résultats d'une enquête à laquelle il s'est livré.

Il pense, dit-il, que la croyance aux chambres à gaz a pour origine une opération qui était faite dans tous les camps et qui était la sélection des inaptes au travail, formés alors en convoi pour une destination inconnue. Les bruits les plus pessimistes couraient naturellement sur ces convois, et c'est ainsi que beaucoup de déportés ont cru qu'ayant échappé à la *Selektion* ils avaient aussi échappé à la chambre à gaz. En réalité, rien ne prouve, assure

Rassinier, que les détenus qui partaient ainsi étaient aussitôt exterminés ; Rassinier a retrouvé, au contraire, des camarades de captivité qui, étant partis dans ces conditions, avaient tout simplement été évacués sur Belsen.

D'autre part, analysant des documents cités par Eugen Kogon, il estime qu'ils sont insuffisants et peu concluants. Je cite la conclusion de son étude :

Mon opinion sur les chambres à gaz ? Il y en eut : pas tant qu'on ne le croit. Des exterminations par ce moyen, il y en eut aussi : pas tant qu'on ne l'a dit. Le nombre, bien sûr, n'enlève rien à la nature de l'horreur mais le fait qu'il s'agisse d'une mesure édictée par un État au nom d'une philosophie ou d'une doctrine y ajouterait singulièrement. Faut-il admettre qu'il en a été ainsi ? C'est possible, mais ce n'est pas certain.

Sur l'ignorance des Allemands, par contre, il est catégorique. Voici une note de *Passage de la Ligne* :

On a dit que l'Allemagne presque entière ignorait ce qui se passait dans les camps, et je le crois : les SS qui vivaient sur place en ignoraient une grande partie, ou n'apprenaient certains événements que longtemps après coup.

Mais, ce qui est plus surprenant, il estime que les services de Berlin n'étaient pas beaucoup mieux renseignés :

D'une manière générale, les directions SS n'aimaient pas lui en référer. Elles en redoutaient des lenteurs, des curiosités, voire des scrupules qui pouvaient prendre des allures de tracasserie, à la clé desquelles il y avait l'envoi dans une autre formation, ce qui, en temps de guerre, était gros de conséquences. Tenant Berlin dans une ignorance presque totale, ne l'informant que de ce qu'elles ne pouvaient lui cacher, elles réglaient sur place au maximum.

Et il cite, d'après le livre d'Eugen Kogon, des circulaires naïves de Berlin sur la nourriture des détenus, sur la mortalité des camps, sur la bastonnade qu'on ne doit donner « sur le postérieur mis à nu » que dans le cas où le mot « aggravé » a été ajouté à l'ordre de punition : toutes préoccupations qui donnent à penser que Berlin n'avait pas une vue très réaliste de ce qui se passait dans les camps. Il rappelle aussi, toujours d'après Rousset et Kogon, les précautions de camouflage qui étaient prises chaque fois qu'une visite officielle était annoncée de manière que les visiteurs n'entrevissent jamais rien de ce qui se passait au camp. S'appuyant sur ces constatations, Rassinier n'hésite pas à affirmer que Berlin n'était pas beaucoup mieux renseigné que le reste de la population allemande :

> Ainsi donc, on cachait soigneusement les traces ou les preuves de sévices, non seulement au commun des visiteurs étrangers ou autres, mais encore aux plus hautes personnalités de la SS et du III e Reich. J'imagine que si ces personnalités s'étaient présentées à Dachau et à Birkenau on leur eût fourni, sur les chambres à gaz, des explications aussi pertinentes que sur le « chevalet » de Buchenwald. Et je pose la question : Comment peut-on affirmer après cela que toutes les horreurs dont les camps ont été le théâtre faisaient partie d'un plan concerté en haut lieu ?

Sur l'histoire même des camps, les ouvrages de Rassinier contiennent aussi des mises au point très intéressantes. La situation des camps en 1945 s'explique, d'après lui, par le surpeuplement et la désorganisation :

> Le camp, conçu pour une population d'environ 15000 personnes, atteint parfois 50000 et plus. On couche à deux et trois par lit. On ne touche plus de pain, la farine n'arrivant plus : au lieu et place on reçoit deux ou trois petites pommes de terre. La ration de margarine et de saucisson est réduite de moitié. Les silos se vidant dans la mesure où la population augmente, il est question de ne plus distribuer qu'un demi-litre de soupe au lieu d'un litre.

> Mais une autre notion apparaît, que je n'ai trouvée que là, c'est celle du degré d'évolution du camp lui-même. J'avais cru, comme beaucoup de gens non avertis, et je me suis trompé en cela, que les conditions de la vie dans les camps avaient été sans cesse en s'aggravant, qu'on était moins mal en 1943 qu'en 1944, moins mal en 1942 qu'en 1943, et que les souffrances n'avaient fait qu'empirer.

La situation, fort bien décrite dans *Passage de la Ligne*, était toute différente. Tout camp, quel qu'il soit, passe par une période de construction qui est la plus dure de toutes (il est alors un *Straflager* ou camp disciplinaire), puis par une période de rendement, période pendant laquelle l'usine du camp travaille tandis que les autres installations ne sont pas terminées et parfois même pas commencées (il est alors un *Arbeitslager* ou camp de travail), enfin le camp est terminé, il est conforme au plan établi, tous les bâtiments sont achevés et les services mis en place (il est alors un *Konzentrationslager*). La période la plus dure est toujours celle de la construction, et la plus supportable est la période finale. Tout camp passe par ces trois périodes. Si bien que Dora, par exemple, qui fut d'abord un enfer pour ceux qui l'ont connu au premier stade, était moins dur un an après, et finalement ressemblait à Buchenwald. L'évolution était donc vers une amélioration relative dans chaque camp, et en même temps, il y avait entre les camps des différences profondes selon l'état dans lequel ils étaient.

D'où cette déclaration, si contraire à tout ce qu'on nous dit généralement : qu'il y avait aussi, j'emploie les paroles mêmes de Paul Rassinier, « des camps très humains ». Il en donne deux exemples, d'après des récits de camarades à l'infirmerie de Buchenwald :

En août, pendant une dizaine de jours, l'Allemand Helmut fut mon voisin de lit. Il arrivait en droite ligne de Lichtenfeld près de Berlin. Ils étaient 900 dans ce camp et, gardés par la Wehrmacht, ils procédaient au déblaiement des faubourgs bombardés : douze heures de travail comme partout, mais trois repas par jour et trois repas abondants (soupe, viande, légumes, souvent du vin), pas de Kapos, pas de H-Führung, par conséquent pas de coups. Une vie dure, mais très tenable. Un jour, on a demandé des spécialistes : Helmut était ajusteur, il s'est levé, on l'a envoyé au Tunnel de Dora où on lui a mis en main l'appareil à forer la roche. Huit jours après, il crachait le sang.

Précédemment, j'avais vu arriver à côté de moi un détenu qui avait passé un mois à Wieda et qui m'avait raconté que les 1500 occupants de ce camp n'étaient pas trop malheureux. Naturellement, on travaillait et on mangeait peu, mais on vivait en famille : le dimanche après-midi, les habitants du village venaient danser aux abords du camp au son des accordéons des détenus, échangeaient des propos fraternels avec eux et même leur apportaient des victuailles. Il paraît que cela n'a pas duré.

On rapprochera ce passage des renseignements que j'ai donnés dans *Nuremberg*, d'après l'organe juif clandestin *Schem*, qui décrivait également comme supportable l'existence dans certains camps. On s'explique ainsi que Rassinier, en plusieurs passages de ses deux livres, semble ne pas faire de différence fondamentale entre le système qui fut appliqué dans certains camps français et le système allemand. Il compare volontiers la *Häftlingsführung* qu'il a connue aux chaouchs de nos bagnes et aux prévôts de nos prisons. Dans *Passage de la Ligne*, il cite un mot de ses camarades de camp, qui, lorsqu'on se plaignait trop, répondait : « Moi, tu comprends, j'ai fait deux ans et demi de Calvi, alors j'ai l'habitude » et le même ajoutait qu'à Calvi « c'était la même chose ». De même, dans un autre chapitre, Rassinier raconte comment il fut accueilli avec ses camarades à son arrivée à Buchenwald par des Espagnols rouges, internés à Gurs en 1939, qui leur apprirent qu'ils allaient, eux Français, faire connaissance avec le traitement qu'ils avaient infligé aux autres. « Ils soutenaient, assure Rassinier, qu'il n'y avait entre les camps français et les camps allemands que le travail comme différence : les autres traitements et la nourriture étant, à peu de choses près, en tous points semblables » (p. 68).

Ces appréciations, ces renseignements sont à peu près en contradiction constante, on le voit, avec ce qui a été dit et écrit des camps en 1945, et en particulier avec le tableau qui a été présenté aux juges de Nuremberg. Un seul témoignage comme celui de Paul Rassinier rendrait légitime et raisonnable la proposition de « reconsidérer » l'ensemble de notre documentation sur ce point. À plus forte raison, lorsqu'on se trouve en présence d'un ensemble de dépositions, qui se complètent et s'éclairent les unes par les autres. Je ne vois donc rien de révoltant à soutenir que la vérité sur les camps de concentration est plus complexe qu'on ne nous l'a dit, que la propagande ou la précipitation ont souvent déformé les faits : dans une constatation aussi simple, je ne vois rien qui ressemble à l'apologie du crime. Ce n'est pas moi, je me suis bien gardé d'écrire une telle phrase, c'est Paul Rassinier, qui est revenu étendu sur un brancard et pesant 39 kilos, qui affirme qu'à Buchenwald « la vie était supportable ». Je cite ce fragment de *Passage de la Ligne* :

> Ainsi était le Buchenwald que nous avons connu. La vie y était supportable pour les détenus définitivement affectés au camp, un peu plus dure pour les passagers destinés à n'y séjourner que le temps de la quarantaine. Dans tous les camps il eût pu en être de même. Le malheur a voulu qu'au moment des déportations massives des étrangers en Allemagne, il y avait peu de camps au point, à part Buchenwald, Dachau et Auschwitz, et que la presque totalité des déportés n'a connu que des camps en période de construction, des Straflager et des Arbeitslager et non des Konzentrationslager. Le malheur a voulu aussi que, même dans les camps au point, toutes les responsabilités fussent confiées à des Allemands d'abord, pour la facilité des rapports entre la *gens* des Haftling et celle de la Führung, à des rescapés des Straflager et des Arbeitslager ensuite, qui ne concevaient pas le *Konzett*, comme ils disaient, sans les horreurs qu'ils y avaient eux-mêmes endurées et qui étaient, bien plus que les SS, des obstacles à son humanisation.

Ce n'est pas moi, qui n'y suis jamais allé, c'est Rousset, c'est Kogon, c'est Rassinier qui nous expliquent comment était fait le camp de Buchenwald :

> On en est à monter le Block 141, qui est destiné à devenir le Theater-Kino et le Bordel est prêt à recevoir des femmes. Tous les Blocks, géométriquement et agréablement disposés dans la colline, sont reliés entre eux par des rues bétonnées : des escaliers de ciment et à rampe conduisent aux Blocks les plus élevés ; devant chacun d'eux des pergolas avec plantes grimpantes, de petits jardinets avec pelouses de fleurs, par-ci, par-là, de petits ronds-points avec jet d'eau ou statuette. La place de l'Appel qui couvre quelque chose comme un demi-kilomètre carré, est entièrement pavée, propre à n'y pas perdre une épingle. Une piscine centrale avec plongeoir, un terrain de sport, de frais ombrages à portée du désir, un véritable camp pour colonies de vacances, et n'importe quel passant qui serait admis à le visiter en l'absence des détenus en sortirait persuadé qu'on y

mène une vie agréable, pleine de poésie sylvestre et particulièrement enviable, en tout cas hors de toute commune mesure avec les aléas de la guerre qui sont le lot des hommes libres. Les SS ont autorisé la création d'un kommando de la musique. Tous les matins et tous les soirs, une clique d'une trentaine d'instruments à vent, soutenus par une grosse caisse et des cymbales, rythme la cadence des kommandos qui vont au travail ou en reviennent. Dans la journée, elle s'exerce et assourdit le camp des plus extraordinaires accords. Le dimanche après-midi, elle donne des concerts dans l'indifférence générale, pendant que les planqués jouent au football ou font les acrobates au plongeoir.

Bien sûr, je n'en tire pas la conclusion que les camps de concentration étaient des pénitenciers blancs et roses où l'on jouait au ballon en chantant sur l'harmonica. Je n'oublie pas le chiffre des morts qui est, en définitive, le résultat effectif qui juge et condamne le système des camps. Mais puisqu'une enquête complète sur les camps aboutit finalement à ces deux images si totalement contradictoires, ces listes et ces cadavres qui accablent et ce village pénitentiaire qui a l'air d'accueillir, est-ce qu'il n'y a pas là, au seul point de vue de la culpabilité des dirigeants allemands, un mystère dont nous avons le devoir d'exposer les éléments, en tout cas, une étrangeté, une énigme qu'ils avaient le droit, en tant qu'accusés, qu'on exposât complètement au tribunal et qu'on cherchât à éclaircir ?

Chapitre II

Le procès du camp de Dachau

Je crois avoir suffisamment montré que notre propre littérature sur les camps autorisait à demander qu'on rectifiât certaines lacunes ou obscurités de l'enquête officielle. J'ai maintenant d'autres documents à présenter, lesquels sont inconnus en France, et ne sont pas moins indispensables à une appréciation éclairée.

Après les faits exposés précédemment, on sera peut-être moins étonné de lire quelques témoignages étrangers que je n'aurais pas osé présenter sans cette préparation.

Voici, sur le camp de Belsen, ce que nous dit un journaliste anglais, Leonard O. Mosley, qui accompagnait les troupes américaines dans leur avance et qui fut un des premiers à entrer au camp. Le témoignage remonte à 1945, on le trouvera dans son reportage *Report from Germany*, publié la même année, chez l'éditeur Victor Gallancz.

Les troupes de la Wehrmacht, elles-mêmes, à ce qu'on nous dit, avaient été épouvantées par ce qu'elles découvrirent. L'indignation de l'armée allemande fut telle qu'ils refusèrent de négocier un sauf-conduit pour les SS. Mais, peu de jours après, des enquêteurs et des reporters vinrent à Belsen et quelques-unes des circonstances commencèrent à apparaître. Les victimes furent interrogées et il devint évident que Belsen avait été un lieu de rassemblement pour les malades d'autres camps de concentration situés ailleurs. L'état-major du camp avait été assez brutal, mais il avait été loin d'être aussi cruel que dans d'autres camps. Et, jusqu'à l'offensive russe, il s'était tiré assez convenablement de sa charge de morts et de mourants. Mais, par la suite, convoi après convoi de déportés malades, allemands ou alliés, commencèrent à se déverser sur le camp. Ils commencèrent à mourir par milliers chaque jour ; il n'y avait pas assez de nourriture pour les alimenter ; et les fours crématoires ne pouvaient plus contenir cette quantité énorme de corps. Ce fut alors, lorsqu'aucun service d'isolement ne fut plus possible, alors que les morts gisant à travers toutes les parties du camp attendaient d'être enterrés, c'est à ce moment que Kramer et son état-major perdirent si complètement le contrôle de la situation qu'ils n'essayèrent même plus de s'y reconnaître.

Je ne connaissais pas cette page quand j'ai parlé du camp de Belsen dans *Nuremberg*. On peut constater que le reporter anglais donne du drame de Belsen la même explication que mon correspondant.

J'ai un autre texte à citer, d'origine étrangère également, d'origine espagnole. Je sais que la presse espagnole est suspecte en France. Je n'aurais peut-être pas risqué la reproduction de cet article, si la description que Rassinier nous fait du camp de Buchenwald ne m'avait pas fait trouver moins invraisemblable la description qui est faite ici du camp de Dachau. Je suis prêt à admettre que l'article que je vais citer peut être contesté : bien qu'il soit d'un témoin oculaire, qui parle de ce qu'il a vu et qui rapporte ce qu'on lui dit, je le trouve en contradiction sur plusieurs points avec l'analytique du procès de Dachau que j'analyse plus loin. Je laisse donc au lecteur le soin d'apprécier avec prudence le crédit qu'il faut lui accorder. Il s'agit d'un article donné à l'hebdomadaire *Madrid* par un Allemand, Alfonso Ossenback, et publié dans le numéro du 30 septembre 1947 :

> Avec tous les prisonniers de guerre d'Altenstadt, commence l'auteur, je fus transféré en mai 1946 au camp tristement renommé de Dachau. Je fus stupéfait de le connaître, surtout après avoir lu les lugubres histoires qu'on a divulguées dans le monde entier à son sujet. Mon étonnement serait partagé par quiconque le visiterait. C'est un campement parfaitement monté et son ensemble donne une agréable impression d'harmonie et de beauté. Dachau qui, pendant le régime allemand, pouvait contenir 10 000 personnes paraît une petite ville admirablement tracée, avec son jardin, ses

champs d'expérimentation agricole, ses grands blocs propres, dotés de chauffage et de douches, ses cuisines modernes. Ses installations étaient semblables aux casernes modèles de l'armée allemande.

Ainsi était Dachau et ainsi est-il maintenant, dans son aspect extérieur. Au sujet de la manière dont on y vivait avant que fut écrite sa légende dramatique, et dont on y vit actuellement, je vais dire ce que je sais par ce que m'en ont dit les détenus qui sont là depuis huit ans (avec les Allemands et les Américains) et par ce que moi-même j'ai pu observer. Ces détenus « permanents » sont des Juifs, des communistes, des anciens membres du parti ou des SS qui avaient commis des actes répréhensibles pendant la période qui va de 1934 à 1945.

Et l'article continue ainsi :

Par ces hommes qui avaient passé huit années « logés » à Dachau, je sus comment fonctionnait le camp pendant le régime de Hitler. Je leur fais crédit parce qu'aucun d'eux, communistes ou juifs, n'est suspect de sympathies pour le régime nazi. Tous conviennent que c'était un pénitencier modèle.

Mais le programme de travail était extraordinairement dur.

Et on pratiquait le châtiment de l'azote, quoique seulement dans les cas justifiés.

Nous étions moins serrés que maintenant. Où aujourd'hui dorment cent personnes, il n'y en avait seulement avant que quinze.

Et quant à la nourriture, nous regrettons la qualité et la quantité que nous recevions pendant la guerre, si l'on excepte les derniers mois qui furent horribles, épouvantables

Par contre, nous sommes très reconnaissants aux Américains, parce qu'ils n'obligent pas à porter le costume de forçat aux « anciens ».

À Dachau, on accordait une grande importance à la culture physique, aux activités artistiques et musicales. En outre, il y avait une grande bibliothèque. J'ai vu, dis-je, qu'il y a des milliers de livres de littérature marxiste, Lénine, Einstein, Trotsky. Beaucoup de romans à tendance communiste. Comment vous les êtes-vous procurés ?

Ils étaient ici depuis que commença à fonctionner le camp. Il est difficile de le croire, répliquai-je.

C'est ainsi. Mais, alors, il y avait aussi les principales œuvres de la littérature allemande et tous les livres nationaux-socialistes. Où sont-ils maintenant ?

Les hommes haussèrent les épaules.

Dachau a beaucoup changé. Avant, il y avait des cantines où les détenus pouvaient acheter ce dont ils avaient besoin. Seulement l'alcool était rigoureusement interdit. Les prisonniers politiques recevaient une permission annuelle de deux semaines qu'ils passaient avec leurs familles, soutenues par l'État. Le travail était rémunéré pour tous les détenus, sans distinction de cause. Mais il était très désagréable pour beaucoup de prisonniers de devoir vivre en commun avec de vulgaires criminels et des éléments indésirables.

La dernière phase de la guerre fut épouvantable dans ce camp, me racontent-ils. Les bombardements causaient des difficultés de transports et la population civile souffrit d'une grande pénurie d'aliments. Calculez ce qui pouvait arriver ici. La faim fut atroce. Des épidémies se déclarèrent que l'on ne pouvait combattre. Il y eut une nuit où cinquante ou soixante personnes moururent.

C'est ainsi que nous trouvèrent les Américains quand ils arrivèrent ici.

À Dachau, il y a quatre fours crématoires. Deux très petits furent installés pour incinérer les corps des détenus qui mouraient. Le troisième, de la même grandeur que les précédents, fut construit pendant la guerre. Le quatrième, terminé à la fin des hostilités, fut agrandi par les Américains.

Quelle capacité ont ces fours ? demandai-je à un ancien. Ils peuvent réduire en cendres deux cadavres par jour.

Alors, dis-je avec étonnement, pour incinérer les milliers de cadavres qui ont été calcinés ici, selon ce qu'ont dit les propagandes des pays démocratiques, il aurait fallu des dizaines d'années d'incinération permanente ?

Bien sûr ! (C'est ainsi.) Et ce grand four ?

Jamais il n'a été utilisé. Ni par les Allemands, ni par les Américains.

J'eus aussi l'occasion de visiter la terrifiante chambre à gaz. C'était simplement un lieu destiné à la désinfection des vêtements des nouveaux détenus.

Est-il vrai que dans cette chambre on élimina de nombreuses personnes ? Allez savoir la vérité. Il est possible qu'on y ait torturé et supprimé des prisonniers. C'est seulement une supposition. Aucun de nous ne mettrait les mains au feu pour nos gardiens. Mais nous ne croyons pas qu'on l'employa pour assassiner en masse. Nous l'aurions remarqué.

On peut accuser cet article d'être tendancieux. Aussi, sur Dachau, je préfère avoir recours à un document auquel on ne pourra pas adresser le même reproche. C'est l'analytique du procès des responsables du camp de Dachau rédigé par les autorités américaines à l'usage de la Commission chargée de statuer sur les recours en grâce. Le document émane de l'avocat général chargé de la justice sur le théâtre d'opérations européen, et il résume en 80 pages la sténographie du procès intenté au major Weiss, commandant du camp, et à ses subordonnés.

Les accusés avaient été condamnés à mort sur un double chef d'accusation : l'exécution de 90 prisonniers de guerre soviétiques à l'intérieur du camp, grief que nous laisserons de côté ici, et des cruautés et mauvais traitements comportant des meurtres contre les internés du camp de concentration. C'est sur ce dernier grief que nous écouterons non seulement la thèse de l'accusation, qui a été largement diffusée en France et que le lecteur est censé connaître, mais aussi celle de la défense qui nous montrera pour la première fois comment l'administration d'un camp concevait sa lourde tâche.

Voyons d'abord le ravitaillement du camp. L'alimentation à Dachau fut aussi défectueuse que dans les autres camps, les déportés étaient, à l'arrivée des Américains, maigres et épuisés (*extremely emaciated*), et 10 500 d'entre eux sur un total de 65 000 durent être soignés pour dénutrition. Ce sont là les chiffres du ministère public lui-même. On remarquera que, d'après ces chiffres, il y avait à l'arrivée des Américains 55 000 déportés sur 65 000 qui n'eurent pas besoin de soins. L'accusation soutient que la valeur calorique des rations était en 1942 de 1200 calories pour les travailleurs et de 1000 pour les autres internés, qu'elle était tombée à 1000 calories pour les travailleurs en 1943, et oscilla entre 600 et 1000 en 1945. Voici maintenant sur ce point la thèse de la défense :

Les troupes SS du camp de concentration recevaient la ration militaire n° 3, et les détenus recevaient la ration militaire n° 4 ; les civils allemands recevaient une ration inférieure à la ration n° 4, et les détenus incapables de travailler recevaient l'équivalent de la ration civile. Seulement, les rations civiles et toutes les rations militaires furent successivement réduites en février et mars 1945 par le ministère du Ravitaillement. Après la dernière réduction, la ration n° 4 n'était plus suffisante pour soutenir les travailleurs.

Ces déclarations proviennent du témoignage du Docteur Flocken, médecin à l'organisation Todt, qui a donné en outre les précisions suivantes sur la valeur calorifique de ces rations. La ration n·4 contenait 600gr de pain par jour, 90gr de matières grasses, 60 à 80gr de viande, 350gr de légumes, 500gr de pommes de terre et d'autres éléments tels que l'ersatz de café. Tout cela formant un total de 2100 à 2200 calories par jour, telle était la situation avant les réductions que nous venons de mentionner. Après les réductions, cette ration insuffisante pour maintenir quelqu'un en bonne santé, de même que la ration civile réglementaire, était encore moins élevée.

La responsabilité concernant la nourriture, l'habitation et les fournitures médicales des détenus travaillant à l'organisation Todt, hors du camp, concernait exclusivement l'organisation Todt et non l'organisation du camp de Dachau.

On voit que les deux thèses de la défense et de l'accusation sont inconciliables sur ce point. Le document ne permet d'entrevoir aucune explication satisfaisante : à moins qu'on ne considère que le ministère public et la défense ne parlent pas de la même chose et qu'il ne soit question, dans le passage que nous venons de citer, que de la nourriture dans les commandos confiés à l'organisation Todt et non au camp lui-même.

L'interrogatoire du commandant du camp et de l'économe ne reproduisent pas, notons-le, les chiffres cités par le Dr Flocken. Ils fournissent, par contre, d'autres éléments d'appréciation. Filleboeck, économe du camp, dépose qu'il a fait des efforts pour améliorer le ravitaillement des internés :

Filleboeck dépose comme suit : Il est arrivé à Dachau en 1933 comme économe jusqu'en 1941. De 1941 à la fin, il était inspecteur au ravitaillement du camp. Il recevait ses ordres de l'accusé Wetzel et des bureaux économiques du camp. Les rations étaient déterminées par le bureau de l'administration économique du Reich. Il a essayé d'obtenir des suppléments de rations alimentaires. Après une réduction des rations, il s'est rendu avec Wetzel à la direction du bureau de ravitaillement, pour essayer d'obtenir davantage de ravitaillement, il a acheté plusieurs milliers de kilos de soupes préparées à l'avance, malgré l'interdiction de ces achats. De 1943 à 1945, il a acheté illégalement 2000 kilos à 3000 kilos de viande et d'os, et 20 000 kilos de haricots et de pois secs. Il se procura de même illégalement du fromage contenant 30% à 40% de matières grasses, au lieu du fromage contenant 20% de matières grasses qui était seul autorisé par le règlement. Les SS recevaient un ravitaillement plus important et meilleur que celui des détenus en 1945.

Quand Filleboeck apprit par un rapport *(singulier détail et qui en dit long sur l'administration des camps : Filleboeck parle comme s'il ne mettait jamais les pieds dans l'enceinte du camp)* que des détenus mouraient de sous-alimentation en décembre 1944, il accrut immédiatement la ration de légumes, et fit des démarches à Dachau et à Munich pour que la réduction des rations soit supprimée.

Et Filleboeck fait comparaître deux témoins civils qui viennent affirmer qu'il fit en effet ces démarches auprès d'eux et obtint satisfaction : mais, au bout de quelque temps, un ordre supérieur interdit cette manière de faire.

Friedrich Wetzel, administrateur du camp, a appuyé les démarches de Filleboeck, et, en outre, il a transformé Dachau en entreprise maraîchère.

Wetzel témoigne comme suit : Il est arrivé à Dachau en août 1944. Nommé par le directeur du bureau de l'administration économique, il était chargé du ravitaillement du camp, et était à la tête du service administratif du camp. Les allocations de nourriture pour les camps de concentration étaient déterminées par la direction du ravitaillement du Reich ; Wetzel ne pouvait faire autrement que de suivre ces règles.

Quand les rations furent réduites, Wetzel loua du terrain autour du camp pour y faire pousser des légumes.

Il s'est procuré du ravitaillement en plus des réquisitions. Les rations supplémentaires qui n'étaient permises qu'aux travailleurs de force par le règlement furent données, grâce à un trucage des chiffres, à 70% des détenus tandis que 20% à 25% seulement avaient droit à de telles rations. Les détenus de l'infirmerie recevaient des rations supplémentaires spéciales sur la demande des médecins.

Il fit un voyage avec Filleboeck à Munich, à la direction régionale du ravitaillement, après la réduction des rations pour exiger davantage de ravitaillement. Il est inexact que des légumes pourris aient été servis aux détenus sous son administration. Jusqu'à la fin de la guerre, les détenus ont reçu la même ration que les civils allemands.

Wilhelm Wagner, qui a eu la responsabilité temporaire d'un commando de travail à Germering, affirme que les internés de son commando recevaient des rations convenables :

Le camp de Germering, où Wagner avait la responsabilité des détenus d'un kommando de travail, avait une bonne nourriture. Le repas de midi contenait de la viande, une soupe, des légumes, le soir, le repas comprenait de la soupe, du pain, de la saucisse ou du saucisson avec du beurre ou de la margarine.

Mme Anna Erhart, cantinière de Germering, est venue témoigner que la ration de pain quotidienne des détenus de Germering était de 300 grammes à 350 grammes, plus un supplément de 200 grammes à 250 grammes pour les travailleurs de force, trois quarts de litre à un litre de café pour le petit déjeuner, la même quantité de soupe pour le déjeuner, avec en plus 70 grammes à 80 grammes de viande et trois quarts de litre à un litre de légumes, et 70 grammes à 80 grammes de saucisson, avec la même quantité de margarine pour accompagner la soupe du soir.

Et Wagner précise qu'il veillait à ce que les entreprises privées pour lesquelles ses internés travaillaient leur servissent le soir la soupe supplémentaire qu'elles devaient fournir.

Il n'y a pas d'autre renseignement concernant la nourriture. Voici maintenant des précisions sur les médicaments et les soins. L'accusation signale le surpeuplement de l'infirmerie (trois malades pour deux lits), la rareté des couvertures, l'insuffisance des médicaments, de mauvaises conditions d'hygiène : l'épidémie de typhus (1945) a fait 15 000 victimes, mais les témoins de l'accusation reconnaissent qu'avant qu'elle n'éclate, il y avait relativement peu de morts à l'infirmerie *(there were relatively few deaths in the hospital)*.

L'analytique résume deux témoignages de médecins. L'un d'eux, le Dr Witteler, nous montre le fonctionnement de l'infirmerie dans les conditions de vie normales du camp (au moment où le nombre des internés était de 6000 à 7000, comme nous l'apprendra la déposition du commandant du camp). Il y avait alors de l'ordre, un personnel suffisant, peu de morts.

Witteler fut envoyé comme médecin chef en janvier 1944, il demeura à ce poste jusqu'en mai 1944. Il avait la responsabilité des détenus au point de vue médical, et aussi la responsabilité de l'hygiène du camp et des cuisines, et celle des mesures préventives.

Il désigna vingt-cinq médecins parmi les détenus pour soigner les détenus, et obtint qu'on cessât d'utiliser les détenus médecins pour d'autres fonctions. Il avait un service de deux cents infirmiers et de deux cents assistants. Il y avait un détenu médecin dans chaque bloc. Il réalisa une meilleure distribution d'eau grâce à une nouvelle installation, et par là arriva à prévenir les épidémies ; il n'y eut pas d'épidémies sous sa direction. Il visitait les kommandos tous les quatorze jours. Il avait 1500 à 1700 malades à l'infirmerie de Dachau. Il avait fait organiser un passage qui permettait de circuler entre les blocs constituant l'infirmerie. Il fit installer des douches, il ouvrit un service d'ophtalmologie. Il fit installer l'eau chaude dans les salles d'opération et effectua d'autres perfectionnements.

Il y avait de soixante à quatre-vingts décès par mois à cette époque.

Le Dr Witteler affirme, en outre, qu'à l'infirmerie chaque malade avait alors son propre lit.

Le second témoignage, celui du Dr Hintermayer, nous montre, au contraire, le camp pendant sa période dramatique : un hôpital débordé, des moyens insuffisants, une mortalité gigantesque qu'il semble impossible de combattre :

Hintermayer arriva à Dachau en mars 1944. Il fut médecin adjoint du camp sous la direction du docteur Witteler ; il devint médecin en chef à partir d'octobre 1944.

Il a déclaré par son témoignage qu'en avril 1945 il y avait 65000 détenus au camp de Dachau et dans l'ensemble des kommandos ; il ne se considérait pas lui-même comme qualifié pour une situation aussi importante et le déclara à son supérieur hiérarchique, le docteur Lolling ; on lui donna l'ordre néanmoins de garder son poste.

Il trouva des conditions d'hygiène déplorables dans le camp ; il alla demander au dirigeant du camp Weiter *(qui avait succédé au major Weiss à la tête du camp)* que le camp soit agrandi ainsi que les bâtiments consacrés aux water. Il commença à construire un nouveau poste d'épouillage ; beaucoup de transports de malades arrivèrent à Dachau à partir de décembre 1944, le service d'épouillage qui fonctionnait n'était pas suffisant pour tous les nouveaux arrivés. Il fit un rapport presque chaque jour à la direction du camp pour signaler cette situation dramatique. L'ordre de surpeupler le camp venait de Berlin et une épidémie de typhoïde se déclara qui dura jusqu'en décembre 1944. Hintermayer la combattit en mettant en quarantaine les baraquements où se trouvaient les malades et en mettant des bassines de désinfection dans les water, ainsi qu'en vaccinant les détenus contre la typhoïde.

Nous sommes alors en décembre 1944. C'est à ce moment que se déclara l'épidémie de typhus qui allait sévir jusqu'à l'arrivée des Américains et faire des ravages effroyables dans un camp ainsi désorganisé, démuni de tout et à peu près coupé de tout secours, avec un pays dont les communications et les services étaient en plein désordre :

En décembre 1944, une épidémie de typhus se déclara à Dachau, il y eut 20 000 à 30 000 malades, 10% des malades moururent. Dachau n'avait pas l'équipement suffisant pour combattre cette épidémie. Hintermayer transforma plusieurs baraquements en centres d'infirmerie, il proposa aussi l'organisation d'un camp de malades à l'extérieur du camp, ceci fut impossible à cause de la situation de guerre Un médecin détenu a témoigné qu'Hintermayer essaya de se procurer des médicaments ; il déclara qu'Hintermayer avait de la bonne volonté mais un caractère faible et que ses efforts pour contrôler cette épidémie de typhus se produisirent trop tard ; ce même médecin a déclaré qu'Hintermayer envoya à Berlin de très longues listes de réquisitions de médicaments dont il ne recevait guère plus d'un tiers. Il a aussi écrit de nombreuses lettres à Berlin, au nom d'Hintermayer, pour protester contre le surpeuplement de Dachau.

La juxtaposition de ces deux témoignages fait bien sentir comment l'administration des camps, conçue en fonction d'une certaine stabilité de l'arrière, devint un problème insurmontable lorsque les lignes allemandes furent enfoncées, le pays envahi et sillonné de réfugiés, des camps repliés les uns sur les autres, les chemins de fer inutilisables, etc.

La même crise s'est produite en ce qui concerne les vêtements. Les vêtements que portaient les prisonniers, dit l'accusation, étaient insuffisants pour les protéger contre le froid. En plein hiver, certains d'entre eux n'avaient pas de capote. Wetzel s'explique ainsi :

Il était chargé de l'habillement des détenus ; il a réquisitionné des vêtements à Berlin, mais il n'en a obtenu qu'un faible pourcentage. Un ordre des autorités administratives précisa plus tard qu'en raison des grandes pertes de territoire à l'Ouest et à l'Est il ne faudrait plus s'attendre à recevoir d'importantes distributions de vêtements. Wetzel écrivit des lettres à Oranienburg pour demander davantage de vêtements, et il envoya même des télétypes. Tous les détenus qui allaient au travail avaient des capotes *(overcoats)* et des chandails ; et tous les détenus de corvée travaillant dans le camp avaient également des capotes, y compris les détenus qui travaillaient dans des locaux fermés.

Et il produit des témoins qui confirment ses déclarations.

L'accusation reproche également aux responsables du camp des exécutions de détenus. Et les réponses des accusés donnent quelque lumière sur cette question. L'accusation ne fournit pas de précisions sur les exécutions de déportés, elle se borne à traiter de l'exécution collective des 90 prisonniers de guerre russes, que nous laissons en dehors de notre examen. Nous n'avons donc sur ce point que les déclarations des accusés.

Michael Redwitz, chef des services de police du camp, a assisté, d'après l'accusation, à quarante exécutions de détenus par pendaison. L'accusation reconnaît que ces exécutions avaient lieu sur l'ordre du Service de Sûreté du Reich, Redwitz donne les explications suivantes :

Redwitz témoigne comme suit : Il était militaire de carrière, sa fonction était chef de service des polices du camp. Conformément aux règlements, il assistait à toutes les exécutions comme témoin. Les gens exécutés au camp de Dachau n'étaient pas des détenus du camp mais des gens envoyés d'autres camps pour être exécutés.

Rudolf Heinrich Suttrop, commandant adjoint du camp, confirme ces indications :

Témoigne comme suit : Il a été à Dachau de mai 1942 à mai 1944. Il était commandant adjoint du camp sous les commandants Purkowsky, Weiss et Weiter Suttrop n'avait aucun titre pour donner des ordres d'exécution. Celles-ci étaient ordonnées par télétype, ou par pli secret par la Gestapo. Ordinairement, l'ordre concernant les exécutions arrivait avant les détenus eux-mêmes.

Et Johann Kick, qui dirigeait le service politique du camp, explique la transmission des ordres d'exécution :

Les exécutions avaient lieu sur l'ordre de la Sûreté du Reich, ou sur l'ordre d'Himmler. Quand il y avait une exécution, Kick rédigeait un ordre, qu'il soumettait à la signature du commandant du camp et il l'envoyait après l'exécution accompagné d'un rapport constatant la mort.

En ce qui concerne les mauvais traitements, l'accusation en relève toute une liste, analogue à celle que Rassinier, Rousset, Kogon mentionnent pour Buchenwald. Les accusés nient. Après les explications fournies plus haut sur la vie intérieure des camps, il est difficile de soutenir que toutes ces dénégations sans distinction sont dénuées de valeur. On verra plus loin, dans le résumé de la déposition du major Weiss, que le commandant du camp reconnaît certaines habitudes de brutalité de la part de son personnel, mais qu'il explique avec témoignages à l'appui qu'il a réagi contre ces habitudes.

Une raison peut nous porter encore à lire avec attention ces dépositions. De petits faits se dégagent parfois, mentionnés par allusion la plupart du temps, qui nous donnent une idée plus juste, plus concrète de ce qui était permis au camp. C'est en même temps un moyen de vérifier l'exactitude des informations que nous citions dans le chapitre précédent. Ainsi, tout à l'heure, l'économe du camp déclarait qu'il avait connu *par un rapport* l'état physiologique des internés. Cela peut être une mauvaise excuse de prévenu. Mais n'est-il pas singulier qu'il ait pensé justement à ce moyen de défense ?

De même, nous saurons que les prisonniers recevaient des visites (interrogatoire de Johann Kick) :

Certains détenus étaient autorisés à recevoir des visites qui avaient lieu dans le bureau de Kick, et leurs visiteurs pouvaient leur donner certaines choses.

Que certains déportés ont effectivement été libérés (témoignage pour Johann Kick) :

Le détenu homosexuel Kronfelder déclare que Kick l'a fait mettre en liberté, après qu'il le lui eut demandé, pour cause de maladie.

Qu'on pouvait recevoir des colis (dépositions du major Weiss, que nous reproduisons plus bas), que certains détenus, à force d'entregent, obtenaient des permissions pour aller rendre visite à leur famille (déposition d'Anton Endres) :

Il a été mis à la porte des SS en mai 1944 pour avoir laissé des détenus sortir pour visiter leurs parents.

Que certains commandos étaient supportables, ou, du moins, n'avaient pas une mortalité extravagante (témoignage Johann Victor Kirsch sur le Commando de Kaufering) :

Le taux de mortalité, qui était de quatorze par mois à son arrivée, tomba alors à un par mois.

Que des ordres, qui ne furent peut-être pas respectés, semblent tout au moins avoir été donnés pour qu'on évite les sévices et les mauvais traitements à l'égard des internés (témoignage Kastner pour Walter Adolf Langleist et déposition de Fritz Degelow) :

Le témoin Kastner, ancien officier, a assisté à des conférences dans lesquelles Langleist *(commandant le bataillon chargé de la garde du camp)* donnait à ses subordonnés des instructions pour qu'on s'abstienne de battre ou de maltraiter les détenus. Degelow *(successeur de Langleist au même poste)* fit, comme commandant, un règlement détaillé pour les gardes placés sous ses ordres ; il interdit de porter des cannes ; il déclara chaque jour que quiconque battrait un détenu irait lui-même dans un camp de concentration.

Que certains SS étaient de singuliers SS (déposition de Simon Kiern) :

Il est venu à Dachau comme SS au milieu de 1941. Il fut arrêté au bout de quelque temps sous l'accusation d'avoir volé dix cigarettes dans une lettre. Il fut envoyé à un camp de punition près de Dantzig pendant un an et demi, puis expédié au front. Il fut arrêté de nouveau par les SS, puis relâché. Il était social-démocrate et, tant qu'il fut membre des SS, il travailla toujours contre.

Que l'instruction fut menée avec brutalité et que plusieurs accusés se plaignirent que des déclarations leur aient été arrachées au moyen de sévices et de mauvais traitements (dépositions de Kramer, de Kick et plusieurs autres) :

Kick proteste parce que, quand on l'a interrogé, pour lui faire faire des déclarations, on l'a battu avec des armes, à coups de crosses, à coups de poings et qu'on l'a assommé, qu'on l'a forcé à regarder une lampe électrique plusieurs heures, et s'agenouiller sur des objets ronds ou carrés.

Enfin, le ministère public n'allègue en aucun droit que des chambres à gaz auraient existé à Dachau. Par contre, il établit, et les accusés ne le contestent pas, que des expériences médicales ont été faites sur les détenus. Il y eut deux séries d'expériences :

les unes sur la résistance aux changements de pression et aux changements de température de l'eau, poursuivies par le Dr Rascher ; les autres relatives à la malaria, poursuivies par le professeur Schilling. Le Dr Rascher n'est pas présent au procès. Le Dr Schilling est un savant connu, il est âgé de 74 ans au moment du procès. Il ne nie pas ses expériences sur la malaria, mais il affirme qu'elles ont eu des résultats scientifiques décisifs et qu'elles n'ont pas entraîné la mort des sujets. L'accusation prétend le contraire. L'analytique est, malheureusement, beaucoup trop bref en cet endroit pour que le lecteur puisse se faire une opinion. Mais je n'ai pas voulu passer ce point sous silence, pour ne pas être accusé d'omission volontaire.

Il me reste maintenant à montrer comment le major Weiss présente sa défense, c'est-à-dire comment il a vu son rôle de commandant de camp. Le major Weiss a commandé le camp en 1942 et 1943. Il ne semble pas avoir cherché à fuir, ou tout au moins l'accusation ne le dit pas. Le ministère public ne lui reproche rien à titre personnel et l'accusation présente sa gestion du camp à peu près dans les termes où il la présente lui-même. On se souviendra, en lisant ce qui va suivre, que ces indications concernent la période où le camp, non surpeuplé, vit dans un régime qu'on pourrait appeler son régime normal.

Voici le passage de l'analytique correspondant à la déposition du major Weiss :

Quand Weiss devint commandant du camp, son chef de service de police fut immédiatement muté pour avoir battu des détenus. Sous la direction de Weiss, les détenus pouvaient recevoir des colis de nourriture et pendant un certain temps on cessa de les maltraiter ; la nourriture devint meilleure et fut distribuée en plus grande quantité. Weiss fit cesser la punition qui consistait à mettre les détenus au garde-à-vous devant la porte, et la punition par la tondeuse, qui consistait en une marque faite à la tondeuse sur le haut de la tête. Il introduisit le cinéma et autorisa les sports, y compris la boxe et la lutte. Weiss, après avoir pris la direction du camp, changea immédiatement le doyen et l'assistant du camp parce que le doyen du camp était connu comme un homme cruel.

Weiss défendit de pendre les détenus par les poignets ; il interdit également de rassembler les détenus au garde-à-vous dans la cour centrale et de les maintenir là sans nourriture et sans eau pendant vingt-quatre heures chaque fois qu'il y avait eu une évasion. Weiss permit que des représentations théâtrales soient organisées par des Tchèques et des Polonais, à l'intention de leurs camarades et des autres détenus. La compagnie disciplinaire fut abolie par Weiss. Le témoignage du Père Lenz, ancien détenu, certifie que Weiss a fait arrêter tous les mauvais traitements dans le camp. Weiss n'a jamais assisté à une exécution. Sous sa direction la situation des prêtres détenus fut améliorée ; ils furent autorisés à célébrer des services et à rendre les derniers devoirs à leurs camarades ; on leur attribua un travail plus léger et il fut interdit de les maltraiter. À un moment donné, Weiss donna l'autorisation de garder au camp quelques enfants pour qu'ils soient avec leurs parents, bien que ces enfants soient incapables de tout travail. Sous la direction de Weiss, les détenus eurent le droit de faire de la cuisine dans les ateliers de textile. Weiss se promenait dans le camp très souvent, seul, le matin, avant le départ des corvées ; les détenus pouvaient s'adresser à lui. Il abolit les différences qui existaient entre les blocs.

Exceptionnellement, Weiss fut le témoin d'une exécution à Kaufering, mais il ne donna aucun ordre et n'était pas responsable de l'exécution. Quant aux exécutions, elles étaient ordonnées par le Reichsführer Himmler. Weiss n'avait pas le droit de changer ses ordres, mais lui-même ne donna jamais aucun ordre d'exécution.

Weiss protesta à Berlin parce que d'autres camps de concentration envoyaient à Dachau des détenus malades qui mouraient pendant le voyage ; il fit prendre un film qui montrait les conditions dans lesquelles arrivaient les convois de détenus, et envoya ce film à Berlin avec une protestation.

À l'époque où Weiss dirigeait le camp, ce camp n'était pas surpeuplé ; il contenait en ce temps-là 6000 à 7000 détenus, l'effectif du camp était encore normal quand Weiss le quitta en novembre 1943.

En novembre 1942, Himmler est venu à Dachau et il a donné l'ordre à Weiss de ne pas s'opposer aux expériences médicales du docteur Rascher, et il lui a ordonné de laisser Rascher strictement seul. Le docteur Grewitz, chargé du service médical des SS, lui fit la même recommandation pour Schilling.

Les heures de corvées de travail n'étaient pas fixées par la direction du camp, mais par les autorités supérieures, à onze heures de travail par jour. Les seules punitions corporelles furent celles qui étaient imposées par le règlement de Berlin pour les tentatives d'évasion et pour les vols. Un ravitaillement suffisant a existé pendant cette période. Weiss réussit à obtenir la ration supplémentaire destinée aux travailleurs pour 70% des détenus, en dépit du fait que 20% des détenus seulement y avaient droit.

Lorsqu'il y eut une épidémie de typhus, Weiss mit le camp en quarantaine, se procura des désinfectants, donna l'ordre aux chefs de bloc de notifier aux médecins les malades et les suspects, sépara les malades et les suspects de leurs camarades, fit laver les water après chaque usage avec un désinfectant et prit d'autres mesures de nature analogue. L'épidémie dura de six à huit semaines et il n'y eut que cent à cent cinquante morts sur un effectif total de 9000 détenus dans le camp.

Un prêtre qui a été dans plusieurs camps a témoigné que Dachau était meilleur comme camp que Berlin ou Sachsenhausen. Le prêtre Geiger a déclaré que Weiss veilla à ce que les malades soient toujours amenés à l'infirmerie. Le détenu Mahl a dit que sous la direction de Weiss un détenu pouvait au moins se plaindre.

Weiss fit renoncer au bombardement du camp par la Luftwaffe dont on avait parlé à la fin pour assurer la destruction du camp ; Weiss voulait que le camp se rendît au moment de l'avance des troupes, et il ne voulait pas d'évacuation. *(On ne comprend pas ce paragraphe puisque l'accusation semble admettre que Weiss n'est plus commandant du camp en 1945.)*

Weiss n'avait pas le droit de réduire le nombre des prisonniers qui étaient réclamés pour les expériences médicales sur la malaria ; il pouvait seulement changer les détenus désignés. Il ne savait pas, d'autre part, que les détenus remis au docteur Schilling devaient subir l'inoculation de la malaria. Weiss ignorait également que, selon l'accusation, cinquante malades auraient été victimes d'une expérience du docteur Rascher.

Weiss déclare que sous sa direction il n'y eut jamais de « bunker » de punition.

Mon intention n'est pas de me prononcer sur l'exactitude de ces déclarations et pas davantage de les commenter. J'apporte seulement des pièces. Ces pièces sont officielles. Le lecteur en tirera la conclusion qu'il voudra ; je n'écris pas pour guider ou solliciter cette conclusion. Je ferai à propos de ces documents une seule observation. Il eût certainement été souhaitable que de telles déclarations, qui constituent le plaidoyer des accusés, aient pu être exposées à Nuremberg. On est libre de les contester et de les rejeter. Mais, a-t-on le droit de les ignorer ? Le procès des responsables du camp de Dachau a eu lieu à Dachau du 15 novembre 1945 au 13 décembre 1945. Le procès dit de Lunebourg, dans lequel comparurent les responsables du camp de Belsen, avait eu lieu plus tôt encore. Les audiences du procès de Nuremberg avaient été closes six mois auparavant. N'eût-il pas mieux valu, pour une bonne administration de la justice, que les responsables des camps allemands eussent été admis à confronter leurs dires avec ceux des témoins du ministère public ? Si des hommes comme David Rousset, Rassinier, Kogon, avaient pu être entendus également, de cet ensemble de témoignages les juges de Nuremberg, et avec eux l'opinion mondiale, n'auraient-ils pas eu des camps de déportation une image, plus complexe peut-être, mais plus exacte que celle qui leur en a été fournie ?

L'instruction du procès de Nuremberg n'a-t-elle pas été entachée, dès lors, de précipitation, et, si l'on tient compte des plaintes des avocats allemands, d'un désir secret de ne pas trop éclairer certains aspects de ce drame ? Une telle documentation devra nécessairement subir la révision de l'histoire. Est-il raisonnable de dire : cette révision constitue un délit ?

Et j'ajouterai seulement une réflexion que certaines pièces de cet analytique, je dirai lesquelles tout à l'heure, me suggèrent. C'est une chose de condamner les camps de concentration sur leurs résultats et dans leur principe, et j'ai déjà dit, dans le livre qu'on a interdit pour apologie du meurtre, que je m'associais à cette condamnation. Et c'est autre chose de peser exactement les responsabilités et de dire quels hommes furent responsables de cette situation, et aussi quelle fut leur part de responsabilité, et quelle fut la part des circonstances. Je n'oublie pas les souffrances de ceux qui furent internés dans ces camps et je comprends qu'ils se soient laissés aller dans leur colère à demander une justice expéditive. Mais la vraie justice n'est pas expéditive, et l'Histoire, qui est la justice dite par le temps, a encore moins le droit de l'être. Quand nous avons devant nous des hommes qui, affectés à une tâche inhumaine, contraints par un règlement rigoureux, nous expliquent qu'ils ont fait ce qu'ils ont pu, à ce poste, pour accomplir le moins cruellement possible, le redoutable devoir d'état dont on les avait chargés, quand l'accusation ne peut rien reprocher à ces hommes qui soit une cruauté supplémentaire, un acte criminel ajouté par eux, n'avons-nous pas le devoir d'écouter leur défense comme toute autre défense, et est-ce faire l'apologie du crime que de demander qu'on les juge comme des hommes, pour ce qu'ils ont fait, eux, et non pour ce qui leur a été ordonné ?

Pour soutenir la position de l'accusation devant cette difficulté évidente pour des juges, voici ce que les juristes de Dachau ont trouvé. Voulant donner une base aux condamnations qu'ils réclamaient, ils se sont appuyés sur l'opinion du brigadier M. Scott Barrett, qui avait rédigé, à l'intention des autorités britanniques, l'analytique du procès des responsables du camp de Belsen :

Les inculpés n'étaient pas accusés de meurtres individuels, quoique des meurtres individuels aient été commis et puissent être prouvés pour un certain nombre d'entre eux. La tâche du ministère public contre un des inculpés est terminée lorsqu'il a été prouvé au tribunal qu'il a, ou qu'elle a, été membre de l'état-major du camp, et que ses actes font partie d'un ensemble systématique de mauvais traitements, cet ensemble systématique étant considéré comme prouvé, ce qui, en fait, est hors de question.

Qu'est-ce que ce texte, sinon l'affirmation du principe de la responsabilité collective, qui expose à tant d'erreurs et qui peut conduire à tant d'abus ?

Pourtant ces hommes étaient des hommes, chacun d'entre eux était un homme qui avait une famille, des enfants, des parents, qui n'avait pas été un monstre autrefois, qui ne l'était pas pour ses camarades d'école, ni pour ses voisins, ni pour tous ceux qui le voyaient quand il rentrait chez lui le soir. Je n'hésite pas à citer ici des passages de l'analytique de Dachau qui sont peut-être hors de mon sujet mais qui, seuls, permettent de réaliser que, dans un tel procès, on juge malgré tout des hommes : ce sont les résumés des recours en grâce qui accompagnent le dossier.

Le recours de Johann Kick, qui était bureaucrate, est résumé ainsi :

Dans une lettre datée du 1er janvier 1946 au gouvernement américain : « Je n'étais pas un national-socialiste, ni un membre de la Gestapo, ni un SS, je me suis conduit comme devait le faire un bon vieux policeman bavarois. » Il déclare qu'il n'est pas coupable. Mathilde Kick, dans sa lettre du 26 janvier 1946 à la Cour suprême de l'armée d'occupation, déclare que son mari était autrefois policeman de la circulation à Munich, et que c'est sans l'avoir demandé qu'il a été transféré dans la Gestapo Elle demande une mesure de clémence, et une commutation de la condamnation à mort.

Le recours du médecin Hintermayer, qui n'a rien pu faire contre le typhus au milieu de ses 65 000 clients, est résumé ainsi :

La femme de l'accusé, Maria Hintermayer, par une lettre datée du 25 décembre 1945, demande une mesure de clémence pour l'accusé. Ils ont quatre enfants, âgés respectivement de six ans, cinq ans, trois ans, dix mois. L'accusé a été au front pendant cinq ans ; c'est pendant sept mois seulement avant la fin de la guerre qu'il a été médecin à Dachau. C'était un bon mari, il avait une bonne réputation.

Le docteur Witteler a, à son dossier, une lettre du pasteur Niemoeller et une lettre de Schwindeman. Le dossier du docteur Schilling est accompagné de plusieurs pétitions émanant des milieux scientifiques. Rudolf Heinrich Suttrop, qui avait été commandant adjoint du camp, se présente comme un soldat, et il a la naïveté de croire qu'on le graciera parce qu'il s'est bien battu sur le front :

Le 22 janvier 1946, Lotte Suttrop a remis sa lettre pour le quartier général du théâtre d'opération européen, au nom de son mari.

Ils ont trois enfants ; elle dit que la seule culpabilité de son mari est d'être membre des SS ; elle demande qu'on réexamine son cas.

Il y aussi une lettre du 24 février 1946, dans laquelle Augusta et Rika, père et mère de l'accusé, demandent la commutation de la condamnation à la peine de mort, et disent que l'accusé, avant d'avoir été forcé d'entrer chez les SS, s'était battu sur le front comme un bon soldat allemand, qui, à ce qu'ils disent, n'avait pas d'autre intention que de défendre son pays.

Le recours d'Alfred Kramer, qui a été quelques semaines à la tête d'un commando, est résumé ainsi :

Le 18 janvier 1946, Maria Kramer, dans sa pétition adressée au quartier général, demande qu'on prenne en considération en faveur de l'accusé elle-même et ses trois enfants. Elle déclare que son mari a été affecté de force dans les SS en 1939, qu'il n'a été que trois semaines en service à Dachau, qu'il est peintre en bâtiment dans la vie civile ; qu'il a été toujours le meilleur des maris, et un bon père pour ses trois enfants âgés de vingt-trois ans, six ans, onze mois.

Le recours de l'accusé Vinzenz Schoettl est résumé comme suit :

Une pétition pour une mesure de clémence a été adressée par Franz Voelky, avocat, en date du 24 janvier 1946, au commandant suprême de l'armée.

L'accusé est marié et a cinq enfants. À la nouvelle de sa condamnation à mort, Mme Schoettl est devenue folle ; l'avocat intervient en son nom. *À cet endroit, le résumé ajoute seulement :* Cette pétition n'apporte aucun élément nouveau pour justifier une commutation de la peine.

Bien entendu, cela ne fait pas oublier à ceux qui les ont connues les souffrances de Dachau, et cela ne change rien au chagrin des familles qui ont attendu en vain le retour de ceux qui étaient là-bas. Mais nous condamnerons-nous à l'ignorance ou à la haine, parce que ce sont des positions faciles ? Est-il indifférent de savoir, d'essayer de deviner ce que furent ces hommes, d'essayer de comprendre ? Est-ce un délit selon notre loi que d'essayer de comprendre ? Est-ce une obligation de s'associer sans réserves aux condamnations officielles et aux malédictions des journaux ? Et chacun d'entre nous sera-t-il désormais contraint de penser, comme le rédacteur officiel de ce document, que les vies qu'on peut entrevoir, les drames qu'on aperçoit « n'apportent aucun élément nouveau » ?

Cette révision nécessaire, qui est la mission de l'Histoire, je demande qu'on nous dise qu'elle est permise, pourvu qu'elle soit sincère et honnête. Aucune vérité officielle n'a jamais pu affronter le temps. Comme la guerre de 1914, les camps de concentration auront un jour leur historien. Ce nouveau Norton Cru, l'accuserez-vous d'apologie du meurtre ? Si tel est le sens qu'il faut donner désormais à nos lois, en quoi ce pays est-il plus *libéral* que l'Union des Républiques Soviétiques ?

Chapitre III

La Wehrmacht et les crimes de guerre

La conduite des armées allemandes en campagne est une question si vaste qu'on ne s'attend certainement pas à une enquête même sommaire. Je ne suis pas gêné de n'apporter sur cette question que des documents disparates : le hasard seul les a rassemblés, et je les ai mis bout à bout sans règle et sans dessein, tout à fait comme si je m'étais borné à ramasser par terre les feuillets semés nonchalamment sur la route par l'un des gros camions de l'armée américaine qui emportaient vers les coffres-forts du Pentagone toutes les archives de la Wehrmacht.

Je ne soutiens aucune thèse. Tout au plus, je me risque à écrire cette sobre lapalissade (mais M. de la Palisse, s'il avait vécu parmi nous, se serait fait mettre en prison), dans laquelle je prie le lecteur de ne pas voir une affirmation criminelle : je crois que les armées en campagne n'ont pas suivi les mêmes règles sur le front de l'Ouest et sur le front de l'Est. Pour tout le reste, je n'ai pas de système. Je le répète, j'ai saisi ces papiers au vol, comme après un déménagement. Les uns parlent de l'Est, les autres parlent de ce qui a été fait chez nous. Et de tous, on peut conclure qu'il vaudrait mieux ne pas faire la guerre. Cette idée n'est pas neuve non plus.

La première de mes épaves contient des phrases sur Rommel. C'est une épave respectable, sérieuse, c'est un livre sur un maréchal écrit par un général, exactement un livre sur un feld-maréchal écrit par un brigadier-général, sur le maréchal allemand Rommel par le brigadier-général anglais Desmond Young. Comme on se dérange pour un mariage, le maréchal Auchinleck, supérieur hiérarchique de Young, a bien voulu préfacer le livre.

Il y a une bonne leçon dans ce livre. Elle est dans le ton. Desmond Young s'est battu en Afrique contre Rommel en 1941. C'est ainsi qu'ils ont fait connaissance.

« J'appartiens à cette espèce de gens démodée, commence Young, qui trouveraient regrettable que le sens chevaleresque fût également l'une des victimes de la *guerre totale*. Heureusement, il a la vie dure. » Tel est le début, dépourvu, comme on voit, d'esprit *démocratique*. Auchinleck, de son côté, se fait un point d'honneur de se ranger dans la « Trade Union des généraux » qui estiment un adversaire chevaleresque et il se refuse à exprimer aucun sentiment de haine contre Rommel.

Étudiant les campagnes de Rommel, Young affirme que la conduite du général allemand comme commandant d'armée a été constamment correcte et que, si, dans la guerre d'Afrique, il a pu se produire des « malentendus » concernant le traitement des prisonniers, « la faute n'en est pas toujours aux Allemands », qui, estime-t-il, ont mené une guerre loyale.

Comme exemples de « malentendus », Desmond Young cite les cas suivants :

Un ordre britannique (vraisemblablement mal compris par l'adversaire) interdisant de donner à manger ou à boire aux prisonniers avant leur interrogatoire.

Un ordre trouvé sur un officier de commando britannique pendant un raid sur Tobrouk en août 1942, d'après lequel il apparaissait (du moins la traduction italienne donnait cette impression) que les prisonniers dont le transport pouvait occasionner des difficultés devaient être abattus.

Desmond Young termine son livre en exprimant encore une fois son estime pour Rommel, il conclut qu'il a mené toute la campagne d'Afrique conformément aux lois et aux usages de la guerre, et, pour finir, il déclare en propres termes que l'image la plus juste qu'il puisse donner de Rommel est de le comparer à son propre père.

Telle est la manière dont un officier anglais a le droit de parler d'un général allemand. Le brigadier-général Desmond Young n'a pas été poursuivi devant les tribunaux de son pays. Il n'a pas été mis non plus aux arrêts de forteresse.

Un cas plus complexe est celui du maréchal von Manstein.

On sait qu'à la suite d'un procès qui a duré plusieurs mois le maréchal von Manstein, commandant d'armée sur le front de l'Est, a été condamné à quinze ans de réclusion. Bien que ce procès ait eu lieu l'an dernier, qu'il ait été particulièrement riche en enseignements, la presse française n'en a donné aucun compte rendu. Pourtant les conditions dans lesquelles s'engagea le procès von Manstein, l'émotion que l'annonce de ce procès provoqua en Angleterre, les conditions dans lesquelles le Dr Paget, avocat anglais très célèbre, député aux Communes, se joignit au Dr Laternser et au Dr Leverkühn, défenseurs allemands du feld-maréchal, sont assez connues. Je les rappelle d'après un résumé d'*Europe-Amérique* :

La presse anglaise, dans son unanimité, réclama une aide légale aussi étendue que possible pour Manstein et notamment l'assistance d'avocats anglais.

L'opinion anglaise ne se contenta pas d'exprimer un souhait ; un groupe de personnalités conduites par Lord de l'Isle et le major-général vicomte Bridgeman, ouvrit une souscription, à la demande de l'un des avocats allemands de Manstein, le Dr Leverkühn, et recueillit en peu de temps une somme de 1620 livres sterling. Cet argent devait couvrir les frais d'une aide légale étendue. Il s'ajouta aux 2500 livres recueillies en Allemagne même pour défrayer les avocats allemands. Winston Churchill souscrivit, pour sa part, 25 livres. Cinq semaines avant l'ouverture du procès, on annonça que le député travailliste R. P. Paget, « King's Counsel », accompagné d'un autre avocat anglais, assisterait les défenseurs allemands. M. Paget refusa d'accepter des honoraires en cette occasion.

Le plaidoyer de Paget[8] fut très énergique. Paget bouscula tout, et, en particulier, les règles par lesquelles on avait prétendu limiter,

---

[8] Publié en octobre 1950 en Allemagne et en Angleterre.

dans la plupart des procès pour crimes de guerre, les droits de la défense. Il conduisit le procès comme s'il s'agissait d'un citoyen anglais, traduit devant un tribunal anglais, et jugé selon les principes de la jurisprudence britannique. Il se servit de toutes les armes qui avaient été interdites au procès de Nuremberg, attaqua les Alliés, analysa l'attitude des Russes, et dénonça les principes faux qu'on opposait à la discipline militaire.

La défense de Manstein fut fondée sur trois idées essentielles : 1° Manstein n'a rien su de la plupart des choses que vous lui reprochez : dans une bataille, un général dirige la bataille, on ne vient pas le déranger en lui racontant qu'on a battu quatre paysannes à 70 km en arrière des lignes ; 2° En tant que général, il y avait des ordres du G. Q. G. dont il n'était pas responsable et qu'il ne pouvait pas refuser d'appliquer : il a pu essayer de les rendre moins rigoureux, par leur application, mais il est absurde d'exiger de lui, général d'armée, qu'il annule les ordres du commandant en chef ; 3° Les Russes ont mené volontairement et avec préméditation une guerre illégale, et ils se sont placés d'emblée, par leur propre manière de conduire la guerre, en dehors de tout droit des gens : ils n'ont pas aujourd'hui à se réclamer des conventions internationales qu'ils ont constamment violées.

Je ne ferai pas de référence au premier point, qui est spécial et ne tend qu'à fixer les responsabilités personnelles de Manstein. Mais je désire citer Paget sur les deux autres.

Voici d'abord ce qu'il dit sur la discipline :

Le Feld-Maréchal von Manstein a dit dans sa déposition à Nuremberg et l'accusation a l'intention de retenir cette déclaration contre lui que la discipline était le devoir du soldat. La discipline militaire est, sans le moindre doute, obligatoire et indiscutable pour le soldat. Il n'existe à aucun degré de droit ni de devoir de refuser la discipline. Je vous ferai remarquer qu'un autre Feld-Maréchal a exprimé le même point de vue. Je cite ses propres paroles : « Nos hommes doivent apprendre à exécuter les ordres même quand tous leurs instincts se révoltent et les portent à les éluder. Je suis un soldat, je suis là pour exécuter les ordres en tout temps. » Ces paroles ont été prononcées par le Feld-Maréchal Montgomery à Glasgow, le 26 octobre 1946. Haut Tribunal, la conception de ces deux maréchaux est incontestablement juste. Le devoir de la discipline pour un officier ne comporte absolument aucune limite légale. La question de savoir si un acte est conforme au droit international est une affaire de gouvernement, ce n'est pas l'affaire du général qui commande sur place.

Même si l'ordre qu'il reçoit est en contradiction évidente avec le droit des gens, même s'il a pour conséquence l'assassinat de civils ou de neutres, le devoir d'un officier, si cet ordre a été donné, est d'obéir. Quand la flotte de Vichy repoussa l'ultimatum de l'amiral Somerville à Mers-el-Kébir, l'amiral Somerville reçut l'ordre de tirer. Il protesta. Nous étions en état d'armistice avec Vichy ; la flotte française était à quai. L'amiral Somerville déclara que, dans ces conditions, le bombardement de la flotte équivalait en tout point à un pur et simple assassinat. L'amirauté appuya sa protestation. Churchill et le Cabinet de guerre passèrent outre et l'amiral Somerville exécuta les ordres. La flotte française fut coulée et 1500 Français furent tués. Haut Tribunal, l'un d'entre vous a-t-il le moindre doute que l'amiral Somerville a eu raison d'exécuter cet ordre ?

Et après avoir rappelé que Nelson, à Copenhague, donna un autre exemple très célèbre d'une action contraire au droit des gens mais nécessaire au salut de la Grande-Bretagne, le défenseur poursuit :

Nous, en tant que nation, nous donnons à nos hommes d'État le droit d'agir contrairement aux lois internationales, lorsque la sécurité de notre pays en dépend, et nous attendons d'eux que, dans une telle situation, ils considèrent cela comme leur devoir. Nous attendons de nos hommes d'État qu'ils aient le courage de prendre la responsabilité d'une telle décision, comme Churchill l'a fait à Mers-el-Kébir et Nelson à Copenhague. Et lorsque nos hommes d'État ont pris cette responsabilité, c'est nous qui devons, en tant que peuple, en accepter les conséquences.

Les ordres du gouvernement à un général exerçant un commandement, quand ils concernent une action entreprise en territoire ennemi, ont exactement la même valeur que les ordres du Parlement exprimés sous forme d'Actes du Parlement, lorsqu'il s'agit de questions intérieures. Tout autre point de vue sur cette question entraînerait purement et simplement la conclusion que la Grande-Bretagne a cessé d'être un état souverain.

Et voici maintenant la thèse du Dr Paget sur la conduite de la guerre à l'égard des partisans et sur les droits des belligérants réguliers lorsque des civils prennent les armes contre eux :

En traitant dans mon plaidoyer de la campagne de Russie, je demande au tribunal de bien vouloir apprécier la situation telle qu'elle était réellement et de bien vouloir retenir que la plupart des lois de la guerre, quelle que soit la valeur qu'on leur a accordée sur les autres théâtres d'opération, n'ont été acceptées dans celui-ci par aucun des deux partis en présence.

La guerre de partisans est, dans sa signification essentielle, une guerre qui ne reconnaît aucune loi. C'est une guerre à propos de laquelle les lois et les coutumes de la guerre ne trouvent aucune application. La population civile n'a un droit à être protégée qu'aussi longtemps qu'elle ne participe pas au combat. Si elle y participe, les troupes se trouvent raisonnablement en droit de prendre toutes les mesures nécessaires à leur protection. La nécessité est ici la seule règle. On n'exécute pas les partisans par décision de justice ; souvent, on reconnaît qu'ils sont des héros et des patriotes. Cela, vous le savez. Mais rien n'est plus ridicule ou plus pédant que le grief selon lequel on n'aurait pas appliqué aux partisans les formes judiciaires en usage. C'est qu'on ne les considère pas comme des criminels qu'il faut juger. On ne les exécute pas en conséquence d'une décision judiciaire, mais on les exécute pour contraindre les populations civiles, dont ils sont une partie, à ne pas participer à la lutte.

Toute nation qui a eu à mener une guerre contre des partisans a pris des otages et a exécuté des représailles. Si l'un de vous avait à exercer un commandement dans une guerre où auraient lieu des actions de partisans (je ne vous le souhaite pas, mais cela peut arriver), vous feriez exactement les mêmes choses : vous prendriez des otages, vous seriez obligés de détruire des villages en représailles et de fusiller des hommes sur des simples soupçons.

La règle qui sert à fixer l'étendue des représailles dépend de ce qui est nécessaire à la protection des troupes.

Et le Dr Paget s'appuie, pour soutenir son argumentation, sur la jurisprudence créée par les tribunaux militaires américains eux-mêmes, et en particulier sur le jugement rendu dans le procès contre le maréchal List, qui montre assez bien quel chemin on a fait depuis les thèses absurdes proposées à Nuremberg :

Le tribunal qui a jugé le maréchal List a décidé que les bandes de partisans qui étaient évoquées dans l'affaire List ne pouvaient prétendre recevoir de la loi internationale la même protection que les combattants réguliers. Le tribunal dit dans son jugement : « Il est naturel que ceux qui font partie de ces troupes irrégulières ne puissent prétendre être traités, lorsqu'ils sont faits prisonniers, comme sont traités les prisonniers de guerre. Les accusés ne peuvent raisonnablement être inculpés d'aucun crime parce qu'ils ont fait exécuter des individus appartenant aux forces de la Résistance, en s'appuyant sur le fait qu'ils étaient francs-tireurs. Le tribunal exprime le point de vue que les règles concernant les troupes régulières faites prisonnières au combat ne peuvent s'appliquer, non seulement aux groupes de partisans eux-mêmes, mais encore à tous les civils qui leur ont prêté leur appui, qui ont été en relations avec eux et ont pris part à leurs actions. Dans le cas présent, le tribunal ne peut laisser à peu près aucun doute sur le fait que les groupes de partisans ainsi que leurs auxiliaires, agents et espions, ne peuvent prétendre être traités de la même manière que les troupes régulières.

Le même tribunal dit plus loin, toujours dans le même jugement : « Le droit de prendre des mesures de représailles est reconnu par de nombreuses nations parmi lesquelles les États-Unis, la France, l'Angleterre, l'Union soviétique. Ces différentes nations ont généralement promis de limiter ou d'adoucir ce droit dans la pratique, grâce à une réglementation. »

Le règlement militaire anglais s'exprime ainsi, page 95, article 452 : « Les représailles entre nations en guerre sont des mesures de contrepartie en raison de procédés incorrects dans la conduite de la guerre et elles ont pour but de contraindre l'ennemi à appliquer dans l'avenir des méthodes de guerre reconnues comme correctes. Elles ne sont pas mentionnées dans la rédaction de la convention de La Haye, mais on les trouve mentionnées dans le compte rendu de la conférence de 1889, qui émit des directives sur les lois et coutumes de la guerre sur terre. Les représailles sont habituellement autorisées lorsqu'elles sont un moyen indispensable d'assurer une conduite de la guerre conforme au droit des gens. Le simple fait qu'on doive s'attendre à des représailles en cas de violation du droit des gens est, en lui-même, d'une conséquence considérable. Les représailles ne constituent, ni un moyen de punition, ni un moyen de satisfaire un désir de vengeance, mais elles sont essentiellement un moyen de contraindre l'ennemi à rester dans les limites du droit des gens. » L'article 454 dit : « Le recours aux représailles est une mesure extrême, car elle cause de graves souffrances à des innocents. C'est en cela toutefois que réside leur efficacité et on ne peut se les interdire comme moyen suprême ».

Telle fut la défense présentée pour Manstein par Paget et dont on s'est bien gardé de nous parler. Elle a suffisamment impressionné le tribunal pour que, sur dix-sept griefs articulés contre Manstein, deux seulement aient été maintenus sous leur forme originelle. On a négligé également de nous faire part de ce dénouement. Je cite sur ce point une lettre écrite par le critique militaire Liddell Hart et insérée dans la Correspondance du *Times* à la date du 11 janvier 1950. Cette lettre dit l'essentiel :

Monsieur,

On ignore généralement combien sont nombreux les chefs d'accusation sur lesquels le maréchal von Manstein a été déclaré non coupable. Sur dix-sept chefs d'accusation originels, deux seulement ont été retenus. Sur sept autres, il fut déclaré responsable, mais seulement après que le tribunal eut modifié la rédaction de ces griefs et ceci postérieurement au plaidoyer de la défense, procédé singulièrement suspect. Il fut acquitté sur huit des charges les plus graves, y compris celle d'avoir « ordonné, autorisé et laissé faire » des exterminations collectives de Juifs et d'autres, accusation qui constituait le point crucial du procès.

Les deux griefs que la Cour a retenus sous la forme où ils avaient été primitivement exposés sont les suivants : 1° que des prisonniers russes ont été à certaines époques employés à des travaux de construction de caractère militaire ainsi qu'au déminage ; 2° que des civils furent pris dans sa zone de commandement et transportés pour travailler en Allemagne. Quand on pense à ce que les Alliés ont fait eux-mêmes en cette matière, la condamnation de von Manstein est difficile à justifier. Comme le ministère public le reconnut, tout le monde s'est servi des prisonniers de guerre pour le déminage, et les Alliés ont même continué à s'en servir après la guerre. Les Français, si l'on se réfère à leurs chiffres officiels, en ont employé 90 000 à ce travail, tandis que nous-mêmes nous en avons employé 9000 en Norvège et ailleurs.

Quant aux sept charges sur lesquelles von Manstein fut trouvé coupable, après qu'elles eurent été modifiées, que faut-il en penser ? L'une d'entre elles, relative au cas de prisonniers soviétiques abattus dans la zone où opérait son armée, l'accusait d'avoir « négligé grossièrement et avec préméditation (*deliberately*) son devoir » d'assurer leur sécurité. Une seconde charge était semblable en tous points, à cette différence près qu'elle concernait des Juifs et des Gitans. Dans la rédaction de ces deux derniers griefs, la Cour retrancha les mots « grossièrement et avec préméditation ». Dans la législation britannique, la simple négligence qui n'est ni préméditée ni grossière n'est pas criminelle. Un autre grief était que von Manstein « laissa en vigueur des ordres venus de l'O.K.W. et lui-même rédigea un ordre » qui tendait à ce que les soldats soviétiques capturés en arrière des lignes soient « traités comme des francs-tireurs ». Le tribunal retrancha les mots « et lui-même rédigea un ordre ». Cette modification allait de soi car, en ce qui concerne l'ordre de von Manstein, il disposait au contraire que les soldats trouvés dans cette situation devaient être amenés dans un camp de prisonniers de guerre. On ne voit pas très bien comment un simple commandant d'armée aurait pu annuler un ordre de l'O.K.W. plus clairement qu'en dissuadant ses subordonnés de l'appliquer.

Un autre grief était que von Manstein contresigna et diffusa l'ordre d'Hitler relatif aux commissaires politiques. À l'époque où fut publié cet ordre, von Manstein était seulement commandant de corps d'armée. La preuve qu'il recommanda à ses subordonnés de ne pas exécuter cette mesure et qu'aucune exécution n'eut lieu dans le ressort de son commandement fut faite si complètement que le ministère public retira de l'acte d'accusation tout le paragraphe se rapportant à cette période. Tout ce qui fut maintenu de cette charge fut seulement qu'au moment où on lui confia le commandement de la 2e armée, quelques commissaires furent exécutés par des détachements de police dans la zone de son commandement, en des lieux où la guerre de partisans faisait rage. De même, en ce qui concerne les représailles, le tribunal modifia substantiellement la rédaction des charges, chaque fois qu'il était question des ordres signés par von Manstein lui-même. Les quatre actions de représailles dont on apporta la preuve furent dues à l'initiative de subordonnés qui appliquaient un ordre de l'O.K.W. diffusé avant sa nomination comme général d'armée, et elles causèrent en tout quatre-vingt-dix-neuf victimes pendant une période où, suivant les chiffres fournis par les Russes, il aurait perdu dix mille hommes par suite d'action de guérilla. Une telle proportion peut apparaître comme la preuve de son action modératrice. On doit se souvenir ici que Staline avait ordonné que tout Russe qui avait la possibilité de tuer un Allemand devait le faire sans hésitation.

Une sixième charge était que des civils avaient été employés à creuser des retranchements : c'est une charge assez bénigne. Enfin, la septième et dernière charge sur laquelle il fut trouvé coupable fut que, sur ses ordres, des civils furent ramenés en arrière de la zone dévastée à travers laquelle il opéra sa retraite en 1943-1944. C'est une charge qu'on aurait pu tout aussi justement porter à son crédit, en disant qu'il avait essayé de sauver ces populations d'une famine sans remède, puisque le tribunal reconnaissait d'autre part qu'un commandant d'armée avait le droit, selon les lois et usages de la guerre, « de s'emparer de leurs troupeaux et de leurs stocks de vivres et de détruire leurs habitations ». Comparée avec la gravité des charges articulées à l'origine, la substance de celles sur lesquelles il a été condamné est légère, et pourtant la sentence en fait, la réclusion à perpétuité est à peine d'un degré au-dessous du maximum de la peine. Une telle sentence ne montre aucun sens des proportions : elle indique seulement le désir de ne pas donner un démenti au verdict de Nuremberg.

Il est clair à présent que von Manstein n'appliqua pas une politique de brutalité, et qu'il a été déchargé de l'inculpation d'avoir « incité et encouragé les troupes placées sous son commandement à commettre des actes de brutalité », ce qui est le point capital dans toute accusation de crimes de guerre. Bien que la guerre en Russie ait pris un caractère barbare, les troupes de von Manstein s'abstinrent d'appliquer les ordres rigoureux de l'O.K.W. On n'a rien pu relever contre lui jusqu'au moment où une mutation l'envoya prendre un commandement dans une région où ces ordres étaient déjà entrés en application. Il est contraire à tout bon sens de s'imaginer qu'un simple général d'armée, nouvellement promu et que rien ne distingue de ses collègues des autres secteurs, peut prendre sur lui d'annuler officiellement des ordres déjà portés à la connaissance de ses subordonnés et des corps de police SS. Et pourtant, même dans ces circonstances, on a établi qu'il en avait atténué la sévérité. Il y a quelque chose de très significatif à cet égard dans cette note du journal de Goebbels qui avait maintes fois attiré l'attention d'Hitler sur la mauvaise volonté de von Manstein à exécuter de tels ordres : « Manstein et Kleist assurent un traitement plus humain aux populations de cette région, qui, par suite du recul du front, se trouvent à nouveau sous leur contrôle direct » (note du 28 avril 1943).

Il est donc prouvé que von Manstein a atténué, de son propre mouvement, des mesures qu'il trouvait trop dures. On voudrait espérer, au moins pour notre réputation, que nous lui rendrons la pareille en atténuant le verdict trop sévère qui lui a été infligé. J'ai étudié assez longuement l'histoire de la guerre pour pouvoir affirmer que bien peu des hommes qui ont exercé un commandement dans des opérations conduites avec beaucoup de férocité, si on avait scruté leurs actions aussi attentivement qu'on a examiné celles de von Manstein, auraient pu s'en sortir aussi bien que lui. Sa condamnation apparaît, dans ces conditions, comme un exemple éclatant ou d'une profonde ignorance ou d'une grande hypocrisie.

B.-H. LIDDELL HART.

On voit, d'après ce document, combien le souci de l'exactitude historique doit nous amener à nuancer notre jugement et, aussi, combien on est libre, à l'étranger, de prendre position sur ces questions. De tels cas particuliers ne peuvent être ignorés. Or, l'attitude de von Manstein ne paraît pas avoir été exceptionnelle. On a reproché aux généraux allemands de ne pas avoir protesté contre les ordres implacables qui émanaient du Quartier Général du Führer. Mais ils ont protesté. Ces protestations existent, elles ont été conservées, et c'est même à l'aide de ces protestations que le ministère public à Nuremberg a pu apporter la preuve écrite indirecte de l'existence de certains ordres qui n'avaient pas été retrouvés. Dans une annexe, qui ne se trouve que dans l'édition originale de *Nuremberg ou la Terre Promise* et qui est la liste des références sur lesquelles s'appuient mes affirmations, j'ai relevé quelques-unes de ces protestations. Je reproduis cette liste ici :

Le Dr Lammers proteste contre le statut imposé à la Pologne, le Dr Braütigam proteste contre la politique du gauleiter Sauckel, le commissaire politique de Minsk et de Jitomir proteste également contre la politique du gauleiter Sauckel, Rosenberg proteste contre l'extermination des Juifs de l'Est, l'Administration des territoires de l'Est proteste contre les méthodes de la Gestapo, Wisliceny, général SS, proteste contre la déportation des Juifs hongrois, le colonel Bogislas von Bonin et le général Adolf Heusinger protestent contre l'ordre de fusiller les commissaires politiques, le général Röttinger proteste contre les exécutions sans jugement des partisans. Fegelein proteste contre la conduite de la brigade Kaminski, Falkenhausen proteste contre les exécutions d'otages, Berger, du Service des P. G., proteste parce que les rations sont insuffisantes, les Affaires étrangères protestent contre la dénonciation obligatoire des dépôts d'armes, Kesselring proteste contre l'ordre sur les commandos, Kaltenbrunner, adjoint de Himmler, proteste contre les méthodes employées à Auschwitz.

On voit, d'après le procès von Manstein, que ces protestations ne furent pas toujours platoniques. Elles se traduisirent, dans certains secteurs du moins, par une politique personnelle des responsables qui consistait à éluder les ordres ou à les atténuer. Dans la même liste de références, j'ai montré que, de la documentation présentée par le ministère public lui-même, il ressort qu'en fait certains ordres semblent bien n'avoir jamais été exécutés. Je reproduis également ce passage :

N'ont pas été exécutés, notamment, les ordres concernant l'exécution sans jugement des « aviateurs terroristes » (Procès de Nuremberg, t. IX, p. 9), l'ordre sur l'exécution des commandos (déposition Kesselring, t. IX, p. 242), l'ordre sur le tatouage des prisonniers de guerre (déposition de Keitel, t. X, p. 584), l'ordre de suppression de Weygand (déposition du colonel Lahousen, t. II, p. 449) et de Giraud (même déposition, t. II, p. 461).

Toutes ces raisons n'empêchent pas, bien entendu, que la guerre sur le front de l'Est fut conduite en beaucoup de cas avec une violence effroyable. Mais à qui la faute ? J'ai assez dit dans mon précédent livre que certains faits m'apparaissent à la fois comme de grosses fautes politiques et des actes qu'il est impossible de ne pas condamner.

Mais c'est Paget lui-même qui nous apprend que la guerre totale du peuple, impliquant bien entendu la guerre de partisans menée par tous les moyens, légaux et illégaux, était la doctrine officielle de l'état-major soviétique, dès avant la guerre. C'est l'état-major soviétique qui pose lui-même en principe que, dans une guerre entre le prolétariat et les états capitalistes, il ne peut pas, il ne doit pas y avoir de moyens interdits. Et, d'autre part, on retrouve, chez tous ceux qui ont eu quelque expérience de la guerre à l'Est, cette idée qu'aucune comparaison n'est possible entre la mentalité russe et la nôtre, que des actions qui ne pouvaient même pas être imaginées à l'Occident apparaissaient là-bas sous un autre aspect, que la vie humaine pour les deux camps ne semblait pas avoir la même valeur, et qu'enfin nul ne peut être juge de ce qui s'est passé sur le front de l'Est s'il n'y a pas été personnellement. L'unanimité des témoins oculaires ne peut nous empêcher, certes, de regretter des méthodes qui produisent tant de souffrances et tant de haines. Mais n'ont-elles pas été imposées par la conception soviétique de la guerre de tout le peuple substituée à la guerre des armées ? C'est cette forme de la guerre moderne qui a imposé aux chefs d'unité des méthodes de combat qu'ils réprouvent sans doute eux-mêmes comme soldats et qui ne sont certainement pas les actions qu'ils imaginaient quand ils ont revêtu leur premier uniforme de sous-lieutenant.

Je ne crois pas faire l'apologie de criminels en affirmant que, tout en condamnant les méthodes de guerre contraires à l'humanité et au droit des gens, nous devons être prêts, en tant qu'hommes, à montrer une certaine compréhension pour la situation dramatique dans laquelle se sont trouvés souvent des chefs militaires de cette guerre. J'ai dit aussi que nous devions également faire un retour sur nous-mêmes. Je n'ajouterai rien à ce que tout le monde sait sur les bombardements intensifs de la population civile (sauf sur un point) ni sur la conduite de certaines unités irrégulières. Ces faits sont assez connus dans l'opinion, et, au fond, sur ce point, tout le monde est d'accord. Mais je suis obligé de faire état de certains faits significatifs qu'il est impossible d'ignorer si l'on veut porter un jugement honnête sur la conduite des troupes au combat dans les deux camps.

Je le répète, ce ne sont que des sondages, et cette partie de mon livre n'a nullement le caractère d'une enquête, même limitée. Ce sont toujours des documents relevés par hasard et mis bout à bout sans ordre et sans système. Je ne conclus pas, j'imprime seulement un dossier. Mais ces sondages nous font réfléchir, ils nous mettent en garde contre des appréciations définitives et absolues. Je ne reproduirai ici que des témoignages sûrs et vérifiables. Je laisse de côté pour cette raison l'énorme dossier des actes contraires à l'humanité qu'on met sur le compte des autorités soviétiques. Je m'expliquerai plus complètement sur ce point à la fin de ce chapitre.

Voici donc d'abord un mémorandum dû à Walter H, pasteur d'un village voisin de Rottenburg, sur l'exécution de 80 prisonniers de guerre allemands dans la région d'Annecy. Le pasteur H a été témoin oculaire de cette exécution. L'auteur de ce témoignage me demande de dire qu'il était hostile au régime hitlérien, qu'il s'est toujours tenu et souhaite se tenir à l'écart de toute politique, et qu'il n'a écrit ce qu'il avait vu que pour servir la cause de la vérité et celle de la paix :

Je, soussigné, donne les renseignements cités ci-dessous que quarante prisonniers allemands ont été fusillés le 2 septembre 1944 par les F.F.I. à Annecy (Haute-Savoie). Je l'ai vu par moi-même. Je suis prêt à faire ces déclarations sous foi de serment. Je donne ces renseignements volontairement, simplement pour aider à l'organisation de la paix, et je demande à ce que l'on n'emploie pas ces déclarations comme propagande. Je suis pasteur de l'église protestante de la Bavière. Je suis prêt également à donner des preuves me signalant comme ennemi du régime hitlérien depuis 1933 (entre autres aussi des témoins de la Suisse et d'autres pays alliés). Ceci seulement pour prouver que je ne veux faire aucune propagande.

Le 19 août 1944, les soldats occupant la ville d'Annecy ont capitulé et la ville a été remise entre les mains des F.F.I. Je me trouvais alors dans le camp de prisonniers 1/509 Annecy comme pasteur protestant, et étais moi-même prisonnier.

Dans l'après-midi du 1er septembre 1944, j'ai été, ensemble avec le curé catholique Friedrich Voelker, commandé à venir voir le commandant du camp B. de R. Celui-ci nous déclarait d'abord brusquement, et, ensuite, après avoir vu notre étonnement, en allemand : « Demain, nous fusillerons quatre-vingts Allemands et vous ferez le service de l'église près d'eux. » Toute demande d'explications de notre part a été brusquement coupée. On ne nous disait ni la cause pourquoi ces prisonniers allaient être fusillés, et on ne nous donna aucun renseignement. Notre demande d'oser aller préparer nos camarades à leur mort nous a été refusée. On nous disait simplement que nous devions nous tenir prêts cette nuit.

En revenant au camp, je faisais de suite des démarches pour pouvoir sauver mes camarades. J'allai de suite voir l'ancien commandant allemand Meyer (colonel qui se trouvait dans l'hôpital comme malade) en lui demandant d'intervenir à la chose, vu que c'était lui qui avait capitulé et qu'il avait reçu l'assurance des troupes F.F.I. que les prisonniers se trouvaient sous la protection de la Convention de Genève. Le colonel Meyer déclara qu'il ne se trouvait pas capable de faire n'importe quoi et me demanda de faire un essai d'intervention. Je demandai donc à un lieutenant de la F.F.I. de me laisser aller avec un gardien voir le président de la Croix-Rouge Française. Celui-ci ne me donna pas l'autorisation. Dans une discussion, j'appris alors qu'il ne comprenait pas notre situation, surtout qu'il s'agissait de non-nazis. Les Français qui se mêlèrent à la discussion me reprochèrent seulement toujours les cruautés commises par les Allemands. Je leur dis qu'il fallait faire une différence entre les SS et la Wehrmacht, entre le parti des nazis et les Allemands, qu'il y avait beaucoup d'Allemands dont le cœur était lourd de voir toutes les fautes commises par l'Allemagne, qu'ils s'opposaient aux actes de cruauté commis, mais qu'ils ne pouvaient rien faire vu les méthodes cruelles employées. Je leur rappelai le 20 juillet. Mais aucune de mes déclarations n'a été reconnue et que les Allemands étaient des Allemands et qu'encore plus des prisonniers allemands allaient être fusillés. Aussi, ma remarque que les Alliés avaient fait la guerre pour une chose contraire n'a pas été écoutée.

Par un gardien qui m'était dévoué, j'arrivai ensuite à faire parvenir un petit billet au pasteur français Chapal qui m'était bien connu. Je lui demandais de me rendre encore visite cette nuit à tout prix. Le pasteur Chapal arriva aussi vers 9h 30 et je pus lui faire savoir ma terrible nouvelle. Nous discutâmes un moyen de faire un essai d'intervention. Je demandai à M.le pasteur Chapal de partir pour Genève à 30 kilomètres de là et de demander au directeur de la Croix-Rouge Internationale de venir. Il me dit que cela lui était impossible, vu que toutes les voitures avaient été réquisitionnées et que la frontière était aussi pour les Français sévèrement gardée. Il promit de tout faire pour nous aider, et de prier pour nous. Après une prière faite ensemble, il repartit. Je ne sais pas combien il a pu faire d'essais d'intervention et s'il a pu voir le commandant B. de R.

Après une nuit terrible sans sommeil, nous espérions déjà que le pasteur Chapal avait pu faire quelque chose, un lieutenant de la F.F.I. arrivait vers 6h 30 du matin pour nous emmener. On nous transporta en voiture à la place où les prisonniers devaient être fusillés. Celle-ci se trouvait à peu près entre Annecy et Romilly, à 5 kilomètres d'Annecy. Là, toute la contrée avait été barrée par des gardiens de la F.F.I. Peu de temps après, un camion arrivait avec les prisonniers (40, ces hommes devaient être fusillés dans la matinée, les autres 40 avaient été fusillés, ce que nous apprenions dans la matinée, du côté de Saint-Pierre, près de Romilly, sans aide de l'église). Les malheureux ne savaient pas encore ce qui les attendait. On les avait déjà cherchés très tôt, comme j'apprenais plus tard, du château d'Annecy, qui servait pendant les premières semaines comme camp de prisonniers. Ils croyaient qu'ils allaient pour un kommando de travail.

Ils me demandèrent ce qu'il y avait ici, et je fus obligé de leur faire savoir qu'ils devaient être fusillés. Je ne peux plus me rappeler toutes les scènes passées. Après une grande frayeur, les voix s'élevèrent de protestations mêlées de pleurs et de cris. Entre une rangée de la F.F.I. et quelques gradés un débat se faisait. Surtout deux ou trois de ces officiers qui se trouvaient entre les six officiers qui étaient là, des protestations très hautes et énergiques avaient été faites. Ils voulaient savoir la raison pourquoi on les fusillait, quelles fautes ils avaient commises, ils demandaient également à être présentés au commandeur et quel tribunal les avait jugés. Cette discussion était la même que la mienne du soir avant. Elle fut coupée par le jeune lieutenant qui demandait « les premiers 10 ».

Les pasteurs commencèrent alors à donner à ces hommes l'aide religieuse aussi bien qu'ils pouvaient. Les hommes de la F.F.I. criaient : « Allez, vite, vite, donnez l'absolution générale, ça suffit, etc. » Tout cela était très dur pour nous, car chacun d'eux voulait encore nous donner un dernier souhait pour les leurs ou envoyer quelques petites choses qui leur restaient. Pour cela, nous étions obligés de noter sur des petits billets les noms, ne les connaissant pas tous. Il était impossible de porter l'aide à chacun d'eux, car toujours nous étions interrompus par des questions ou des demandes. Il aurait fallu pouvoir répondre à tous à la fois. Tous voulaient nous dire quelque chose d'urgent pendant les dernières minutes qui restaient. Une petite interruption avait été faite quand deux hommes me demandèrent de dire aux hommes de la F.F.I. qu'ils voulaient aider personnellement à faire tomber Hitler et qu'ils voulaient partir pour la Légion étrangère, pour montrer leur idée antifasciste. Cette demande également a été refusée, ils furent fusillés. Un autre homme devint fou. Il se dirigea vers nous et les hommes de la F.F.I. en parlant de choses confuses.

Avec le premier groupe nous allions avec les prisonniers jusqu'à la place où ils devaient être fusillés. Sur le chemin, deux hommes essayèrent de se sauver.

Mais dans peu de temps ils étaient attrapés par les balles meurtrières de la F.F.I. Les autres avaient été obligés de se mettre debout dans une ligne, sans bandeau devant les yeux, et chaque fois 10 hommes de la F.F.I. tirèrent sur un prisonnier se trouvant placé devant lui. La plupart de ceux-ci n'avaient pas été tués de suite et le kommando de la F.F.I. était obligé de tirer encore plusieurs fois sur les blessés se roulant à terre, un autre allait ensuite d'homme à homme en lui donnant un coup de pistolet dans la tête. Quelques prisonniers que nous n'avions pas vus en arrivant étaient debout à peu près à 100 mètres, ils étaient obligés de ramasser leurs camarades et de les jeter dans une fosse qu'ils avaient creusée la nuit dernière.

En revenant près de la voiture au bord de la route, un grand silence s'était produit entre les prisonniers, plus un mot n'était dit, un camarade lisait tout haut probablement un livre religieux catholique, et tous les prisonniers répétaient le Notre Père. Nous ne retournâmes pas à la place avec le deuxième et troisième groupe, car nous voulions encore nous occuper des autres, ce qui nous faisait gagner du temps. Après que le dernier fut fusillé, on nous transporta de suite de nouveau au camp d'Annecy, sans nous laisser le temps de faire une prière près de la tombe des morts. On nous laissa emporter les effets restants des fusillés. Nous transportâmes ceux-ci dans la sacristie de l'église du Lycée Berthelot (à cette époque encore hôpital). Nous classâmes les affaires restantes par nom pour les mettre ensuite dans une enveloppe munie aussi de l'adresse du décédé. Quelques jours plus tard, on nous donna des fiches de la Croix-Rouge Internationale, pour remplir les actes de décès, toutes les rubriques étant remplies par nous, à part celle de la cause de la mort.

Cette exécution collective sans jugement de prisonniers de guerre n'est-elle pas un acte qui possède toutes les caractéristiques techniques du crime de guerre et qui ne comporte, du moins selon ce témoignage, aucune circonstance atténuante ?

Un tel massacre n'est pas, malheureusement, un fait isolé. Il est très connu qu'en beaucoup d'autres endroits des soldats ou officiers allemands furent fusillés sans jugement après s'être rendus, que des blessés furent achevés. Je me dispenserai de fournir cette documentation assez triste.

On a souvent dit et écrit que ces actes contraires au droit des gens étaient une expression inévitable et, par là, légitime, en quelque sorte, de la colère populaire. Qui est-ce qui fait ici l'apologie du crime ? Est-ce moi, qui les juge condamnables au même titre que les mêmes actes commis par des Allemands, ou les gens qui couvrent ces actes de leur autorité, déclarent qu'ils les approuvent, et souvent empêchent qu'ils ne soient poursuivis ?

Ce n'est pas seulement dans notre pays que de tels actes ont été commis. Partout où il y eut des troupes irrégulières, on a pu constater les mêmes crimes. Ils furent parfois si éclatants, si publics, que les autorités d'occupation ne purent s'en désintéresser entièrement. Un journal de Merano (Haut-Adige), le *Standpunkt*, rédigé en allemand, nous apprend qu'au moment de la reddition des troupes allemandes à Trieste 300 000 personnes auraient été massacrées. J'ai peine à croire ce chiffre. Ce journal est plus précis sur le cas de 2500 prisonniers de guerre allemands qui auraient été exécutés illégalement du 27 avril à la fin du mois de mai 1945, et enterrés dans des fosses collectives sur lesquelles figurent des dates postérieures à l'armistice. Les autorités américaines ordonnèrent une enquête et procédèrent même à des arrestations contre lesquelles les associations d'anciens partisans protestèrent. Je ne sais ce qu'il est advenu de cette affaire.

En Yougoslavie et en Tchécoslovaquie, les massacres commencèrent à l'arrivée des troupes soviétiques. Ils ne furent pas le fait des troupes soviétiques qui semblent ne pas être intervenues et qui laissèrent les communistes locaux agir à leur gré. La documentation qui a été réunie sur ce sujet par des pasteurs et des prêtres qui ont rassemblé les renseignements fournis par d'autres desservants est très sérieuse et considérable. Ce n'est pas le lieu de l'analyser ici. Je la signale, pour mémoire, comme l'exemple d'un massacre collectif contre lequel bien peu de voix se sont élevées en Occident, que les Anglo-Saxons feignirent d'ignorer et qui dépasse de loin en horreur tout ce que le dossier de Nuremberg reproche aux Allemands.

Quand les prisonniers de guerre allemands n'étaient pas massacrés, leur situation n'en valait pas mieux pour cela. Je ne cite que pour mémoire également le demi-million de prisonniers de guerre dont les autorités russes sont incapables d'expliquer la disparition. C'est là un fait connu sur lequel il est inutile d'insister. Mais en France même, la situation des prisonniers de guerre fut souvent dramatique, et, quand le gouvernement français dut remettre aux autorités américaines les prisonniers qui lui avaient été confiés, certains d'entre eux n'étaient pas en bien meilleur état que les déportés à leur sortie des camps. Pour une fois, c'est un journal français qui eut le courage de protester. Je cite le reportage qui parut le 4 avril 1945 dans le journal *Paris-Matin* :

À la suite de l'intervention de la Croix-Rouge Internationale sur les conditions de vie des prisonniers allemands en France, le général Eisenhower a accepté de reprendre les inaptes. Ceux-ci, selon les déclarations du général de Gaulle, recevaient les mêmes rations que les travailleurs français effectuant les mêmes besognes, mais ils nous avaient été remis par les Américains « dans un état déplorable ».[9] L'opération de transfert a commencé il y a quelques

---

[9] Le général de Gaulle emploie ici les mêmes mots que le major Weiss, commandant du de Dachau, dans sa défense citée plus haut.

jours. Le correspondant de l'agence américaine Associated Press, Mel Mott, fait le récit de l'arrivée des premiers prisonniers allemands inaptes, rendus par la France, au camp de concentration du Croutoy, près de Soissons.

Les premiers prisonniers allemands inaptes au travail, restitués aux Américains, sont arrivés hier au camp de concentration du Croutoy, près de Soissons.

Cette opération de transfert a reçu de l'état-major américain le nom code « d'opération Skinny » que l'on peut traduire, au choix, par « affaire des amaigris » ou « affaire des maigrichons ».

Mel Mott, correspondant de l'Associated Press, raconte l'arrivée au camp américain des prisonniers les plus amaigris :

1150 loqueteux, infestés de vermine, jeunes, vieux, malades, et maigres, que les Américains affirment avoir remis aux Français, il y a quatre mois, en bonne condition physique, bien chaussés, bien vêtus et bien équipés, ont été accueillis en gare de Soissons par les équipes sanitaires de l'armée des États-Unis.

Tous ont déclaré qu'ils n'avaient pas mangé depuis deux jours. Un garçon de quinze ans était trop faible pour couper la miche de pain de mie qu'on lui tendait.

Quelques prisonniers furent immédiatement hospitalisé et reçurent des injections intraveineuses nutritives. Ils seront placés à la diète liquide. Les autres furent conduits au camp où on leur fit prendre un léger repas. Après avoir rempli un questionnaire sur le traitement qu'ils avaient subi, ils furent soumis à une pulvérisation insecticide, reçurent des couvertures et furent répartis dans des tentes spécialement équipées pour l'hiver.

À l'examen médical, les 1323 prisonniers arrivés la veille furent jugés incapables de travailler : 19% sont classés « état grave », 31% « état sérieux ». Ils ont un poids de 20% inférieur à la normale. La sous-alimentation est pour les trois quarts la raison de leur incapacité de travail. Pour les autres, c'est la maladie ou une infirmité.

La plupart des prisonniers arrivés au camp ont confirmé les déclarations françaises selon lesquelles ils avaient été classés comme inaptes au travail du fait de leur faiblesse constitutionnelle dès leur remise aux autorités françaises. Quelques autres déclarent avoir travaillé dans des carrières de pierres, dans des mines, dans des fermes ou dans des cantines. Tous sont d'accord pour affirmer que leur état a empiré pendant leur séjour dans les camps français. L'un d'eux déclara avoir maigri de 14 kilos. Il ne pèse plus que 51 kilos. Tous aussi parlent de mauvais traitements et de l'absence de soins médicaux. Ils accusent leurs gardiens de leur avoir pris leurs affaires personnelles, mais ils reconnaissent avoir été bien traités par la population.

Les autorités militaires américaines enregistrent ces plaintes. Chaque homme doit répondre par oui ou par non à un certain nombre de questions sur la nourriture, l'habillement, le logement ou les soins médicaux qui leur étaient donnés dans les camps américains et dans les camps français. Il doit déclarer quels vêtements, quels ustensiles et quel nombre de couvertures il possédait au moment de sa remise aux autorités françaises.

Il n'est possible de contrôler leurs affirmations qu'en ce qui concerne leur équipement et leur état physique actuel. Pour le reste de leurs récits concernant la vie dans les camps français, on ne peut les croire sur parole. Il est possible qu'ils exagèrent leurs souffrances pour exciter la pitié des Américains.

Les autorités françaises ont refusé à l'Associated Press la permission d'envoyer un correspondant dans un camp français. Une telle visite aurait certainement permis d'observer des conditions bien meilleures que celles que pourraient laisser supposer la vue des prisonniers arrivés ce matin au camp américain du Croutoy. Ceux-ci sont parmi les plus affaiblis et les plus malades. On ne peut croire que plus d'une centaine de mille, sur un total de cinq cent mille, puissent être dans un aussi déplorable état physique.

Le traitement des prisonniers de guerre n'est pas le seul défaut à notre bonne conscience. Nos Marocains ont fait parler d'eux un peu plus qu'il n'aurait fallu. En occupation, on le sait. Mais aussi en campagne. Voici comment la *Libre Belgique* du 20 décembre 1946 décrit l'arrivée des troupes africaines dans le petit bourg d'Esperia :

> La population italienne a été mise en émoi par une question posée par M. Persico, député de la Constituante, au ministre de l'Intérieur et au haut-commissaire de l'Hygiène et de la Santé publique, au sujet des victimes innocentes de la vallée du Liri. À la suite de cette interrogation, des enquêtes ont été menées sur place et de pénibles révélations ont été faites par la presse. Nous en parlons comme d'un document humain qui prouve si cela était nécessaire que les épisodes atroces qui se sont vérifiés un peu partout pendant la guerre nous ont reportés aux époques les plus sombres de l'Histoire. La guerre déchaîne parfois chez les combattants les instincts les plus bas, surtout si ces combattants sont des hommes vivant en dehors de la civilisation chrétienne.
>
> Ces révélations, désormais du domaine public, ne peuvent plus nuire aux bonnes relations entre la France et l'Italie ; d'ailleurs, les populations qui ont souffert un des affronts les plus pénibles de cette guerre ne demandent qu'à guérir et à oublier un épisode dont elles ont honte de parler.
>
> Lorsque le front de bataille s'immobilisa autour de Monte-Cassino, les hommes valides de la vallée du Liri se réfugièrent en grande partie sur les montagnes pour échapper aux rafles des Allemands. Il s'agissait de paysans et de bergers de bonne race qui, avant la guerre, menaient dans leurs villages une vie dure, mais paisible. Les femmes pleines de santé et très belles, dans leurs costumes traditionnels aux couleurs chatoyantes, étaient travailleuses, honnêtes et pieuses. Pendant que les hommes, au maquis, aidaient les Alliés en molestant les troupes nazies, elles supportaient avec courage la misère et la famine dans l'espoir que, avec les Alliés libérateurs, leurs hommes seraient rendus à leur modeste foyer.

Les Alliés arrivèrent le 17 mai 1944 ; mais c'étaient des troupes coloniales, qui n'occupèrent pas les villages de l'endroit en libérateurs mais en soldatesque effrénée. Ce fut un jour de malheur pour les habitants d'Esperia, de Pontecorvo, d'Ausonia, etc., que ce 17 mai.

Pendant quinze jours, les Alliés s'étaient battus avec acharnement pour rompre les lignes de défense allemandes et les officiers des troupes arabes, pour inciter celles-ci au combat, leur promettaient le pillage de la vallée du Liri. On sait ce que cela veut dire. On sait aussi que, selon une vieille tradition, les mercenaires arabes ont droit de proie après le combat.

La première bourgade à subir les violences des Africains fut Esperia, un village montagneux d'environ six mille âmes : la joie de la libération avait innocemment poussé la population restante à aller à la rencontre de ces soldats arabes qui servaient de batteurs d'estrade au gros des troupes alliées. On ne peut pas décrire les scènes de sauvagerie qui se succédèrent à partir de ce moment-là. Toute la population d'Esperia, de 10 à 70 ans, fut à la merci de cette soldatesque qui, armée de mitrailleuses et de bombes à main, lui donnait la chasse, le jour comme la nuit. On entendait des hurlements et les invocations de ces malheureuses gens qui s'efforçaient de se défendre comme ils pouvaient. Les quelques hommes qui se trouvaient dans le village et qui tâchèrent de s'opposer à ces actes de barbarie furent tués ou blessés. Les officiers français, écœurés des scènes de brutalité qui se passaient autour d'eux, n'osaient pas sortir de leurs refuges. Au curé, qui avait demandé leur intervention en faveur de la population, il fut répondu qu'il leur était impossible de se faire obéir à ces moments-là. Ce curé fut lui-même victime des brutalités arabes et mourut l'année suivante, emportant avec lui le secret de son martyre.

Dans le proche village de Picao, un prêtre parvint à se barricader dans son habitation, dans la cour de laquelle s'étaient réfugiées 150 paysannes avec leurs animaux domestiques, jusqu'à l'arrivée des troupes anglo-américaines. Rien ne put mettre un frein aux actes de sauvagerie de ces forcenés armés qui se prolongèrent pendant deux mois dans tous les villages de la contrée. Quand les nègres américains arrivèrent dans ces localités, ils durent menacer de leurs armes les soldats coloniaux pour les empêcher de continuer leurs exploits qui avaient semé la terreur, la consternation et la honte dans cette zone déjà si éprouvée par les bombardements.

Un officier français, qui commandait des troupes arabes pendant ces jours-là, revenu sur les lieux, a pu constater l'étendue du mal fait par ses anciens soldats et s'en est montré extrêmement affligé. Le regret de cet officier prouve qu'il y a des actes de guerre que de vieilles nations civilisées ne peuvent pas approuver, parce que rien ne peut les justifier.

Les Américains avaient d'autres méthodes. Là encore, on a mis bien des idées fausses en circulation. Lorsqu'on blâme les bombardements au phosphore des populations civiles, les gens de bonne foi, ceux qui ont renoncé à soutenir qu'il s'agissait de bombardements d'objectifs militaires, vous répondent invariablement : « Mais ce sont les Allemands qui ont commencé. » Bien peu de gens savent en France que cette idée est essentiellement une idée anglaise de laquelle les plus hautes autorités de l'armée de l'Air britannique se félicitent d'avoir pris l'initiative. Voici l'explication qui nous en est donnée par le petit livre anonyme intitulé *Advance to Barbarism* dont j'ai eu plus haut l'occasion de parler.

Ce n'est qu'en avril 1944, époque à laquelle la Luftwaffe était paralysée par le manque d'essence et que l'issue de la guerre ne pouvait plus faire de doute, que la stricte consigne de silence sur tous les faits (que je viens de mentionner) fut levée en faveur de M. J.-M. Spaight, ancien directeur de cabinet du ministre de l'Air, qui fut autorisé à publier un livre intitulé *Bombing Vindicated*.

Dans ce livre l'homme de la rue apprit pour la première fois qu'il avait pris une héroïque décision à la date du 11 mai 1940. L'homme de la rue n'avait, naturellement, aucun souvenir d'avoir pris une décision, héroïque ou non, ce jour-là en particulier : en réalité, il ne se souvenait plus d'avoir pris aucune décision depuis bien longtemps, car, dans une bonne démocratie, les décisions ne sont pas prises par des gens comme lui, mais par des financiers internationaux, des barons de la presse, des gens en place depuis longtemps, et, à l'occasion, par des membres du cabinet de S. M. Aussi l'homme de la rue était-il perplexe.

M. Spaight lui ôta sa perplexité en lui donnant cette éloquente explication :

« Comme nous étions ennuyés de l'effet psychologique qui aurait pu être produit par la révélation que c'est à nous que revient l'initiative de l'offensive par bombardements stratégiques, nous nous sommes abstenus de donner à notre grande décision du 11 mai 1940 toute la publicité qu'elle méritait. Ce silence fut une faute. C'était là une splendide décision. Elle était aussi héroïque, aussi pleine d'abnégation que celle de la Russie lorsqu'elle adopta sa politique de la terre brûlée. Elle nous valut Coventry et Birmingham, Sheffield et Southampton, elle nous valut le droit de regarder en face Kiev et Kharkov, Stalingrad et Sébastopol. Nos Alliés soviétiques auraient été moins durs pour notre inertie en 1942 s'ils avaient compris ce que nous avions fait » (*Bombing Vindicated*, p. 74).

On feuilletterait en vain les journaux de la guerre pour y trouver à la date du 11 mai 1940 quelque chose de mémorable. Une enquête très attentive peut toutefois mettre en lumière un fait que des nouvelles plus sensationnelles rejetaient dans l'ombre : la nuit du 11 mai, « dix-huit bombardiers Whitley attaquèrent des installations ferroviaires en Allemagne ». Naturellement, cette nouvelle ne souleva pas beaucoup d'intérêt, surtout du fait qu'elle déclarait seulement que ces installations avaient été attaquées : elle ne disait pas du tout qu'elles avaient été atteintes.

La signification complète de cette nouvelle, révélée seulement quatre ans plus tard par M. Spaight, n'apparaît qu'après quelques réflexions. L'Allemagne occidentale était en mai 1940 aussi à l'écart des opérations militaires que la Patagonie. Jusqu'à ce moment, seules des positions qui se trouvaient dans la zone des armées, ou des objectifs strictement militaires comme l'aérodrome de Sylt en Allemagne ou ceux des Orcades en Angleterre avaient été l'objet de pareilles attaques aériennes. Ce raid du 11 mai 1940, quoique banal en lui-même, est un événement qui fait date, puisqu'il fut la première violation préméditée de cette règle fondamentale du droit des gens qui dit que les hostilités doivent être dirigées exclusivement contre les forces combattantes. Quand, plus tard, il fut nécessaire de trouver une justification à des horreurs comme celles qui eurent lieu à Hambourg quand les faubourgs les plus peuplés devinrent une effroyable fournaise où des milliers d'hommes, de femmes et d'enfants se jetèrent dans les canaux pour échapper à la terrifiante chaleur de l'incendie, l'excuse principale mise en avant fut qu'il s'agissait d'une représaille des bombardements de Varsovie et de Rotterdam. M.Spaight repousse cet argument avec le mépris qui lui est dû. « Quand Varsovie et Rotterdam furent bombardées, fait-il remarquer, les armées allemandes étaient à leurs portes. Leur bombardement ne fut qu'une opération tactique faisant partie de l'attaque. » Le capitaine Liddell Hart accepte le même point de vue. « Il n'y eut pas de bombardement, écrit-il, jusqu'à ce que les Allemands eussent atteint les abords de ces deux villes et dès lors ces bombardements étaient conformes aux règles anciennes du bombardement de siège. »

Bombing Vindicated est un livre remarquable : en fait, c'est un livre étonnant pour sa date. M.Spaight ne se contente pas d'admettre que l'Angleterre porte la responsabilité d'avoir pris l'initiative du bombardement des populations civiles, il insiste pour qu'on accorde à l'Angleterre l'honneur d'avoir à la fois imaginé et réalisé ce procédé de guerre. Il se moque de l'explication mise en avant à contre-cœur par le ministre de l'Information de l'époque, à savoir que « tout ce plan magnifique » aurait été conçu parce qu'un avion non identifié avait lâché quelques bombes sur un coteau boisé voisin de Canterbury. Il n'admet pas un instant que la splendide décision du 11 mai 1940 ait pu être réalisée sans préméditation (*unpremeditated*). Au contraire, il affirme avec force (page 38 de son livre) que cette décision doit être attribuée « à l'inspiration qui vint aux experts britanniques en 1936 quand l'état-major de l'aviation de bombardement fut mis sur pied ». La raison d'être essentielle de cet état-major de l'aviation de bombardement, nous dit-il (page 60 de son livre) « était le bombardement de l'Allemagne en cas de guerre ». Un peu plus loin, il dit que, naturellement, Hitler s'était bien douté de cette intention des Anglais dans l'éventualité d'une guerre et que c'est pour cela qu'il avait « sincèrement cherché à conclure avec l'Angleterre un accord limitant l'action de l'aviation à la zone des opérations ». Finalement, il reconnaît que Hitler entreprit le bombardement de la population civile anglaise, mais à contre-cœur et seulement trois mois après que la R.A.F. eut commencé le bombardement des populations civiles allemandes, et il exprime l'opinion (page 47 de son livre) qu'après avoir commencé, il aurait désiré très vivement à tout moment arrêter ces massacres « car à coup sûr Hitler n'avait aucune envie de voir se continuer un bombardement réciproque ».

Le lecteur pourra trouver les éléments du procès exposés avec une joie d'écolier par M.Spaight dans le volume mentionné et avec le détachement objectif de l'historien par Liddell Hart dans son livre *Revolution in Warfare*. Ils sont reproduits encore par le maréchal de l'Air Arthur Harris dans son livre *Bomber Offensive*. Le maréchal de l'Air s'accorde avec M.Spaight pour juger avec un grand dédain les militaires du monde entier, et tout particulièrement les militaires allemands qui n'ont pas compris dans les années précédant 1939 que le bombardier lourd allait être une arme beaucoup plus efficace contre les civils que contre les troupes. Il attribue l'échec de la Blitzkrieg à la politique à courte vue des chefs de la Luftwaffe qui ne se pourvurent pas dès le temps de paix d'appareils destinés à des attaques contre les populations civiles ennemies, omission, déclare-t-il, qui fit perdre la guerre aux Allemands. Car si les Allemands avaient été capables de continuer leurs attaques, écrit-il, Londres aurait incontestablement subi le terrible destin qui fut celui de Hambourg deux ans plus tard. Heureusement, en septembre 1940, les Allemands se trouvaient à la tête de bombardiers à peu près dépourvus de moyens de combat, de telle sorte que pendant la bataille d'Angleterre il était aussi facile de les descendre que si l'on avait tiré sur des vaches dans un champ.

Je pourrais citer ici tel récit des bombardements de Hambourg ou de Dresde dont les détails dépassent en horreur tout ce qu'on peut imaginer, nommer telle petite ville des bords du Rhin, détruite à 80%, phénomène presque incroyable, après vingt minutes de bombardement. Mais ces faits sont connus : je n'apprendrais rien au lecteur qu'il ne sache déjà dans les grandes lignes. Longtemps, tout le monde s'est tu. Aujourd'hui, les circonstances ayant changé, les journaux communistes reprochent violemment à l'armée américaine ses bombardements des populations civiles. La *Litteratournaïa Gazetta*, parlant du brigadier-général Julius Timberlake junior, du major général James-Elbert Brigges et du lieutenant-général Stratemayer, déclare que « dès maintenant l'humanité indignée porte leurs noms sur la liste des criminels de guerre ». Et j'imagine que ceux qui souhaitaient le plus vivement le succès des troupes américaines en Corée ont dû se sentir singulièrement gênés en apprenant de quel prix il a été payé. Sur un fait analogue, parlant de la destruction de la célèbre abbaye du Mont-Cassin, un non moindre personnage que le général Juin décrit ainsi le bombardement auquel il a assisté :

Le vrai responsable de la destruction de l'abbaye du Mont-Cassin a été le général néo-zélandais Freyberg, commandant d'un corps composé d'une division néo-zélandaise et d'une division d'Hindous. C'est le général Juin, commandant du corps d'expédition français qui l'a révélé au cours d'une réunion d'officiers français à Mont-Cassin, après le bombardement par mégarde de son quartier général par des bombardiers alliés.

Le même général Juin l'a confirmé maintenant dans une revue française. Il a écrit :

Le général Freyberg, pénétré de la valeur des principes tactiques de la VIIIe Armée, qui avaient fait leurs preuves en Libye et en Tunisie, était convaincu qu'on pouvait s'épargner les lenteurs de la manœuvre par un assaut unique précédé d'une préparation spectaculaire à laquelle s'appliqueraient toute la gamme des engins de feu et toutes les ressources de l'aviation stratégique.

C'était vouloir préalablement l'anéantissement de l'abbaye. Cette conception se justifiait à condition que l'effet de neutralisation recherché fût réellement obtenu.

Une telle proposition n'était pas sans heurter le général Clark, *poursuit le général Juin, qui ajoute :* Clark se rangea à l'avis du général Freyberg, mais bien à contre-cœur, je puis le certifier. J'assistai, de mes positions, au plus affreux « bombing » qui se puisse imaginer.

La précipitation et la précision des coups étaient telles que la malheureuse abbaye disparaissait dans un nuage d'épaisse fumée, qui, en s'élevant vers le ciel, s'élargissait comme le champignon atomique de Bikini.

Le résultat fut que les Hindous, qu'on avait fait reculer pour leur donner une plus grande marge de sécurité, ne purent même pas reprendre leurs tranchées, l'ennemi les ayant immédiatement occupées pour se mettre à l'abri. La préparation de grand style n'avait servi qu'à détruire le monastère et à faire perdre du terrain.

Et la *Libre Belgique* qui reproduit cet extrait ajoute :

Si c'était un général allemand qui avait ordonné aussi légèrement la destruction d'un tel édifice, ne serait-il pas traduit devant les tribunaux militaires alliés, en vertu de l'article de la Convention de La Haye qui interdit le bombardement des édifices civils ou culturels sans une absolue nécessité militaire ?

Sans parler davantage de leurs bombardements, en d'autres circonstances, les Américains n'ont pas mieux respecté les lois de la guerre. Ce fut le cas, notamment, en Extrême-Orient. Voici ce que dit dans la revue *The Atlantic Monthly*, de février 1946, le journaliste Edgar L. Jones, qui fut pendant toute la guerre correspondant de presse sur le front du Pacifique :

Nous, Américains, avons une dangereuse tendance au point de vue international à prendre une attitude de supériorité morale à l'égard des autres nations. Nous considérons que nous sommes plus nobles et plus moraux que les autres peuples, et, par conséquent, mieux placés pour décider ce qui est juste dans le monde et ce qui ne l'est pas. Quelle espèce de guerre les civils supposent-ils donc que nous avons faite ? Nous avons massacré des prisonniers de sang-froid, nous avons pulvérisé des hôpitaux, coulé des bateaux de sauvetage, tué ou blessé des civils ennemis, achevé des blessés, entassé les mourants dans un trou, pêle-mêle avec les morts, et dans le Pacifique nous avons dépecé les crânes de nos ennemis en les faisant bouillir pour en faire des garnitures de table pour nos fiancées et nous avons sculpté leurs os pour en faire des coupe-papier. Nous avons couronné nos bombardements au phosphore et nos assassinats de civils en jetant des bombes atomiques sur deux villes à peu près sans défense, et nous avons atteint ainsi un record incontestable d'assassinat en masse à cadence instantanée.

Comme vainqueurs, nous nous sommes arrogé le droit de faire passer en jugement nos ennemis pour leurs crimes contre l'humanité, mais nous devons être assez réalistes pour concevoir que, si nous étions mis en jugement pour avoir violé les lois de la guerre, nous serions déclarés coupables sur une douzaine de chefs d'accusation. Nous avons mené une guerre sans honneur, car la morale ne vient qu'en dernière ligne parmi les préoccupations du combattant. Plus la bataille est dure, moins il y a de place pour les beaux sentiments. Et dans la guerre du Pacifique, nous avons vu l'humanité atteindre le plus sombre degré de bestialité.

On ne peut dire que chaque soldat américain ni même un sur cent ait commis délibérément des atrocités injustifiées : mais la même chose peut être affirmée des Allemands et des Japonais. Les exigences de la guerre nous ont souvent contraints à ce qu'on appelle des crimes et, d'une façon générale, la masse peut être blâmée pour l'espèce de folie que la guerre a provoquée. Mais nous avons fait beaucoup de publicité autour de tous les actes inhumains de nos adversaires et nous nous sommes opposés à tout aveu de nos propres défaillances en des moments de désespoir. Nous avons mutilé les corps des morts ennemis, nous avons coupé leurs oreilles et arraché leurs dents en or pour avoir des souvenirs, nous les avons enterrés en leur fourrant leurs testicules dans la bouche, mais de telles violations de tous les codes de la morale font partie des zones encore inexplorées de la psychologie de l'homme au combat.

On s'étonnera peut-être que je ne me joigne pas au chœur de ceux qui dénoncent les camps de concentration soviétiques. J'aurais pu en effet présenter une documentation sur ce sujet.

Mais en quoi eût-elle été concluante ? Elle aurait prouvé l'existence de camps de concentration soviétiques ? Mais personne n'en doute et les communistes eux-mêmes admettent leur existence comme établissements pénitentiaires. Il fallait donc prouver l'existence d'*atrocités* soviétiques et montrer, par des témoignages aussi sûrs et aussi contrôlables que possible, que ce régime d'atrocités était prémédité et voulu par l'administration soviétique. Mais a-t-on réfléchi à ceci : alors que l'expérience m'a appris que sur les camps d'Allemagne, qui sont proches de nous, sur lesquels les témoignages abondent, il est si difficile d'obtenir des informations exactes et sans passion, comment pouvais-je espérer être renseigné avec certitude sur les camps soviétiques, qui sont situés en Sibérie et sur lesquels nous n'avons que de rares témoins qui nous disent ce qu'ils veulent ? Pourquoi accepterais-je d'être un historien téméraire et malhonnête de la Russie soviétique, alors que je prétends être un historien prudent et honnête de l'Allemagne ? Je risquais à chaque instant d'être accusé de légèreté ou de contradiction. Je risquais d'être, malgré moi, le jouet d'une propagande qui ne me paraît pas absolument désintéressée.

Je trouve à accuser de *monstruosité* les dirigeants soviétiques autant de difficultés qu'à en accuser les Allemands. Je ne vois pas pourquoi je le ferais plus volontiers pour les uns que pour les autres. Quand on m'aura démontré sur de bonnes preuves que le régime soviétique a établi et perpétré une politique d'extermination systématique de ses adversaires au moyen des camps de déportation, je le dirai certainement. Mais pour l'instant je ne trouve pas que les pièces qu'on a produites soient suffisantes pour permettre une telle affirmation. Je ne me joindrai donc pas à une campagne qui me paraît être avant tout une campagne d'excitation à la haine et à la guerre. Je désire réserver mon jugement sur ce point. Je préfère perdre un bon argument que de le hasarder. Je suis anticommuniste, je ne l'ai jamais caché. Cela ne me paraît pas une raison pour devenir tout d'un coup une tête sans cervelle ou un malhonnête homme.

Ma documentation est, d'ailleurs, sans cela assez étendue et assez triste. Il ne faut pas s'étonner alors si des hommes de plus en plus nombreux pensent que c'est la guerre qui engendre fatalement le crime de guerre, et déclarent qu'on ne peut la faire sans être entraîné soi-même à des actes qu'on n'approuve pas, qu'on ne ferait pas de sang-froid, mais que les circonstances et la violence du combat rendent presque inévitables. Un journal belge, rendant compte de deux articles de la *Chicago Tribune* que je n'ai pas entre les mains, y relève les jugements suivants :

La *Chicago Tribune*, en date du 12 mars 1949, rapporte la parole sévère du juge van Roden : « Si justice devait être faite, toute l'armée américaine devrait être ramenée aux États-Unis pour y être jugée. » Le même journal (13 septembre 1948) réclamait déjà la mise en jugement pour « crimes contre l'humanité » des responsables américains et anglais qui préparèrent le massacre des populations civiles d'Allemagne par l'*area bombing*, ainsi que le bombardement atomique du Japon, méthodes de guerre qui auraient déshonoré Attila. » (Général J.-F.-C. Fuller.)

Nous nous croyons un peuple fort intelligent et nous croyons que notre pensée va plus loin et plus vite que celle des Américains : ce sont pourtant des écrivains américains et non des écrivains français qui ont eu le courage de regarder en face ces conclusions auxquelles il faudra bien arriver un jour. Je demanderai la permission de citer encore une fois cette Freda Utley dont j'ai déjà parlé et qui me paraît une meilleure image de la conscience américaine que la trop célèbre Mrs Roosevelt. Elle écrit à la fin de son livre :

En comparaison des viols, des meurtres, des vols de l'armée soviétique à la fin de la guerre, de l'esclavage, de la famine, des meurtres qui sévissent encore aujourd'hui dans la zone orientale, de l'extermination de populations accomplie par les Polonais et les Tchèques, les crimes de guerre et les crimes contre l'humanité commis par les Allemands, et qui, à Nuremberg, ont été sanctionnés par la mort ou par la détention à perpétuité, sont de peu d'importance. Il est plus que temps que nous cessions de déclarer les Allemands coupables, car il n'y a pas un seul crime des nazis que nous n'ayons commis nous-mêmes, les bombardements d'extermination, les expulsions en masse et l'expropriation de 12 millions d'Allemands, en raison de leur nationalité, l'organisation systématique de la famine durant les premières années de l'occupation, l'emploi de prisonniers de guerre comme esclaves du travail, les camps de concentration des Soviets et les pillages commis par les Américains comme par les Soviétiques. Un tout petit peu de connaissance historique suffirait à faire disparaître l'idée généralement répandue que les Allemands sont plus agressifs par nature que les Anglais, les Français ou quelque autre peuple. Chaque peuple fut à son tour l'agresseur, suivant sa force, ses moyens et l'ambition de ses maîtres.

Je ne prétends pas conclure, je l'ai déjà dit. Je ne cite ici que des documents.

Ces documents, je le rappelle, devaient être lus devant un tribunal. Les circonstances ont fait qu'ils sont présentés au public. Leur sens n'a pas changé pour cela. Il est même important, dans la situation où nous nous trouvons aujourd'hui, que les questions que je pose soient posées en toute clarté. Voici donc les trois points que j'ai voulu mettre en relief :

1° Le jugement de Nuremberg est aujourd'hui contesté dans tous les pays du monde et dans des termes aussi violents que ceux que j'ai employés. Il reste à savoir si la France est actuellement le seul pays du monde, avec les nations sous contrôle soviétique, où ce verdict ne puisse être critiqué.

2° L'instruction menée à Nuremberg, tant pour le procès des dirigeants du Reich que pour les procès ultérieurs destinés à compléter celui-ci, a été menée en plusieurs cas avec des méthodes regrettables, souvent accompagnées de négligences volontaires ou fortuites, qui ont pour résultat de faire peser un doute sur l'ensemble des renseignements qui ont été fournis aux juges. Il reste à savoir s'il est permis dans ces conditions de suspendre son jugement sur les faits qui ont été dénoncés à l'opinion mondiale et s'il est contraire à la loi de faire profession de prudence en cette matière. 3° Les renseignements qu'on peut recueillir sur ce qu'il est convenu d'appeler les atrocités allemandes tendent à montrer que le tableau qui en a été fait devant le tribunal de Nuremberg trahit une certaine précipitation et qu'il n'est pas suffisamment dégagé des passions soulevées par la guerre. Ce tableau exige des rectifications que l'histoire seule peut apporter. L'honnêteté et l'intérêt de notre pays nous font un devoir de ne pas reculer indéfiniment le temps où cette tâche devra être entreprise. C'est pourquoi j'ai voulu qu'une voix s'élève dans ce pays pour ce que je crois être la vérité et la justice.

Dans un pays qui a été célèbre autrefois pour la liberté de ses jugements et pour sa générosité, de telles voix sont-elles désormais interdites ? Je ne crois pas que ce soit le sens que le législateur ait voulu donner à un texte qui fut voté, à l'époque des attentats anarchistes, pour empêcher d'encourager ceux qui lançaient des bombes contre le landau des chefs d'État.

Conclusion

Telle est la conférence que j'avais l'intention d'infliger aux magistrats de la XVIIe chambre du tribunal correctionnel de la Seine.

Quel que soit le jugement que rende un jour ce tribunal et il sera surtout jurisprudentiel puisqu'on lui demande essentiellement s'il ratifie l'extension arbitraire que le Parquet de 1948 prétendait donner à la loi sur la presse je pense que les documents que j'ai publiés établissent tout au moins ma bonne foi aux yeux du public. Il n'y a aucun des doutes que j'ai émis qui ne se trouve justifié. Il n'y a aucune des affirmations que j'ai faites qui ne se trouve appuyée de faits. Il n'y a aucune des thèses que j'ai soutenues qui n'ait été soutenue dans tous les pays du monde par des écrivains ou des personnalités que personne n'a inquiétés pour cela. Pourquoi, dès lors, à cinq ans des événements, n'aurions-nous pas le droit de nous poser certaines questions ?

Qui peut penser sérieusement qu'une guerre, et surtout une guerre politique comme le fut la seconde guerre mondiale, peut avoir lieu sans être accompagnée de ce qu'on a appelé autrefois du « bourrage de crânes » ? Toute réaction contre ce « bourrage de crânes » est-elle interdite ? Certains sujets sont-ils intouchables parce que trop d'intérêts essentiels du régime seraient compromis ? Alors, en quoi sommes-nous un pays « libre », et que reprochons-nous à la Russie soviétique ?

Quelques années après la guerre de 1914, lord Ponsonby fit paraître un livre célèbre dans lequel il dénonçait le mensonge des gouvernements alliés sur les prétendues « atrocités allemandes » de 1914. La presse de gauche, qui avait alors ses raisons pour le faire, appuya cet effort d'objectivité historique. Une Commission internationale confirma la documentation publiée par lord Ponsonby. Et, un peu plus tard, l'historien Norton Cru publia, d'après les documents que les chancelleries laissèrent enfin connaître au public, une histoire de la guerre qui fit sensation en Europe parce qu'elle détruisait ce qui restait de légende. On se rendit compte alors que les gouvernements alliés avaient constamment menti, sur les conditions de la déclaration de guerre, sur la conduite de la guerre, sur les événements et les opérations. Les gouvernements avaient eu d'excellentes raisons pour mentir : personne ne voudrait plus prendre un fusil si on lui disait la vérité.

Est-ce que nous sommes toujours en temps de guerre ? Est-ce que nous avons toujours besoin du mensonge pour tenir en mains les forces que nous voulons opposer à l'empire soviétique ? Je suis prêt à m'incliner devant une telle nécessité : mais alors, qu'on me le dise franchement. La suppression de la liberté de la presse est peut-être nécessaire à un gouvernement, elle est peut-être nécessaire temporairement, et en particulier en ce moment. Je suis prêt à écouter les raisons de salut public ou de salubrité qu'on avancera ; mais j'aimerais qu'on ait le courage de le dire. A ce moment-là, je changerai de métier.

Toutefois, à ceux qui pensent ainsi, je ferai une objection. Si leur intention est de maintenir, par politique, une atmosphère de propagande, sont-ils bien inspirés en maintenant précisément la propagande qui leur a été imposée par la Russie soviétique ? Au moment où les dispositions du peuple allemand peuvent être décisives, est-il habile d'imposer une version unilatérale de l'histoire de la guerre qui ne peut que nous aliéner sa sympathie ? Si l'homme d'État doit mentir, au moins qu'il mente utilement.

Nous commençons seulement à apercevoir les conséquences très graves de l'absurde politique démocratique. Quand nos hommes d'État proposent au gouvernement allemand de réarmer l'Allemagne, ils sont très étonnés de recevoir une réponse froide et évasive. Pourquoi les Allemands iraient-ils se faire tuer pour maintenir leur condamnation ? Il n'était pas besoin d'avoir reçu le don de prophétie pour affirmer il y a deux ans, comme je l'ai fait dans mon livre, que nos savants vizirs recevraient cette réponse. Quand nos hommes d'État proposent aux industriels allemands de fabriquer des canons dans la Ruhr, les industriels allemands leur répondent qu'Alfred Krupp est encore en prison pour s'être adonné à ce genre d'activité et qu'aucun directeur, aucun ingénieur, aucun contremaître, et probablement aucun ouvrier n'ont envie de donner une illustration nouvelle de la jurisprudence internationale établie à Nuremberg en participant avec eux à ce qu'on a appelé un « complot ou plan concerté dirigé contre la paix ». Quand nos hommes d'État proposent aux généraux allemands qui sont encore en liberté on en rencontre de temps en temps de reprendre un commandement, un tout petit commandement, dans l'armée d'Arlequin sortie, sans armes, à la différence de Minerve, du cerveau de M. Paul Reynaud, ils demandent quel commandement on peut exercer sur des subordonnés qui ont le droit de répondre poliment que leur conscience s'oppose à l'exécution du dernier ordre du corps d'armée, et contre des partisans qui vous font sauter vos trains tandis qu'il est criminel de les faire passer en jugement.

Tout cela, ce sont les conséquences logiques et juridiques du jugement de Nuremberg dont il est interdit de dire du mal.

Tandis que nous nous débattons au milieu du marécage que nous avons organisé, les Russes s'adressent aux Prussiens et leur tiennent à peu près ce langage : « Vous avez brûlé nos villages et fusillé nos paysans, vous avez affamé nos prisonniers, abattu nos commissaires et pendu nos francs-tireurs, vous nous avez saccagé des provinces entières ; nous avons pleuré de rage pour ce que vous aviez fait sur notre terre russe et nous nous sommes vengés ; cela a été dur pour vous, maintenant c'est fini. N'aimez-vous pas défiler en rangs dans les rues pavoisées des villes ? N'aimez-vous pas chanter en chœur ? N'aimez-vous pas lever le bras, en criant *Heil* devant des oriflammes, des aigles, des croix, des marteaux, ou n'importe quoi ? Eh bien, faites tout cela devant les portraits de Staline et de Pieck ; c'est ce qu'on appelle construire l'ordre socialiste soviétique. » Pensez-vous que nous soyons à égalité avec ces gens-là ? Au train dont nous allons, il ne se passera pas trois ans avant que toute la jeunesse d'Allemagne occidentale ne rêve avec nostalgie aux beaux défilés qu'on peut faire en Brandebourg. Est-ce avec les sexagénaires que nous comptons faire une armée ?

Que signifie une politique européenne, si elle ne suppose pas d'abord la liberté et l'égalité morale pour l'Allemagne ? Nous aurons des accords avec les gouvernements fantômes que nous soutenons. Ce n'est pas avec des accords qu'on arrête les canons. Si nous voulons que la politique européenne devienne une force, que l'union des Européens soit une réalité et non un thème de conférences, c'est l'âme des Allemands et la volonté des Allemands que nous devons conquérir. Qui d'entre eux nous écoutera si nous venons à eux avec la figure de l'injustice et du mensonge ? Un travail politique n'est bon que s'il repose sur l'honnêteté. Les Allemands ont le droit d'exiger de nous que nous soyons des partenaires loyaux et justes. Ils ont le droit de se faire entendre. Ils ont le droit de préférer telle forme de vie à telle autre, tel régime à celui que nous préconisons. Ils doivent entrer dans l'alliance que nous leur proposons la tête haute et avec des droits égaux aux nôtres. Toute politique qui méconnaîtrait ces conditions essentielles de l'entente et de l'harmonie est vouée à l'échec, et l'échec, ici, c'est le feu sur nos villes et la mort sur nous.

Si cette politique se fait, si on se décide enfin à la faire, alors viendra peut-être l'heure de Clio. Mais ce dialogue de Thémis et de Clio, de la vierge sans conscience avec la vierge sage, sera-t-il vraiment possible ? L'inconscience est contagieuse, je crains que Clio ne devienne folle à son tour. Car les théologiens veilleront sur elle, on sent bien qu'ils ne sont pas disposés à lui laisser dire n'importe quoi. C'est leur église qu'elle peut mettre en danger avec sa sagesse. Toutes les vérités ne sont pas bonnes à dire, on le lui fera bien comprendre. Et peut-être, dans les temps qui se préparent, rêverons-nous avec quelque étonnement à l'époque où il y avait des historiens, où l'on pouvait quelquefois découvrir, fût-ce de loin et confusément, le visage de la vérité, à ce Moyen Age étrange de la politique qui fut le règne de Clio.

Car nous voyons venir l'âge où Clio ne sera plus rien : elle aura perdu son diadème et sa robe immaculée, elle parcourera le palais du Temps en tenant à la main un trousseau qui n'ouvre plus rien, et, pour gagner sa journée, elle cirera consciencieusement les parquets de Thémis. Déjà, comme la partie est inégale entre elles ! Thémis a des milliards ; elle mobilise l'armée américaine ; ses scribes, montés sur des jeeps, suivent les automitrailleuses de cavalerie pour piller les états-majors de division ; d'énormes camions bourrés de toutes les archives du monde se déversent dans sa cour, et les serviteurs de Thémis choisissent la nourriture qui est agréable à la déesse et rangent dans des coffres profonds ce qui blesse son odorat ; elle parle en quatre langues, coiffée d'une espèce de tiare dont Nabuchodonosor eût rêvé et qui lui permet de s'adresser en un seul moment à ses sujets du monde entier ; elle a la presse, elle a la radio, chacune de ses paroles résonne à travers l'univers, elle fait naître à son gré l'épouvante, la colère, la haine, l'assouvissement ; cela ne lui suffit pas ; comme elle a des scrupules, elle est aussi ventriloque, et, quand il le faut, elle fait parler à sa manière les accusés. Ce n'est pas une grande dame, comme disait le bon Dumas, mais c'est un capitaine d'industrie. Elle émarge au budget de la propagande et on ne compte pas avec elle, car elle fait de la bonne besogne. Telle est Thémis, que nos pères prenaient pour une déesse et qui s'est mise dans les affaires avec un succès qu'on ne peut nier.

En face d'elle, la pauvre Clio, dont la mine chétive inquiétait déjà Péguy, n'a rien qui puisse rassurer. Elle n'a pas su se moderniser. Elle est restée une pauvre petite Muse, une campagnarde fidèle à l'artisanat : elle a toujours un peu l'air d'être en sabots. Elle est entêtée et fière, et elle touche notre cœur à tous, car c'est ainsi qu'étaient les filles d'autrefois, ces filles qui protégèrent et conduisirent les hommes dans le grand voyage qu'ils ont fait jusqu'à nous, et qu'on nous dit dans nos écoles. Elle et les autres filles, mais elle surtout, la plus fière, elles ont été pour les hommes d'Occident une de leurs raisons de vivre, un des secrets de leur grandeur, et pour quelques-uns d'entre eux, nous ne pouvons pas l'oublier, elles leur donnèrent leurs raisons de mourir. Elles étaient notre patrimoine, les filles de la Grèce, les filles de la Sagesse, comme notre sol, comme nos lois : et elles ne faisaient qu'un avec notre sol et nos lois dont elles furent l'inspiration et l'âme. Nous perdons tout cela ensemble, et il est juste, il était inévitable qu'avec la possession réelle de notre sol nous perdions aussi nos lois et nos dieux. Toutes les conquêtes se ressemblent : on tue les hommes, on prend les champs, puis on abat les temples. Tant que nous serons des exilés dans cet Occident que nous n'avons pas su défendre, Clio y sera une étrangère.

Aussi nul ne peut-il dire s'il y aura jamais un jour un dialogue de Thémis et de Clio. Peut-être Thémis a-t-elle définitivement remplacé Clio. Cela dépend de nous. Si nous savons redevenir les maîtres de notre terre et de notre destin, nous aurons aussi assuré à nos âmes cette nourriture dont elles ne peuvent se passer et qui fut leur force et leur santé pendant des siècles. Mais si nous échouons, Thémis règnera sur nos cœurs. Cela fera partie de notre vie morale avec les Camel, le jazz-hot, le coca-cola et les machines à laver.

Je ne sais ce que deviendront dans un monde ainsi conçu les hommes qui ont le malheur d'avoir le culte de la vérité. Ils s'habitueront sans doute aux Camel et aux machines à laver et personne ne les force à fréquenter les bars. Mais la pensée est chose vivante, elle est comme une plante et souffre de ne recevoir jamais l'air et le soleil. J'imagine que, dans un monde pareil, ces hommes, porteurs de la tradition occidentale à peu près comme on est porteur de germes, finiront par créer une race à part, une famille spirituelle semblable à ces jansénistes français qui vécurent entre eux, fidèles à Port-Royal, jusqu'au milieu du XIXe siècle. Ils ne croiront à rien, ils sauront le prix de toute parole de Thémis. Ils se reconnaîtront entre eux à des signes inaccessibles aux autres, à leur préférence pour un prénom, pour une couleur, pour un livre, pour une chanson. Ils seront sans doute de parfaits hommes d'État, puisque Machiavel exige chez le souverain ce parfait dessèchement. Ils ne se feront tuer pour personne, mais ils auront soin d'être toujours du côté du plus fort. Ils seront ce ver dans le fruit qui accompagne toutes les décadences. Ils feront des grimaces et n'auront d'âme que pour eux et leurs frères. Ils feront les gestes et se refuseront. Ce refus sera leur suprême refuge. Et leur cœur seul connaîtra ce reste de hauteur dont ils ne peuvent se défendre et leur amour pour ce qui fut vaincu.

Mais vous, démocrates, songez à cette parole grave : les hommes dont je vous parle tiennent plus qu'à tout à leur honneur et à leur liberté, et les conditions que vous leur faites présentement, celles que vous leur faites pour l'avenir, ne sont pas différentes au fond de celles qu'un régime soviétique pourrait éventuellement leur faire. Songez-y, leur refus, leur jansénisme est pour vous le symptôme politique le plus inquiétant et le plus redoutable. Ils vous avertissent que ces hommes mettent sur le même plan, exactement sur le même plan, la démocratie et le bolchevisme. À partir de ce moment-là, ils n'écouteront plus que les conseils du calcul, et qui vous dit que le calcul les fera pencher vers vous ? Ils ne défendront, je vous en avertis, que leur droit d'être des hommes, et rien d'autre, leur honneur et leur liberté, et rien d'autre, absolument rien d'autre. À vous de savoir si vous voulez jouer votre dernière chance.

8 décembre 1950.

Ouvrages déjà parus chez Omnia Veritas

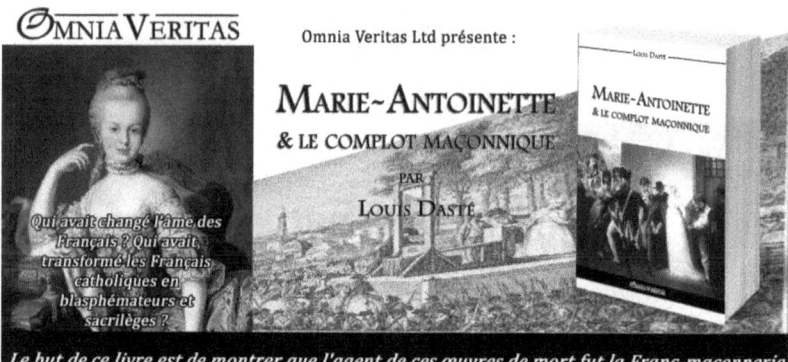

La Franc-Maçonnerie doit porter la responsabilité des crimes de la Révolution aussi bien que de ses principes

Omnia Veritas Ltd présente :

La Révolution
préparée par la Franc-Maçonnerie
par
Jean de Lannoy

L'histoire de la Révolution remise à l'endroit

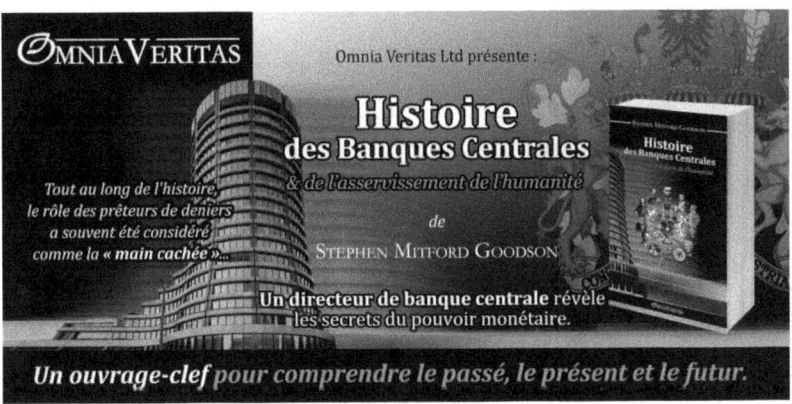

Pour la première fois, un livre tente d'explorer les sujets complexes que sont les abus rituels traumatiques et le contrôle mental qui en découle.

Comment est-il possible de programmer mentalement un être humain ?

www.omnia-veritas.com

www.ingramcontent.com/pod-product-compliance
Lightning Source LLC
Chambersburg PA
CBHW050122170426
43197CB00011B/1679